國家社科基金重大項目
『漢語等韻學著作集成、數據庫建設及系列專題研究』
（17ZDA302）
二〇二〇年度國家古籍整理出版專項經費資助項目

宋元切韻學文獻叢刊

李軍 李紅 主編

七音略校箋

〔宋〕鄭樵 著 楊軍 校箋 李紅 補訂

鳳凰出版社

圖書在版編目（CIP）數據

七音略校箋 / (宋) 鄭樵著 ; 楊軍校箋 ; 李紅補訂
. -- 南京 : 鳳凰出版社, 2022.7
(宋元切韻學文獻叢刊 / 李軍, 李紅主編)
ISBN 978-7-5506-3600-2

Ⅰ. ①七… Ⅱ. ①鄭… ②楊… ③李… Ⅲ. ①漢語一中古音一音韻學 Ⅳ. ①H113.6

中國版本圖書館CIP數據核字(2022)第081408號

書名	七音略校箋
著者	〔宋〕鄭　樵 著 楊　軍 校箋　李　紅 補訂
責任編輯	孫　州
特約編輯	張　沫
裝幀設計	徐　慧
出版發行	鳳凰出版社(原江蘇古籍出版社) 發行部電話 025-83223462
出版社地址	江蘇省南京市中央路165號,郵編:210009
照排	南京凱建文化發展有限公司
印刷	江蘇鳳凰通達印刷有限公司 江蘇省南京市六合區冶山街道,郵編:211523
開本	880毫米×1230毫米　1/32
印張	29.125
字數	713千字
版次	2022年7月第1版
印次	2022年7月第1次印刷
標準書號	ISBN 978-7-5506-3600-2
定價	358.00圓

(本書凡印裝錯誤可向承印廠調換,電話:025-57572508)

《宋元切韻學文獻叢刊》序

漢語等韻學是中國傳統語言文字學最基礎的分支學科之一，是中國傳統學術和傳統文化中最具理論創新性和系統性的學科之一，亦可以稱爲中國古典漢語音系學。西方以研究、介紹具有區別意義的音位而興起的音系學始於十九世紀七十年代①，而中國以圖表形式，以最小析異對的方式對音系最小區别特徵和語音系統進行分析描寫的古典音系學，即漢語等韻學，在唐宋之際就已經非常成熟②。漢語等韻學可以分爲兩個階段：宋元切韻學、明清等韻學。宋元切韻學，也可以説是『宋代的漢語音系學』③。流傳至今的宋元切韻學文獻有：（一）南宋紹興辛巳年（一一六一）張麟之刊《韻鏡》，（二）南宋紹興辛巳年鄭樵述《通志·七音略》，（三）

① 英國共時音系學早期代表人物亨利·斯威特《語音學手册》（一八七七）提出了非區别性的音素與區别性的音素概念，實質上代表了音位學理論的誕生。

② 魯國堯《中國音韻學的切韻圖與西洋音系學（Phonology）的『最小析異對』（minimal pair）》，《古漢語研究》二〇〇七年第四期，第二一一〇頁。

③ 魯國堯《〈盧宗邁切韻法〉述論》，《魯國堯語言學論文集》，江蘇教育出版社，二〇〇三年十月，第三四〇頁。

南宋淳熙丙午年（一一八六）左右盧宗邁《盧宗邁切韻法》，（四）南宋嘉泰癸亥年（一二〇三）刊託名司馬光的《切韻指掌圖》，（五）無名氏《四聲等子》，（六）元惠宗至元丙子年（一三三六）劉鑑《經史正音切韻指南》，（七）等韻理論與象數理論相結合的北宋邵雍《皇極經世觀物篇·聲音唱和圖》（一〇七二年左右），（八）取三十六字母之翻切，以聲起數，以數合卦的南宋淳祐辛丑年（一二四一）祝泌《皇極經世解起數訣》，（九）闡述反切門法的金代□髓《解釋歌義》等。

漢語等韻學的興起與發展，與梵語悉曇學密切相關。『韻圖的辨法歸根結蒂是印度傳過來的，因此產生韻圖的第一步是印度的聲明學，特別是聲韻相配的圖表形式介紹到中國』①。《隋書·經籍志》有《婆羅門書》，即『西域胡書，能以十四字貫一切音，文省而義廣』。日本安然《悉曇藏》記載謝靈運論悉曇之語：『《大涅槃經》中有五十字，以爲一切字本。牽此就彼，反語成字……其十二字譬如此間之言；三十四字譬如此間之音，以就言便爲諸字。』②三十四字爲體文，『體文者，紐也』（章太炎《國故論衡》），紐即聲母；十二字爲摩多，即韻母。悉曇文字這種分析音節的方式，以及拼合音節的方法，必然會啓發中國學者加以借鑑，以之作爲分析漢語音節結構的手段。『唐人就是受到「悉曇」體文的啓發，並參照藏文字母的體系，給漢語創製了

① 潘文國《韻圖考》，華東師範大學出版社，一九九七年九月，第二四頁。

② 趙蔭棠《等韻源流》，商務印書館，二〇一七年十一月，第二〇—二一頁。

字母』①。而韻圖聲韻經緯輾轉相拼的方式，應當也是受悉曇家『字輪』的影響。所謂『字輪』，就是『從此輪轉而生諸字也』②。空海《悉曇字母並釋義》十二字後注云：『此十二字（按：迦、迦、祈、雞、句、句、計、蓋、句、㖩、欠、迦）者，一箇「迦」字之轉也。從此一「迦」字門出生十二字。如是一一字母各出生十二字，一轉有四百八字。』因此趙蔭棠先生認爲：『《韻鏡》與《七音韻》之四十三轉，實係由此神襲而成。』③《悉曇章》圖上聲右韻，具備了等韻圖聲韻經緯相交以列字的韻圖排列方式的雛形，對後來漢語切韻圖的出現當具有比較直接的影響。

悉曇學或聲明學促進漢語等韻學産生的具體時間是什麽？真正意義上分析漢語韻書語音結構的韻圖表和系統的理論體系産生於何時？由於文獻不足，暫難定論。羅常培先生（一九三五）認爲，『至於經聲緯韻，分轉列圖，則唐代沙門師仿悉曇體制，以總攝《切韻》音系者也』④，即認爲唐代當已經出現表現《切韻》音系的韻圖。現存最早的切韻學文獻《韻鏡》《七音略》都刊行於南宋，不過現存文獻中記載有唐高宗時關涉韻圖理論的武玄之《韻銓》，日僧安然《悉曇藏》著録了其部目。《韻銓》『明義例』四韻例，反映該書已經具備了比較系統的切韻理

① 唐作藩《音韻學教程》，北京大學出版社，二〇一六年五月，第二七頁。
② 趙蔭棠《等韻源流》，第三一頁。
③ 趙蔭棠《等韻源流》，第三二頁。
④ 羅常培《羅常培語言學論文集》，商務印書館，二〇〇四年十二月，第一四二頁。

論，引述如下：

凡爲韻之例四也：一則四聲有定位，平、上、去、入之例是也。二則正紐以相證，令上下自明，『人』『忍』『仞』『日』之例是也。三則傍通以取韻，使聲不誤，『春』『真』『人』『倫』之例是也。四則雖有其聲而無其字，則闕而不書，『辰』『蠢』『眘』是也。①

按四聲相承的方式列韻，同聲母字上下四聲相承，同五音字旁通，有音無字列空圈，這些都具有切韻圖的顯著特徵。趙蔭棠先生認爲武玄之使用了『正紐』概念，説明三十六字母還未産生，所以『必非什麽講等韻之書，不過滿載韻字如後來之《廣韻》與《集韻》而已』②。潘文國先生則認爲該書應當是『圖表形式的韻書』，因爲『衹有圖表纔有出現空格的可能』③。武氏之書已佚，難以臆斷。不過該書有十五卷之多，當非『圖表形式的韻書』。韻例反映該書除了韻書部分之外，當另有韻圖形式的表格，如宋楊中脩《切韻類例》之『一圖二篇』（見下文）。當時三

① 趙蔭棠《等韻源流》，第四四頁。
② 趙蔭棠《等韻源流》，第四五頁。
③ 趙蔭棠《等韻源流》，第二六頁。

十六字母雖然還没有出現，但並不妨礙時人對聲母的辨析。在三十六字母産生之前，《玉篇》以助紐字作爲聲母的輔助拼讀工具，未嘗不可以作爲聲母的代表字組。因此《韻銓》一書很可能已經出現了韻圖形式的韻表或具備了韻圖的語音分析理論體系。

晚唐守温字母的出現，無疑對切韻學理論的成熟與發展起到了至關重要的推動作用，宋代切韻學的繁榮發展與唐以前悉曇學的影響，以及聲明學與漢語音韻分析理論的有機結合是分不開的。現存最早的韻圖《韻鏡》《七音略》雖刊行於南宋紹興年間，但北宋初年切韻學理論已經非常成熟，切韻圖也應當在一定範圍内流傳。邵雍（一〇一一—一〇七七）《皇極經世觀物篇·聲音唱和圖》以翕、闢區分十天聲，與等韻開、合相對應；以清、濁，開、發、收、閉區分十二地音，與韻圖三十六字母的清濁分類，以及聲母與四等韻的拼合關係基本一致。北宋沈括（一〇三一—一〇九五）《夢溪筆談》也記載了比較詳細的切韻法，引述如下：

今切韻之法，先類其字，各歸其母。脣音、舌音各八，牙音、喉音各四，齒音十，半齒、半舌音二，凡三十六，分爲五音。天下之聲總於是矣。每聲復有四等，謂清、次清、濁、平也，如顛、天、田、年，邦、胮、龐、厖之類是也，皆得之自然，非人爲之。如幫字横調之爲五音，幫、當、剛、臧、央是也；幫，宫之清；當，商之清；剛，角之清；臧，徵之清；央，羽之清。縱調之爲四等，幫、滂、傍、茫是也；幫，宫之清；滂，宫之次清；傍，宫之濁；茫，宫之不清不濁。就本音、本等調之爲四聲，幫、滂、傍、博是也。幫，宮清之平；滂，宮清之上；傍，宮清之去；博，宮清之入。四等之聲，多有聲無字者，如封、峰、逢，止有三字；邕、胸，止有兩字；竦、火、欲、以，皆止有一字。五音亦然，滂、湯、康、蒼，止有四字。四聲則有無聲，亦有無字者，如蕭字、肴字全韻皆無入聲。此皆聲之類也。

所謂切韻者，上字爲切，下字爲韻。切須歸本母，韻須歸本等。切歸本母，謂之『音和』，如『德紅爲東』之類，德與東同一母也。字有重中重、輕中輕，本等聲盡，泛入別等，謂之『類隔』。雖隔等，須以其類，謂脣與脣類，齒與齒類。如武延爲綿、符兵爲平之類是也。韻歸本等，如冬與東字，母皆屬端字，冬乃端字中第一等聲，故都宗切，宗字第一等韻也，以其歸精字，故精徵音第一等聲。東字乃端字中第三等聲，故德紅切，紅字第三等韻也，以其歸匣字，故匣羽音第三等聲。又有互用、借聲，類例頗多，大都自沈約爲《四聲》，音韻愈密。然梵學則有華、竺之異，南渡之後，又雜以吴音，故音韻龐駁，師法多門。①

沈氏所述切韻法，有韻圖的信息，也有關於門法的介紹，說明切韻法已經非常成熟。所論及的韻圖聲母的排列順序始幫終日，喉音『影曉匣喻』相次，與《韻鏡》《七音略》一致。所舉四

① 諸雨辰譯注《夢溪筆談》，中華書局，二〇一六年九月，第三三六—三三七頁。

等相承、五音相調之例，多與韻圖相合。如『四等之聲，多有聲無字者，如封、峰、逢止有三字』，《韻鏡》《七音略》第二圖『鍾』韻平聲非組聲母無明母字，衹列有『封、峰、逢』三字；『邕、胸止有兩字』，《七音略》同圖平聲喉音聲母位衹有『邕、匈』二字；『竦、火、欲、以皆止有一字』，《韻鏡》《七音略》上聲齒音四等衹有『竦』，入聲喉音四等衹有『欲』。（其中『火、以』二字當爲訛誤，或爲『用、旭』二字之訛。因爲該段舉例均爲鍾韻字，不當雜入他韻字。）『蕭字、肴字全韻皆無入聲』，與宋代前期切韻圖入聲衹與陽聲韻相承，不與陰聲韻相承的特點一致①。這説明宋代初年切韻學理論以及韻圖的編撰已經成熟，羅常培先生認爲『等韻圖肇自唐代，非宋人所創』②，有一定的道理。

宋代切韻學文獻應當已經非常發達了，但流傳範圍並不廣泛。《晦庵先生朱文公文集》卷五十《答楊元範》：『字畫音韻，是經中淺事，故先儒得其大者多不留意。』③因此切韻之學不被士人階層所知曉，切韻學著作流通不廣，是有其社會原因的。或有肄此業者，終爲淺學，其學

① 有關《夢溪筆談》所言切韻法，魯國堯《沈括〈夢溪筆談〉所載切韻法繹析》有詳細論述。見《魯國堯語言學論文集》，第三一七—三二五頁。

② 羅常培《羅常培語言學論文集》，第一四〇頁。

③ 《晦庵先生朱文公文集》，《朱子全書》，上海古籍出版社、安徽教育出版社，二〇一〇年十二月，第二二八七頁。

不顯，流傳至今者自然不多。不過由於切韻學與佛學關係密切，自漢魏以降，辨析音理，分析韻書語音系統，拼合韻書反切讀音的切韻學，當首先在佛學界發展、成熟起來。鄭樵《七音略》序指出：『七音之韻，起自西域，流入諸夏，梵僧欲以其教傳之天下，故爲此書。雖重百譯之遠，一字不通之處，而音義可傳。華僧從而定之，以三十六爲之母。重輕、清濁，不失其倫，天地萬物之音備於此矣。雖鶴唳風聲，雞鳴狗吠，雷霆驚天，蚊虻過耳，皆可譯也，況於人言乎？所以日月照處，甘傳梵書者，爲有七音之圖，以通百譯之義也。』精通音韻之學，也成爲佛學的基礎，鄭樵所謂『釋氏以參禪爲大悟，通音爲小悟』。鄭樵在説明《七音略》來源時，就明確指出：『臣初得《七音韻鑑》，一唱而三嘆，胡僧有此妙義，而儒者未之聞。』即《七音略》之藍本爲《七音韻鑑》，其基本理論當出自佛教界，但該書是否爲胡僧所作，則存疑。史籍所載，宋代所見切韻文獻中亦多爲釋家所著，如：

《宋史·藝文志》第二〇二卷『小學類』有僧守温《清濁韻鈐》一卷、釋元冲《五音韻鏡》一卷。

《通志·艺文略》『音韻』部分有僧鑑言《切韻指元疏》五卷、僧守温《三十六字母圖》一卷、僧行慶《定清濁韻鈐》一卷、《切韻内外轉鈐》一卷、《内外轉歸字》一卷。

晁公武《郡齋讀書志》『小學類』指出，『論音韻之書，沈約《四聲譜》及西域反切之學是也』。其中記載有《四聲等第圖》一卷，『皇朝僧宗彦撰，切韻之訣也』。

宋代切韻學發展繁榮的主要原因，當與官方對韻書字書編撰的重視有關。官方韻書《廣韻》《集韻》以及字書《大廣益會玉篇》《類篇》，即第二、三代『篇韻』的頒行，爲切韻學理論與韻書語音結構系統的分析相結合，滿足韻書字書反切拼讀的需要提供了前提條件。字學與韻學雖爲淺學，『然不知此等處不理會，卻枉費了無限辭説牽補，而卒不得其本義，亦甚害事也』①。因此切韻學在宋代逐漸爲儒家所接受並推廣開來，也在情理之中。

宋代切韻學理論與韻圖的編撰，當是在唐五代切韻理論與韻圖的基礎上，進一步與宋代韻書相結合而逐步發展完善起來的。受聲明學影響，唐五代初期切韻學當已經産生，音韻分析理論也已經逐步與韻書語音分析相結合，《切韻》系韻圖當已經出現。宋代韻書與字書的繁榮，促使了唐五代韻圖與宋代韻書的結合。宋代切韻圖就是爲分析韻書語音結構系統、拼讀字書反切服務的。魯國堯先生結合文獻記録，將宋元前期切韻圖根據其所分析的對象，分爲《廣韻》系列與《集韻》系列。其中《韻鏡》《七音略》是《廣韻》系韻圖，而已佚的楊中脩《切韻類例》、盧宗邁《盧宗邁切韻法》所述及的韻圖爲《集韻》系列韻圖。

《韻鏡》所據韻圖爲《指微韻鏡》，《七音略》所據韻圖爲《七音韻鑑》，兩書同刊於南宋紹興三十一年（辛巳年，一一六一），張麟之初刊《韻鏡》時當未見《七音略》。紹興辛巳（一一六一）

① 《晦庵先生朱文公文集》，第二二八七頁。

張麟之《識語》，對《韻鏡》的來源與特點進行了介紹：

> 既而得友人授《指微韻鏡》一編，微字避聖祖名上一字。且教以大略曰：『反切之要，莫妙於此。不出四十三轉，而天下無遺音。其製以韻書，自一東以下，各集四聲，列爲定位，實以《廣韻》《玉篇》之字，配以五音清濁之屬，其端又在於橫呼。雖未能立談以竟，若按字求音，如鏡映物，隨在現形，久久精熟，自然有得。』於是蚤夜留意，未嘗去手。忽一夕頓悟，喜而曰：『信如是哉！』遂知每翻一字，用切母及助紐歸納，凡三折，總歸一律。即是以推千聲萬音，不離乎是。自是日有資益，深欲與衆共知，而或苦其難，因撰《字母括要圖》，復解數例，以爲沿流求源者之端。庶幾一遇知音，不惟此編得以不泯，余之有望於後來者亦非淺鮮。聊用鋟木，以廣其傳。

張麟之明確指出，《韻鏡》所據韻圖爲《指玄韻鏡》，避趙公明玄朗上一字而改名爲《指微韻鏡》，則《指玄韻鏡》成書年代當在北宋大中祥符五年（一〇一二）之前。韻圖形制與其所刊《韻鏡》相同，橫列五音聲母，以清濁相別，四欄分韻列字，四聲相承，欄分四等。張麟之在《指玄韻鏡》的基礎上，撰寫了《字母括要圖》，復解『數例』（即『《韻鑑》序例』）。韻圖形制仍舊，韻圖内容以列《廣韻》《玉篇》字爲主，爲與第二代『篇韻』相輔的韻圖。《韻鏡》也許經歷過再版，四十二年後的嘉泰三年（一二〇三）張麟之《韻鏡序作》指出，自己在年二十得《韻鏡》之學後，『既而又得莆陽夫子鄭公樵進卷，先朝中有《七音序》，略其要語曰「七音之作，起自西域，流入諸夏，梵僧欲以此教傳天下，故爲此書」』。《序作》同時對淳熙年間楊倓所撰《韻譜》横列三十六字母的編撰體例進行了評價，認爲『因之則是，變之非也』。這一方面反映了張氏對《韻譜》的批評，另一方面也透露了《韻鏡》四十三轉有『因之』的特點。對《七音略》，張麟之則認爲『其用也博』，説明了《七音略》與《韻鏡》體例、内容具有很大程度的一致性，因此非常認可。同時也交代了二者來源不同，而同歸一途。有關《七音略》的來源問題，鄭樵亦有明確説明，《七音序》指出：

江左之儒，識四聲而不識七音，則失立韻之源……四聲爲經，七音爲緯，江左之儒知縱有平、上、去、入爲四聲，而不知衡有宫、商、角、徵、羽、半徵、半商爲七音。縱成經，衡成緯，經緯不交，所以失立韻之源。七音之韻，起自西域，流入諸夏。梵僧欲以其教傳之天下，故爲此書，雖重百譯之遠，一字不通之處，而音義可傳。華僧從而定之，以三十六爲之母，重輕、清濁，不失其倫，天地萬物之音備於此矣。雖鶴唳風聲，雞鳴狗吠，雷霆驚天，蚊蝱過耳，皆可譯也，況於人言乎？所以日月照處，甘傳梵書者，爲有七音之圖，以通百譯之義也……均，言韻也。古無韻字，猶言一韻聲也……琴者，樂之宗也；韻者，聲之本也。

皆主於七，名之曰韻者，蓋取均聲也。

臣初得《七音韻鑑》，一唱而三嘆，胡僧有此妙義，而儒者未之聞。及乎研究制字，考證諧聲，然後知皇頡、史籀之書已具七音之作，先儒不得其傳耳。今作《諧聲圖》，所以明古人制字通七音之妙。又述内外轉圖，所以明胡僧立韻得經緯之全。釋氏以參禪爲大悟，通音爲小悟，雖七音一呼而聚，四聲不召自來，此其麤淺者耳。至於紐躡杳冥，盤旋寥廓，非心樂洞融天籟，通乎造化者，不能造其閫。

字書主於母，必母權子而行，（按，《六書略》『會意』：『文有子母，母主義，子主聲，一子一母爲諧聲。諧聲者，一體主義，一體主聲，二母合爲會意。會意者，二體俱主義，合而成字也。』）然後能別形中之聲。韻書主於子，必子權母而行，然後能別聲中之形。所以臣更作字書，以母爲主，亦更作韻書，以子爲主。今兹内外轉圖用以別音聲，而非所以主子母也。

鄭樵序認爲『七音之韻，起自西域，流入諸夏』，華僧定三十六字母，爲七音之圖。即認爲切韻學是受西域梵學影響，由華僧結合漢語特點將其完善起來的。唐五代以降，切韻學的成熟與發展可以説是第一次西學東漸對漢語音韻學産生重要影響的結果，是中國傳統學術第一次接受外來文化影響而自我發展完善的結果。以圖表形式經以四聲韻，緯以七音聲母，開合分圖，四等列字，以『「最小析異對」原理……創造出神奇之物——切韻圖』，彰顯了先賢的原創精神①。

《七音略》韻圖原名《七音韻鑑》，鄭樵認爲乃『胡僧妙義』，但並没有指出爲胡僧所作。此書當在釋家流行已久，但『儒者未之聞』而已。不過從韻圖内容來看，此書與《韻鏡》一樣當最終修訂於宋初，都是以三十六字母系統分析《廣韻》音系結構和反切系統的，很可能都是在唐五代時期與第一代『篇韻』相輔的切韻圖的基礎上改編的。除了韻圖之外，原本没有其他類似檢例的内容。鄭樵對《七音韻鑑》韻圖内容也没有做過改動，衹是『作《諧聲圖》，所以明古人制字通七音之妙。又述内外轉圖，所以明胡僧立韻得經緯之全』。所謂『述』，説明了鄭樵衹是對《七音韻鑑》『内外轉圖』進行了刊佈，並未對切韻圖内容進行過改動。

從《韻鏡》與《七音略》切韻圖的比較來看，二者的差異主要表現在《韻鏡》以七音清濁區分三十六字母，《七音略》直接列以三十六字母之名；《韻鏡》以『開』『合』標記韻圖，《七音略》以『重中重』『重中輕』『輕中輕』『輕中重』區分開合。韻圖形制與内容則大體一致。羅常培先生對二者異同進行比較後認爲，『《七音略》所據之《七音韻鑑》與《韻鏡》同出一源』『皆於原型有所損益，實未可强分先後也』。即從韻圖所列各韻的順序來看，《韻鏡》與《七音略》原本當爲表現《切韻》音系的，宋以後，始據《廣韻》進行了補充、修訂，以與《廣韻》音系一致，故有『實以《廣

① 魯國堯《中國音韻學的切韻圖與西洋音系學(Phonology)的『最小析異對』(minimal pair)》，第二頁。

韻》《玉篇》之字』的特點。這也反映了『切韻圖是層纍地造出來的』①。李新魁對《韻鏡》列字與《廣韻》《集韻》《禮部韻略》進行過比較，發現《韻鏡》三千六百九十五字，僅一百七十二字不是使用《廣韻》的反切首字②。可見其與《廣韻》的關係是非常密切的，亦與張麟之《識語》所言『實以《廣韻》《玉篇》之字』是相符的。

《集韻》系列韻圖，據魯國堯先生研究，大致有兩部，一是已佚的楊中脩《切韻類例》，一是盧宗邁《盧宗邁切韻法》所述及的韻圖。楊中脩《切韻類例》已佚，但孫覿《鴻慶居士文集》卷三十『《切韻類例》序』對該書進行了介紹：

昔仁廟詔翰林學士丁公度、李公淑增崇韻學，自許慎而降，凡數十家，總爲《類篇》《集韻》，而以賈魏公、王公洙爲之屬。治平四年司馬温公繼纂其職，書成上之，有詔頒焉。今楊公又即其書科別户分，著爲十條，爲圖四十四，推四聲子母相生之法，正五方言語不合之訛，清濁重輕，形聲開合。梵學興而有華、竺之殊，吴音用而有南北之辯。解名釋象，纖

① 魯國堯《〈盧宗邁切韻法〉述論》，第三五〇頁。

② 李新魁《〈韻鏡〉研究》，《語言研究》一九八七年第二期，第一三三——一三四頁。

悉備具，離爲上下篇，名曰《切韻類例》……具見於一圖二篇之中。①

《盧宗邁切韻法》『跋語』亦云：『世傳切韻四十四圖，用三十六母與《集韻》中字，隨母所屬，次第均佈於圖間。』②説明《盧宗邁切韻法》所述韻圖與楊中脩《切韻類例》一樣，均爲《集韻》系列韻圖，且均爲四十四韻圖，可看作是與第三代『篇韻』相輔而行的韻圖。

《集韻》系列韻圖具有宋元前期切韻學向後期切韻學轉型的特點，從語音系統來看，反映的都是《切韻》系列韻書的語音系統，韻圖爲四十三或四十四。但在五音排列順序方面，前期切韻圖爲始幫終日型，如《韻鏡》《七音略》；後期切韻圖注重韻圖結構的對稱性，多爲始見終日型，即除半舌、半齒音外，牙、喉音均衹有一組聲母，故居兩頭；舌、齒、脣音上下兩組聲母並列，故居中間。後期切韻圖在前期切韻圖基礎上，將牙音與脣音位置交換，如《四聲等子》《經史正音切韻指南》。《盧宗邁切韻法》所述韻圖聲母的順序已經與後期切韻圖一致，也是始見終日。不過在喉音聲母的排列上，《盧宗邁切韻法》所述韻圖仍爲『影曉匣喻』，而不是後期切

---

① 魯國堯《〈盧宗邁切韻法〉述論》，第三四一頁。

② 同上。

韻圖的『曉匣影喻』①，具有比較典型的過渡性特徵。

宋元後期切韻學的顯著特徵是以攝爲單位大量合併相關韻系，韻圖數量減少，入聲與陰、陽聲韻相承，在一定程度上由反映韻書語音系統開始向反映實際語音轉變。如《切韻指掌圖》《四聲等子》各二十圖，《經史正音切韻指南》二十四圖。

不過，關於《切韻指掌圖》的成書年代問題，學術界還是有爭議的。世傳《切韻指掌圖》爲司馬光所作，則當成書於十一世紀中葉，即北宋時期，但該書刊行時間則在南宋嘉泰癸亥（一二〇三）。陳澧《切韻考外編》據鄒特夫考證，認爲切韻指掌圖實際上就是楊中脩所作。楊中脩《切韻類例》見上文介紹，共四十四圖，與《切韻指掌圖》二十韻圖差別較大。趙蔭棠先生對此專文進行了考證，認爲《切韻指掌圖》當爲託司馬温公之名，其成書年代當在淳熙三年（一一七六）以後與嘉泰三年以前②。

從韻圖編撰體例看，《切韻指掌圖》與《四聲等子》《經史正音切韻指南》相比更具有宋元前期切韻圖的特點，除了按綫性順序横列外，三十六字母的順序與《盧宗邁切韻法》所述韻圖一致，同樣是始見終日，喉音爲『影曉匣喻』。韻母的排列上，《切韻指掌圖》也與前期切韻圖一樣

① 魯國堯《〈盧宗邁切韻法〉述論》，第三五三頁。
② 趙蔭棠《等韻源流》，第一〇九—一一三頁。

是『四聲統韻』，即四欄分列四聲韻，四聲欄各列四等字。而後期切韻圖如《四聲等子》《經史正音切韻指南》則是『韻統四聲』，即四欄分列四等韻，各等欄四聲上下相承。《切韻指掌圖》横列三十六字母的列圖方式，南宋時期亦有其例。張麟之《韻鏡序作》指出：『近得故樞密楊侯倓淳熙間所撰《韻譜》，其自序云「朅來當塗，得歷陽所刊《切韻心鑑》，因以舊書，手加校定，刊之郡齋」。徐而諦之，即所謂《洪韻》，特小有不同。舊體以一紙列二十三字母爲行，以緯行於其上，其下間附一十三字母，盡於三十六，一目無遺。楊變三十六，分二紙，肩行而繩引，至横調則淆亂不協，不知因之則是，變之非也。』《切韻指掌圖》的體例當與楊倓《韻譜》、歷陽《切韻心鑑》有一定的承襲關係。

《四聲等子》的成書年代與著者不詳，趙蔭棠認爲該書成書年代『不能遲到南宋』①，李新魁認爲『當在《廣韻》《集韻》行世之後』②。其理由是《四等等子》序有『按圖以索二百六韻之字』。《經史正音切韻指南》則是與《五音集韻》《四聲篇海》相輔而行的，可看作是與第四代『篇韻』相輔而行的韻圖。該圖刊行於元惠宗至元丙子年（一三三六），受《四聲等子》影響很大，也可以説是在《四聲等子》二十圖基礎上，根據《五音集韻》一百六十韻的框架，將其改編爲二十四韻

---

① 趙蔭棠《等韻源流》，第九一頁。

② 李新魁《漢語等韻學》，中華書局，二〇〇四年五月，第一八〇頁。

圖的。正因爲《經史正音切韻指南》與《四聲等子》體例、內容的相似性，明代等韻學家多將《經史正音切韻指南》稱爲《四聲等子》，如袁子讓《字學元元》。

儘管宋元切韻圖根據其內容的不同，可分爲前期、後期兩個階段，根據與韻書的相輔關係的不同，前期切韻圖可分爲《廣韻》系、《集韻》系，但宋元切韻圖的理論體系都是一致的。首先，宋元切韻圖的編撰宗旨與語音基礎是一致的，都是爲分析《切韻》系韻書語音系統和拼讀韻書、字書反切服務的。其次，韻圖最核心的切韻理論，都是以開合四等作爲分析韻母系統的基本單位，以三十六字母作爲韻圖的聲母系統。最後，韻圖的基本編撰體例、使用方式都是以經調平、上、去、入四聲韻，與反切下字相關聯；緯調宮、商、角、徵、羽、半徵、半商七音，與反切上字相關聯，將『上字爲切，下字爲韻』的韻書、字書反切音，直觀映照在韻圖經緯相交所代表的字音上。韻圖既是韻書的音系結構表，也是拼讀反切的音節表。宋元切韻圖的形制與切韻理論，充分反映了中國古典音系理論的獨特表現方式和在語音分析方法方面所取得的獨特成就。宋元切韻學奠定了漢語音韻學的理論基礎，爲漢語等韻學的發展，尤其是明清等韻學的繁榮提供了理論與實踐方面的原動力。

宋元切韻學理論在宋代初年就已經非常成熟了，切韻學理論也被易學數理學家所借鑑，以推源宇宙萬物之音的起源、產生與發展，其中代表性的著作就是邵雍《皇極經世觀物篇·聲音唱和圖》與祝泌的《皇極經世解起數訣》。《聲音唱和圖》是《皇極經世書》中闡述天聲、地音律呂唱和的圖表。分十天聲，取天干之數，即韻部；十二地聲，取地支之數，即聲母類。天聲以四象日、月、星、辰與平、上、去、入相配，平、上、去、入四聲韻各復以四象日、月、星、辰區分闢、翕，共一百一十二韻。地音以四象水、火、土、石與開、發、收、閉相配，相當於根據與韻母四等拼合關係而區分的聲母類；開、發、收、閉復以四象水、火、土、石之柔、剛區分清、濁，共一百五十二聲母類。《聲音唱和圖》天聲一百一十二韻的區分，地音一百五十二聲母的分類，天聲之翕闢，地音之清濁對立，開發收閉分類，都是受切韻學理論的影響。而其天聲、地音律呂唱和，以天聲各韻輾轉唱地音各聲母，以地音各聲母類輾轉和天聲各韻，與韻圖聲韻經緯相交以表現反切讀音的方式是完全一致的。因此，可以説，《聲音唱和圖》的圖表形制、表現語音的方式，與漢語切韻學理論是一致的。《聲音唱和圖》是宋元前期切韻學理論與象數理論相結合而衍生的另一派切韻學著作。

祝泌《皇極經世解起數訣》則是以宋元前期切韻圖的形式進一步闡述《聲音唱和圖》天聲、地音律呂唱和的韻圖，將邵雍以曆數、律數闡述聲音之微義，以韻圖形式直觀地表現出來。祝泌『聲音韻譜序』指出：

> 惟皇極用音之法，於脣、舌、牙、齒、喉、半，皆分輕與重。聲分平、上、去、入，音分開、發、收、閉，至精至微。蓋聲屬天陽，而音屬地陰，天之大數不過七分，而聲有七均。地之大

數不過八方，而陰數常偶。故音有十六，不可缺一，亦非有餘也。余學《皇極》起物數，皆祖於聲音。二百六十四字之姆，雖得其音，而未及發揚。偶因官守之暇，取德清縣丞方淑《韻心》，當塗刺史楊俊（按，當爲倓）《韻譜》，金虜《總明韻》相參合，較定四十八音，冠以二百六十四姥，以定康節先生聲音之學。若辨《心鑑》，合輕重於一致，紊喉音之先後，誠得其當。添入《韻譜》之所無，分出牙喉之音，添增半音之字，合而成書。

《皇極經世解起數訣》共八十韻圖，横列聲母，縱列平、上、去、入四聲韻，韻分四等，韻圖形制與《韻鏡》《七音略》一致。不過祝泌將聲母一百五十二音據開、發、收、閉進行了分類，開、發、收、閉四類各分清、濁，共八類，八類聲母分别横列相應的韻圖聲母位。卷首以『一百五十二音八卦』表的方式對聲母分類進行了歸納。韻圖聲母綫性排列方式與楊倓《韻譜》相同；聲母按脣、舌、牙、齒、喉、半音的順序排列，韻母爲《廣韻》二百零六韻系統，與宋代前期切韻圖《韻鏡》《七音略》一致。入聲同配陰、陽聲韻，配陰聲韻是受《聲音唱和圖》的影響，配陽聲韻與《韻鏡》《七音略》相同，而入配陰陽同時也是宋元後期切韻圖的顯著特徵；喉音『曉匣影喻』相次，也與後期切韻圖相同。祝泌《起數訣》以宋代切韻學理論闡述邵雍《唱和圖》的聲音之學，將宋元切韻學理論與象數理論相結合，在漢語等韻學史上産生了重要的影響，是『皇極經世』系列著作中最具有代表性的切韻學文獻之一。

宋元切韻韻圖是以三十六字母系統、開合兩呼四等的韻母分析理論，將《切韻》系列韻書的語音系統以表格的方式進行展現，以經緯相交的方式對其反切讀音進行拼切的圖表。不過由於三十六字母與《切韻》系列韻書的聲母系統存在一定的差異，韻圖的聲母系統、四等的格局與韻書語音系統存在一定的矛盾，因此就會産生韻圖的語音結構與韻書反切所反映的語音系統不相容的情況，需要在韻圖編撰過程中以一定的規則進行調整。爲了幫助韻圖使用者正確瞭解韻圖規則，正確使用韻圖以拼讀反切，門法應運而生。另一方面，由於語音的變化，韻書、字書反切與實際語音也存在一定的矛盾，如輕、重脣類隔切，精、照互用切等，這也需要以門法的形式進行調和。調和後一類反切的門法在唐末守温《韻學殘卷》中就有論述，出現了『類隔』『憑切』等切字法的説明，宋初沈括《夢溪筆談》也有同樣的記載。而調和韻圖與韻書反切矛盾的門法，隨着切韻學的成熟與切韻圖的繁榮，在宋元時期開始盛行起來。如《通志·藝文略》『音韻』部分記載，《切韻指元論》三卷，僧鑑言著《切韻指元疏》五卷；晁公武《郡齋讀書志》記載有《切韻指玄論》三卷，『皇朝王宗道撰，論字之五音清濁』，《四聲等第圖》一卷，『皇朝僧宗彦撰，切韻之訣也』。《五音集韻》寒韻『韓』小韻記載：『韓孝彦……注《切韻指玄論》，撰《切韻澄鑑圖》，作《切韻滿庭芳》，述《切韻指迷頌》。』以上著録文獻當多爲切韻門法之類的著作，可惜今均亡佚。《四聲等子》卷首記載有比較豐富的門法內容，元劉鑑《經史正音切韻指南》『玉鑰匙』十三門法與『玄關歌』五音歌訣則記載了比較系統的門法。不過，有關這些門法内容的來源及門法的發展演變過程，現在還存在許多空白。《四聲等子》序指出：『切韻之作，始乎陸氏；關鍵之設，肇自智公。』『其指玄之論，以三十六字母約三百八十四聲，別爲二十圖，畫爲四類。審四聲開闔，以權其輕重；辨七音清濁，以明其虛實。極六律之變，分八轉之異。』指出智公撰寫了《指玄論》。但智公是誰，《指玄論》内容如何，並没有明確交代。

黑水城出土的《解釋歌義》則明確指出《指玄論》的作者『智公』爲『智峀（邦）』。《解釋歌義》，殘抄本，俄羅斯科學院東方研究所聖彼得堡分所藏品，巾箱本，首尾殘佚。首頁題『解釋歌義壹畚』，據聶鴻音、孫伯君（二〇〇六）介紹，原件護封左面題簽『□髓解歌義壹畚』，聶氏認爲作者當爲金代女真人□髓①。該書主要内容有兩部分，一是『訟（頌）』，是王忍公以歌訣形式對智峀《指玄論》門法的闡釋；二是『義』，即□髓對王忍公歌訣的注疏，實際上也就是對智峀門法的注疏，也有對《指玄論》及王忍公相關情况的介紹。該書是現存最早最完整的切韻門法專書，爲瞭解宋元切韻學理論，尤其是門法理論的發展過程提供了非常珍貴的資料。

目前所見宋元切韻學文獻是構建漢語等韻學理論或漢語音系學理論最重要的資料，奠定了漢語等韻學發展的理論基礎。因此，對宋元切韻學文獻進行系統整理和校注，對深入歸納總結傳統音系學理論的發展，對深入推進漢語等韻學研究與漢語語音史研究具有重要的價

① 聶鴻音、孫伯君《黑水城出土音韻學文獻研究》，文物出版社，二〇〇六年四月，第一〇八頁。

值。近年來，學術界對宋元切韻學文獻的研究已經非常深入，對這些文獻的校注也取得了一定的成果，尤其以《韻鏡》的校注成果最爲豐富。《韻鏡》自宋淳祐年間流入日本，在國内幾乎失傳，賴清末黎庶昌出使日本，始影印《覆永禄本韻鏡》，收入《古逸叢書》，重新得到學術界的關注。但因其久在異域，難免有誤，故對此書進行整理校勘者甚衆，如馬淵和夫《韻鏡校本和廣韻索引》（一九七七）、龍宇純《韻鏡校注》（一九八二）、李新魁《韻鏡校證》（一九八二），目前整理最全面最深入的是楊軍《韻鏡校箋》（二〇〇七）。而刊行時間相近的《七音略》，與《韻鏡》相比，學術界關注度並不高，最早對其進行簡單校注的有羅常培先生《〈通志·七音略〉研究》（景印元至治本《通志·七音略》序）（一九三五），楊軍《七音略校注》（二〇〇三）則是目前學術界對《七音略》校注最全面、最精細的著作。

相比於這兩部宋元早期切韻圖，現存其他宋元切韻學文獻儘管在研究方面已經取得了一定的成就，但對其進行校勘，尤其是對這些文獻内容之間的關聯性進行校釋，還有很大程度的不足。宋元漢語切韻學文獻理論自成體系，著作層次豐富，學術影響力極大。進一步推動宋元切韻學乃至漢語等韻學理論體系的研究，迫切需要編撰一部完整的宋元切韻學文獻整理叢書，爲深入開展漢語等韻學研究提供可資參閱的文獻資料，擴大這些文獻的受衆面，減少研究者的文獻搜集、抄録及繁瑣的整理、對比、檢索環節，推進宋元切韻學研究的廣度和深度，最大限度地展現文獻的使用價值，讓宋元切韻學文獻重新煥發新的活力，從而形成百花齊放的研究局面，促進漢語等韻學這門傳統學科的健康發展。

有鑑於此，本課題組聯合了音韻學界的專家學者，通力合作，編撰了《宋元切韻學文獻叢刊》。中國音韻學研究會原會長、南京大學魯國堯教授自始至終爲本叢刊的策劃、編撰、出版給予了精心的指導與幫助。魯國堯先生早年在日本發現了在學術史上沉埋八百餘載的《集韻》系列切韻學文獻《盧宗邁切韻法》，並著文向學術界公佈了這一宇内孤本，提出了許多富有卓見的切韻學理論觀點，如『切韻圖是層纍地造出來的』、漢語等韻學分爲宋元切韻學與明清等韻學兩個階段、宋元早期切韻學文獻分爲《廣韻》系列與《集韻》系列等。這些觀點都已經得到了學術界的廣泛接受與認可。魯先生以八十四歲高齡，答應對《盧宗邁切韻法》以及《夢溪筆談》卷十五『藝文二』之『切韻之學』條進行更深入細緻的校釋、闡述，將其納入《宋元切韻學文獻叢刊》，以惠澤學林。先生長者之風，高山仰止。楊軍先生在《韻鏡》《七音略》的校注方面取得了豐碩的成果，是國内外的權威專家，其《韻鏡校箋》《七音略校注》在學術界産生了巨大的反響，是音韻學研究者的必備參考書目。爲使《宋元切韻學文獻叢刊》更具有系統性、權威性，楊軍先生在承擔繁重科研任務的情況下，允諾對《韻鏡》《七音略》進行重新校釋，並在叢刊編撰過程中給予了許多建設性與指導性意見，受益良多。子課題負責人首都師範大學李紅教授作爲主編之一，在承擔叢刊的策劃、組稿的過程中，不僅負責了《切韻指掌圖》《皇極經世解起數訣》的校注任務，同時還協助楊軍先生對《七音略校箋》進行了補訂，對《韻鏡校箋》進行了編訂。李紅教授在《切韻指掌圖》研究方面創獲頗多，其《切韻指掌圖研究》（二〇一一）在學術界有一定的影響力，對《切韻指掌圖》《皇極經世解起數訣》的校注也是其多年來的學術積纍。中央民族大學婁育博士在《經史正音切韻指南》研究方面成果豐碩，其《〈經史正音切韻指南〉文獻整理與研究》（二〇一三），資料搜集全面，考證翔實、深入，是當前《經史正音切韻指南》研究難得的力作之一，在《經史正音切韻指南》校注方面也有了長期的積纍。安徽大學王曦教授搜集了大量《四聲等子》的文獻資料，爲幫助我們順利完成《四聲等子》的校注工作，將這些資料無償提供給了課題組，並協助李紅教授，二人合作完成了《四聲等子》的校注、校對與編寫任務，稟承學術乃公器之心，其情可嘉。孫伯君先生《黑水城出土等韻抄本〈解釋歌義〉研究》（二〇〇四）對《解釋歌義》的門法進行了梳理和研究；聶鴻音、孫伯君兩位先生（二〇〇六）對包括《解釋歌義》在內的黑水城音韻學文獻進行了深入研究。我們在聶、孫二君研究的基礎上，對《解釋歌義》重新進行了校釋，並將其與《四聲等子》所述門法，特别是《經史正音切韻指南》『玉鑰匙』十三門法、『玄關歌訣』進行了比較研究。爲了更全面地瞭解漢語等韻門法的發展演變過程，我們在對《解釋歌義》進行校釋的基礎上，將宋元以來對門法、『玄關歌訣』進行注釋、評議的相關文獻進行了初步搜集，將其中幾家有代表性的注解進行了彙集，並附董同龢《等韻門法通釋》對相關門法內容的疏證，以幫助音韻學研究者和愛好者對漢語等韻門法有比較全面的瞭解。

漢語等韻學一直被稱爲『絶學』，章學誠《文史通義·申鄭》認爲，『七音之學』等『誠所謂專門絶業』。近年來黨和國家領導人一直提倡『要講清楚中華優秀傳統文化的歷史淵源、發展脉絡、基本走向，講清楚中華文化的獨特創造、價值理念、鮮明特色，增强文化自信和價值觀自信』，冷門絶學的研究日益受到重視。我們對具有悠久的研究歷史、獨特的研究理論體系、獨創的語音分析理論與方法，具有鮮明中國特色的漢語切韻學文獻進行搜集整理，主要目的是希望能够進一步推動漢語等韻學研究的開展，重新構建中國古典音系學理論體系，梳理一千多年來中國古典音系學在學術創造方面的影響、在知識傳播方面的價值，及其對中國文化、社會生活所産生的重要推動意義，並爲以上研究提供基礎的文獻資料。

《宋元切韻學文獻叢刊》是國家社科基金重大項目『漢語等韻學著作集成、數據庫建設及系列專題研究』（17ZDA302）的階段性成果，同時獲得了二〇二〇年度國家古籍整理出版專項經費資助項目的資助。叢刊的出版要特别感謝鳳凰出版社總編輯吴葆勤編審的幫助、指導，感謝孫州、張沫、莫培三位責編的辛苦勞動；同時感謝首都師範大學李紅紅、黄麗娜、黄美琪、羅娟、劉洋，南昌大學但鋭、梅那、肖銀鳳、李洋華、余月等同學在參與課題研究過程中付出的努力。

最後，要特别感謝日本國立國會圖書館、國立公文書館、早稻田大學圖書館，美國哈佛大學哈佛燕京圖書館、中國國家圖書館、南京圖書館等國内外藏書機構爲本次《宋元切韻學文獻叢刊》編撰提供的珍稀版本；特别感謝上海古籍出版社對俄藏黑水城門法文獻《解釋歌義》圖版的授權。

爲方便讀者閲讀，本叢書多採用『一圖一注』的編排方式；同時爲滿足讀者閲讀參考完整文獻的需要，各書末多附各切韻文獻影印底本。其中《韻鏡》另附兩種重要版本，《七音略》另附一種重要版本，這三種版本以及《盧宗邁切韻法》，今特地採用全彩影印的方式，以充分體現其版本特點與價值。

是爲序。

李軍

辛丑年十月

出版說明

本書是《七音略校注》的增補改訂版。《七音略校注》出版已經十八年，因爲當時採用横排，《七音略》可以改變圖次適應版式，而《七音序》不便調整，祇好將《序》暫付闕如，留下了一個遺憾。又由於《七音略校注》的編排是圖與『校注』别行，使用起來難免也有些不便。這次改版之前，李紅教授等同好提出將版式改爲一圖一校注，再把校、注也分開，這樣可以方便不同需要的讀者使用。這當然是很好的建議，所以就改變了原書版式和體例。爲此我特别感謝合作者李紅教授，她不僅付出巨大的勞動，精心細緻地完成這一繁重又瑣碎的工作，還對《七音序》進行了全面的箋疏，使《序》歸於《略》而終成完璧，從而彌補了當年留下的遺憾。因爲本書這次要跟《韻鏡校箋》一起出版，爲使兩部書的關聯性在書名上有所體現，所以更名爲《七音略校箋》。

楊　軍

二〇二一年九月於合肥

目録

序

魯國堯

凡是學過音韻學的人都知道，音韻學作爲一門學科，就其内容而言，有三元組合説和四元組合説。前者是指音韻學由『今音學』『古音學』和『等韻學』三部分組成，或者説，可以分爲上述三個分支學科；後者則是再加個『北音學』。這兩説都少不了『等韻學』，『等韻學』可以稱爲中國傳統的漢語音系學。直到二十世紀九十年代初，我們纔知道『等韻學』起初叫『切韻學』，唐、五代、遼、宋、夏、金、元甚至明初都如此，明、清、民國至今叫『等韻學』（詳見拙文《〈盧宗邁切韻法〉述評》）。如果要簡省，可以叫作『宋元切韻學』和『明清等韻學』。

我們通過《郡齋讀書志》《直齋書録解題》《通志・藝文略》《宋史・藝文志》等目録書和某些敦煌遺書殘卷、《居士集》、《夢溪筆談》等古籍，可以瞭解到唐、五代、宋時期，切韻學是相當盛行的，流派繁衍，『師法多門』，爭奇鬥勝，各有千秋。可惜的是，這些切韻學文獻絶大多數散佚不傳，有些祇留下些片斷和痕迹，如《夢溪筆談》『切韻之法』條就是個包藏多種切韻法殘片的『黑匣子』（詳見拙文《沈括〈夢溪筆談〉所載切韻法繹析》）。深藏於日本而長期不爲音韻學者所知的《盧宗邁切韻法》是當時若干切韻法的彙集，其背景是某種《集韻》系切韻圖，惜乎該圖不傳。完帙的宋元切韻圖衹有《七音略》《韻鏡》《切韻指掌圖》《四聲等子》《經史正音切韻指南》五種。宋高宗紹興之末是漢語切韻學史上具有重要意義的時期，鄭樵（一一〇四——一一六二）於紹興三十一年（一一六一）完成了巨著《通志》，《通志》的精華是《二十略》，其一是《七音略》，《七音略》的編成時間，有可能是紹興三十一年，但也有可能是紹興三十年，而在紹興三十一年，張麟之第一次刊印了《韻鏡》。

鄭樵是位博學大家，以史學見長，但他也致力於文字、音韻之學。其《寄方禮部書》云：『樵於是爲韻書，每韻分宮、商、角、徵、羽、半徵、半宮，是爲七音，縱横成文，蓋本浮屠之家作也，故曰《分音》。』其《通志·藝文略》云：『切韻之學，起自西域……中華之韻，只彈四聲，然有聲有音，聲爲經、音爲緯。平、上、去、入者，四聲也，其體縱，故爲經。宮、商、角、徵、羽、半徵、半商，七音也，其體横，故爲緯。經緯錯綜，然後成文，臣所作韻書備矣。』鄭樵所説的『韻書』跟通常説的將字按四聲和韻編排的韻書如《廣韻》《集韻》不同，所指更廣，泛指音韻之書，他所作的『韻書』名叫《分音》。鄭樵《七音略·七音序》云：『臣初得《七音韻鑑》，一唱而三嘆，胡僧有此妙義，而儒者未之聞……今作《諧聲圖》，所以明古人制字通七音之妙；又述内外轉圖，所以明胡僧立韻得經緯之全……今兹内外轉圖，所以别音聲……』鄭樵用字似有用心：『《諧聲圖》』是『作』，而『内外轉圖』是『述』。鄭樵所述的『内外轉圖』就是《通志·七音略》，它是在梵語悉曇學影響下的漢語切韻學著作，即四十三轉的切韻圖。

《七音略》是古代『中西文化交流』的産物，但是長期以來没有得到應有的重視。以前其聲名居於『司馬光《切韻指掌圖》』之下，待到學界辨認出司馬光乃是託名的時候，《七音略》又爲《韻鏡》所掩。這兒要説一下，《七音略》和《韻鏡》雖然有差異，也許還不少，但是，自其異者視之如胡越，自其同者視之若兄弟，二者同根同源，都是《廣韻》系的切韻圖。《韻鏡》自清光緒年間從扶桑回歸祖國以後，名聲大噪，一直被學者們奉爲等韻學的圭臬。對《韻鏡》作研究的人很多，校注的人也多，就我所知，中國學者做過校訂、注釋的就有龍宇純、李新魁、孫玄常三位先生，前兩位的書在三四十年前先後問世，影響深廣。而《七音略》的遭遇則相形見絀，衹有羅常培先生寫過一篇論文《〈通志·七音略〉研究——景印元至治本〈通志·七音略〉序》（一九三五），其主要内容爲《七音略》和《韻鏡》的比較，以及對《七音略》三種版本的校勘。羅先生是音韻學大家，他的這篇文章在學界很有影響，任何一種音韻學論著，衹要涉及宋元切韻學，没有不引以爲據的，可以説，這是一篇權威性論文，甚或是經典性文字。但是以今日視之，它對《七音略》的校勘還不能稱作完善，還有待補苴。這不足爲奇，章太炎先生説的『前修未密，後出轉精』，的确是學術史上的一條定律！

《七音略》需要作精密的校注，然而羅文之後六十多年迄無人校注。我手頭有一部《通志二十略》（中華書局，一九九五年），是由歷史學家王樹民『點校』的，可是翻開『七音略』部分一看，校語寥寥，大失所望。也難怪，章學誠《文史通義·申鄭》認爲『七音』之學等，『誠所謂專門絕業』，通常的説法是，音韻學是絕學，《應用漢語詞典》（商務印書館，二〇〇〇年）對『絕學』的解釋是『極難掌握的學問』。音韻學的書確實不是一般的文史專家所能校注的，這祇有等待造詣精深的音韻學人來擔任了，誠所謂『天將降大任於斯人也』。

一九九九年楊軍同志自西部來金陵訪學，他對《韻鏡校證》已經下了很大工夫，寫了幾篇論文，他在南京繼續鑽研《韻鏡》。他的素質、功底、好學精神都給我留下了深刻的印象，所以我建議他：『何不也對《七音略》做個校注？』他樂於接受拙見，在南京搜集了大量中外資料，於是在南京即着手校注《七音略》，他對《韻鏡》的積年研究自然也有助於他對《七音略》的校注工作。他回到貴州後，又鍥而不捨，孜孜矻矻，終於在二〇〇二年夏完成了大業。

楊軍同志的這本書是《七音略》刊行以來的第一本校注，而且是詳注，是楊軍同志的綜合學力的體現，是多年心血的結晶，這本學術著作的出版，必將得到海内外漢語音韻學界的贊譽。

我要指出，這本《七音略校箋》使用了好多當今中國音韻學界難以見到的寶貴文獻，這也是超邁以前的韻圖校注及研究專書之處。這要感謝我的老友——香港中文大學黄耀堃教授、日本京都大學平田昌司教授和東京大學齋藤希史教授的巨力幫助，他們不斷地將自己多年搜集的珍貴文獻航空郵寄到南京，還特地向其他學者徵集有關資料寄來，他們的『學術者，天下之公器』的高尚精神應該受到大力表彰。

我看一本學術論著，經常先看它末尾的『參考文獻』，從中可以窺見作者功力的深淺、涉獵的廣狹，是否懂得學術規範，雖不中亦不遠矣。我建議讀者先看看楊軍同志此著的『參考書目』，我想，閱後必對這本書懷着高期望值。

我過去（一九九二、一九九三、二〇〇二）曾經指出，《韻鏡》《七音略》這類早期切韻圖，是層纍地造成的。韻圖在流傳中，會有人根據自己的學識、愛好、師承，爲求『完善』不斷對它加工，猶如民間文學一樣，好多韻圖的作者無從知曉，所以張麟之衹得感嘆：『其來也遠，不可得指名其人。』『自是研究，今五十載，竟莫知原於誰。』切韻圖的層纍性是關係到我們如何認識現存早期韻圖本質的問題，也是關係到我們如何正確對待和合理利用這些韻圖的問題，所以不能、也無法迴避。楊軍同志採納我的觀點，他在校注的同時，還嘗試對《七音略》作了一些剥除層纍成分的工作。由於該書層纍的情況相當複雜，還不能説這項工作已經做得很對，做得很好，但這畢竟是一次頗有意義的嘗試。希望這種嘗試能够得到學術界同仁更多的關心和幫助，希望更多的音韻學家從事這項工作。

這本厚厚的書，千餘條校記、注釋，叫人生敬的同時，也令人生畏。爲何？不像那些科普書、通論書，這本《七音略校箋》絶無趣味性、絶無可讀性。讀它，瀟灑不得，需要摒絶雜務，全神貫注，還要不停地查案頭的一堆參考書。設身處地想想，作者撰寫這一條條校注時，是如何地費盡移山心力？惟其艱難若此，因此我也可以肯定，這些校注中必有一些因思慮不周而不能稱作無缺的，讀者會有不同看法，甚至引起爭論，這是好事，這將吸引、迫使作者和讀者不斷努力地去完善它，這是學術的必然歷程。

最後，我還要講到上海辭書出版社、講到《七音略校箋》的責任編輯楊蓉蓉同志。一九七二年我奉南京大學中文系革命委員會負責人之一的命令到上海參加新《辭海》的編寫工作，從那時起就認識了這家中國名牌出版社的很多編輯。我跟楊蓉蓉同志熟識也有二十多年了，她的敬業精神令我敬佩，她健康狀況不佳，但是她念兹在兹的卻是工作，即以近年而言，由她主持的編輯室就出版了好多本古代語言學的冷門的但是有學術價值的專書。去年八月她帶病瘸着腿到石家莊市出席中國音韻學會第十二届學術討論會暨漢語音韻學第七届國際學術研討會，跟專家們聯繫，積極組稿，當然她組的稿，不是如今很多出版社趨之若鶩，能賺大錢的『學生書』，而是要賠老本的音韻書。所以作爲音韻學人，我把這位學者型的編輯視若知音，並向她表示誠摯的敬意。

漢光武帝云：『人心苦不足，既得隴，又望蜀。』我盼望楊軍同志的《韻鏡校箋》殺青、問世就在明年。

二〇〇三年四月二日於金陵隨園北鄰

自序

《七音略》爲鄭樵所著《通志》中『二十略』之一，與《韻鏡》同爲中國古代早期韻圖，是考訂中古語音系統的重要參考文獻。

鄭樵，字漁仲，宋興化軍莆田人。自號溪西逸民。生於北宋徽宗崇寧三年（一一〇四），卒於南宋高宗紹興三十二年（一一六二）。《宋史·儒林傳六》記載：

> 鄭樵，字漁仲，興化軍莆田人。好著書，不爲文章。自負不下劉向、揚雄。居夾漈山，謝絶人事。久之，乃游名山大川，搜奇訪古，遇藏書家，必借留讀盡乃去。趙鼎、張浚而下皆器之。初爲經旨，禮樂、文字、天文、地理、蟲魚、草木、方書之學，皆有論辨，紹興十九年上之，詔藏祕府。樵歸，益厲所學，從者二百餘人。
>
> 以侍講王綸、賀允中薦，得召對，因言班固以來歷代爲史之非。帝曰：『聞卿名久矣，敷陳古學，自成一家，何相見之晚耶？』授右迪功郎，禮、兵部架閣，以御史葉義問劾之，改監潭州南嶽廟，給札歸抄所著《通志》。書成，入爲樞密院編修官，尋兼攝檢詳諸房文字。請修金正隆官制，比附中國秩序，因求入祕書省繙閲書籍。未幾，又坐言者寢其事。金人

之犯邊也，樵言歲星分在宋，金主將自斃，後果然。高宗幸建康，命以《通志》進，會病卒，年五十九。學者稱夾漈先生。

關於鄭樵的事迹，《宋史·儒林傳》較爲簡略，高明先生在《鄭樵與〈通志·七音略〉》中，據《福建通記》《莆田縣志》所載《鄭樵傳》有所補充。文長不能盡引，讀者可自行參考。

夾漈知識廣博，平生著述甚豐。《莆田縣志》載樵紹興二十七年（一一五七）奏對云：『臣處山林三十餘年，修書五十種，皆已成。其未成者，臣取歷代之籍，始自三皇，終於五季，通爲一書，名曰《通志》。參用馬遷之體，而異馬遷之法。謹摭其要覽十二篇曰《修史大例》，先上之。』《福建通紀》所載略同。

鄭樵著述不僅數量多，涉及内容亦非常廣泛。而其爲學之旨，則在博通與自創兩端。《通志總序》云：『然大著述者必深於博雅，而盡見天下之書，然後無遺恨。』又云：『凡著書者，雖採前人之書，必自成一家言。』自此即可見鄭樵之治學思想。然務博易流於蕪雜，專己難免乎自大。即以其所著中最爲重要的《通志》而言，亦不免於二弊。在《通志》中，鄭樵最看重的是《二十略》。鄭樵在《通志總序》中說：『夫學術超詣，本乎心識，如人入海，一入一深。臣之《二十略》，皆臣自有所得，不用舊史之文。』又云：『臣今總天下之大學術，而條其綱目，名之曰「略」。凡《二十略》，百代之憲章，學者之能事，盡於此矣。其五略，漢、唐諸儒所得而聞；其十五略，漢、唐諸儒所不得而聞也。』其所謂五略者，《禮略》《職官略》《選舉略》《刑法略》《食貨略》；而所謂『漢、唐諸儒所不得而聞』之十五略者，則《氏族略》《六書略》《七音略》《天文略》《地理略》《都邑略》《謚略》《器服略》《樂略》《藝文略》《校讎略》《圖譜略》《金石略》《災祥略》《昆蟲草木略》是也。於此可見樵自視之高，自負之甚。然考諸舊史，並非盡如其言。加之過於狂傲，往往輕詆古人，因而清儒對其人其書評價均不高。《四庫全書總目提要》云：

> 通史之例，肇於司馬遷。故劉知幾《史通》述二體，則以《史記》《漢書》共爲一體；述六家，則以《史記》《漢書》別爲兩家。以一述一代之事，一總歷代之事也。其例綜括千古，歸一家言。非學問足以該通，文章足以熔鑄，則難以成書。梁武帝作《通史》六百二十卷，不久即已散佚。故後有作者，率莫敢措意於斯。樵負其淹博，乃綱羅舊籍，參以新意，撰爲是編。凡《帝紀》十八卷，《皇后列傳》二卷，《年譜》四卷，《略》五十一卷，《列傳》一百二十五卷。其《記》《傳》刪録諸史，稍有移掇，大抵因仍舊目，爲例不純。其《年譜》仿《史記》諸表之例，惟間以大封拜、大政事錯書其中，或繁或漏，亦復多歧，均非其注意所在。其平生之精力，全帙之菁華，惟在《二十略》而已。一曰《氏族》、二曰《六書》、三曰《七音》、四曰《天文》、五曰《地理》、六曰《都邑》、七曰《禮》、八曰《謚》、九曰《器服》、十曰《樂》、十一曰《職官》、十二曰《選舉》、十三曰《刑法》、十四曰《食貨》、十五曰《藝文》、十六曰《校讎》、十

七曰《圖譜》、十八曰《金石》、十九曰《災祥》、二十曰《草木昆蟲》。其《氏族》《六書》《七音》《都邑》《草木昆蟲》五略，爲舊史之所無。案《史通·書志篇》曰：『可以爲志者，其道有三：一曰都邑志，二曰氏族志，三曰方物志。』樵增《氏族》《都邑》《草木昆蟲》三略，蓋竊據是文。至於《六書》《七音》，乃小學之支流，非史家之本義。矜奇炫博，泛濫及之，此於例爲無所取矣。

所考樵自詡『不用舊史之文』者僅三略而已，而皆亦有所本。又其《校讎略》諸論多以校讎取代目録之學，淆亂兩科之大界，實爲後世章學誠輩必欲以校讎學『辨章學術，考鏡源流』之濫觴；又於《六書略》創六書分類之法，自我作古，正如沈兼士先生（一九三五）所說：『六書之分，固非絶對有別，判若鴻溝者也。今鄭氏捨本逐末，倒果爲因，以六書爲綱，別立細目，而以文字分類件繫於其下。脱有出入，復削足就履，設變例以彌縫之，如象形中有形兼聲，形兼意，指事中有事兼聲，事兼意。遂使後之學者變本加厲，爭論紛紜，歧路愈多，真義愈隱，庸人自擾，甚無謂也。』僅以此論，《提要》唯言辭稍嫌激烈外，所評堪爲公允。

至於《七音略》，據鄭樵《七音序》稱，則欲以聲音之學傳儒學之教，從而達到『以夏變夷』之目的。其言曰：『今宣尼之書，自中國而東則朝鮮，西則涼夏，南則交阯，北則朔易，皆吾故封也。故封之外，其書不通。何瞿曇之書能入諸夏，而宣尼之書不能至跋提河？聲音之道，有障閡耳，此後學之罪也。舟車可通，則文義可及。今舟車可通而文義所不及者，何哉？臣今取七音編而爲志，庶使學者盡傳其學，然後能周宣宣尼之書以及人面之域。所謂用夏變夷，當自此始。』此言無疑誇大了聲音之學的作用。不過，他認爲韻圖之學始於『胡僧』，而由『華僧』所定，則是相當合理的。《七音序》曰：『七音之韻，起自西域，流入諸夏。梵僧欲以其教傳之天下，故爲此書。雖重百譯之遠，一字不通之處，而音義可傳。華僧從而定之，以三十六爲之母，重輕清濁，不失其倫。天地萬物之音，備於此矣。雖鶴唳風聲，雞鳴狗吠，雷霆驚天，蚊虻過耳，皆可譯也，況於人言乎？所以日月照處，甘傳梵書者，爲有七音之圖，以通百譯之義也。』所言韻圖與『甘傳梵書者』有關，即與佛經翻譯有關，亦不無道理。鄭樵在《六書略》中有《論梵漢》，對梵文的拼合原理有一定的認識，他之所以能看出韻圖與佛經翻譯的關係，正與其粗通梵文有關。至於他對韻圖的構成的原理，瞭解則很有限。這一層，僅以《七音略》對『内外轉』的處置即可説明。

早期韻圖區分内外轉的根據，鄭樵並不清楚。在《韻鏡》裏，『外轉』各圖齒音二等位置上，所列的皆爲二等莊組（照二）字，即使有些位置上韻書正好没有莊組二等韻的字，《韻鏡》一般總是寧願空出該位，而不將無處可居的三等莊組字填入。原因是一旦列入三等莊組字，外轉各圖將無從分別二等齒音位置上的字到底屬於二等抑爲三等。因此，早期韻圖在外轉各圖中是不列三等莊組字的，亦即三等莊組字溢出『外轉』各圖，不能在這些圖中拼合（『轉』即拼合之義），須於圖外（韻書中）查找，故名之曰『外轉』。而『内轉』各圖均無獨立二等韻，不存在同一圖中莊組二等字與三等字的衝突，與其讓二等位置空閑，不如定下條例，將三等莊組字寄放進去，以解決部分三等莊組字無地可居的問題。既然内轉各圖中同韻的三等字無論聲紐如何，都居於該圖之内，因而名之曰『内轉』。所以，『内外轉』是爲齒音二等位置上列字所定的條例，如此，使用韻圖時自然可知『内轉』諸圖齒音二等位置上所列的是三等莊組字，『外轉』諸圖齒音二等位置上的則爲二等莊組字。這個條例與精組字列字的道理相同，精組字無論三等抑或四等，都必須放在四等位置上，即便齒音三等位置無字，亦不得將三等精組字列於該位。這是因爲倘使三等章組無字時將精組字列入三等位置，則無從分别齒音三等位置上所列的到底是章組字還是精組字。鄭樵既不懂得這一道理，而又不願墨守成規，加之爲學過於勇武，見『外轉』諸圖齒音二等有空位而韻書中適有三等莊組字，以爲古人粗疏，自以爲是將三等莊組字補入圖中。例如十四轉去聲二等穿紐位，《七音略》列『竁』字，《韻鏡》無。王一、王三祭韻『竁』字兩見，一在⿱毳木小韻，楚歲反；一在毳小韻，此芮反（清紐），注：『又楚歲反。』《廣韻》同，毳小韻下竁又楚税切。《唐韻》⿱毳木小韻音同王一等，無『竁』字。王二『竁』字衹見於毳小韻，音同王一等，無又音。本書列於二等誤。因本圖既屬外轉，三等韻正齒音依例不當寄入二等位，故當從《韻鏡》删。又如外轉第十七去聲二等審紐位，《七音略》列『阠』（大中堂本、于氏刊本、仿明刊本、聚珍本同，其他各本誤爲阤），《韻鏡》無字。《廣韻》及以前韻書無此音，《集韻》稕韻末乃增阠小韻，所陳切。本書當是據《集韻》列，此字正當作『阠』，然本轉屬外轉，稕韻爲三等韻，其齒音不當列於二等。同轉入聲二等穿紐位《七音略》列『刹』，《韻鏡》無字。切三、王一質韻有刹小韻，初栗反。王三、《唐韻》、《廣韻》音同，字作刹。《集韻》測乙切。按，此字作『刹』是，然爲三等字，而本轉屬外轉，依例不當列於二等位，《韻鏡》此位不列，是也。再如外轉第十八平聲二等照紐，《七音略》列竣，《韻鏡》無。《廣韻》及以前韻書真（諄）韻無此字，且無莊紐（照二）。《集韻》乃收此字於韻末，壯倫切。本書所據殆即此也。然本轉屬外轉，不當於二等位置列三等字，此亦是郑氏不明體例而妄增者，當删。同轉平聲二等穿紐，《七音略》列⿰忄盾，《韻鏡》無。王三真韻『⿰忄盾』字兩見，一在屯小韻，陟倫反（知紐）；一在⿰酉屯小韻，丈倫反（澄紐）。兩音並訓『布貯』，當是『⿰巾盾』字之訛。此字《廣韻》諄韻屯、⿰酉屯兩小韻下皆作『⿰巾盾』，是其證也。然本轉之⿰忄盾，於上引二音不合。《集韻》真韻末有⿰巾盾小韻，測倫切。與本書所列相合。其訓爲『布載米』，則其字當從巾作『⿰巾盾』爲是。然本轉爲外轉，不當於二等位列三等字，是此亦當係鄭氏妄增者。再如外轉第二十一去聲二等審紐《七音略》列帴，《韻鏡》無。《廣韻》及以前韻書襇、綫韻皆無此字。《集韻》綫韻有此字，山箭切，乃據《周禮・鮑人》『爲帴』《釋文》『音踐。或山箭反』之或音而收。按，本圖屬外轉，綫韻列於四等，則正齒音二等位（照組）不得列三等綫韻字，否則即與襇韻字混。本書於第二十三轉二等審紐位列二等諫韻訕字（王一、王二、王三、《唐韻》、《廣韻》並所晏反）不誤，然又於本轉列『帴』則非其例也。《韻鏡》此位不列字，是也。又《七音略》外轉第二十二平聲二等照紐列『恮』。《韻鏡》開奩同，其他各本無。切三仙韻有『恮』，荘(莊之俗字)緣反。刊宣韻則有跧小韻，荘閂反(今從P. 2014照片摹寫，姜亮夫抄徑改作『荘関反』)。王一、《廣韻》仙韻亦有恮小韻，莊緣反。《集韻》仙韻有『恮』，亦莊緣切；山韻則有跧，阻頑切。按，本轉屬『外轉』，二等位有獨立二等韻山韻，三等仙韻齒音字不得借二等地位。是此字當係後人不明體例而妄增者。《韻鏡》本或將此字列於穿紐位，亦是後增。又同轉去聲二等照紐位列『孨』，《韻鏡》(理)同，其他各本無。唐五代韻書線韻無此字。《廣韻》線韻有孨小韻，莊眷切，此當本書所據。然本圖屬外轉，齒音二等位依例不得列三等線韻字，否則壞其例矣。《韻鏡》各本無字當是原書舊式，(理)有者，定是淺人妄增。又同轉去聲二等審紐位列簨。《韻鏡》無。王二、王三、《唐韻》、《廣韻》線韻有簨小韻，所眷反。本書所列雖據韻書，然本圖乃係外轉，齒音二等位不得列三等字，是當從《韻鏡》刪。又外轉第二十四上聲二等照紐位列『蟤』，《韻鏡》無，《廣韻》及以前韻書無此音。《集韻》獮韻有蟤小韻，茁撰切。本書所列當即據此。按，本轉爲外轉，二等位依例不當列三等齒音字，《韻鏡》不列是也。又同轉入聲二等穿紐位列『⿰⿱⺮貝刂』(大中堂本、仿明刊本、于氏刊本同，其他各本作『⿰⿱⺮貝刂』)，《韻鏡》無。切三薛韻有⿰貟刂小韻，廁滑反(《十韻彙編》據王國維抄誤爲『厠滑反』，姜亮夫抄誤爲『廁列反』。今依S. 2071正)；王二字同、王一字訛爲『刵』，王三字誤爲『箾』，並廁别反。切三雖以滑爲切下字，而仍當是薛韻字。《唐韻》字同切三、王二、《廣韻》則作『⿰⿱⺮貝刂』，並誤爲『廁列反』(列當是『别』之形訛)。《集韻》茁小韻有『⿰⿱⺮貝刂』字，側劣切；然此音乃莊紐，當非本書所據。本書所列字形與《廣韻》相近，或所見本《廣韻》反切下字尚未誤歟？然本圖屬外轉，齒音二等位不得列入三等薛韻字，《韻鏡》不列是也。以上十一事，爲外轉諸圖《七音略》列有三等莊組字而《韻鏡》無字者，當爲鄭氏所增補，而皆其昧於圖例之證也。惟其增補，既使《七音略》嚴重混淆二、三等莊組字之大界，亦使古韻圖所定『内外轉』的條例晦而難明。以此而論，《七音略》自不如《韻鏡》條例分明，鄭氏韻圖學知識之粗淺可見一斑。

鄭樵逞臆更改韻圖的例子還有很多，如《七音略》於第三十四轉入聲三等牀紐位列『杓』字，又於禪紐位列『妁』字，《韻鏡》牀紐無字而在禪紐位列『杓』字。王二、王三、《唐韻》、《廣韻》藥韻有妁小韻，市若反。各書『杓』字皆在妁小韻。《集韻》則以杓爲小韻字，下載妁，實若切。諸書杓、妁同音，依《集韻》則藥韻有船（牀三）無禪；依《廣韻》及以前韻書則有禪無船。本書當是據《廣韻》等書於禪紐列『妁』字，而又據《集韻》於船紐列『杓』字，不知各韻書藥韻船、禪並無對立，其妄可謂甚矣。再如内轉第二上聲一等泥紐，《七音略》列『鬞』，《韻鏡》無。『鬞』字王二、王三、《廣韻》在董韻，奴董反。本書已列於第一轉。本轉所列者，《集韻》『鬞』字收在腫韻，乃湩切，則以爲冬韻上聲字而非董韻字。按，『鬞』字韻書無兩音，依《集韻》當列於本轉，依其他韻書則當列於第一轉（《韻鏡》是也），不當兩轉並見。本書如此者，乃據《集韻》增補而未審也。

以其例多，難以枚舉，而本校注中凡於此類妄增、妄改者皆有質正，讀者自可參驗之。魯國堯先生（一九九二、一九九三）指出，早期韻圖是『層纍造成的』。從鄭樵《七音略》對早期韻圖的改動，足以證明此説之精當。本校注所作的一項工作，就是力圖剥除這些『層纍』的成分，儘可能恢復早期韻圖的舊貌。然因書闕有間，增改而與圖例及韻書齟齬之層纍成分尚可考見，不違圖例且合於韻書者則難以質言矣，幸知音者察之。

《七音略》雖已改早期韻圖之原貌，然於中古音之研究，並非毫無價值。除此書爲僅存兩種早期韻圖之一，可與《韻鏡》相互參證外，又因鄭樵之改動而反映出宋代語音之特點。如濁上與濁去不分，張麟之已惑而不明，而《七音略》亦有因此而誤者。如外轉第二十五去聲一等定紐列『道』。《韻鏡》列『導』。王一、王三、《唐韻》、《廣韻》號韻有導小韻，徒到反。王二音同，字訛爲䆃。《集韻》亦作『導』，大到切。諸書該小韻皆無『道』字。按，『道』是上聲字，切三(S. 2071)、王一、王三、《廣韻》晧韻徒浩反，《集韻》杜晧切。本書此位列『道』者，蓋以不辨濁上與濁去而誤也。又同轉去聲三等並紐列『驃』，《韻鏡》無，各韻書笑韻無此字。王一、王二、王三、《唐韻》、《廣韻》、《集韻》笑韻並有驃小韻(《唐韻》字作『腰』)，毗召反。各書該韻並紐無重紐，本書既列『驃』字於第二十六轉，不得再於本轉列『驃』字。按，『驃』字見《説文》，大徐敷紹切(滂紐)，小徐頻小反(並紐)。《玉篇》則有扶小、孚小二切。王三『驃』字收於剿小韻，子小反(王三此字收於剿紐有誤，當是所據本『孚小反』誤爲『子小反』矣)，注：『脅前。又扶了反。』《廣韻》則收於摽小韻，苻少切，與藨小韻(平表切)構成重紐。《集韻》亦收於摽小韻，婢小切，與受小韻(被表切)形成對立。然其音皆爲上聲，當列於第二十六轉上聲四等位。本書彼轉已列『摽』字，又列同音之『膘』於本轉者，不惟不辨宵韻系之重紐三、四等，又不能別濁上與濁去矣。又内轉第二十八上聲一等定紐列『惰』，去聲一等定紐列『墮』。《韻鏡》則於上聲列『墮』，去聲列『惰』(元)列『憜』。切三、王一、王三、《廣韻》哿(果)韻有憧小韻，徒果反。各書該小韻無『隋』字。《集韻》果韻以憜、惰等爲小韻首字，杜果切。下收『墒』(憧)字。然本書誤列『墮』字於去聲位，因頗疑本位所列爲去聲『隋』字之訛。『隋』字王一、王二、王三、《唐韻》、《廣韻》個(過)韻並徒卧反；《集韻》音同，亦與『憜』等共爲小韻首字。《韻鏡》所列不誤，而本書乃將上聲之『墮』與去聲之『惰』互倒，是不辨濁上、濁去之證也。又外轉第三十八去聲二等明紐列『䁅』，《韻鏡》列於上聲二等位，各韻書諍韻無明紐二等。『䁅』是上聲字，切三、王三、《廣韻》並在耿韻，武幸反。《韻鏡》所列即合於此音。《廣韻》《集韻》敬韻孟小韻亦收『䁅』字，莫更切。本書『孟』字已列於第三十六轉，斷無析其同音字列於此位之理。本書於上聲所列之『黽』字，切三、王三、《廣韻》皆在『䁅』小韻，《集韻》則以『黽』爲小韻首字，母耿切。該小韻無『䁅』字。本書當是不辨濁上與濁去，而以䁅武幸反之切下字誤列『䁅』字於去聲，其後又據《集韻》列『黽』於上聲也。中古漢語濁上與濁去相混，是漢語史上的一個重要變化，《七音略》中已然反映了這一變化。另外，東、冬兩韻系的合流在《七音略》中已見端倪。如内轉第一上聲一等透紐《七音略》列『統』，《韻鏡》無。『統』字王二、王三他宋反，《廣韻》《集韻》他綜切，並在去聲送韻，且無上聲透紐一讀。大徐、小徐音同《廣韻》，唯《玉篇》他綜切，又音桶。按，『桶』是董韻字，王二、王三、《廣韻》

他孔反，《集韻》吐孔切。本書統已列於去聲，『桶』則在第一轉。此位所列甚無據，《韻鏡》不列，是也。然據此例，頗疑鄭漁仲已不別東、冬兩韻系，因有此誤也。

與其他古書相同，《七音略》也有若干錯訛是在流傳中產生的。羅常培先生在影印元至治本《通志·七音略》的序中（一九三五），據清武英殿本、浙江局本，並與《韻鏡》及《廣韻》《集韻》相參，條分縷析，訂正其錯訛一千四百九十一條（未計『本書不誤而《韻鏡》誤者』十四條），有誤者僅四條而已。如第十四轉去四清『毳』字，王一、王二、王三、《廣韻》祭韻此芮反，《集韻》音同，在脆小韻。依切當列於第十六轉，本轉四等乃霽韻位置，本書誤列，《韻鏡》亦誤列此字於三等穿紐。羅先生謂此條爲本書不誤而《韻鏡》誤者，非矣。又第二十三轉上照三⿰目善，《韻鏡》永禄本字形作『⿰耳善』，其他各本作『⿰耳善』。羅先生謂本書此字誤，是也。然以爲當從《韻鏡》作『⿰目善』，則非矣。切三獮韻有再小韻，旨善反，訓爲『耳聞』。王三、《廣韻》、《集韻》字音皆同，訓爲『耳門』。是其字正當從耳作『⿰耳善』。《韻鏡》此字從耳作『⿰耳善』，永禄本作『⿰耳善』者，日本俗書耳、目多淆而因有此誤也。又第二十七轉去透一柂，《韻鏡》作『拖』。王一、《廣韻》箇韻並有拖小韻，土邏反，內無『柂』字。《集韻》『拖』字在過韻，他佐切，與拕、扡同列於小韻首。按，王三此字已誤作『柂』，音亦誤爲『別邏反』。此字既訓『牽車』，自當從手。羅先生謂當從《韻鏡》作『拖』，是也；然將一等作四等則非矣。又所引『柂（《集韻》餘知切）』中『餘知』亦爲『余支』之誤，且此音與本圖所列相距過遠，不如引哿韻拕小韻下之『柂』（待可切）爲宜。又二十八轉去一來『羸』字

（他本並誤作『𪊽』），羅先生謂當從《韻鏡》作『𧆬』，而誤將一等作三等，非也。王一、王三箇韻並有𦏁小韻，郎過反，《廣韻》過韻𦏁過切，《集韻》盧卧切。本書所列，即是『𦏁』字之形訛。

但羅先生據本過寡，難以盡糾其謬，參考韻書又限於《廣韻》《集韻》，亦不免讀者查證之勞。一九九九年我到南京師事魯國堯先生研究《韻鏡》，承命比勘《七音略》以爲前期工作，因以十種版本對校，並與《韻鏡》諸本互勘，又取今所見各種唐五代韻書及《廣韻》《集韻》，並與《説文》《玉篇》《篆隸萬象名義》《類篇》等字書以及《經典釋文》《一切經音義》等各種音義書相參證，詳爲考校，歷三載而成是書。羅先生説（一九三五）：『……凡此本是而他本非，或他本是而此本非，或此本與他本並非，要當參證《韻鏡》，旁稽音理，正其所短，取其所長，斯可成爲定本。』今兹校注，乃承羅先生餘緒，用力雖多，不過拾遺補苴而已。且以身居邊鄙，識見淺陋，又豈敢自視爲定本哉！一孔之見，或有得失，謹就教於雅正方家。

楊軍二〇〇三年一月十八日於貴陽花溪觀復齋

凡　例

1　本校箋所標每字之位置及使用術語，悉與《七音略》原書相同。如齒音照組列於二等者稱『照二』，列於三等者則稱『照三』。校箋時或稱『莊組』『章組』者亦在括弧中注出舊名。重紐韻亦根據列位情況稱爲『重紐三、四等』。

2　凡版本參差，文字錯訛，或一字兩見，列位有誤者均出校。或與《韻鏡》不同，則參考韻書及相關資料以辨其正訛或明其所據之差異。

3　本校箋以南京圖書館藏民國二十四年（一九三五）北京大學影印元至治本《通志・七音略》爲底本，是每條序號後出校之字，均爲此本所作。其他各本如有不同，則分別版本表識於後。

4　國内流傳《韻鏡》版本無多，僅在日本流傳之各種寫本、刊本尤爲罕見。故將所見《韻鏡》各本異同復列於本書之後，以資讀者參正且省其搜求版本之勞。

5　凡《七音略》所無而《韻鏡》或某韻書有者，則以『空格』標識；本書有而《韻鏡》無者，則以空圈『○』爲識。

6　凡引據《韻鏡》皆標明版本名稱，版本名外有括弧者，則轉引自馬淵和夫《韻鏡校本と廣韻索引》。應永本則用馬淵和夫《韻鏡校本》所用之底本。

7　本校箋引用馬淵和夫《韻鏡校本》中各種版本之簡稱，見本書所附之『馬淵和夫《韻鏡校本》版本簡名』。

8　凡引韻書，若《十韻彙編》有簡稱者均仍其舊，如切三、王一等，故宫博物院影印《王仁昫刊謬補缺切韻》則簡稱王三。簡名一律不加書名號。以《十韻彙編》抄寫敦煌韻書多有錯誤，引據時則一律以《唐五代韻書集存》影印各種照片爲準。

9　凡引各種唐五代韻書照片及版本所載文字與《十韻彙編》抄寫有不同者，則在其簡名後加括弧標注該書原卷子編號，以區别於《十韻彙編》所抄録者。如切三（S. 2071）、王一（P. 2011）等。

10　凡各種《切韻》殘卷所載文字及切語相同而無須分别者，則徑稱以《切韻》；各種《王仁昫刊謬補缺切韻》相同者徑稱王韻。

11　凡各種《切韻》、王韻及刊、列、《唐韻》所存皆同者，校箋中以『唐五代韻書』賅之；如《廣韻》亦同者，則沿龍宇純先生之例以『《廣韻》及以前韻書』賅之。

12　唐五代韻書注音用『反』字，《廣韻》《集韻》用『切』字，校箋單引前者亦用『反』，單引後者則用『切』。然有唐五代韻書與《廣韻》或《集韻》切韻相同，而又需一併列舉者，爲行文方便而避免重複，則一律用『反』字標注。

七音略

錢玄同題

七音略第一　　通志三十六

七音序

天地之大其用在坎離人之為靈其用在耳目人與禽獸視聽一也聖人制律所以導耳之聰制字所以擴目之明耳目根於心聰明發於外上智下愚自此分矣雖曰皇頡制字伶倫制律歷代相承未聞其書漢人課籀隸始為字書以通文字之學江左競風騷始為韻書以通聲音之學然漢儒識文字而不識子母則失制字之旨江左之儒識四聲而不識七音則

失立韻之源獨體爲文合體爲字漢儒知以說文解
字而不知文有子母生字爲母從母爲子子母不分
所以失制字之旨四聲爲經七音爲緯江左之儒知
縱有平上去入爲四聲而不知衡有宮商角徵羽半
徵半商爲七音縱成經衡成緯經緯不交所以失立
韻之源七音之韻起自西域流入諸夏梵僧欲以其
教傳之天下故爲此書雖重百譯之遠一字不通之
處而音義可傳華僧從而定之以三十六爲之母重
輕清濁不失其倫天地萬物之音備於此矣雖鶴唳

風聲雞鳴狗吠雷霆驚天蚊䖟過耳皆可譯也況於
人言乎所以日月照處甘傳梵書者爲有七音之圖
以通百譯之義也今宣尼之書自中國而東則朝鮮
西則涼夏南則交阯北則朔易皆吾故封也故封之
外其書不通何瞿曇之書能入諸夏而宣尼之書不
能至跋提河聲音之道有障閡耳此後學之罪也舟車
可通則文義可及今舟車所通而文義所不及者何哉
臣今取七音編而爲志庶使學者盡傳其學然後能周
宣宣尼之書以及人面之域所謂用夏變夷當自此始

臣謹按開皇二年詔求知音之士參定音樂時有柱國
沛公鄭譯獨得其義而爲議曰考尋樂府鍾石律呂皆
有宮商角徵羽變宮變徵之名七聲之內三聲乖應每
加詢訪終莫能通先是周武帝之時有龜茲人曰蘇祗
婆從突厥皇后入國善胡琵琶聽其所奏一均之中間
有七聲問之則曰父在西域號爲知音世相傳習調有
七種以其七調校之七聲冥若合符一曰娑陁力華言
平聲即宮聲也二曰雞識華言長聲即南呂聲也三曰
沙識華言質直聲即角聲也四曰沙侯加濫華言應聲

即變徵聲也五曰沙臘華言應和聲即徵聲也六曰般贍華言五聲即羽聲也七曰俟利箑華言斛牛聲即變宮也譯因習而彈之始得七聲之正然其就此七調又有五旦之名旦作七調以華譯之旦即均也譯遂因琵琶更立七均合成十二應十二律律有七音音立一調故成七調十二律合八十四調旋轉相交盡皆和合仍以其聲考校太樂鍾律乖戾不可勝數譯爲是著書二十餘篇太子洗馬蘇夔駮之以五音所從來久矣不言有變宮變徵七調之作實所未聞譯又引古以爲據周

有七音之律漢有七始之志時何妥以舊學牛弘以巨儒不能精通同加沮抑遂使隋人之耳不聞七調之音臣又按唐楊收與安涗論琴五絃之外復益二絃因言七聲之義西京諸儒惑圜鍾函鍾之說故其郊廟樂惟用黄鍾一均章帝時太常丞鮑業始旋十二宮夫旋宮以七聲爲均均言韻也古無韻字猶言一韻聲也宮商角徵羽爲五聲加少宮少徵爲七聲始得相旋爲宮之意琴者樂之宗也韻者聲之本也皆主於七名之曰韻者蓋取均聲也臣初得七音韻鑑一唱而三嘆胡僧有

此妙義而儒者未之聞及乎研究制字考證諧聲然後知皇頡史籀之書已具七音之作先儒不得其傳耳今作諧聲圖所以明古人制字通七音之妙又述內外轉圖所以明胡僧立韻得經緯之全釋氏以參禪爲大悟通音爲小悟雖七音一呼而聚四聲不召自來此其麤淺者耳至於紐躡杳冥盤旋寥廓非心樂洞融天籟通乎造化者不能造其閫字書主於母必母權子而行然後能別形中之聲韻書主於子必子權母而行然後能別聲中之形所以臣更作字書以母爲主亦更作韻書

以子爲主今玆内外轉圖用以別音聲而非所以主子母也

諧聲制字六圖

諧聲者六書之一書也凡諧聲之道有同聲者則取同聲而諧無同聲者則取協聲而諧無協聲者則取正音而諧無正音者則取旁音而諧所謂聲者四聲也音者七音也制字之本或取聲以成字或取音以成字不可備舉今取其要以證所諧玆所不載觸類而長

《七音序》疏解

李紅

天地之大，其用在坎離〔一〕；人之爲靈〔二〕，其用在耳目。人與禽獸，視聽一也。聖人制律，所以導耳之聰；制字，所以擴目之明。耳目根於心〔三〕，聰明〔四〕發於外，上智下愚，自此分矣。

〔一〕坎離：《易・説卦》：『坎爲水……離爲火。』《易・説卦》：『坎再索而得男，故謂之中男；離再索而得女，故謂之中女。』坎離此處當指水火、陰陽。《淮南子・天文訓》：『道始於一，一而不生，故分而爲陰陽，陰陽合和而萬物生。』天地之大，其表現爲『萬物』，萬物由『陰陽合和』而生，則此處坎離爲『陰陽』義。

〔二〕靈：《書・泰誓上》：『惟天地，萬物父母；惟人，萬物之靈。』人之爲靈，指人作爲萬物之首，是有靈性的，與其他生物不同。人的靈性體現在耳目之上。人與禽獸在看和聽的動作上是一致的。

〔三〕心：古人認爲耳目在『心』上扎根，古人以心爲思維器官。《國語・周語上》：『夫民慮之於心，而宣之於口，成而行之，胡可壅也。』《孟子・告子上》：『心之官則思。』《素問・靈蘭秘典論》：『心者，君主之官，神明出焉。」

〔四〕聰明：《莊子·大宗師》：「墮肢體，黜聰明，離形去知，同於大通。」《漢書·揚雄傳下》：「天降生民，倥侗顓蒙，恣于情性，聰明不開。」「聰明」指人的智慧才智。因爲耳目能體現「心」的智慧才智，所以使得「聰明」發於外。人與禽獸智力上的差距即可分辨。

雖曰皇頡〔一〕制字，伶倫〔二〕制律，歷代相承，未聞其書。漢人課籀隸，始爲字書，以通文字之學。江左競風騷，始爲韻書，以通聲音之學。然漢儒識文字〔三〕而不識子母，則失制字之旨；江左之儒識四聲〔四〕而不識七音〔五〕，則失立韻之源。獨體爲文、合體爲字，漢儒知以說文解字，而不知文有子母〔六〕。生字爲母，從母爲子，子母不分，所以失制字之旨。四聲爲經、七音爲緯〔七〕，江左之儒知縱有平、上、去、入爲四聲，而不知衡有宮、商、角、徵、羽〔八〕、半徵〔九〕、半商〔一〇〕爲七音。縱成經、衡成緯，經緯不交〔一一〕，所以失立韻之源。

〔一〕皇頡：是對蒼頡的尊稱。相傳蒼頡爲黄帝的史官，漢字的製造者。清曾國藩《祭韓文公祠文》：「皇頡造文，萬物咸秩。」也寫作「倉頡」。《說文解字》《世本》《淮南子》皆記載倉頡是黄帝時期造字的左史官，見鳥獸的足迹受啓發，分類别異，加以搜集、整理和使用，在漢字創造的過程中起了重要作用，被尊爲「造字聖人」。《荀子·解蔽篇》稱：「好書者衆矣，而倉頡獨傳者壹也」。《韓非子·五蠹》：「古者倉頡之作書也，自環者謂之私，背私謂之公。」《呂氏春秋·君守》亦記載有：

『奚仲作車，倉頡作書，后稷作稼，皋陶作刑，昆吾作陶，夏鮌作城，此六人者，所作當矣。』《淮南子·本經》中記載：『昔者倉頡作書，而天雨粟，鬼夜哭。』許慎《説文解字·叙》中記載：『倉頡之初作書，蓋依類象形，故謂之文；其後形聲相益，即謂之字。』

〔二〕伶倫：傳説爲黄帝時的樂官。古以爲樂律的創始者。《漢書·古今人表》作『泠淪氏』，又《律曆志上》作『泠綸』。《吕氏春秋·仲夏紀·古樂》：『昔黄帝令伶倫作爲律。伶倫自大夏之西，乃之阮隃之陰，取竹於嶰谿之谷，以生空竅厚鈞者，斷兩節間，其長三寸九分，而吹之以爲黄鐘之宫，吹曰舍少。次制十二筒，以之阮隃之下，聽鳳皇之鳴，以别十二律。其雄鳴爲六，雌鳴亦六，以比黄鐘之宫，適合。黄鐘之宫皆可以生之。故曰：黄鐘之宫，律吕之本。黄帝又命伶倫與榮將鑄十二鐘，以和五音。』《漢書·律曆志》：『黄帝使泠綸自大夏之西，昆侖之陰，取竹之解谷，生其竅厚均者，斷兩節間而吹之，以爲黄鐘之宫。制十二筩，以聽鳳之鳴，其雄鳴爲六，雌鳴亦六，此黄鐘之宫，而皆可以生之。是爲律本。』

〔三〕文字：《説文解字·叙》：『倉頡之初作書，蓋依類象形，故謂之文；其後形聲相益，即謂之字。字者，言孳乳而浸多也。』『獨體爲文，合體爲字』是鄭樵在《通志·六書略》中，在許慎《説文解字·叙》的基礎上提出來的。《指事第二》序曰：『指事類乎象形：指事，事也；象形，形也。指事類乎會意：指事，文也；會意，字也。獨體爲文，合體爲字。』李運富認爲鄭樵的觀點是出於對《説文·叙》的誤解，導致將『六書』的前四書區分爲『文』和『字』，於是形成『文＝獨體＝象形＋指事』、『字＝合體＝形聲＋會意』的對應關係，這是不科學的。

〔四〕四聲：中古時代對平、上、去、入四種聲調的總稱。『四聲』的名稱起於南北朝齊梁時代，《南史・陸厥傳》：『時盛爲文章，吴興沈約，陳郡謝朓，琅邪王融，以氣類相推轂，汝南周顒善識聲韻。約等文皆用宫商，將平上去入四聲，以此制韻。』《大宋重修廣韻》：『四聲成文，六書垂法……』；歐陽修爲洛僧鑑聿《韻總》所作序：『推子母輕重之法，以定四聲。』孫覿爲楊中脩《切韻類例》所作序：『爲圖四十四，推四聲子母相生之法。』均提及『四聲』及『子母相推』之法。沈括《夢溪筆談》：『就本音本等調之爲四聲，幫牓旁博是也。』『四聲』的概念比較統一，均指聲調而言。

〔五〕七音：古代漢語七類聲母的總稱。中國古代等韻學家按發音部位把聲母分爲『脣、舌、齒、牙、喉』五音。本書中首次提出了七音的概念，認爲五音未能涵蓋來母和日母，因此細分出半舌音、半齒音兩類，成爲七音。所謂半舌音，衹有一個字母，即《守温韻學殘卷》列爲舌音的來母。所謂半齒音，也衹有一個字母，即《守温韻學殘卷》列爲舌上音的日母。元代熊忠《古今韻會舉要》也提到了七音，包括：角音（見溪群疑魚）、徵音（端透定泥）、宫音（幫滂並明）、次宫音（非敷奉微）、商音（精清心從邪）、次商音（知徹審澄禪）、羽音（影曉么匣喻合）、半徵音（來）、半商音（日）。

〔六〕文有子母：是鄭樵在文字學方面的認識。在《六書略・會意第三・序》中記：『象形、指事，文也；會意，字也。文合而成字。文有子母，母主義，子主聲，一子一母爲諧聲。諧聲者，一體主義，一體主聲。二母合爲會意。會意者，二體俱主義，合而成字也。其別有二，有同母之合，有異母之合，則主意則一也。』

從此可見，鄭樵所謂的『子母』，母是指漢字中主義的部分，子是指漢字中主聲的部分。

《六書序》：「母主形、子主聲者，諧聲之義也。」「然有子母同聲者，有母主聲者，有主聲不主義者，有子母互爲聲者，有三體主聲者。」《六書略・三體諧聲序》：「一子一母爲諧聲，是合二體者也。有三體之合者，非常道也，故别之。」

鄭樵認識到了子和母關係的複雜性，在著述中多次提及，並未一概而論，衹是從大體上來講，《七音序》中「生字爲母、從母爲子」，生字者當是指生出字義的部分，不能够生出字義的部分就是「子」，在形聲字中，就是主音的部分。關於「子母」，鄭樵還在《六書略・總論》中作了進一步闡釋：

立類爲母，從類爲子。母主形，子主聲。《説文》眼學，眼見之則成類，耳聽之則不成類。《廣韻》耳學，耳聽之則成類，眼見之則不成類。故《説文》主母而役子，《廣韻》主子而率母。《説文》形也，禮也。《廣韻》聲也，樂也。《説文》以母統子，《廣韻》以子該母。臣舊作《象類書》，總三百三十母爲形之主，八百七十子爲聲之主，合千二百文而成無窮之字。許氏作《説文》，定五百四十類爲字之母，然母能生而子不能生，今《説文》誤以子爲母者二百十類。且如《説文》有「句」類生「拘」生「鉤」，有「𠧪」類生「㮚」生「㮚」，有「半」類生「胖」生「叛」，有「丵」類生「僕」生「䑑」。據「拘」當入手類，「鉤」當入金類，則「句」爲虚設。「㮚」當入木類，「㮚」當入米類，則「𠧪」爲虚設。「胖」當入肉類，「叛」當入「反」類，則「半」爲虚設。「僕」當入人類，「䑑」當入臣類，則「丵」爲虚設。蓋「句」也，「𠧪」也，「半」也，「丵」也，皆子也，子不能生，是爲虚設。此臣所以去其二百十而取其三百三十也。

從這段中可見，鄭樵『母』的概念主要指形符，他認爲許慎的部首中有主聲的部分是不合理的，祇有主義的部分纔能是『母』。

補：

後世在分析字形上亦有子母的概念，戴侗《六書故》中的『子母相生』，主要是把四百七十九目分爲九類，每目之下把偏旁相同的字叙列於後。如『月』字爲目，『月』下列『夕』，爲指事字，『夕』下又列會意字『多』，『多』下又列諧聲字『黟』，後面又列從『夕』的諧聲字『夜』『夢』。這種系聯的方法，與《説文》大不相同，戴侗稱爲『父以聯子，子以聯孫』。此處的『子母相生』，與《七音序》中所提及『子母』理論完全不同。

另有，明耶穌會士金尼閣著有《西儒耳目資》一書，也用了子母的概念，但其概念是指復合母音爲子，單母音帶鼻音韻尾爲母。

〔七〕四聲爲經，七音爲緯：經爲竪，緯爲横。表面上看似是聲調和聲母的配合。但七音不僅僅指聲母的發音部位，也暗含韻調在其中。早期對於五音的引入，主要是指守温時代的五音，没有完全脱離韻調的範疇。

〔八〕宫、商、角、徵、羽：原爲音階名，借用爲音韻學術語，並被稱之爲五音、五聲。此處用來分析聲母，相當於『五音』。五音的概念最早見於《守温韻學殘卷》《玉篇・五音聲論》《廣韻・辯字五音法》，這三種文獻中。『五音』的分類與等韻學的分類有所不同。如《辯字五音法》：『凡呼吸文字即有五音：脣聲、舌聲、牙聲、喉聲、齒聲等。一脣聲并餅（脣聲清也），二舌聲靈歷（舌聲清也），三齒聲陟珍（齒聲濁也），四牙聲迦佉（牙聲濁也），五喉聲綱各（喉聲濁也）。』雖然也是按發音部位來分類，但牙喉音的區分不科學。等韻學的『五音』概念主要以聲母的發音部位，兼以發音的阻塞方式對聲母進行分類。與現代漢語對應，大體情況是：脣音對應雙脣音、脣齒音；舌音對應舌尖中、舌尖後；齒音對應舌尖前、舌面前；牙音對應舌面後；喉音中的曉匣母對應舌面後，半舌音對應舌尖中；半齒音對應舌面前。音韻學中把五音與宫商角徵羽相聯繫，並且『宫商角徵羽』與五個發音部位的匹配也有不同，將音樂術語附會到發音部位，是不科學的，但也可以考察古人對語音的認知概念。

〔九〕半徵，指半舌音來母。本書『徵』音爲舌音，包括舌頭音端透定泥，舌上音知徹澄娘。

〔一〇〕半商，指半齒音日母。本書『商』音爲齒音，包括齒頭音精清從心邪，正齒音照穿牀審禪。

補：

在音韻學中，宫商角徵羽還指聲調，同樣各家説法不一。北齊李季節《音韻決疑》據《周禮・春官・大司樂》商不合律，謂『宫、商、徵、羽、角即四聲也』，其中宫、商爲平聲，徵爲上聲，羽爲去聲，角爲入聲。清代陳澧《切韻考》：『古之所謂五聲宫、商、角、徵、羽即平、上、去、入四聲，其分爲五聲者，蓋分平聲清濁爲二也。』清代戴震《聲韻考》：『古之所謂五聲宫、商、角、徵、羽者，非以定文字音讀也，字字可宫、可商，以爲高下之叙；後人膠於一字，繆配宫商，此古所以流失其本歟？』近人王國維《觀堂集林》認爲五聲爲五種聲調，即陽聲韻的平，加上陰聲韻的平、上、去、入，共爲五聲。當代學者張世禄《中國音韻學史》認爲齊梁以前，五音除了表明聲調的變化之外，又往往表示音素的差異；四聲名稱成立後，纔漸漸把這兩方面區分開來；而五音表明聲調的變化時，也衹是判斷字調高低等的一種相對的標準，因而細分可有五音，粗分則任舉二字，或宮商或角徵，即可概括五音之全體。李登《聲類》、吕靜《韻集》大概是以宮、商、角、徵、羽爲聲調的名詞來分卷的。

補：

李新魁《漢語等韻學》：『在唐、宋、元諸代，五聲宮、商、角、徵、羽與五音牙、喉、舌、齒、脣便配合起來，表示聲母的發音部位了。』

鄭樵在《通志・樂略第二》中談及五聲：

五聲者，一曰宮，二曰商，三曰角，四曰徵，五曰羽。八音者，八卦之音。

此處的五聲，指五種樂調，鄭樵對律吕的五聲有所研究，將其引入到音韻學中，不應是沿襲前人之附會，而是具有自己的審音理念。

鄭樵《通志・藝文略》：『中華之韻，只彈四聲，然有聲有音，聲爲經，音爲緯。平、上、去、入，四聲也，其體縱，故爲經；宮、商、角、徵、羽、半徵、半商，七音也，其體横，故爲緯。經緯錯綜，然後成文。』這段文字是鄭樵用以分析『切韻之法』的理論陳述。但這種理念的形成，也是在前人的基礎上進一步發展而來。

目前可見到的等韻材料中，《韻鏡》『五音清濁』：『逐韻五音各有自然清濁，若遇尋字，可取之記行位也。脣音、舌音、牙音各四聲不同，故第一行屬清，第二行屬次清，第三行屬濁，第四行屬清濁。齒音有正齒，有細齒，故五行聲内清濁聲各二，將居前者爲第一清、第一濁。居後者爲第二清、第二濁。喉音二清，舌齒音二清濁，並以例准之。』衹給出了『五音』的名詞，並未有具體名目。在《韻鏡》和《七音略》前，敦煌《守温韻學殘卷》中有『辯宫商徵羽角例』，已經把關於樂理的『五音』與漢語音韻相聯繫：

欲知宫舌居中，欲知商口開張，欲知徵舌柱齒，欲知羽撮口聚，欲知角舌縮卻。

沈括《夢溪筆談·藝文二》：

今切韻之法，先類其字，各歸其母。脣音、舌音各八，牙音、喉音各四，齒音十，半齒、半舌音二，凡三十六，分爲五音，天下之聲，總于是矣。切韻家則定以脣、齒、牙、舌、喉爲宫、商、角、徵、羽，其間又有半徵、半商者，如來、日二字是也，皆不論清濁。

按：鄭樵所論四聲，與七音具有密切聯繫，不僅僅指普通意義上的平上去入。鄭樵認爲『天籟之本，自成經緯』，四聲爲經，七音爲緯，但『七音一呼而聚，四聲不召自來，此其膚淺者耳』。鄭樵對『江左之儒』的語音意識有所批評，認爲江左之儒衹機械地分四聲，並不能兼顧四聲與七音的關係。

按：鄭樵使用七音的概念，是在『胡僧』的基礎上用樂律術語分析漢語語音，似有所承。前人認爲將『五音』增至『七音』是鄭樵首創，這不符合實際情況。沈括已提出半徵、半商的概念。目前所見文獻中，將七音列於韻圖中，成爲韻圖之緯，是鄭樵之首創。鄭樵《分音》：『樵于是爲韻書，每韻分宫、商、徵、角、羽與半徵、半宫，是爲七音，縱横成文，蓋本浮屠之家作也，故曰分音。』鄭樵意識到四聲與七音相配纔能更爲精確地描摹語音，其『七音四聲』的理念對後世等韻文獻影響頗大。

〔一一〕經緯不交：鄭樵認爲『江左四聲，反没其旨，凡爲韻書者，皆有經無緯』。因江左之儒不識七音，不能四聲與七音並舉，衹以聲調作爲分析字音的基礎不足以科學反映字音同異，立韻必須『經緯之全』。

七音之韻〔一〕，起自西域，流入諸夏。梵僧〔二〕欲以其教傳之天下，故爲此書，雖重百譯之遠，一字不通之處，而音義可傳。華僧從而定之〔三〕，以三十六爲之母〔四〕，重輕清濁〔五〕，不失其倫，天地萬物之音備於此矣。雖鶴唳風聲，雞鳴狗吠，雷霆驚天，蚊虻過耳，皆可譯也，況於人言乎？所以日月照處，甘傳梵書者，爲有七音之圖〔六〕，以通百譯之義〔七〕也。今宣尼〔八〕之書，自中國而東則朝鮮，西則凉夏〔九〕、南則交阯〔一〇〕、北則朔易〔一一〕，皆吾故封〔一二〕也，故封之外，其書不通。何瞿曇〔一三〕之書能入諸夏，而宣尼之書不能至跋提河〔一四〕？聲音之道有障閡耳，此後學之罪也。舟車可通，則文義可及。今舟車所通而文義所不及者，何哉？臣今取七音編而爲志〔一五〕，庶使學者盡傳其學，然後能周宣宣尼之書以及人面之域，所謂用夏變夷〔一六〕，當自此始。

〔一〕七音之韻：當指名爲《七音韻》的韻書或者韻圖。從下文看，是梵僧用來傳播梵文佛經的工具書。

〔二〕梵僧：鄭樵時代，儒釋道均得到了長足發展。當時翻譯了大量的佛經，並有人專門學習梵語，從事梵文佛經的對譯工作。例如：宋景祐二年（一〇三五）有《天竺字源》《華梵字典》等文獻的編纂。在各家的分類法中，都單列了釋家一類。此處的梵僧也許並不完全指西域人，對於精通梵文的本土僧人亦可稱爲梵僧。在鄭樵的記敘中可見當時梵僧的活動較爲活躍。《通志·校讎略》「又見浮屠慧邃、收古人簡牘」，「小學文字之書，可以求之釋氏」等。

〔三〕華僧從而定之：《七音韻》是梵僧以漢人學習梵文爲目的而編纂的，其中自然是對梵文的語音系統的分析。《高僧傳·慧叡傳》：「陳郡謝靈運篤好佛理，殊俗之音，多所達解。迺諮叡以經中諸字，並衆音異旨，於是著《十四音訓叙》，條列梵漢，昭然可了，使文字有據焉。」梵文佛經傳入後，儒家學者熱衷於學習與研究。僧釋安然《悉曇藏》：「宋國謝靈運云《大涅槃經》中有五十字以爲一切字本，牽彼就此，反語成字。」學者們受梵文啓發，認識到漢語音節也可分爲輔音母音，並認識到語音的發音部位、發音方法。但是漢語與梵語有所不同，《高僧傳·齊釋慧忍傳》：「自大教東流，乃譯文者衆，而傳聲蓋寡。良由梵音重複，漢語單奇，若用梵音以詠漢語，則聲繁而偈迫，若用漢曲以詠梵文，則韻短而辭長。是故金言有譯，梵響無授。」在翻譯佛經上可以變通，但在分析漢語語音上，則不適用。

造成了『音韻龐駁，師法多門』的現象。《七音序》中説『華僧從而定之』，竊以爲在對漢語音節進行分析的過程中，不僅僅是釋家的功勞，其中有些儒家學者在儒釋道三方面都有深厚的功底，在語音分析上也會有所貢獻。

〔四〕三十六爲之母：當指宋人三十六字母。悉曇分爲『體文』與『摩多』，唐智廣《悉曇字記》中即在『體文』下，注明『亦名字母』，可見唐末以前已經把梵文的體文與字母混稱了。但此處數目爲三十六，合宋人三十六字母，將宋人三十六字母用於韻圖編纂上，《七音略》當爲首創。

三十六字母，舊傳守温造三十六字母，《玉海》稱：『守温有《三十六字母圖》一卷。』但早已失傳。今多指宋人三十六字母，即：幫滂並明、非敷奉微、端透定泥、知徹澄娘、精清從心邪、照穿牀審禪、見溪群疑、影曉匣喻、來日。宋人三十六字母作者不詳，也不是由某一具體韻書歸納得出，是在唐人三十字母的基礎上增加而成。多出現在等韻文獻中，宋代韻圖多採用三十六字母表示聲母。一般認爲，三十六字母代表了宋代的聲母系統。

〔五〕重輕清濁：重輕，在音韻學中，一般指重脣、輕脣。在《七音略》中，則用重輕來表示開合，重中重、重中輕爲開口，輕中輕、輕中重爲合口。

清濁，『清』和『濁』是音韻學中重要的一對術語。術語名稱借自古音樂術語。三國魏李登《聲類》中就有了清濁的概念。

一般認爲，清濁是清聲母與濁聲母的合稱。『清』表示發音時聲帶不振動，即清輔音，充當聲母，叫清聲母；『濁』表示發音時聲帶振動，即濁輔音，充當聲母，叫濁聲母。等韻學裏清濁多指聲母是否帶音。用清濁來區分聲母，最早見於《韻鏡》。「清」又分爲「全清」與「次清」，以送氣與否爲劃分標準，送氣的輔音聲母爲「全清」，不送氣的輔音聲母爲「次清」。「濁」又分爲「全濁」與「次濁」，以與清聲母的配合關係爲劃分標準，全濁的輔音聲母與清聲母對應，次濁沒有對應的清聲母。一般使用全清、次清、全濁、次濁的名稱，具體文獻中也有差異，例如《韻鏡》中分爲清、次清、濁、清濁。

清濁也用來指「韻」。故宮本王仁昫《刊謬補缺切韻》，首題注云：「二千一百二十韻清，一千五百五十一韻濁。」此處的「韻」指「小韻」。

清濁也用來指「呼」。「清」表示韻母爲開口呼，「濁」表示韻母爲合口呼。《元和新聲韻譜》：「籠脣則言音盡濁，開齒則語氣俱輕。」

《韻鏡》分爲清、次清、濁、清濁。明代袁子讓《字學元元》，則分爲獨清、分清、分濁、獨濁。明代吴繼仕《音聲紀元》，分爲全清、次清、清濁半、全濁、次濁五種等等，所用名詞不一。

〔六〕七音之圖：與前文之「七音之韻」相呼應，當爲較爲成熟的韻圖類文獻。

〔七〕通百譯之義：與前「天地萬物之音，備於此矣」相呼應，旨在説明用輔音與母音相拼合的方法，可以拼讀出天下諸聲，並能由此而翻譯各種語言，領取其意義。

〔八〕宣尼：指孔子，宣尼之書指儒家經典。漢平帝元始元年追謚孔子爲「褒成宣尼公」，後因稱孔子爲宣尼，見《漢書·平帝紀》。晋左思《詠史》詩之四：「言論準宣尼，辭賦擬相如。」五代王定保《唐摭言·師友》：「互鄉童子，當願接於宣尼；蘇門先生，竟未言於阮籍。」元劉壎《隱居通議·文章五》：「續杏壇之音，鼓宣尼之操，吾徒之修養也。」清惲敬《前光禄寺卿伊公祠堂碑銘》：「入聖之要，下學上達，宣尼所傳，存之存之。』

〔九〕涼夏：涼，國名。十六國時期建立在今甘肅省一帶的政權，國號皆稱『涼』。有前涼、後涼、北涼、南涼、西涼等。夏，公元四〇七年，匈奴貴族赫連勃勃天王大單于建立，也稱大夏。建都統萬城（今陝西横山西北）。歷史上另有西夏（一〇三八—一二二七），是由党項人在中國西北地區建立的朝代，自稱邦泥定國或大白高國。

〔一〇〕交阯：原爲古地區名，泛指五嶺以南。漢武帝時爲所置十三刺史部之一，轄境相當今廣東、廣西大部和越南的北部、中部。東漢末改爲交州。《禮記·王制》：『南方曰蠻，雕題交趾。』《漢書·武帝紀》：『遂定越地，以爲南海、蒼梧、鬱林、合浦、交阯、九真、日南、珠厓、儋耳郡。』宋趙汝适《諸蕃志·交趾國》：『交趾，古交州，東南薄海，接占城，西通白衣蠻，北抵欽州，歷代置守不絶。』越南於十世紀三十年代獨立建國後，宋亦稱其國爲『交趾』。此處之『交阯』指南方的界限，古地區名。

〔一一〕朔易：朔方、易水。借指北方地區。《後漢書·南匈奴傳論》：『南面而朝單于，朔易無復匹馬之蹤。』李賢注：『朔方、易水之地更無匈奴匹馬之蹤也。』宋王禹偁《北狄來朝頌序》：『遂使朔易之方，戎狄之衆，有見機之義，生嚮往之心。』宋蘇軾《郊祀慶成詩》：『北流吞朔易，西極落欃槍。』朔方，一指北方。《書·堯典》：『申命和叔，宅朔方，曰幽都。』蔡沈《集傳》：『朔方，北荒之地。』《楚辭·九歎·遠遊》：『遡高風以低佪兮，覽周流於朔方。』王逸注：『周遍流行於北方也。』另指郡名，西漢元朔二年（前一二七）置，治所在朔方，今内蒙古自治區杭錦旗北，東漢末廢。《漢書·衛青傳》：

『元朔五年春，漢令車騎將軍青將三萬騎出高闕……代相李蔡爲輕車將軍，皆領屬車騎將軍，俱出朔方。』

易水，水名，在河北省西部。源出易縣境，入南拒馬河。荆軻入秦行刺秦王，燕太子丹餞别於此。《戰國策·燕策三》：『風蕭蕭兮易水寒，壯士一去兮不復還。』北周王褒《高句麗》詩：『蕭蕭易水生波，燕趙佳人自多。』唐李白《留别于十一兄逖裴十三遊塞垣》詩：『耻作易水别，臨歧泪滂沱。』

〔一二〕故封：封，領地，邦國。《書·蔡仲之命》：『肆予命爾侯于東土，往即乃封。』孔傳：『往就汝所封之國。』漢王符《潛夫論·夢列》：『是以武丁夢獲聖而得傅説，二世夢白虎而滅其封。』汪繼培箋：『封，猶邦也。』《説文·土部》：『封，爵諸侯之土也……公、侯百里，伯七十里，子、男五十里。』故封，指舊屬的領地、邦國。

〔一三〕瞿曇：釋迦牟尼的姓。一譯喬答摩（Gautama），亦作佛的代稱。宋陸游《苦貧》詩：『此窮正坐清狂爾，莫向瞿曇問宿因。』《遼史·禮志六》：『悉達太子者，西域淨梵王子，姓瞿曇氏，名釋迦牟尼。以其覺性，稱之曰「佛」。』又借指和尚，明張煌言《過仙洞訪石田出茘枝爲供》詩：『君自瞿曇我自客，相逢疑是嶺南時。』

〔一四〕跋提河：古代拘尸那揭羅國境内阿利羅跋提河（《大唐西域記》作『阿恃多伐底河』）的省稱，此處借指印度。唐顧況《如意輪畫贊序》：『兹山純白，厥草肥膩，高六十由旬，周二千二百。跋提河在左，長仙園在右。』此處鄭樵意指佛教文獻能傳至華夏，而儒家經典不能傳播至佛經文獻的起源地印度。

〔一五〕編而爲志：志，通『識（誌）』，記事的著作，又特指史書中述食貨、職官、禮樂、地理、兵刑等的篇章。南朝梁劉勰《文心雕龍・史傳》：『唯陳壽《三志》，文質辨洽，荀張比之於遷固，非妄譽也。』唐柳宗元《永州鐵爐步志》：『嘉其言可采，書以爲志。』鄭樵《通志・總序》：『江淹有言：「修史之難，無出於志。」誠以志者，憲章之所繫，非老於典故者不能爲也。』此處將『今取七音』編到了鄭樵之《通志》中，即爲『編而爲志』。

〔一六〕用夏變夷：語出《孟子・滕文公上》：『吾聞用夏變夷者，未聞變於夷者也。』謂以諸夏文化影響中原地區以外的其他民族。夏，諸夏，古代中原地區周王朝所分封的各諸侯國，後泛指中國。夷，指中原地區以外的各族。此處指將儒家學説傳播至他國，進行教化及浸染。

臣謹按：開皇二年〔一〕，詔求知音之士參定音樂。時有柱國〔二〕沛公鄭譯〔三〕獨得其義，而爲議曰：考尋樂府鍾石律呂〔四〕，皆有宮、商、角、徵、羽、變宮〔五〕、變徵〔六〕之名，七聲之內，三聲乖應〔七〕，每加詢訪，終莫能通。

〔一〕開皇二年：開皇（五八一—六〇〇）是隋文帝楊堅的年號。

〔二〕柱國：官名。戰國時楚國設置，原爲保衛國都之官，後爲楚的最高武官。唐以後沿用作勳官的稱號。《鶡冠子・王鈇》：『柱國不政，使下情不上聞，上情不下究，謂之綠政。』《史記・樊酈滕灌列傳》：『（灌嬰）擊破楚騎於平陽，遂降彭城，虜柱國項佗。』唐元稹《宋常春等内僕局令》：『勉當柱國之榮，無忘立表之誓。』

〔三〕沛公鄭譯：鄭譯（五四〇—五九一），字正義，滎陽郡開封縣（今河南省滎陽市）人。北周到隋朝時期大臣，太常卿鄭瓊之孫，司空鄭道邕之子。擔任内史上大夫、沛國公。北周大象二年（五八〇），聯合劉昉矯詔隨國公楊堅輔政，遷柱國、丞相府長史。楊堅建立隋朝後，拜隆、岐二州刺史。參議定樂，爲《樂府聲調》。開皇十一年（五九一）去世，追贈莘公，謚號爲達。沛公即指其被封爲沛國公。

〔四〕樂府鍾石律吕：樂府，詩體名。初指樂府官署所採制的詩歌，後將魏晋至唐可以入樂的詩歌，以及仿樂府古題的作品統稱爲樂府。宋郭茂倩搜輯漢魏以迄唐、五代合樂或不合樂以及摹擬之作的樂府歌辭，總成一書，題作《樂府詩集》。宋以後的詞、散曲、劇曲，因配樂，有時也稱樂府。

鍾，通『鐘』，鐘石，鐘和磬，古代樂器。《漢書·禮樂志》：『和親之説難形，則發之於詩歌詠言，鐘石筦弦。』南朝宋顔延之《三月三日曲水詩序》：『鐘石畢陳，舞詠之情不一。』《舊唐書·音樂志一》：『聖王乃調之以律度，文之以歌頌，蕩之以鐘石，播之以絃管，然後可以滌精靈，可以祛怨思。』

律吕，律是指古代用竹管或金屬管制成的定音儀器，以管的長短確定音階高低，亦用作測候季節變化的儀器。《禮記·月令》：『（孟春之月）律中大蔟。』鄭玄注：『律，候氣之管，以銅爲之。』孔穎達疏：『按司農注《周禮》云：陽律以竹爲管，陰律以銅爲管，鄭康成則以皆用銅爲之。』唐李山甫《秋》詩：『鄒家不用偏吹律，到底榮枯也自均。』亦指樂律、音律。古人按音階高低將樂律分爲六律和六吕，合稱十二律。《書·舜典》：『聲依永，律和聲。』孔傳：『律謂六律、六吕。』宋王讜《唐語林·補遺一》：『此磬與鐘律合，故擊彼應此。』

吕，我國古代音樂十二律中的陰律，有六種，總稱六吕。《淮南子·時則訓》：『孟夏之月……其音徵，律中仲吕。』《漢書・律曆志上》：『律有十二，陽六爲律，陰六爲吕……吕以旅陽宣氣，一曰林鐘，二曰南吕，三曰應鐘，四曰大吕，五曰夾鐘，六曰中吕。』南朝梁劉勰《文心雕龍・聲律》：『吐納律吕，脣吻而已。』《七音序》中，『律吕』指樂律或音律。

此處樂府、鐘石、律吕連用，泛指各種樂律或音律。

〔五〕變宫：古代七聲音階中的第七音級，宫的變聲，聲調接近宫聲而稍高，稱『變宫』。變宫是宫音下方的小二度，即唱名 si。在十二律中，有的指較宫音下一律之音（相當於 si），有以變宫爲主音、爲結聲構成的調式名。變宫是羽音與宫音之間的樂音。宋代常借用閏字來表示此一音階，故也稱爲『閏宫』。

〔六〕變徵：古代七聲音階中的第四個音級，比徵低半音。《國語・周語下》『七律者何』三國吴韋昭注：『周有七音，王問七音之律，意謂七律爲音器，用黄鍾爲宫，大蔟爲商，姑洗爲角，林鍾爲徵，南吕爲羽，應鍾變宫，蕤賓變徵也。』唐元稹《小胡笳引》：『流宫變徵漸幽咽，别鶴欲飛猿欲絶。』變徵是高而悲壯的調子。又（見《續漢書志・律曆志上》）

〔七〕三聲乖應：指鄭譯所堅持的古音階與當時傳統所用音階相比，有三個音合不上的情況。又『仍以其聲考校太樂所奏，林鍾之宫，應用林鍾爲宫，乃用黄鍾爲宫；應用南吕爲商，乃用太簇爲商；應用應鍾爲角，乃取姑洗爲角。故林鍾一宫七聲，三聲並戾。其十一宫七十七音，例皆乖越，莫有通者』。在這裏用『太樂』，未用『樂府』，可能是爲了突顯其所校正者爲雅樂。從秦漢時相關職官志來看，樂府主管俗樂，太樂主管雅樂。隨着朝代更替，至隋代，太樂署兼管雅俗樂。鄭譯稱樂府爲主管音樂的機構，後面稱太樂，有可能是一種音樂機構的兩種稱呼，也可能是强調其所校訂的爲雅樂，而雅樂是由太樂主管。

先是，周武帝之時有龜茲〔一〕人曰蘇祇婆〔二〕，從突厥皇后〔三〕入國，善胡琵琶。聽其所奏，一均之中，間有七聲。問之，則曰：『父在西域，號爲知音，世相傳習，調有七種。〔四〕』以其七調校之七聲，冥若合符，一曰娑陁力〔五〕，華言平聲，即宮聲也。二曰雞識〔六〕，華言長聲，即南呂聲〔七〕也。三曰沙識〔八〕，華言質直聲，即角聲也。四曰沙侯加濫〔九〕，華言應聲，即變徵聲也。五曰沙臘〔一〇〕，華言應和聲，即徵聲也。六曰般贍〔一一〕，華言五聲，即羽聲也。七曰俟利簻〔一二〕，華言斛牛聲，即變宮也。

〔一〕龜茲：龜茲國，梵語 Kucina，又稱丘慈、邱茲、丘茲，是中國古代西域大國之一，漢朝時爲西域北道諸國之一，唐代安西四鎮之一。龜茲是絲綢之路新疆段塔克拉瑪干沙漠北道的重鎮，宗教、文化、經濟都極爲發達，龜茲人擅長音樂，龜茲樂舞即發源於此。

〔二〕蘇祇婆：北周武帝（五六一—五七八在位）時的宫廷音樂家，生卒年不詳。姓白，名蘇祇婆，漢語名字失考。其父以音樂聞名於西域。蘇祇婆善彈胡琵琶，家傳龜茲樂調『五旦七聲』宫調體系。蘇氏樂調體系是奠定唐代著名的燕樂二十八調的理論基礎，是我國古代音樂發展史上的一個重要轉折點，對漢民族樂律的發展作出了卓越的貢獻。琵琶也因此大盛，成爲我國主要的民族樂器。

〔三〕突厥皇后：公元五六八年突厥木杆可汗之女——阿史那受聘於周武帝，稱『突厥皇后』。蘇祇婆隨之入周。

〔四〕世相傳習，調有七種：鄭譯深究蘇祇婆的説法，得以「以其七調勘校七聲」，使先秦以來古傳樂學體系七聲階名的「華言」部分，得以重新命名。龜兹七調調名與一九〇四年在南印度出土的庫幾米亞馬來「七調碑」調名亦有聯繫，但二者之間的傳承關係仍須考證。

〔五〕娑陁力：七調之一，華言平聲，即宫聲。《遼史·樂志》作娑陁力，《唐會要》作沙陁，佛曲作婆陀。據學者考證，此爲印度北宗音樂中的「Shadja」（又作 Sadja，梵文作 Shadjah）一調。印度北宗此調對音是娑陁闍，雖與《隋書·音樂志》在對譯漢字上有所不同，但從對譯音的研究上看，可確定爲同一事物。「Shadja」又譯爲娑陁力、沙陁、婆陀、婆陁力，祇是譯字不同。《唐會要》譯爲沙陁，即娑陁力調。另，娑陁闍「義爲具六，又第一聲」，具六指具鼻、喉、胸、腭、舌、齒所發之聲。第一聲是指其爲八聲之首，宫聲具六義，爲八音之首。所以此調當爲「Shadja」，今爲 C 調。

〔六〕雞識：七調之一。印度北宗音樂中音名爲「Śuddha Ri」。《宋史·律曆志》中作稽識。據諸家考證，此調當爲商調。《隋書·音樂志》及《七音序》均記爲「南吕聲」，誤也。此調爲長聲，今爲 D 調。

〔七〕沙識：七調之一。印度北宗音樂中音名爲「Śuddha Ga」。此調爲質直聲，與雞識相比，今爲 E 調。

〔八〕沙侯加濫：七調之一。印度北宗音樂中音名爲「Śuddha Ma」。此調爲應聲，今爲 F 調。

〔九〕沙臘：七調之一。印度北宗音樂中音名爲「Pañchama」，符號爲「Pa」。此調爲應和聲，今爲 G 調。

〔一〇〕般贍：七調之一。印度北宗音樂中音名爲「Śuddha Dhai」，符號爲「Dha」。此調爲五聲，今爲 A 調。但目前有學者對此提出了異議，認爲般贍纔是「Pañchama」一調，也作「Pañcama」，梵文轉寫作

『Pañchamah』，譯爲等五，又第五聲。此字全音應爲般贍摩《宋史·樂志》一般譯爲般涉。

按：由上或疑沙臘與般贍錯位，此爲古音樂學知識，存疑不述。

〔一二〕俟利箑：七調之一。印度北宗音樂中音名爲『Śuddha Ni』，符號爲『Ni』。此調爲斛牛聲，今爲B調。

按：上二段從『考尋』至『即變宮也』與《隋書·音樂志》幾近相同，僅有三處用字差異：一、《隋書》爲『代相傳習』，本文爲『世相傳習』；二、《隋書》爲『以其七調勘校七聲』，本文爲『以其七調校之七聲』；三、《隋書》爲『一曰娑陀力』，本文爲『一曰娑陁力』。

譯因習而彈之，始得七聲之正。然其就此七調，又有五旦〔一〕之名，旦作七調。以華譯之，旦即均也。譯遂因琵琶更立七均，合成十二，應十二律，律有七音〔二〕，音立一調，故成七調，十二律合八十四調〔三〕，旋轉相交，盡皆和合。仍以其聲考校太樂鍾律，乖戾不可勝數。譯爲是著書二十餘篇〔四〕。

〔一〕五旦：前文提及『一均之中，間有七聲』，七聲當指七種不同的音高。迄今爲止，『旦』的確切含義仍無結論。有學者認爲『旦』是印度北宗音樂中『thāt』的對音。文中說『旦即均也』，鄭譯認爲『旦』不能等同於『均』，而相當於『均』。『旦』與『均』的相同之處在於傳統樂學中『均』的本質含義都是對七聲律位的約定。旦、均之別存在不同理解，一是先秦樂學的均主要以古音階『宮』音爲首，而龜兹樂的標準音階形式與此有異。所以，同樣一個七聲律位中，作爲均的標誌音與作爲旦的標誌音並不相同；二是以同一律音作爲五種調式的主音時，實際形成了五『均』。五旦就是同主音的五個調域。實質雖同於五均，但起點的命名體系不同。『均』有調度之義，『樂所以立均』『均長八尺，施弦以調六律五聲』，就是指宮調。宮調確定後，『樂器管色之高低定矣』。一宮可容數調，『旦』有類析調式之義。

〔二〕應十二律，律有七音：後世稱之爲『八十四調』理論，唐徐景安《樂書》云：『十二律總十二均音，六十聲成八十四調，皆京房參定，荀勖推成。』鄭譯未言創八十四調，祇説他用了胡琵琶，因而做到了『輾轉相交，盡皆和合』。在唐代祖孝孫、張文收解決調律實踐問題以前，祇有在琵琶上，方能使固有的八十四調理論付諸實踐。

〔三〕八十四調：將『七聲』『十二律』旋相爲宮，以十二律構成十二均，每均再構成七種調式，而得八十四調。『八十四調』理論的提出意義重大，可以視爲我國古代完整的宮調理論體系開始逐漸建立的標誌。蘇夔反駁鄭譯，他認爲從來都祇知五聲，未聽聞變宮、變徵，並以《春秋左氏傳》中的『七音六律，以奉五聲』來反駁鄭譯的每宮多加兩個變音爲七調的理論。但最終還是鄭譯的回答得到了大家的贊同。鄭譯回答：天、地、人以及四個時節剛好爲七，如爲五聲便少了兩個時節而不完整。鄭譯與蘇夔辯論之後，又一同提出雅樂應當以黄鐘爲宮，且以黄鐘爲調首，清樂應刪去小吕，以蕤賓爲變徵纔妥當。

〔四〕著書二十餘篇：從史料上看，鄭譯著有《樂府聲調》八篇。《隋沛國公鄭譯墓誌銘》：『公常以樂章殘廢，多歷年所，乃研精覃思，博采經籍，更修《樂府聲調》八篇，上表陳奏，其月，詔以爲岐州諸軍事、岐州刺史……惟公少有英才，長懷奇節，升車攬轡，志清區宇。恥一物之不知，畢天下之能事，莫不窮理盡性，探微索隱。及持值龍顔，才膺豹變，謀定帷扆，贊成鴻業。早擅辭彩，文義精新，勒成卷軸，凡廿卷。』《樂府聲調》一稱共三卷，一稱共八篇，《隋書・音樂志》所記鄭譯著述即爲此書。則所爲『二十餘篇』，久佚。《七音序》所記爲二十餘篇，亦當指此書。《鄭譯墓誌銘》載：『早擅辭彩，文義精新，勒成卷軸，凡廿卷。』但《隋書・經籍志》集部亦未著録鄭譯文集。有可能是編撰《隋書・經籍志》時他的文集已散佚。另外，《鄭譯墓誌銘》説其『《樂府聲調》八篇』，《隋書經籍志》所載鄭譯《樂府聲調》有六卷和三卷的兩種版本。

按：此段與《隋書・音樂志》内容相關，但有改寫，故將後段内容附於下，相同相近者以横綫標識：

譯因習而彈之，始得七聲之正。然其就此七調，又有五旦之名，旦作七調。以華言譯之，旦者則謂均也。其聲亦應黄鍾、太簇、林鍾、南呂、姑洗五均，已外七律，更無調聲。譯遂因其所捻琵琶弦柱相飲爲均，推演其聲，更立七均。合成十二，以應十二律。律有七音，音立一調，故成七調十二律，合八十四調，旋轉相交，盡皆和合。仍以其聲考校太樂所奏，林鍾之宫，應用林鍾爲宫，乃用黄鍾爲宫；應用南呂爲商，乃用太簇爲商；應用應鍾爲角，乃取姑洗爲角。故林鍾一宫七聲，三聲並戾。其十一宫七十七音，例皆乖越，莫有通者。又以編懸有八，因作八音之樂。七音之外，更立一聲，謂之應聲。譯因作書二十餘篇，以明其指。至是譯以其書宣示朝廷，并立議正之。

太子洗馬〔一〕蘇夔〔二〕駁之，以五音所從來久矣，不言有變宫、變徵，七調之作，實所未聞。譯又引古以爲據，周有七音之律〔三〕，漢有七始之志〔四〕。時何妥〔五〕以舊學，牛弘〔六〕以巨儒，不能精通，同加沮抑，遂使隋人之耳不聞七調之音。

〔一〕太子洗馬：是輔佐太子，教太子政事、文理的官職，秦漢始置，作『先馬』，後人可能誤寫，作『洗馬』。『先馬』即在馬前馳驅之意，漢時亦有作『前馬』，秩比六百石。東漢時洗馬爲十六人，職如謁者。魏沿其制。晋時改掌圖籍，置八人。南朝宋八人，齊一人。梁置典經局，設洗馬，掌公文信劄等，職務與漢洗馬不同，員額八人，以世族充任。陳因梁制。北齊稱典經坊洗馬，隋改名爲司經局洗馬。唐代沿稱，置二人，從五品下，掌東宫經史子集四庫圖書的刊緝貯藏。唐高宗時一度改稱司經大夫，不久復舊，其職仍爲專掌書籍。其後歷代沿制。

〔二〕蘇夔：字伯尼，京兆武功（今陝西省咸陽市武功縣）人，隋朝大臣，邳國公蘇威之子。隋煬帝即位，以爲太子洗馬，轉司朝謁者。煬帝征遼東，蘇夔隨征，拜朝散大夫，立下戰功，進位通議大夫，卒年四十九，贈鴻臚卿。著有《樂志》十五篇。

〔三〕周有七音之律：鄭樵以古而有之來反駁蘇夔。其所謂『周有七音之律』，當指《左傳·昭公二十年》所記：『先王之濟五味、和五聲也，以平其心、成其政也。聲亦如味，一氣、二體、三類、四物、五聲、六律、七音、八風、九歌以相成也。』又『是故爲禮以奉之……爲九歌、八風、七音、六律，以奉五聲』。陸德明《釋文》：『七音：宫、商、角、徵、羽、變宫、變徵也。』

〔四〕漢有七始之志：七始，古代樂論以十二律中的黄鐘、林鐘、太簇爲天地人之始；姑洗、蕤賓、南吕、應鐘爲春夏秋冬之始，合稱『七始』。（宋王應麟《小學紺珠・律曆・七始》）《尚書大傳》卷二：『故聖王巡十有二州，觀其風俗，習其性情，因論十有二俗，定以六律、五聲、八音、七始。』鄭玄注：『七始，黄鐘、林鐘、大簇、南吕、姑洗、應鐘、蕤賓也。』《隋書・音樂志上》：『漢雅樂郎杜夔，能曉樂事，八音七始，靡不兼該。』此處所提『七始之志』，當指《隋書・音樂志》所載有『七始』。

〔五〕何妥：生卒年不詳，字棲鳳，西城人。隋代音樂家與哲學家。開皇十二年（五九二）以國子博士受命考定鐘律。又曾獻上何妥車。以國子祭酒卒於官。著有《樂要》一卷、《周易講疏》十三卷等。

〔六〕牛弘（五四五—六一〇）：本姓尞，字里仁，安定鶉觚（今甘肅省平凉市靈臺縣）人。隋時大臣，北周時期，起家中外府（宇文護）記室，歷任内史上士、納言上士，遷員外散騎侍郎、内史下大夫，授儀同大將軍，襲封臨涇公。專掌文書，修起居注。隋文帝即位後，授散騎常侍、秘書監，進爵奇章郡公。開皇三年（五八三），拜禮部尚書，遷吏部尚書。修撰《五禮》百卷。

按：此段所記以『開皇樂議』爲歷史背景。隋開皇二年至開皇十三年間在音樂、樂學、樂律等方面發生了一場持續十餘年的『開皇樂議』事件。此事件是中國雅樂史及樂律發展史中不可或缺的一部分，它的産生有極深的根源和複雜的歷史文化背景。涉及衆多樂議官員和音樂家，是中國古代音樂史上極爲重要的里程碑事件。

從表面上看，開皇樂議所討論的問題是是否確立『黄鐘一宫』，但其實質是在音樂領域内如何對待外來文化與傳統文化的一場歷史性大辯論。開皇樂議有着極其深遠的淵源和文化背景，從其各個角度、各個層面來看，無一不显示出它的複雜性。參與開皇樂議任務的人員主要有萬寶常、牛弘、何妥、鄭譯、蘇夔。在修正雅樂聲律上，他們互相排斥，長期爭議。從一開始的學術辯論，變成了後來的朋黨之爭。鄭譯提出『八十四調』宫調體系方案，並詳細介紹了龜兹音樂家蘇祇婆的『五旦七調』理論。而蘇夔反對鄭譯的提議，説《春秋左氏傳》記載有『七音六律，以奉五聲』，造成音階和宫調上混亂的原因便是西域音樂與中原音樂的並用。隋文帝最終決定採用何妥的『黄鐘爲宫』的觀點。從這時候開始，隋朝雅樂便没了旋宫轉調。史料中保留下來的鄭譯提出的七聲、十二律旋相爲宫的『八十四調』和西域音樂家蘇祇婆的『五旦七調』等理論，爲後來研究古代聲律、音律打下了基礎，並提供了實證。

臣又按：唐楊收〔一〕與安涚〔二〕論琴，五絃之外，復益二絃，因言七聲之義。西京諸儒惑圜鍾〔三〕函鍾〔四〕之説，故其郊廟樂〔五〕惟用黄鍾〔六〕一均，章帝〔七〕時太常丞〔八〕鮑業始旋十二宫。夫旋宫〔九〕以七聲爲均，均言韻也，古無韻字，猶言一韻聲也。宫、商、角、徵、羽爲五聲，加少宫〔一〇〕、少徵〔一一〕爲七聲，始得相旋爲宫之意。琴者，樂之宗也；韻者，聲之本也。皆主於七，名之曰韻者，蓋取均聲也。

〔一〕楊收（八一六—八六九）：字藏之，同州馮翊縣（今陝西省渭南市大荔縣）人。唐大中四年（八五〇），得到宰相令狐綯推薦，授翰林學士、中書舍人，遷兵部侍郎、翰林學士承旨。咸通四年（八六三），授中書侍郎同平章事，成爲宰相。後授右僕射、太清太微宫使、弘文館大學士、晋陽縣開國男。

〔二〕安涚：唐代擅音律者，《新唐書·楊收傳》：『時有安涚者，世稱擅琴，且知音。』

〔三〕圜鍾：古樂十二律之一，一名夾鍾。《周禮·春官·大司樂》：『凡樂，圜鍾爲宫，黄鍾爲角。』鄭玄注：『圜鍾，夾鍾也。』唐韓愈《順宗實録一》：『《周禮》圜鐘之均六變，天神皆降。』宋沈括《夢溪筆談·樂律一》：『圜鍾六變，函鍾八變，黄鍾九變。』

〔四〕函鍾：十二律之一，即林鍾。《周禮·春官·大司樂》：『乃奏蕤賓，歌函鍾，舞大夏，以祭山川。』鄭玄注：『函鍾，一名林鍾。』宋沈括《夢溪筆談·樂律一》：『宫聲當在姑洗徵之後，南吕羽之前，中間唯函鍾當均，自當以函鍾爲宫也。』

〔五〕郊廟樂：古代帝王郊祀天地、祭祀祖先的儀式用樂。它包含一套繁複的表演程式，有特定的樂曲、登歌、樂舞等内容。周朝初封確立的封建宫廷禮樂制度，在春秋戰國時期就已經『禮崩樂壞』，歷代沿革，久經戰亂，這套爲周初統治階級所推崇的宫廷禮樂制度已失去了其原始面貌。在漢初立時，即便有識得舞儀之人，也不能解釋其意義。《宋書·樂志》記：『漢興，制氏但識其鏗鏘鼓舞，不傳其義，而於郊廟朝廷，皆協律新變，雜以趙、代、秦、楚之曲……』漢至東晋以降，其郊廟禮樂又不斷地恢復建設；永嘉之亂使中原傳統又一次遭受打擊，東晋偏安一隅，禮樂制度幾盡亡缺。至南朝宋，宫廷禮樂仍未恢復。綜觀南朝各代，宫廷禮樂的建設有着極其漫長的歷程。

〔六〕黄鍾：十二律之一。聲調最宏大響亮，在宫、商、角、徵、羽五音之中，宫屬於中央黄鍾，五音十二律由此而分。

〔七〕章帝：指漢章帝劉炟，東漢第三位皇帝。與漢明帝統治時期合稱『明章之治』，曹丕譽之爲『明帝察察，章帝長者』。

〔八〕太常丞：官名。兩漢魏晋南北朝時爲太常副貳，員一人。兩漢多用博士、議郎充任。西漢秩千石，東漢秩比千石。魏、晋、南朝、北魏增置少卿爲太常之副，丞居其下。北齊置太常寺，以卿、少卿爲長貳，丞參領寺務。隋、唐、五代員二人，管理本寺日常公務。

太常是封建社會中掌管禮樂的最高行政機關，秦時稱奉常。漢景帝六年（前一五一）改稱太常（《漢書·百官公卿表》）。漢以後改稱太常寺、太常禮樂官等。《隋書·百官志》：『太常，掌陵廟群祀，禮樂儀制，天文術數衣冠之屬。』歷代大體相同。太常的主管官員稱太常卿。太常卿下屬職官與音樂密切相關的爲太常博士，協律都尉（校尉）協律中郎將、協律郎、雅樂部、鐘律令、鐘律郎，太樂署的令、丞，漢以後建置的鼓吹署令、丞，清商署（部）的令或丞等。

〔九〕旋宫：《後漢書·律曆上》記西漢京房律曆學中有旋宫轉調内容：『建日冬至之聲，以黄鍾爲宫，太蔟爲商，姑洗爲角，林鍾爲徵，南吕爲羽，應鍾爲變宫，蕤賓爲變徵。此聲氣之元，五音之正也。』京房的旋宫轉調法是服務於候氣説的，但從『五音之正』仍可看出，自周代就有對音之正、偏的認識。樂的旋宫轉調之法，就是建立在這些技術基礎上的，雖然傳到西漢京房那裏，旋宫轉調之法流於候氣術，但正因爲戰國至漢初有此類内容傳承，纔有後來的京房以音律候氣之法。

〔一〇〕少宫：七弦古琴的第二弦，《夢溪補筆談·樂律》：『古法唯有五音，琴雖增少宫、少商，然其用絲各半本律，乃律吕清倍法也。』另指樂調名。《文選·張景陽〈七命〉》：『啓中黄之少宫，發蓐收之變商。』李善注引漢劉向《雅琴賦》：『彈少宫之際天，援中徵以及泉。』

〔一一〕少徵：運氣學説術語，指不及之火運。此處當爲少商誤。古琴所增爲少宫與少商。少商，七弦古琴的第七弦。《通典・樂四》引漢桓譚《新論》：『五弦第一弦爲宫，其次商、角、徵、羽；文王、武王各加一弦，以爲少宫、少商。』唐皎然《風入松》詩：『美人夜坐月明裏，含少商兮點清徵。』《夢溪筆談・樂律》：『如今之調琴，須先用管色合字定宫弦，乃以宫弦下生徵，徵弦上生商，上下相生，終於少商。』

臣初得《七音韻鑑》〔一〕，一唱而三嘆，胡僧〔二〕有此妙義，而儒者未之聞。及乎研究制字，考證諧聲，然後知皇頡、史籀之書已具七音之作，先儒不得其傳耳。今作《諧聲圖》，所以明古人制字通七音之妙，又述内外轉圖〔三〕，所以明胡僧立韻得經緯之全。釋氏以參禪爲大悟，通音爲小悟，雖七音一呼而聚，四聲不召自來，此其麤淺者耳。至於紐躡〔四〕杳冥〔五〕，盤旋〔六〕寥廓〔七〕，非心樂洞融天籟，通乎造化者，不能造其閫〔八〕。

〔一〕《七音韻鑑》：《宋史・藝文志》記載釋元冲著有《五音韻鑑》，李新魁懷疑很可能就是《七音韻鑑》，認爲宋代時應有稱爲《五音韻鑑》或《七音韻鑑》的書。從鄭樵自己的記載中可知，一定是有一本《七音韻鑑》，在鄭樵《通聲・六書略・論華梵》中亦提及：『觀今《七音韻鑑》，出自西域。』在唐代，《韻鑑》一類的文獻當已出現。

王力先生認爲《七音韻鑑》就是《韻鏡》，此論不確。《韻鏡》張麟之識語：『余嘗有志斯學，獨恨無師承，既而得友人授《指微韻鏡》一編，且教以大略曰：反切之要，莫妙於此。』《指微韻鏡》不能説就是《七音韻鑑》，祇能説是一類書，如王力説：『韻圖是和尚們所作，其初名爲《韻鏡》或《韻鑑》，這書不止一種版本，楊倓所得的《切韻心鑑》、鄭樵所得的《七音韻鑑》、張麟之所得的《指微韻鏡》，都是其中的一種。』據楊軍考證，南宋章如愚《山堂先生群書考索》卷一八《翰墨門·字翰》：『訂周思言之《音韻》，質劉秋孫之《釋名》，以《聲譜》而定平上去入，以《玉篇》而參古文篆籀，以《指微韻鏡》而别脣、齒、舌、喉、牙之音，以《熙寧集韻》而究僻俗用假借之字，又安有伏獵、雌霓之失？』可見確有《指微韻鏡》流傳於世。

〔二〕胡僧：當和前文所指梵僧相同。王邦維認爲：『中國歷史上的「胡僧」，從來没有編撰出類似著作的。以涉及的内容尤其是韻圖而言，這樣的著作，真正的「胡僧」恐怕也很難編撰出來。』這種看法有些偏頗，在鄭樵時代，佛教興盛，鄭樵即使没有與梵僧直接接觸，也很容易接觸到『梵僧』的著作。

鄭樵《通志·藝文略》：『切韻之學，起自西域，舊所傳十四字貫一切音，文省而音博，謂之《婆羅門書》，然猶未也。其後又得三十六字母，而音韻之道始備。』《通志·藝文略》中記載的書目中，《聲韻圖》一卷，柳曜《五音切韻樞》三卷，《切韻指元論》三卷，僧鑑言《切韻指元疏》五卷，劉守錫《歸字圖》一卷，僧守温《三十六字母圖》一卷。另有僧行慶《定清濁韻鈐》一卷，《切韻内外轉鈐》一卷，《内外轉歸字》一卷。另鄭樵《通志》卷七一《校讎略》第一『書有名亡實不亡論』亦記有：『李舟《切韻》乃取《説文》而分聲，《天寶切韻》即《開元文字》而爲韻，《内外轉歸字圖》《内外傳鈐指歸圖》《切韻樞》之類，無不見於《韻海鏡源》。』

按：釋家在等韻學上的貢獻在唐代就有綫索可循：敦煌寫卷『鳩摩羅什通韻』殘卷，寫卷編號S. 1344號，應爲唐代中期或稍晚撰成的文字無疑。其中有『十四音者，七字聲短，七字聲長。短者吸氣而不高，長者平呼而不遠』『一切音聲，六道殊勝，語言悉攝在中』『竪則雙聲，横則牒韻。雙聲則無一字而不雙，牒韻則無一字而不韻』『半陰半陽，乍合乍離，兼胡兼漢。咽喉牙齒，咀嚼舌（齶），脣端呼吸，半字滿字』等語。

唐《涅槃經悉談章》，原書在中國早已失傳，民國初年由羅振玉在日本發現。其中有『舌中音者，吒吒知知是雙聲，吒咤荼拏是疊韻』『悉談，魯流盧樓爲首生』等語，與上面『鳩摩羅什通韻』首句的文字完全相同。其他相同的還有『以頭爲尾』『以尾爲頭』『尾頭俱尾』『竪則雙聲』『半陰半陽』『耶（邪）正相加』『單行獨只』『摘（擿）掇（綴）相連』等用語。

按：鄭樵强調『胡僧』，且指出『而儒者未之聞』，應有所誇張。隨着弘法運動興起，很多儒家學者也熱衷於釋家學説，並成爲佛學家，如謝靈運等。等韻理論的發展與完善，等韻圖的形成不可能没有儒家學者的貢獻。

〔三〕述内外轉圖：鄭樵謂『述』字，表明其『今作《諧聲圖》』，是轉寫其所見的『内外轉圖』。其所謂『内外轉圖』當是出於《七音韻鑑》。内外轉圖應爲韻圖性質，是鄭樵將其『七音』理論有效地應用到音節表中的途徑。『七音』的作用，如其前文鄭樵批評『四聲爲經、七音爲緯』『經緯不交，所以失立韻之源』，他所制《諧聲圖》，其目的是『通七音』。『述内外轉圖』則是爲了明立韻、明經緯，這樣就可以做到『四聲』

與『七音』相交，從而達到『得經緯之全』的效果。

〔四〕紐躡：紐，連結、聯繫；躡，連接、連續。《新唐書・裴度傳》：『大和四年，數引疾不任機重，願上政事。帝擇上醫護治，中人日勞問相躡。』南唐劉崇遠《金華子雜編》卷上：『家人急以藥物躡灌之，沉悶不甦，經中夕而死。』紐躡對應盤旋。

〔五〕杳冥：謂奥秘莫測。南朝梁沈約《佛記序》：『事涉杳冥，取驗無所，亦皆靡載，同之闕疑。』宋吴曾《能改齋漫録・事實一》：『（晁伯）嘗作《昭靈夫人祠詩》云：「殺翁分我一杯羹，龍種由來事杳冥。」』明唐順之《常州新建關侯祠記》：『神人之情不相遠，未可以爲杳冥而遇之也。』

〔六〕盤旋：盤，追問、查究。此處盤旋當指探究義。

〔七〕寥廓：古代謂宇宙的元氣狀態。《素問・天元紀大論》：『臣積考《太始天元册文》曰：「太虚寥廓，肇基化元，萬物資始，五運終天。」』《文選・賈誼〈鵩鳥賦〉》：『真人恬漠兮，獨與道息。釋智遺形兮，超然自喪。寥廓忽荒兮，與道翱翔。』李善注：『寥廓忽荒，元氣未分之貌也。』晋潘岳《西征賦》：『潘子憑軾西征，自京徂秦，迺喟然歎曰：「古往今來，邈矣悠哉，寥廓惚恍，化一氣而甄三才。」』

〔八〕造其閫：造，致也。學業等達到某種程度或境界。《孟子・離婁下》：『君子深造之以道，欲其自得之也。』趙岐注：『造，致也，言君子問學之法，欲深致極竟之以知道。』宋陸游《老學庵筆記》卷二：『吾力學三十年，今乃能造此地。』

閫，門檻。《文選・揚雄〈甘泉賦〉》：『天閫決兮地垠開，八荒協兮萬國諧。』李善注引鄭玄《禮記注》『閫，門限也。』《梁書・處士傳・沈顗》：『顗從叔勃，貴顯齊世，每還吴興，賓客填咽，顗不至其門。勃就見，顗送迎不越於閫。』《金史·隱逸傳·褚承亮》：『狀元許必仕爲郎官，一日出左掖門，墮馬，首中閫石死。』

『造其閫』，指達到入門的程度。

字書主於母，必母權子〔一〕而行，然後能別形中之聲。韻書主於子，必子權母而行，然後能別聲中之形。所以臣更作字書，以母爲主，亦更作韻書，以子爲主。今茲內外轉圖用以別音聲，而非所以主子母也。〔二〕

〔一〕母權子：權，威勢。《逸周書·大戒》：『權先申之。』孔晁注：『權，謂勢重。』《史記·蘇秦列傳》：『是故夫衡人日夜務以秦權恐愒諸侯以求割地。』唐羅隱《讒書·風雨對》：『風雨雪霜，天地之權也。』此處『權』爲名詞動用。『母權子』，當爲母來統率子的意思。

按：鄭樵『子母理論』見於前。鄭樵認爲，字書主要是辨析字形的，母主義，所以首先分析字形，對於辨音則次於形，在完成『以形索義』的功能後，纔去表現字音。韻書主要是揭示字音，在編製時首先要考慮語音，然後纔去辨析其字義。

〔二〕『今茲』句：此句主要表達鄭樵製《七音略》的目的，爲分析字音而製，並不着力於表現字義。

附：《七音序》的影響兩則

第一則　宋張麟之《韻鏡序作》及《調韻指微》

韻鏡序作舊以翼祖諱敬，故爲《韻鑑》。今遷祧廟，復從本名。

《韻鏡》之作，其妙矣夫！余年二十始得此學。字音往昔相傳，類曰《洪韻》，釋子之所撰也。有沙門神珙，恭拱二音號知音韻。嘗著《切韻圖》載《玉篇》卷末。竊意是書作於此僧。世俗訛呼珙爲洪爾，然又無所據。自是研究，今五十載，竟莫知原於誰。近得故樞密楊侯倓淳熙間所撰《韻譜》，其自序云：『朅來當塗，得歷陽所刊《切韻心鑑》。因以舊書，手加校定，刊之郡齋。』徐而諦之，即所謂《洪韻》，特小有不同。舊體以一紙列二十三字母爲行，以緯行於上，其下間附一十三字母，盡於三十六，一目無遺。楊變三十六，分二紙，肩行而繩引，至横調則淆亂不協，不知因之則是，變之非也。既而又得莆陽夫子鄭公樵進卷，先朝中有《七音序》，略其要語曰：『七音之作，起自西域，流入諸夏，梵僧欲以此教傳天下，故爲此書。雖重百譯之遠，一字不通之處而音義可傳。華僧從而定三十六爲之母，輕重清濁不失其倫，天地萬物之情備於此矣！雖鶴唳風聲，雞鳴狗吠，雷霆經耳，蚊虻過目，皆可譯也，況於人言乎？』又云：『臣初得《七音韻鑑》，一唱三嘆。胡僧有此妙義而儒者未之聞。』是知此書其用也博，其來也遠，不可得指名其人。故鄭先生但言梵僧傳之，華僧續之而已。學者惟即夫非天籟通乎造化者不能造其閫，而觀之庶有會於心。自天籟以下十三字又鄭先生之語。嘉泰三年二月朔東浦張麟之序。

調韻指微

不知象類，不足與言六書八體之文；不知經緯，不足與論四聲七音之義。經緯者，聲音之脉絡也；聲音者，經緯之機杼也。縱爲經，横爲緯；經疏四聲，緯貫七音。知四聲則能明昇降於闔闢之際，知七音則能辯清濁於毫釐之間。欲通音韻必自此始。

莆陽鄭先生云：『天籟之本，自成經緯，皇頡史籀已發此旨。凡儒不得其傳，故江左之儒，知縱有平、上、去、入之四聲，不知横有宫、商、角、徵、羽、半徵、半商之七音。經緯不明，所以失立韻之源。於是作七音編而爲略。欲使學者盡得其傳，然後能用宣尼之書以及人面之俗。又作《諧聲圖》，以明古人制字通七音之妙。作内外十六轉圖，以明胡僧立韻得經緯之全。』嗚呼！其用心大矣。

今世之士，慢不講究，聱牙舛謬，滔滔皆是，此無佗，由不習而忽之過爾。豈知前輩於此一事，最深切致意者焉。

或曰：字惟五音而曰七，何耶？曰：音非七則不能盡聲中之韻，亦猶琴始五絃，非加文武二絃則不能盡音中之聲。故曰：琴者，樂之宗也。韻者，聲之本也。文武二絃爲變宫、變徵，舌齒二音爲半徵、半商，此其義歟？

或又曰：舌齒一音而曰二，何耶？曰：五音定於脣、齒、喉、牙、舌，惟舌與齒遞有往來，不可主夫一，故舌中有帶齒聲，齒中而帶舌聲者，古人立來、日二母，各具半徵、半商，乃能全其秘。若來字，則先舌後齒，謂之舌齒；日字，則先齒後舌，謂之齒舌。所以分爲二而通五音曰七。今《韻鏡》中分章昌張倀在舌齒音兩處之類蓋如此。故曰：七音一呼而聚，四聲不召自來。學者能由此以揣摩四十三轉之精微，則無窮之聲，無窮之韻，有不可勝用者矣。又何以爲難哉！

第二則　明王鏊《震澤長語·音韻》

邵康節之父古字天叟，謂天有陰陽，地有剛柔，律有翕闢，吕有倡和。一闢一翕而平上去入備焉，一倡一和而開發收閉備焉。律感吕而聲生焉，吕應律而音生焉。開閉者律天，清濁者吕地。先閉後開者，春也；純開者，夏也；先開後閉者，秋也；冬則閉而無聲。冬爲春聲，陽爲夏聲。此見作韻者亦有所至也，衒凡冬聲也。

横渠張子曰：『商角徵羽出于唇齒喉舌，獨宫聲全出于口，以兼五聲也。』徐景安《樂書》：『凡宫爲上平，商爲下平，角爲入，徵爲上，羽爲去。』米元章云：『五聲之音出于五行，沈隱侯只知四聲，求宫聲不得，乃分平聲爲二。』鄭樵曰：『江左始爲韻書，然識四聲而不識七音。知縱有平、上、去、入四聲，而不知衡有宫、商、角、徵、羽、半徵、半商爲七音。縱成經，横成緯，經緯不交，所以失立韻之原也。七音之韻起自西域，以三十六字爲母，天地萬物之音備於此。雖鶴唳風聲，雞鳴狗吠，皆可譯也，況人言乎？今宣尼之書，東則朝鮮，西則凉夏，南則交阯，北則朔易，皆吾故封也。瞿曇之書能入諸夏，而宣尼之書不能至跋提河者，以聲音之道障閡耳。』所以日月照處甘傳梵書者，爲有七音之圖以通百譯之義也。梵人别音，在音不在字；華人别字，在字不在音。故梵有無窮之音，華有無窮之字。梵則音有妙義，而字無文采。華則字有變通，而音無錙銖。梵人長於音，所得從聞入。華人從見入，故以識字爲賢。知釋氏以參禪爲大悟，通音爲小悟。

《七音韻鑑》出自西域，應琴七絃，從衡正倒，展轉成圖，不比華音平上去入而已。華有二合之音，如《漢書》元元之類，無二合之字；梵有二合、三合、四合之音，亦有其字。華書惟琴譜有之，蓋琴尚音，一音難可一字，該必合數字之體，以取數字之文。華音論讀，必以一音爲一讀。梵音論諷雖一音，而一音之中自有抑揚高下。二合者其音易，三合四合者其音轉難。大氐華人不善音，今梵僧呪雨則雨應，呪龍則龍見。華僧雖學其聲而無驗者，實音聲之道有未至也。

附：《四庫全書總目提要》對《通志》的評介

蓋宋人以義理相高，於考證之學，罕能留意。樵恃其該洽，睥睨一世，諒無人起而難之，故高視闊步，不復詳檢，遂不能一一精密，致後人多所譏彈也。特其採摭既已浩博，議論亦多警闢。雖純駁互見，而瑕不掩瑜，究非游談無根者可及。至今資爲考鏡，與杜佑（《通典》）、馬端臨（《文獻通考》）書並稱『三通』，亦有以焉。

以子爲主今玆內外轉圖用以別音聲而非所以主子母也

諧聲制字六圖

諧聲者六書之一書也凡諧聲之道有同聲者則取同聲而諧無同聲者則取協聲而諧無協聲者則取正音而諧無正音者則取旁音而諧所謂聲者四聲也音者七音也制字之本或取聲以成字或取音以成字不可備舉今取其要以證所諧茲所不載觸類而長

正聲協聲同諧圖第一

聲音俱諧圖第二

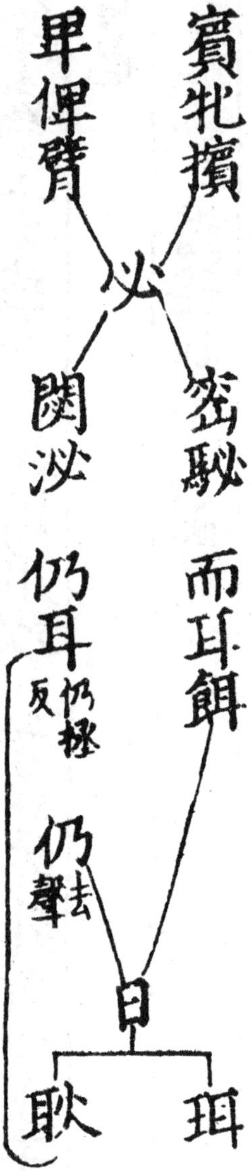

大八十二 通志二十六 …… 第 一

音諧聲不諧圖第三

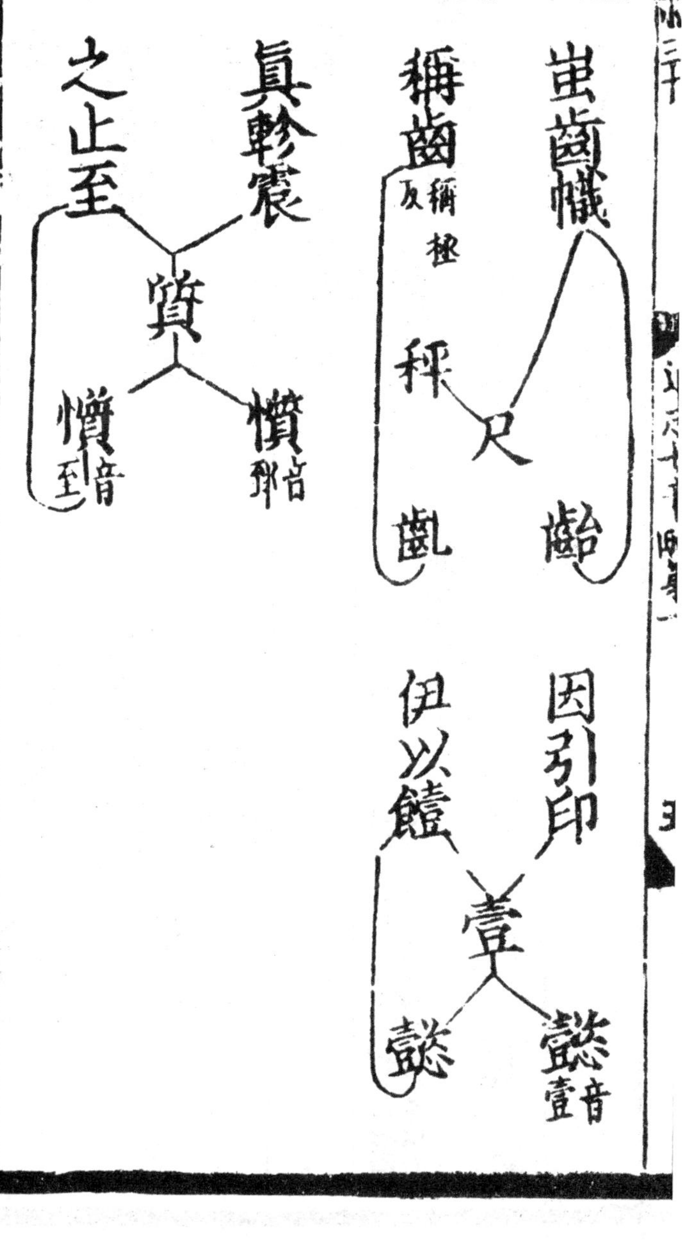

膺郢應　噫矣意 → 億

慵傭傭去聲　酬壽售 → 璹

盈郢孕　飴以異 → 翼

繩乘上聲剩　時是上聲豉 → 寔

一聲諧二音圖第四

蕭亦作箾

蕭小肖肅　箾小肖削

一音諧二聲圖第五

暱亦作昵

紉女鄰切　紉上聲　紉去聲　暱

尼　柅　膩　昵

切擣到卓
凋鳥釣著
刀
音切
音凋
叨
召

濤擣壽鑄
遥大雕藥
匋
音濤
音遥
陶 陶冶之陶
陶 皋陶之陶

一音諧三聲圖第六

魚 語 御 獄
衙 雅 迓 嶽
梧 五 悟 砡
吾
音吾我之吾又音
魚國語暇豫之吾
吾㠯也又音牙漢
金城允吾縣是也
語 圄
衙 逜
梧 浯

且 子邪切 且 且 去聲 鏃
徂 祖 胙 族
疽 咀 沮 足
且
千也切又音
徂又音疽
罝 姐
組 祖
疽 咀

《諧聲制字六圖》疏解

李 紅

諧聲〔一〕者，六書之一書也。凡諧聲之道，有同聲〔二〕者，則取同聲而諧；無同聲者，則取協聲〔三〕而諧；無協聲者，則取正音〔四〕而諧；無正音〔五〕者，則取旁音〔六〕而諧。所謂聲者，四聲也；音者，七音也。制字之本，或取聲以成字，或取音以成字，不可備舉。今取其要，以證所諧。茲所不載，觸類而長。

按：内外轉圖主要是『七音四聲』在編製語音文獻上的應用。《諧聲圖》則是對漢字構造中聲符的作用的揭示，並從中歸納規律。

〔一〕諧聲：相當於『形聲』。《通志·六書略》：『諧聲第五。序曰：「諧聲與五書同出，五書有窮，諧聲無窮。五書尚義，諧聲尚聲。天下有有窮之義，而有無窮之聲。擬之而後言，議之而後動者，義也。不疾而速，不行而至者，聲也。作者之謂聖，述者之謂明，五書作者也，諧聲述者也。諧聲者，觸聲成字，不可勝舉。今略，但引類以記其目。」

〔二〕同聲：諧聲字與其表音的聲符字，在聲母、韻母、聲調上均相同，即同音。在圖表中又表現爲正聲，亦即音節相同。

〔三〕協聲：諧聲字與其表音的聲符字，其韻母相同，聲母、聲調不同。主要指四聲相承的不同音節，也可以指不具有四聲相承關係，但韻母相同的音節。聲母雖可不同，但必然七音相同。

〔四〕音：指諧聲字的整體讀音。

〔五〕正音：當指諧聲字與其表音的聲符字，聲母相同。

〔六〕旁音：當指諧聲字與其表音的聲符字，七音相同，聲母有異。

按：鄭樵認爲，在分析形聲字時，選擇聲符最佳的應該是『同聲者』，其餘等而次之。同時，『同聲』排在『同音』的前面，也就是『聲』的作用要大於『音』的作用。他接下來説『聲』是四聲，但並不是指聲調上的『四聲』，而是現代意義上的音節，即四聲相承的一組音節。『音』是七音，即聲母的發音部位。這是鄭樵研究的結果，聲符在表現字音上，祇要四聲相承就可以，音節相同聲調不同完全可以。從語音相關的角度來進行訓詁，鄭樵可以説是最早的踐行者。鄭樵更提出了『諧聲』的制字之本，相比段玉裁『同聲必同部』，鄭樵更早地應用了系統分析和歸納的研究方法。

正聲協聲同諧圖第一

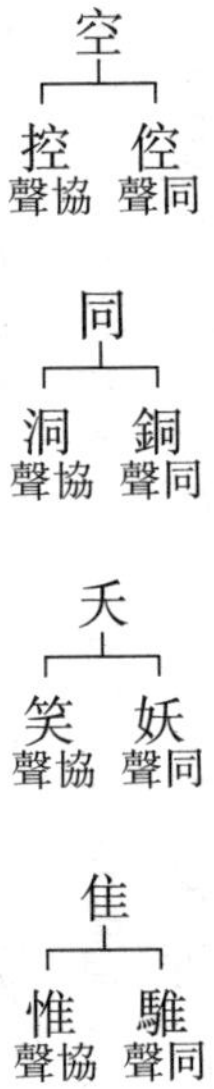

圖一　正聲協聲同諧圖第一

本圖給出四組字，來舉例説明同聲與協聲的關係。現將四組字的音韻地位列於左：

一、空　《廣韻》苦紅切，平東，溪。

同聲　倥　《廣韻》苦紅切，平東，溪。

協聲　控　《廣韻》苦貢切，去送，溪。

二、同　《廣韻》徒紅切，平東，定。

同聲　銅　《廣韻》徒紅切，平東，定。

協聲　洞　《廣韻》徒弄切，去送，定。

三、

同聲　夭　《廣韻》於喬切，平宵，影。

協聲　妖　《廣韻》於喬切，平宵，影。

　　　笑　《廣韻》私妙切，去笑，心。

四、

　　　隹　《廣韻》職追切，平脂，章。

同聲　騅　《廣韻》職追切，平脂，章。

協聲　惟　《廣韻》以追切，平脂，以。

此圖，『空同夭隹』按鄭樵的理念是主聲的部分，即子也。作爲諧聲聲符部分，子主聲。從所列音韻地位看，同聲的概念較爲嚴格，『空』—『倥』，『同』—『銅』，『夭』—『妖』，『隹』—『騅』四組均爲完全同聲。正合其所述『有同聲者，則取同聲而諧』，但在圖名上，又爲『正聲協聲圖』，或『同聲』『正聲』同義，但從其所述，可以否定。那麽衹能是圖名之『正聲』誤，當爲『同聲』。

四組字之協聲部分，『協』，調整；調和。既然是『調整』聲音，必然不同音。從四組字的情況來看，『空』—『控』、『同』—『洞』，兩組語音衹有聲調不同，但『夭』—『笑』、『隹』—『惟』則相差較大。在中古音中，『夭』爲影母，『笑』爲心母。在《七音略》中，『夭』爲宫聲，『笑』爲商聲；『隹』爲章母，『惟』爲以母，『惟』爲宫聲，『隹』爲商聲。兩組在聲母上均不産生關係。『夭』『笑』

韻母相同，聲調不同；『隹』『惟』韻母相同，聲調相同。那麽對『協聲』的理解，可以説是『不考慮聲母，但韻母要相同，聲調可不同』，也就是協聲可不考慮聲母，但韻母要平上去相承。（因入聲複雜，此處例亦無入聲，所以暫未考慮入聲）在《七音序》中，鄭樵一直把『四聲』歸爲『聲』，把『七音』歸爲『音』，所以此處如此理解亦有道理可循。鄭樵謂『無同聲者，則取協聲而諧』，可理解爲没有完全同音的，就取同一韻母的字作爲聲符。

聲音俱諧圖第二

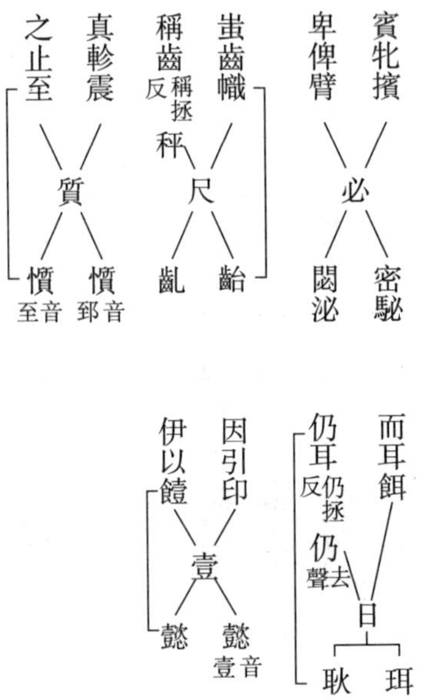

圖二　聲音俱諧圖第二

本圖中有五組字，其中心有一樞紐字，由其輻射出諧聲字。本圖劃綫較亂，造成了閲讀上的困難。本圖意在提示在諧聲字中，有一部分字的聲符具有很强的構字能力，所得出來的『子』，在聲母上具有較强的一致性。這種聲符的構字能力很强，從聲調上可以造出各聲調的字；從韻的角度上，可以造出陰聲韻、陽聲韻、入聲韻。此圖的構造爲首先設定樞紐字，『必、日、尺、壹、質』，這五個字都是入聲字，而且除『尺』之外均爲質韻字。尺爲昔韻，與質韻字共爲樞紐字，有可能是因爲在鄭樵時代入聲韻尾已有所消變，導致質、昔在聽感上趨同，亦或有他因。五個樞紐字的選定，表現了鄭樵的審音能力，他已經自覺運用入聲作爲四聲相承的紐帶，而這個認識在清儒時期纔得以確定。

此圖以樞紐字爲核心，可以衍生一系列的諧聲字，在這裏並不一定以樞紐字爲字形構件，例如第一圖之『臂』，《説文》：『手上也。从肉辟聲。卑義切。』其構件中並無『必』，但均爲幫母字。鄭樵此圖欲使讀者知悉，同一聲母可以和各種韻相拼合。樞紐字的四角，右上、左上部分爲舒聲韻，右下、左下部分則爲入聲韻。分成兩個入聲韻的原因，是鄭樵想要表現語音的變化。《切韻》系統早期韻圖，均爲入聲配陽聲，隨着語音的變化，入聲消變後開始配陰聲。《七音略》中已經開始出現了入聲兩配的情況，鄭樵既想表現《切韻》系統，又想表現時音變化，於是在此圖中設立了兩個入聲。其中相配陽聲韻的均爲入聲字，而相配陰聲韻的則多爲去聲。在舒聲韻中，又按平上去序列諧聲字。本圖内第四、五圖設計理念較爲一致，第一圖基本一致，根據對此三圖的觀察，對諸圖加以校正。具體分析如左：

一、樞紐字　必　《廣韻》卑吉切，入質，幫。

右　上　賓　《廣韻》必鄰切，平真，幫。

牝　《廣韻》毗忍切，上軫，並。

擯　《廣韻》必刃切，去震，幫。

左　上　卑　《廣韻》府移切，平支，幫。

俾　《廣韻》并弭切，上紙，幫。

臂　《廣韻》卑義切，去寘，幫。

右　下　密　《廣韻》美畢切，入質，明。

駜　《廣韻》毗必切，入質，並。

左　下　閟　《廣韻》兵媚切，去至，幫。

泌　《廣韻》兵媚切，去至，幫。

此圖樞紐字爲『必』，幫母字。右上爲陽聲韻字，其中『牝』爲並母，餘皆爲幫母。《廣韻》軫韻無幫母字，此處列並母字，當爲旁音亦可諧聲，亦有可能是鄭樵時音中，全濁聲母已清音化。此圖右下有『密』『駜』二字，此二字均爲『質』韻字，入聲配陽聲韻。左上爲陰聲，其對應的左下有『閟』『泌』二字，此二字均爲陰聲韻去聲字。在左上已列有陰聲韻去聲，此處重列必有作者的意圖。後四圖均有劃綫連接，此圖不可能是作者疏漏。陰聲韻下有相配字，是表現在時音中有些入聲字已經變成舒聲，可以和舒聲韻相配。但此處不能用入聲表達，衹好用入聲消變後的同音字進行表達。例如：必、閟、泌後來均爲幫母齊微韻字。

右下列『密』『駜』字，則屬旁音諧聲。正音、旁音均屬諧聲。若此，則右上列『牝』字，亦屬旁音，則不必校正。

但『密』爲明母，雖然發音部位相同，但相距仍較大。考《七音略》外轉第十七，有幫母『必』字，亦有並母『邲』字。因上有『牝』爲並母，此處若列『邲』字則更好。

邲　《廣韻》毗必切，入質，並。

則此圖可校正爲（虛綫部分爲後加）：

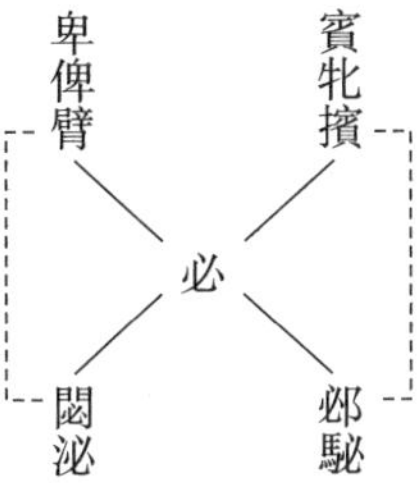

圖三　聲音俱諧圖第二局部校正圖甲

如此，則此圖可明。可印證鄭樵之觀點，有一類諧聲字，同諧聲者聲母相同或相近。

二、樞紐字

日　《廣韻》人質切，入質，日。

右上　而　《廣韻》如之切，平之，日。

耳　《廣韻》而止切，上止，日。

餌　《廣韻》仍吏切，去志，日。

左上　仍　《廣韻》如乘切，平蒸，日。

耳（仍拯反）上拯，日。

仍（去聲）去證，日。

右下　珥　《廣韻》仍吏切，去志，日。

左下　耿　《廣韻》古幸切，上耿，見。

注：此圖右上爲陰聲韻，並按平上去排列。右下爲『珥』，去聲字，符合前所論述。按理則左上陽聲韻，左下當爲入聲韻。此圖左部有劃綫，左上上聲位爲『耳』字，並注有反切『仍拯反』，按反切列此位甚合，《廣韻》拯韻無日母字，此亦變通之道。且《集韻》『耳，仍拯切』，此圖合於《集韻》去聲位《廣韻》證韻有『認，而證切』，『認』另有震韻音。鄭樵之所以不選擇此字，當是因此字在時音中已無穿鼻音字，會引起理解上的偏差，所以又用『仍，去聲』的方式來表達。左上按『仍』『耳（仍拯反）』『仍（去聲）』排列又構成了平上去的完美結構。

但左下入聲部分卻無法解釋，此處應有一入聲字與陽聲相配。但此位列『耿』，與衆圖差異較大。考《七音略》内轉四十三圖，蒸拯證所配入聲字爲『日』。再考查此圖劃綫，當將『耿』字移至左上。『耿』爲梗攝二等上聲字，與拯韻語音較近，拯韻無日母字，用『耿』字代替並注明此『耿』字爲如拯反，亦無不可。

將『耳』移到左下，此位亦應該爲入聲字。疑爲『日』字誤，改爲『日』字，則合於入聲配陽聲之規律。或左上耳字不改，將右下耿字改爲日亦可。

則此圖可校正爲左圖四或圖五：

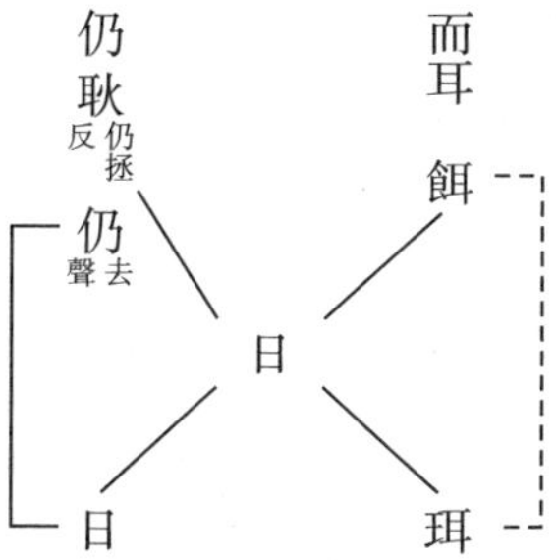

圖四　聲音俱諧圖第二局部校正圖乙

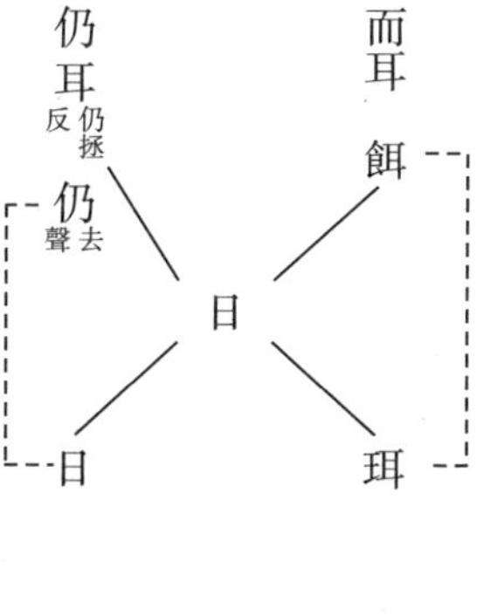

圖五　聲音俱諧圖第二局部校正圖丙

有學者認爲，此處可理解爲：根據鄭氏的諧聲觀點，子主音，『耿』從『耳』，當有『耳』音，即日母讀音，『耳』既作『耿』諧聲，同時耳有蒸韻音，與『耿』可通，因此，將『耳』列仍上聲位，下文以『耿』作爲提示，以綫條相連表諧聲關係。同時也指出，『耿』（日母、仍韻）『耳』同爲上聲，即聲諧；同音，同爲日母。珥、餌同音，同爲日母；同聲，同爲去聲。此爲就圖解圖，此解無法解釋鄭樵四聲相承之語音觀，但更據實可靠。

三、樞紐字

右　上　尺　《廣韻》昌石切，入昔，昌。

蚩　《廣韻》赤之切，平之，昌。

齒　《廣韻》昌里切，上止，昌。

幟　《廣韻》昌志切，去志，昌。

左　上　稱　《廣韻》處陵切，平蒸，昌。

齒　（稱拯反）上拯，昌。

秤　《廣韻》昌孕切，去證，昌。

右　下　齝　《集韻》充之切，平之，昌。

左　下　齓　《廣韻》初謹切，上隱，初。

此圖右上爲陰聲韻，右下配『齝』字，爲舒聲字。左上爲陽聲韻，其上聲位列字爲『齒』，此字與陽聲音相差太大。但劃綫所連接字爲『齓』，《廣韻》初謹切，上隱，初。此音與左上陽聲韻字，主要爲鼻音韻尾之差異，此處列『齓，稱拯反』更有説服力。因此如前圖處理方式，將『齓』字移至左上。『齒』在左下，此位配陽聲當爲入聲，但『齒』爲上聲。頗疑此字爲『尺』字，因時音中入聲之消變，『齒』『尺』已同音。故鄭樵以其同音之『齒』字代替，但卻破壞了自己的原則。

將此位校爲『尺』，也解決了聲母差異的問題。

則此圖可校正爲：

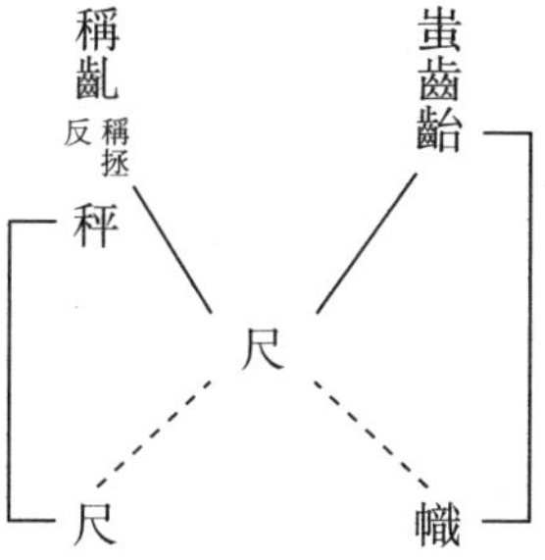

圖六　聲音俱諧圖第二局部校正圖丁

另，如上圖所分析，齔和齒的關係同上圖。齝和入聲没有諧聲關係，所以不連綫，齝與幟相連是爲了説明它們具有四聲相承關係，入聲同爲『尺』，根據類推原則，則齝與齒的關係是正諧、正音。此種理解更據實可靠。

四、樞紐字

壹　《廣韻》於悉切，入質，影。

右上　因　《廣韻》於真切，平真，影。

引　《廣韻》余忍切，上軫，以。

印　《廣韻》於刃切，去震，影。

左上　伊　《廣韻》於脂切，平脂，影。
　　　以　《廣韻》羊己切，上止，以。
　　　饐　《廣韻》乙冀切，去至，影。
右下　懿（音壹）　《廣韻》於悉切，入質，影。
左下　懿　《廣韻》乙冀切，去至，影。

本圖較爲整齊，右上陽聲韻配右下入聲，左上陰聲韻配左下去聲韻。所不足者，爲聲母有「影」「以」二母，這是鄭樵時代此二母已混同的表現。

此圖當少一劃綫，故補足：

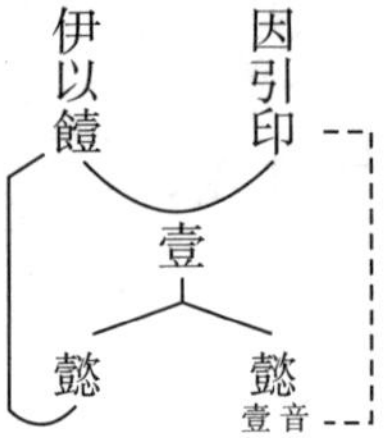

圖七　聲音俱諧圖第二局部校正圖戊

若據圖解圖，則懿與饐相連表正音、正諧關係，以壹爲樞紐，都是去入關係。懿與壹相連，表正諧、正音關係。

五、樞紐字　質　《廣韻》之日切，入質，章。

右上　真　《廣韻》職鄰切，平真，章。

軫　《廣韻》章忍切，上軫，章。

震　《廣韻》章刃切，去震，章。

左上　之　《廣韻》止而切，平之，章。

止　《廣韻》諸市切，上止，章。

至　《廣韻》脂利切，去至，章。

右下　懫（音郅）　《廣韻》之日切，入質，章。

左下　懫（音至）　《廣韻》脂利切，去至，章。

本圖最爲完美，無論在相承還是在聲母方面均做到了高度一致，這也是我們對此圖進行校正的重要依據。

此圖當少一劃綫，故補足：

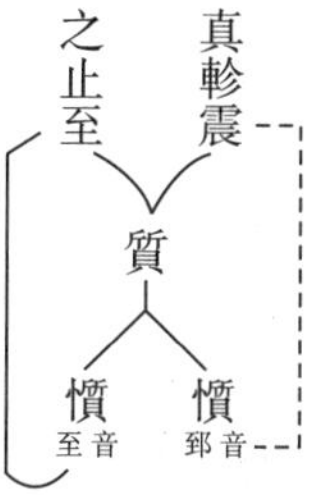

圖八　聲音俱諧圖第二局部校正圖己

若據圖解圖，則震與憤相連表正音、正諧關係，以質爲樞紐，都是去入關係。震與憤相連，表正諧、正音關係。

本圖名之爲『聲音俱協圖』，從上面的分析，可以認爲此圖歸納的諧聲字，其聲母一致，七音分屬亦爲相同，而且諧聲字貫通四聲。是所謂『聲』『音』俱協。此處『協』字當爲協同義。

音諧聲不諧圖第三

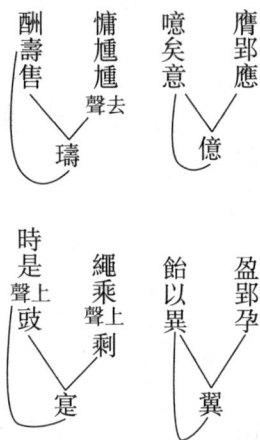

圖九　音諧聲不諧圖第三

一、樞紐字　億　《廣韻》於力切，入職，影。

陽聲韻　膺　《廣韻》於陵切，平蒸，影。

郢　《廣韻》以整切，上靜，以。

陰聲韻　應　《廣韻》於證切，去證，影。

噫　《廣韻》於其切，平之，影。

矣　《廣韻》于紀切，上止，云。

意　《廣韻》於記切，去志，影。

二、樞紐字　翼　《廣韻》與職切，入職，以。

陽聲韻　盈　《廣韻》以成切，平清，以。

郢　《廣韻》以整切，上靜，以。

孕　《廣韻》以證切，去證，以。

陰聲韻　飴　《廣韻》與之切，平之，以。

以　《廣韻》羊己切，上止，以。

異　《廣韻》羊吏切，去志，以。

三、樞紐字　璹　《廣韻》殊六切，入屋，禪。

陽聲韻　慵　《廣韻》蜀庸切，平鍾，禪。

尰　《廣韻》時冗切，上腫，禪。

　　　
尶（去聲）　　　　　　　　去用，禪。

陰聲韻　酬　《廣韻》市流切，平尤，禪。

　　　　壽　《廣韻》殖酉切，上有，禪。

　　　　售　《廣韻》承呪切，去宥，禪。

四、樞紐字　寔　《廣韻》常職切，入職，禪。

陽聲韻　繩　《廣韻》食陵切，平蒸，船。

　　　　乘（上聲）　上拯，船。

　　　　剩　《廣韻》實證切，去證，船。

陰聲韻　時　《廣韻》市之切，平之，禪。

　　　　是（上聲）　《廣韻》承紙切，上紙，禪。

　　　　豉　《廣韻》是義切，去寘，禪。

此圖構圖較爲統一，不似第二圖連接綫較爲混亂。要注意兩點，一是鄭樵時代的語音，二是鄭樵是否以自己的語音作爲基礎。在第四圖中，陰聲韻列字爲『是』，鄭樵特意標注了『上聲』。考《廣韻》『是』本爲上聲字，《集韻》《毛氏增韻》均爲上聲，至《中原音韻》《中州音韻》方變爲去聲，《洪武正韻》時上、去兩收。鄭樵此處强調上聲，當爲其語音中『是』已經完成了濁上變去。因此我們也有理由認爲鄭樵所據語音爲其時音。

從各組上分析，第一圖聲母爲『影以云』母，第二圖全部爲『以母』，第三圖全部爲『禪母』，第四圖爲『船禪』母。從聲音俱諧圖第二就可以看到『影以』混同的現象，本圖第一圖出現『影以云』趨同的現象也極爲正常，在鄭樵時代此三母已演變爲零聲母。第四圖的『船禪』相混，在《切韻指掌圖》中已經較爲鮮明，此時『船禪』已經無別。因此此四圖的聲母均達到了一致，即鄭樵之所謂『音諧』。

本圖與前圖之不同在於本圖均在陰聲韻與入聲之間連綫，主要呈現同一諧聲聲符的字。在時音中，主要是陰聲與入聲産生關聯，入聲與陽聲的聯繫反而疏淡了。鄭樵在聲音俱諧圖第二表現入聲陰陽兩配，在此圖則表現入聲已經與陰聲韻更爲接近。原因是入聲的韻尾已消變，有入聲韻無入聲調。當其不能成爲入聲調，雖然與平上去有差異，但與陽聲的關係就變遠了。另外，此圖中未有入聲韻，所以此時的樞紐字衹能衍生出舒聲字，而且衹能表現陰聲韻的音，卻不能表現陽聲韻的音。從四聲的角度上看，做不到四聲俱全。

鄭樵之『音』爲『七音』，聲母同自然『音』同，『聲』在此處指聲調，調不足自不諧。所以此圖謂之『音諧聲不諧圖』。

一聲諧二音圖第四

圖十　一聲諧二音圖第四

此處『聲』當指表達某一詞素的諧聲字，相當於詞的概念；『音』相當於聲符。同一詞有兩個不同的諧聲字（聲），且諧聲字的聲符不同，即『音』不同。如吹簫的簫，母從竹，子可爲肅（屋韻），亦可爲削（覺韻）。親暱之暱，可爲匿（入聲），可爲尼（平聲）。

在此圖中，關鍵詞在『亦作』二字。『簫亦作箾』『暱亦作昵』。簫箾：《廣韻》蘇彫切，平蕭，心。二字爲異體字，《康熙字典》記『簫』：『《正韻》亦作箾。』暱昵：《廣韻》尼質切，入質，娘。二字亦爲異體字。鄭樵特别提出：『言亦者，與正體同音及同義也。』此圖之『亦作』即是表示異體字關係。

從連綫上，可以看到『簫箾』『暱昵』兩組均衍生出各自的『子』。

一、簫箾

簫平蕭，心。箾平蕭，心。

小上小，心。小上小，心。

肖去笑，心。肖去笑，心。

肅入屋，心。削入藥，心。

對比『簫箾』兩組，在入聲的部分，兩個聲符（音）所衍生出來的字分屬不同的韻，其聲母則相同。

二、暱昵

紉（女鄰切）　平真，娘。尼平脂，娘。

紉（上聲）　上軫，娘。柅上紙，娘。

紉（去聲）　去震，娘。膩去至，娘。

暱　入質，娘。昵入質，娘。

對比『暱昵』兩組，差異處衹有陽聲韻真軫震質四聲相承。而陰聲韻『柅』爲紙韻，不是旨韻，且似乎平上去不相承，這是因爲旨韻無上聲娘母字，用紙韻字代替。此時支脂之當合流，此不是二音之理由。

那麽從哪裏來看『二音』？考箾，亦有《廣韻》所角切，入覺，生。意爲古代舞者所執之竿。

《左傳・襄公二十九年》：『見舞《象箾》《南籥》者，曰：「美哉！猶有憾。」』杜預注：『象箾，舞所執。』陸德明釋文：『箾音朔。』『削』亦有《集韻》仙妙切，去笑，心。此爲去聲音，恰合聲音俱諧圖第二之理念。

從此圖來看，若入聲消變，則『箾小肖削』『尼柅膩昵』自成一體，爲一音。『肅』『暱』則保留入聲，爲另一音。此圖中的『一聲』，非聲調，當指同一字。『二音』，非七音，而是指不同語音的不同演變路綫。

二音能否指聲母？從二圖來看，一圖『箾』有生母音，二圖暱組舒聲今爲日母音，而昵組舒聲爲泥母音。這種認識不可取。『箾』若取生母音，則『簫』亦作『箾』的前提就不存在了。一圖聲母未體現出音變，二圖中之『紉』字，於《七音略》外轉第十七圖中，仍列於娘母，日母位列『人』字，可見其聲母還沒有變化。

因此，本圖當爲同一字的不同字形，即同一字的異體字，本爲同音。但各自衍生出來的字，卻產生了兩種不同的語音演變路綫。主要體現在入聲上，一部分配陰聲韻，一部分配陽聲韻。

一音諧二聲圖第五

圖十一　一音諧二聲圖第五

此處『音』相當於聲符，『聲』當指諧聲字。

一、刀（音忉）　《廣韻》都牢切，平豪，端。

右上忉　《廣韻》都牢切，平豪，端。

擣　《廣韻》都晧切，上晧，端。

到　《廣韻》都導切，去號，端。

卓　《廣韻》竹角切，入覺，知。

右下叨　《廣韻》土刀切，平豪，透。

刀（音凋）　《廣韻》都聊切，平蕭，端。（按：《廣韻》無此音，依直音之『凋』音處理。）

左上凋　《廣韻》都聊切，平蕭，端。

鳥　《廣韻》都了切，上篠，端。

釣　《廣韻》多嘯切，去嘯，端。

著　《廣韻》張略切，入藥，知。

左下召　《廣韻》直照切，去笑，澄。

從此圖來看，首先『刀』（一等）並無『凋』（四等）音，因此不可能説『刀』作爲聲符有二音。其次，左上和右上大部分字，並不以『刀』爲聲符。鄭樵此圖貌似想要説明語音變化，如果從上往下看，則有兩組字：一、二等字『忉』組，三、四等字『凋』組。在舒聲上已經基本合流，均與一等字『刀』主元音趨同，按照四聲相承的關係，入聲『卓』和『著』亦趨同。

從右下『叨』和左下『召』來看，似又不同，這兩字所用聲符一樣，即『音』一樣，聲母卻不同，可理解爲具有相同『音』的諧聲字（聲）因語音變化，現讀音已不同。

二、　匋（音濤）　《廣韻》徒刀切，平豪，定。

右上濤　《廣韻》徒刀切，平豪，定。

擣　《廣韻》都晧切，上晧，端。

燾　《廣韻》徒到切，去号，定。

鐸　《廣韻》徒落切，入鐸，定。

右下陶（陶冶之陶）　《廣韻》徒刀切，平豪，定。

　　匋（音遥）　《廣韻》餘昭切，平宵，以。（同上，取遥音）

左上遥　《廣韻》餘昭切，平宵，以。

　　夭　《廣韻》於兆切，上小，影。

　　曜　《廣韻》弋照切，去笑，以。

　　藥　《廣韻》以灼切，入藥，以。

左下陶（皋陶之陶）《廣韻》餘昭切，平宵，以。

同樣，從此圖看右上『濤』組均爲一等字，左上『遥』組均爲三等字。作爲樞紐字的『匋』，在《廣韻》中衹有定母音，到《字彙》時纔有以母音。另，『濤』組和『遥』組均不以『匋』爲聲符。但可理解爲效攝一、三等字已發生合流。

左下和右下均爲『陶』字，以『匋』爲聲符，即『音』同，但卻有着不同的『聲』，字音不同。

從上述觀察來看，此圖名爲『一音諧二聲圖』，當指同聲符（音）的字，其字音（聲）有兩種。

一音諧三聲圖第六

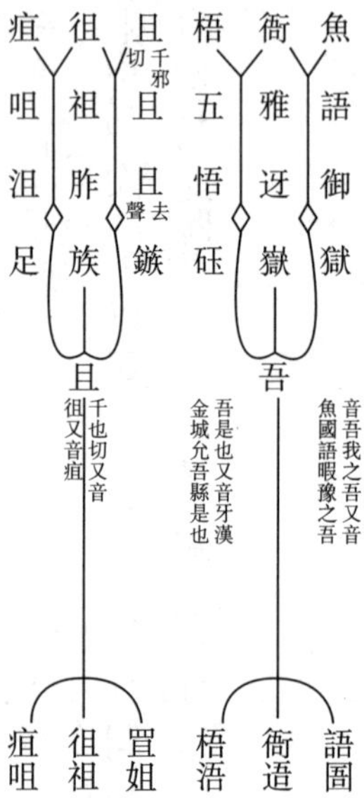

圖十二　一音諧三聲圖第六

此圖内的『聲』與『音』和上兩圖的理解一致，當指同聲符（音）的字，其字音（聲）有三種。但此圖較上圖更爲整齊，與樞紐字相關的各組字中，均有以樞紐字爲聲符的字出現。且在樞紐字下的列字，均嚴格以樞紐字作爲聲符。

一、吾：音吾我之吾，又音魚，《國語》『暇豫之吾吾』是也；又音牙，漢金城允吾縣是也。

此條説明，吾在不同的義項時，分别有三個字音：

《廣韻》五乎切，平模，疑。

《集韻》牛居切，平魚，疑。

《廣韻》五加切，平麻，疑。

以『吾』爲聲符（音）所形成的諧聲字，必然也會有三種諧聲。

右上　魚　《廣韻》語居切，平魚，疑。

語　《廣韻》魚巨切，上語，疑。

御　《廣韻》牛倨切，去御，疑。

獄　《廣韻》魚欲切，入燭，疑。

右下　語　《廣韻》魚巨切，上語，疑。

圄　《廣韻》魚巨切，上語，疑。

此組字右下二字均以『吾』爲聲符，右上一組字中『語』字，以樞紐字『吾』爲聲符（音），其諧聲爲『吾』疑母魚韻音。其他三字並不以其爲聲符，祇爲四聲相承。

中上　衙　《廣韻》五加切，平麻，疑。

雅　《廣韻》五下切，上馬，疑。

迓　《廣韻》吾駕切，去禡，疑。

嶽　《廣韻》五角切，入覺，疑。

中下　衙　《廣韻》五加切，平麻，疑。

逜　《廣韻》五故切，去暮，疑。

本條和左上一樣，在中上位有『衙』字以『吾』爲聲符（音），疑母麻韻，並四聲相承。但在中下，『逜』卻衹有疑母暮韻字，鄭樵『逜』『衙』同列，此二字應屬聲母相同，韻母相同，聲調不同。此字當爲『迓』，疑母禡韻。『迓』通『衙』，『迓人』指在衙門當差的人。鄭樵當據此將聲符『牙』改爲『吾』，以表現其理念。

左上　梧　《廣韻》五乎切，平模，疑。
　　　五　《廣韻》疑古切，上姥，疑。
　　　悟　《廣韻》五故切，去暮，疑。
　　　砡　《廣韻》魚菊切，入屋，疑。
左下　梧　《廣韻》五乎切，平模，疑。
　　　浯　《廣韻》五乎切，平模，疑。

本條左下二字，以『吾』爲聲符，疑母模韻。左上四字中，有二字以『吾』爲聲符，並四聲相承。

二、且：千也切，又音徂，又音疽。
且：千也切，上馬，清。《廣韻》七也切。
徂：《廣韻》昨胡切，平模，從。
疽：《廣韻》七余切，平魚，清。
右上　且（千邪切）　平麻，精。

且　《廣韻》七也切，上馬，清。
且（去聲）　去禡，清。
鏃　《廣韻》作木切，入屋，精。
右下
罝　《廣韻》子邪切，平麻，精。
姐　《廣韻》兹野切，上馬，精。

本條右下均以『且』爲聲符，清母馬韻。所構諧聲字『罝』『姐』爲精母，爲旁聲諧聲。右上爲體現四聲相承，衹得用『且』字的平上去來表現。此條諧『且』之清平馬韻音。

中上
徂　《廣韻》昨胡切，平模，從。
祖　《廣韻》則古切，上姥，精。
胙　《廣韻》昨誤切，去暮，從。
族　《廣韻》昨木切，入屋，從。
中下
徂　《廣韻》昨胡切，平模，從。
祖　《廣韻》則古切，上姥，精。

此條最可説明鄭樵之理念，中上組平上字『徂』『祖』在中下中重出，樞紐字『且』中每條亦均有重出，可説明一音與三聲的關係，爲同一聲符，卻有三個字音。此條『且』爲聲符，諧從母模韻音。

左上　痘　《廣韻》七余切，平魚，清。
　　　咀　《廣韻》慈吕切，上語，從。
　　　沮　《廣韻》將預切，去御，精。
　　　足　《廣韻》即玉切，入燭，精。
左下　疽　《廣韻》七余切，平魚，清。
　　　咀　《廣韻》慈吕切，上語，從。

此條左上去聲位爲『沮』亦有從母上聲音，但從四聲相承之理論上來看，取精母去聲更爲合理，爲旁紐相諧。此條『且』爲聲符，諧清母魚韻音。

綜上，此圖與上圖同，表現的是同一諧聲聲符，可以構成三種不同音的諧聲字。

對此『諧聲制字六圖』的理解，學者們多囿於鄭樵『所謂聲者，四聲也；所謂音者，七音也』的束縛，並没有從形聲字的角度去辨析。党懷興《宋元明六書學研究》中認爲『鄭氏歸納的六圖，初看很複雜，其實比較簡單……諧聲聲符的語音變化有：或聲韻調全同（同聲或正聲）、或聲韻同或近而聲調不同（聲諧或二聲或三聲）、或聲同而韻不同（二音）、或韻相同（一音）而聲不同、或韻相近（諧音）而聲不諧等等。總之抓住「四聲」與「七音」（指宫、商、角、徵、羽、半徵、半羽）的異同』。党懷興能從形聲字構成的角度來看問題，很有啓發性。

內轉第一

	幫	滂	並	明	端	透	定	泥	見	溪	群	疑
					知	徹	澄	孃				
	羽				徵				角			
平		⿰彳夆	蓬	蒙	東	通	同		公	空		⿰山兒
	風	豐	馮	瞢	中	忡	蟲		弓	穹	窮	
上	琫		摓	蠓	董	桶	動	⿰犭農		孔		湡
去			槰	幪	凍	痛	洞	齈	貢	控		
	諷	賵	鳳	夢	中	蟲	仲			焪		
入	卜	扑	瀑	木	轂	禿	獨		穀	哭		
	福	蝮	伏	目	竹	蓄	逐	朒	菊	趜	驧	砡

通志七音略卷之一　七

重中重

精 照	清 穿	從 床	心 審	邪 禪	影	曉	匣	喻	來	日	
商					宮				半徵	半商	
嵏	蔥	叢	檧		翁	烘	洪		籠		東
	[illegible]	崇									
終	充				硧	㲃	雄		隆	戎	
			嵩					融			
總		㧤	𢾸		蓊	嗊	澒		曨		董
糉	謥	𢥜	送		甕	烘	哄		弄		送
		[illegible]									
衆	銃										
	趥										
鏃	瘯	族	速		屋	穀			祿		屋
縬	珿	蔟	縮								
粥	俶	孰	叔		郁	蓄		囿	六	肉	
蹙	鼀	[illegible]	肅								

内轉第一 重中重

1 平一滂 俸 《韻鏡》〇。《廣韻》及以前韻書東韻無此字，《集韻》始收俸，樸蒙切。

按：本書當是據此而列。

2 平一精 嵏 《韻鏡》列葼(應永本字形小訛)。

箋：切三(S. 2055)、刊(P. 3696)、王二、王三、《廣韻》並有葼小韻，子紅反。當在此位。各韻書嵏字並在葼小韻内。《集韻》乃以嵏爲小韻首字，祖叢切。

按：本書當是據《集韻》列嵏字，《韻鏡》所列則合於其他韻書。

3 平一清 葱 《韻鏡》永禄本、寬永十八年本、北大本、寬永五年本、(享)、(理)列怱，其他各本列葱。

箋：切三、刊、王二、王三東韻有悤小韻，倉紅反。《廣韻》音同，而以怱爲正，悤爲俗。《集韻》則以怱悤並列於小韻首，麤叢切。諸書葱字並在該小韻内。

按：本書此位所列非小韻首字，或是所據本如此歟？《韻鏡》列怱者合於《廣韻》，列葱者殆據本書而改。

4 平一心 檧 《韻鏡》嘉吉本、應永本、寶生寺本、六地藏寺本列檧，其他各本並作檧。

箋：切二、王二、王三東韻有檧小韻，蘇公反，訓『小籠』。《廣韻》作檧，音義並同。刊作稔，音義與他書檧字全同，是當爲檧字之誤。《集韻》檧小韻有摠（述宋本、宋刻本並誤作棇），訓『手進物』，則當從手作摠。

按：然本書所列檧字，蓋據《廣韻》之檧而訛。《韻鏡》原書當是作檧，合於唐五代韻書，後人乃據《廣韻》改爲檧。

5 平一匣　洪　《韻鏡》（元）列紅，其他各本列洪（應永本右下注『紅』）。

箋：紅字《切韻》殘卷 P. 3798、切二（S. 2055）、王一、王二、王三皆在東韻洪小韻，胡籠反；《廣韻》户公切；《集韻》胡公切。

按：本書及《韻鏡》列洪者合於韻書，列紅者當是後人據旁注之同音字妄改。

6 平二穿　䡅　《韻鏡》〇。

箋：《廣韻》及以前韻書東韻三等無穿紐字。《集韻》東韻末有𨤽小韻，蚩工切。李新魁疑本書所列之䡅即《集韻》𨤽字之誤，是也。切二、刊、王二、王三東韻並有充小韻，處隆反，《廣韻》昌終切，《集韻》昌嵩切。《集韻》韻末所收之𨤽，與充小韻音同而未併。

按：本書列充字於三等昌紐位，是也，又列𨤽（䡅）字於二等則誤矣。

7 平三澄　蟲　《韻鏡》列蟲。

箋：切二、王二、王三東韻並有蟲小韻，直隆反。《廣韻》直弓切，《集韻》持中切。

按：各韻書東韻無矗字，本書所列當即蟲字之誤。《韻鏡》此位列蟲合於諸韻書。又《集韻》送韻有矗小韻，丑衆切。若據此則當列去聲三等徹紐位。

8 平三疑　空格　《韻鏡》列豣。

箋：本書此位無字，與《切韻》、王韻、《廣韻》、《集韻》等並同。

按：《玉篇》有豣字，魚容切。龍宇純、李新魁並謂《韻鏡》此字從《玉篇》所收。然《韻鏡》此字雖見於《玉篇》，而『魚容切』一音當入鍾韻，不得列於此位，且韻圖據字書列字亦爲可疑。考刊(P. 4747)東韻有豣小韻，冝弓反，注曰：『獸名，如豕。』其他唐五代韻書及《廣韻》《集韻》東韻皆無。

按：P. 4747 豣字『冝弓反』之『冝』，當爲『宜』字，唐代俗書宜字每缺『宀』上之『、』，則『冝弓反』即爲『宜弓反』，豣字有『宜弓反』一音，正當列於此位。是五代刊本韻書東韻已收豣字而與《切韻》、王韻有異，亦與後代之《廣韻》《集韻》不同。故《韻鏡》此位列豣斷非依據《玉篇》，而當與P. 4747 系韻書有關。

9 平三禪　空格　《韻鏡》(仙)於○中補慵，六地藏寺本、寬永十八年本、北大本、寬永五年本、(正)、(享)列慵，嘉吉本、應永本、永禄本及其他各本○。

箋：慵非東韻字，切二(S. 2055)、P. 3696、刊(P. 2016)、王二、王三、P. 2015、《廣韻》慵字並在鍾韻鱅小韻内，蜀容反(《廣韻》蜀庸切)。《集韻》同，常容切。《韻鏡》此位列慵非原有者，嘉吉本、應永本等空圈○內無字是原書舊式；（仙）乃增此字於空圈○中，六地藏寺本等徑去○而列慵字，正可見後人妄增之迹也。

按：本書空格是，《韻鏡》當删。

10 平三影　硧　《韻鏡》○。

箋：《廣韻》及以前韻書東韻無影紐三等字。《集韻》則有硧字，於宫切。本書此字當是據《集韻》而列。

按：《玉篇》此字亦於宫切（《原本玉篇》無此字），《集韻》當是據此而收。

11 平三曉　㕺　《韻鏡》○。

按：《廣韻》及以前韻書東韻無曉紐三等字，《集韻》㕺，火宫切。本書當即據此而列。

12 平三喻　空格　《韻鏡》列肜。

箋：切二、王三肜字並在東韻融小韻，餘隆反。《廣韻》以戎切，《集韻》余中切。融字本書列四等，是也。

按：《韻鏡》列融於四等，而列肜於三等者，殆是後人爲融所注之同音字竄入圖中。當删。

13 上一並　桻　《韻鏡》列菶。

箋：切三董韻無此小韻，王三、《廣韻》有菶小韻，步孔反。王二音同，在唪小韻。又各韻書董韻皆無桻字，《集韻》毰菶小韻有埲字，蒲蠓切。

按：本書所列或即埲字之誤。《韻鏡》此位列埲，同於王三、《廣韻》。

14 上一疑　湡　《韻鏡》○。

按：《廣韻》及以前韻書董韻無疑紐，《集韻》該韻末始收湡小韻，吾蓊切。本書當即據此而列。

15 上一從　䙯　《韻鏡》（仙）列䙯，其他各本○。

箋：《廣韻》及以前韻書䙯字無此音。《集韻》董韻有䙯小韻，才總切。本書當即據《集韻》而列。

按：《韻鏡》無字，合於其他韻書，（仙）有䙯字者乃淺人據《集韻》或本書妄增。

16 上一曉　嗊　《韻鏡》嘉吉本字迹模糊，（延）作噴，其他各本列嗊。

箋：王二、王三董韻無曉紐，《廣韻》《集韻》有嗊小韻，虎孔切。

按：本書所作與此合，《韻鏡》作噴者乃是誤字。

17 上一匣　澒　《韻鏡》（天）、（理）列澒，其他各本列戇。

箋：切三、王一、王二、王三、《廣韻》董韻並有澒小韻，胡孔反。《集韻》户孔切。

按：本書及《韻鏡》列澒者合於韻書。唐五代韻書董韻不見戇字，《廣韻》《集韻》戇在嗊小韻，虎孔切。《韻鏡》列嗊於曉紐是，列戇於匣紐諸本皆誤。

18 上一來　曨　《韻鏡》嘉吉本、寶生寺本同。永禄本、北大本作矓，六地藏寺本、寬永五年本作朧，應永本此位〇。

箋：切三、王一、王三、《廣韻》董韻有曨小韻，力董反。本書所列與諸書合。

按：王二此字作朧，音義並與諸書同。《集韻》董韻有兩來紐，一爲籠，魯孔切。該小韻下有曨、朧二字。一爲蘢，盧動切。兩小韻皆無曨字。按此當以列曨爲長，作朧乃誤，應永本無字則蓋誤脱也。

19 去一並　槰　《韻鏡》（天八）列㨫，（仙）列槰，其他各本作㨫。

箋：《集韻》始收槰小韻，菩貢切，義爲『草木盛貌』。

按：本書不誤，《韻鏡》此字作㨫、作槰若㨫亦誤，要當是原書本無，後人所增而有此參差也。

20 去一明　幪　《韻鏡》列夢。

箋：《廣韻》送韻有幏小韻，莫弄反。注云：『幏，蓋巾也。』此字《說文》曰：『幏，蓋衣也。』段玉裁謂俗作幪，是也。《集韻》即以幏幪並列小韻首，音同《廣韻》而訓同《說文》。王二、王三作懞，音義同《廣韻》而字訛從忄。

按：本書此位列幪，是也。夢字三等，王二、王三、《廣韻》、《集韻》並莫鳳反，《韻鏡》夢列此位而幪在三等，正將二字誤倒矣。

21 去一精　粽　《韻鏡》嘉吉本、應永本同。寶生寺本、六地藏寺本、永禄本、北大本、寬永五年本等作稯。

箋：王三送韻有糉小韻，作弄反。小韻内無粽字。王二音同，注『亦粽』。《廣韻》糉小韻音同，下有粽字，注爲糉之俗字。《集韻》糉、粽同列於小韻首，音亦同。

按：本書所列乃從俗。

22 去一從　敠。《韻鏡》作敠。

箋：唐五代韻書送韻無從紐，《廣韻》有敠，徂送切，《集韻》粗送切。

按：此字《韻鏡》作敠是，當據正。

23 去一影　瓮　《韻鏡》應永本、寶生寺本、六地藏寺本同，嘉吉本訛爲瓮，永禄本、北大本、寬永五年本、（享）等並作甕。

箋：王三送韻有甕小韻，烏貢反。不收瓮字。王二音同，字訛爲甕。注云：『瓦器。又罋（當作罋）、瓮通。』《廣韻》乃以瓮爲小韻首字，《集韻》則以瓮、甕同列於小韻首，音並同王韻。

按：是作瓮者合於《廣韻》《集韻》，作甕則合於王韻。

24 去一匣　哄　《韻鏡》作閧。

箋：王二、王三送韻有哄小韻，胡貢反。内有鬨無閧。《廣韻》哄小韻音同，有鬨字，注云：『俗作閧。』《集韻》音亦同，而以嗊哄並列小韻首，小韻内收閧字。

按：本書所列與各韻書合。《韻鏡》則當是後人據校讀者所施之同音字誤改。

25 去三敷　賵　他本誤作賵。《韻鏡》永禄本、北大本、六地藏寺本亦誤作賵，應永本作賵、嘉吉本作賵亦誤。

按：賵字王二、《廣韻》、《集韻》撫鳳反，王三孚鳳反。

26 去三明　夢　《韻鏡》列幪。

按：列夢是，《韻鏡》誤。參本轉第20條。

27 去三徹　矗　《韻鏡》◯。

按：《廣韻》及以前韻書送韻無矗字。《集韻》送韻末乃收此字，丑衆切。本書當是據此而列。

28 去三曉　空格　《韻鏡》列䞨。

按：王二、王三、《廣韻》、《集韻》皆有䞨小韻，香仲反。本書蓋誤脱，當補。

29 入一並　瀑　《韻鏡》作暴（永禄本、北大本作暴）。

箋：切三、王三屋韻有曝小韻，蒲木反。王二字作曝，蒱木反。注云：『《説文》旁無日，作暴，同。』《廣韻》該小韻音同切三、王三，而以暴爲首字，其下收曝，注『俗』。

按：諸書瀑字皆在該小韻内，本書作瀑非小韻首字，或是因暴有去聲一讀而改列歟？《唐韻》作㬥，□木反（切上字模糊）。

按：《説文》日部：『㬥，晞也。』《唐韻》此字小訛。而《韻鏡》所作與《唐韻》近。

30 入一曉　縠　《韻鏡》列熇。

箋：縠是匣紐字，切三、王二、王三、《唐韻》、《廣韻》、《集韻》屋韻並音胡縠反。

按：本書縠列於曉紐誤。切三、王二、《唐韻》、《廣韻》屋韻又有殼小韻，王三有殼（爲殼字之省）小韻，《集韻》有嗀（爲殼字之俗）小韻，呼木反。王三、《廣韻》、《集韻》該小韻有熇字，《韻鏡》所列與此合，然非小韻首字。

31 入一匣　空格　《韻鏡》列縠。

按：本書縠字誤列於曉紐，當依《韻鏡》列於本位，參上第 30 條。

32 入二牀　簇　《韻鏡》〇。

箋：各韻書簇字無此音。《集韻》屋韻有嵾字，仕六切。

按：本書此當據《集韻》嵾字而訛。《韻鏡》此位無字合於其他韻書。

33 入三娘　肭　《韻鏡》寶生寺本、北大本、寬永五年本同，嘉吉本、應永本、六地藏寺本、永祿本作肭。

箋：王一、王三、《唐韻》、《廣韻》、《集韻》屋韻有肭小韻，女六反。本書作肭與此合。切三此字作肭，安六反。

按：『肭』切上字『安』當作『宍』，『宍』乃肉之俗字。《唐韻》肉字注云：『又作宍，如六反。』是其證也。『宍（肉）六反』者，則是以日切娘，古類隔。王二字亦作肭，女六反。

此字當以作朒爲正,《説文》肉部有朒,從月,肉聲。大徐亦音女六切。

34 入三溪　趜　《韻鏡》列麴。

箋:此字切三、王二、王三、《唐韻》皆在𩣡小韻,渠竹反。《廣韻》趜有二音,一在驧小韻,渠竹切(群紐);一在菊小韻,居六切(見紐)。均不得列於此位。《韻鏡》此位所列麴字,切三、王一駈竹反,王二丘竹反,《唐韻》駈菊反,《廣韻》驅匊切。《韻鏡》所列與此合。《集韻》趜字雖有丘六切一音,而非小韻首字。

按:是本書所列,當即麴字之誤也。

35 入三群　𩣡　《韻鏡》作驧。

箋:切三、王二、王三、《唐韻》屋韻並有𩣡小韻,渠竹反(王一切語殘壞)。諸書該小韻無驧字。《廣韻》則有驧小韻,下有𩣡字,注『上同』。《集韻》驧、𩣡同列於小韻首,音同於切三等。

按:本書列𩣡合於切三、王韻、《唐韻》等,《韻鏡》所列則與《廣韻》等合。

36 入三牀　孰　《韻鏡》〇。

箋:切三、《唐韻》、《廣韻》孰在屋韻熟小韻,殊六反。王一、王三音同,而以孰爲小韻首字。王二亦同,作古孰字。《集韻》以孰熟等爲首字,神六切。

按:本書列孰於此,當是從《集韻》。

37 入三禪　空格　《韻鏡》嘉吉本、寶生寺本、永禄本、寬永十八年本、北大本、寬永五年本、

(佐)、(文)、(仙)、(天)、(正)列塾，(享)誤爲墪，應永本列熟而旁校『孰亻』。

箋：塾字切三、《唐韻》、《廣韻》在熟小韻，王一、王二、王三在孰小韻，並殊六反。

按：本書牀紐列孰合於《集韻》，《韻鏡》本位應永本列熟則與切三等合，其他各本所列塾字非韻書小韻字，是《韻鏡》原書不當列塾字，列此者殆亦後人據旁注之同音字而改也。參上條。

38

入四喻　空格　《韻鏡》列育。

箋：切三、王二、王三屋韻有育小韻，與逐反；《唐韻》《廣韻》《集韻》餘六反。

按：《韻鏡》所列合諸韻書，本書蓋是誤脱，當補。

内轉第二

	幫非	滂敷	並奉	明微	端知	透徹	定澄	泥孃	見	溪	群	疑
	羽				徵				角			
平												
	封	峯	逢			蹱	重	醲	恭	銎	蛩	顒
上				鴆	湩	統		鬞				
	覂	捧	奉		冡	寵	重		拱	恐	梁	
去				霿	湩	統		癑				
	葑		俸	艨	湩		重	械	供	恐	共	
入	襆	蔔	僕	瑁	篤	儥	毒	褥	梏	酷		
				媢	瘃	捒	躅	溽	輂	曲	局	玉

精	清	從	心	邪	影	曉	匣	喻	來	日	
照	穿	床	審	禪							
商					宮				半徵	半商	
宗	聰	賨	鬆				颾		[illegible]		冬
鍾	衝		舂	鱅	邕	匈			龍	茸	鍾
縱	樅	從	淞	松				容			
腫	䡴			尰	擁	洶			隴		腫
㧐	嵷		悚					悀			
綜			宋				䃔		隆		宋
種	揰				雍				贚	䡦	用
縱		從		頌				用			
傶		宗	渢		沃	熇	鵠		濼		沃
	娕	鷟	數								燭
燭	觸	贖	束	蜀		旭			録	辱	
足	促		粟	續				欲			

輕中輕

内轉第二　輕中輕

1 平一端　空格　《韻鏡》列冬。

箋：此是韻目，切二、刊、王二、王三、《廣韻》、《集韻》都宗反。

按：本書誤脱，當據補。

2 平一透　空格　《韻鏡》列炵。

箋：切二、《廣韻》、《集韻》有炵小韻，他冬反。刊彤小韻徒冬反，有炵字，注「又通」。王二、王三炵字亦在彤小韻（徒冬反），注云：「又他冬反。」

按：本書誤脱，當補。

3 平一定　空格　《韻鏡》列彤。

箋：切二、刊、王二、王三、《廣韻》、《集韻》並有彤小韻，徒冬反。

按：本書亦是誤脱，當據補。

4 平一泥　空格　《韻鏡》列農。

箋：切二、刊、王二、王三、《廣韻》、《集韻》並有農小韻，奴冬反。

按：本書誤脱，當補。

5 平一見　空格　《韻鏡》列攻。

箋：切二、王二、王三、《廣韻》並有攻小韻，古冬反；《集韻》沽宗切。

按：本書此又誤脱，當補。

6 平一清　聰　《韻鏡》作騘。

箋：切二、王二、王三、《廣韻》、《集韻》冬韻無清紐，龍宇純謂二書所列未詳所本，李新魁亦謂《韻鏡》所作不知何據。刊（P. 2014、P. 2015）冬韻有[馬冊]字，並此淙反。此字乃[鬼悤]字之俗（各書該小韻並有冊字，注云『亦忩』，忩即怱之或體）。

按：本書之聰與《韻鏡》之騘，皆當[鬼悤]字之誤。

7 平一匣　空格　《韻鏡》列[石宮]。

箋：切二、王三、《廣韻》冬韻有[石宮]小韻，户冬反；《集韻》乎攻切。刊音同，在夅小韻。王二字作硿，音義並同諸書。

按：本書此轉多有脱誤，或是所據本此頁殘損而致矣？當補。

8 平三徹　蹱　《韻鏡》（理）同，其他各本列傭。

箋：王三、《廣韻》鍾韻有蹱小韻，丑凶反（王三丑誤刃）。小韻内有傭字。《集韻》同，癡凶切。本書列蹱與此合。傭字切二（P. 3696）在蹱小韻，丑凶反。P. 3798、王二、王三又見於容小韻，注『又丑凶反』。

按：各韻書傭字皆非小韻首字，《韻鏡》列傭者，日本寫本常有某字旁注其同音字者，此當是抄胥不察而以旁注之同音字傭誤改踵字也。

9 平三穿　衝　《韻鏡》應永本、寶生寺本同。嘉吉本、六地藏寺本、永禄本、北大本、寬永五年本等作衝。

箋：此字切二鍾韻作衝，尺容反。王二、王三、《廣韻》音同，字作衝。刊亦作衝，昌容反。《集韻》音同刊，而以衝衝並列小韻首。

按：本書所列合於切二、《集韻》，《韻鏡》則合於王韻、《廣韻》。

10 平三喻　空格　《韻鏡》列容。

箋：切二、王二、王三、《廣韻》、《集韻》鍾韻並有容小韻，餘封反。P. 3798 餘□反。《唐韻》(P. 2018)以恭反。

按：本書容字列於四等，是也。《韻鏡》列於此位誤。參下條。

11 平四喻　容　《韻鏡》列庸。

箋：庸與容同音，切二、王二、王三、《唐韻》P. 2018、P. 3798、《廣韻》、《集韻》並在容小韻。

按：本書列容，是也。《韻鏡》如此者，頗疑校讀者於容下標注同音字庸而傳抄竄入正文，且將容字擠入上格所致也。參上第 10 條。

12 上一明　鴭　《韻鏡》〇。

箋：此是冬韻上聲字，韻書寄在腫韻。王二莫奉反，王三、《廣韻》莫湩反，《集韻》母湩切。

按：《韻鏡》當是誤脱。

13 上一端　湩　《韻鏡》〇。

箋：此字韻書亦寄在腫韻。王三都隴反，注云：『濁多。是此冬字之上聲。陸云冬無上聲，何失甚。』王二冬恭反，注云：『濁多。此冬之上聲。』《廣韻》《集韻》都鵖切。

按：本書所列，與王韻、《廣韻》、《集韻》並合。《韻鏡》冬韻上聲皆不列字，合於陸法言之『冬無上聲』，然以王仁昫所言，則似當補。

14 上一透　統　《韻鏡》〇。

箋：統字王二、王三他宋反，《廣韻》《集韻》他綜切，並在去聲送韻，且無上聲透紐一讀。大徐、小徐音同《廣韻》，唯《玉篇》他綜切，又音桶。桶是董韻字，王二、王三、《廣韻》他孔反，《集韻》吐孔切。

按：本書統已列於去聲，桶則在第一轉。此位所列甚無據，《韻鏡》不列，是也。然據此例，頗疑鄭漁仲已不别東、冬兩韻系，因有此誤也。

15 上一泥　䶈　《韻鏡》〇。

箋：王二、王三、《廣韻》䶈在董韻，奴董反。本書已列於第一轉。本轉所列者，《集韻》䶈字收在腫韻，乃湩切。則以爲冬韻上聲字而非董韻字。

按：𩐋字韻書無兩音，依《集韻》當列本轉，依其他韻書則當列於第一轉（《韻鏡》是也），不當兩轉並見。本書如此者，乃據《集韻》增補而未審也。

16 上三非　覂　《韻鏡》（正）、（福）、（理）、開奩、永祿本同，其他各本列於敷紐。

箋：王三腫韻有覂小韻，方奉反。《廣韻》《集韻》方勇切。

按：本書所列是。

17 上三敷　捧　《韻鏡》（理）、永祿本同，（延）、（正）、開奩〇，嘉吉本、寶生寺本、應永本、六地藏寺本、北大本、寬永五年本誤列覂。

箋：切三、王二、王三、《廣韻》腫韻有捧小韻，敷隴反。《集韻》撫勇切。

按：本書所列是也。

18 上三群　梁　他本作穼。

箋：切三、王二腫韻無群紐，王三腫韻有梁小韻，渠隴反，訓『獲』，是字當從禾作。《廣韻》此字即作穼，音義皆與王三同。《集韻》亦同，巨勇切。

按：至治本誤從米，當正。又《韻鏡》本位誤列拲，乃見紐字，切三、王二、王三、《廣韻》皆在拱小韻，居悚反。

19 上三禪　尰　大中堂本作尰，他本作尰。《韻鏡》六地藏寺本作尰，永祿本、寬永十八年本、北大本作尰，其他各本作尰。

箋：切三、王二、《廣韻》腫韻字作尰，並時冗反。《集韻》作尰，豎勇切。此字即《説文》疒部瘇字之籀文，從尢。大徐時重切，小徐時踴切。尢，隸定作九，《玉篇》此字亦作尰，市腫切。從尣乃俗，《玉篇》九下注云：『俗作尣。』

按：大中堂本不誤，當據正。《韻鏡》此字作尰若尰者亦誤。又此字亦作尰，《爾雅・釋訓》尰，《釋文》曰：『本或作尰，同。並籀文瘇字也。蜀勇、時踵二反。』

20 上三曉　洶　《韻鏡》（佐）、（仙）、應永本同，（延）、（享）、嘉吉本、六地藏寺本、永禄本、北大本、寬永五年本○，寶生寺本乃於○中補寫洶字。

箋：切三、王三、《廣韻》腫韻有洶小韻，許拱反；王二許勇反；《集韻》詡拱切。

按：本書列此不誤，《韻鏡》無者或誤脱。

21 上三日　空格　《韻鏡》列宂。

箋：切三、王二、王三、《廣韻》腫韻有宂小韻（切三字訛爲穴），而隴反；《集韻》乳勇切。

按：本書似誤脱，當補。

22 上四精　縱　《韻鏡》（元）○，永禄本、寬永十八年本、北大本作縱，其他各本作縱。

箋：王二、王三、《廣韻》腫韻並有縱小韻，子塚反；《集韻》足勇切。諸書此字訓『禪衣』，且該小韻無縱字。此位當從衣作縱。

按：本書當校改爲縱，《韻鏡》有誤有不誤。

23 上四清　嗡　《韻鏡》寶生寺本、(正)、(天)、(理)諸本作帐，他本作㠶。

箋：王二、王三腫韻有帐小韻，且勇反。王三注云：『褌也。』(王二褌誤爲襌，《廣雅·釋器》：『衳襣，褌也。』是其證。)《廣韻》腫韻㧐(職勇切)字下有帐，注『上同。又且勇切』。《集韻》帐與衳、㧐並列小韻首，取勇切。

按：是此字從口大誤，從忄乃因其形似巾而訛。

24 上四喻　悀　《韻鏡》嘉吉本、寶生寺本、應永本、六地藏寺本、永禄本等作甬，(享)、(仙)、北大本、寛永五年本作勇。

箋：切三、王一、王二、王三、《廣韻》腫韻有勇小韻，餘隴反。小韻内皆有甬字。《集韻》以甬爲小韻首字，尹竦切。悀字則僅見於王三、《廣韻》、《集韻》該小韻。

按：此似當以作勇爲長。

25 去一明　霿　他本作霿。《韻鏡》嘉吉本、寶生寺本、永禄本、寛永十八年本、北大本、寛永五年本、(佐)、(文)、(仙)、(天)、(元)、(享)列雺，(正)、(國)訛爲雺，應永本等〇。

箋：王三、《廣韻》宋韻有雺小韻，莫綜反。霿字王二、王三、《廣韻》在送韻幪小韻内，莫弄反。《集韻》宋韻始以霿雺並列於小韻首，莫宋切。

按：本書合於《集韻》而至治本小誤。《韻鏡》則合於王三、《廣韻》。

26 去一端　湩　他本作湩。《韻鏡》寶生寺本、(國)列潼，(仙)列湩，(理)列霿，其他各本列湩。

箋：⿰豸重字未見於字書韻書，本書所列，不知何據。王二、王三、《廣韻》送韻湩小韻有湩字，多貢反。王三注云：『又都綜、竹用二反。』都綜反一音，則宋韻字也。《集韻》始收此字於宋韻，冬宋切。

按：《韻鏡》列湩與此合，然頗疑爲後人所增。（理）此位誤列明紐之霿，又於上聲四等位列湩，則當是校字竄入彼位也。

27 去一泥　癑　《韻鏡》○。

箋：癑字王二、王三、《廣韻》並在送韻齈小韻，奴凍反。齈字本書已列於第一轉。《集韻》癑字兩收，一同王二等；一在宋韻末，奴宋切。

按：本轉所列，當即據《集韻》此音。

28 去一來　隆　《韻鏡》○。

箋：切二、王二、王三、《廣韻》隆字並在東韻，力中反。《集韻》同，良中切。

按：本書此字既列第一轉三等，再列本轉大誤。《韻鏡》此位無字，是也。《集韻》宋韻有⿱隆石字，魯宋切，合在此位。本書或據《集韻》此字而脱去⿱隆石下之石歟？

29 去三明　艨。《韻鏡》○。

箋：《廣韻》及以前韻書用韻無此音。《集韻》乃於韻末收艨小韻，忙用切。

按：本書當是據此而列。

30 去三知　湩。《韻鏡》○。

箋：王二、王三、《廣韻》、《集韻》用韻有湩小韻，竹用反。

按：本書合於韻書，《韻鏡》蓋誤脱。

31 去三徹　空格　《韻鏡》嘉吉本、寶生寺本、(佐)、(元)、(延)、(仙)列蹱，應永本、六地藏寺本、永禄本、北大本、寬永五年本等作踵。

箋：諸韻書用韻無踵字。王二、王三用韻有儱小韻，他用反。以透切徹，類隔。《廣韻》則有蹱小韻，丑用切。《集韻》蹱在惷小韻，亦丑用切。

按：本書空格是。《韻鏡》列蹱者合於《廣韻》，作踵者則是字誤。

32 去三娘　㭜　《韻鏡》作㧤。

箋：唐五代韻書用韻無此音，《廣韻》用韻有㧤小韻，穠用切，《集韻》戎用切。

按：二書皆訓爲『推也』，是本書此字誤，當依《韻鏡》從手作㧤。

33 去三穿　㮔　《韻鏡》○。

箋：《廣韻》及以前韻書用韻無穿紐。《集韻》則有揰小韻，昌用切。

按：該小韻雖有㮔字，然頗疑本書所列，乃是《集韻》揰字之訛。

34 去三影　雍　《韻鏡》(元)、(正)、(文)、(理)同，嘉吉本、應永本、寶生寺本、六地藏寺本、永禄本、北大本、寬永五年本○。

箋：王二、王三、《廣韻》、《集韻》用韻並有雍小韻，於用反。

35 入一幫　襮

按：本書列雍合於韻書，《韻鏡》無字諸本或是誤脱。

箋：切三、王韻沃韻無此音。《唐韻》字作襮，博沃反；《廣韻》音同，字作襮。《集韻》同《廣韻》，逋沃切。

按：三書皆訓爲『黼領』，是此字正當從衣作襮。

36 入一滂　䔰　《韻鏡》(延)列專，(元)作薄，六地藏寺本、永禄本、寬永十八年本、北大本、寬永五年本作薄，其他各本作蕈。

箋：各韻書沃韻無䔰字，此字切三、王一、王三、《唐韻》、《廣韻》並在屋韻福小韻，方六反。

按：本書第一轉非紐三等位已列福字，本位自不得再列䔰字。《集韻》沃韻有蕈小韻，匹沃切。本書或亦此字之訛歟？《韻鏡》所列蕈字當是後人據《集韻》增而本或又轉訛也。

37 入一透　儥　《韻鏡》○。

箋：《廣韻》及以前韻書沃韻無透紐。《集韻》始收儥小韻，地篤切。地篤切是他篤切之誤，《類篇》儥字他篤切，《周禮·地官·司市》『征儥』《釋文》引《字林》『他篤反』，皆其證也。

按：本書所列，當即據《集韻》此音。

38 入一見　梏　《韻鏡》嘉吉本、應永本、寶生寺本、六地藏寺本等同，(仙)、(享)、永禄本、北大本、寬永五年本作捁，(佐)、(延)誤爲桔。

箋：切三沃韻有捁小韻，古沃反。王一、王二、《唐韻》、《廣韻》音同，字作梏。

按：此乃桎梏字，當以從木作梏爲正。

39 入一疑　空格　《韻鏡》列㸢。

箋：王二、《廣韻》沃韻並有㸢小韻，五沃反；《集韻》吾沃切。

按：本書恐是脱誤。

40 入一從　宋　《韻鏡》〇。

箋：《廣韻》及以前韻書沃韻無從紐。《集韻》乃於韻末收宋小韻，才篤切。

按：本書所列即是據此。

41 入二穿　娕　《韻鏡》嘉吉本、(元)作殐，(延)、(文)、(理)作涑，寶生寺本、(佐)、(天)、(正)、(國)作棟，(仙)作稤，永禄本、北大本、寬永五年本作倲，六地藏寺本別筆校改作倲，應永本等作殐。

箋：《廣韻》及以前韻書燭韻無穿紐。《集韻》有娕，爲娖婕之或體，叉足切。

按：本書或即據此而列。《韻鏡》各本參差，當是原無而後人增補也。

42 入二牀　㵾　《韻鏡》寶生寺本、永禄本、北大本、寬永五年本、(延)、(佐)、(文)、(仙)、(天)、

(國)、(理)、(享)作嵩,(正)作嵜,嘉吉本作崇,應永本作宋,六地藏寺本作崇而於下欄别筆校改作嵩,(和)○。

43 入二審 數 《韻鏡》○。

箋:《廣韻》及以前韻書燭韻無牀紐。《集韻》有鸗小韻,仕足切。

按:本書即是據此而列。《韻鏡》原書當無此字,後人增補遂致各本參差矣。

箋:《廣韻》及以前韻書燭韻無此音。《集韻》乃於燭韻收數小韻,所録切。

按:本書所列即據此。

44 入三非 空格 《韻鏡》列轐。

箋:切三、王一、王二、王三、《唐韻》、《廣韻》燭韻並有轐小韻,封曲反。《集韻》逋玉切。正在此位。

按:本書蓋誤脱。

45 入三奉 空格 《韻鏡》列樸。

箋:切三、王一、王二、王三、《廣韻》燭韻並有樸小韻,房玉反。《集韻》逢玉切。

按:本書蓋亦誤脱。

46 入三徹 棟 《韻鏡》寶生寺本、六地藏寺本、寛永十八年本、北大本、寛永五年本、(佐)、(仙)、(正)、(國)、(理)、(享)作棟,嘉吉本作揀,應永本等作悚(應永本其字下校曰『棟イ』)。

箋：切三燭韻有棟小韻，丑録反，王一、王二、王三音並同，《唐韻》《廣韻》《集韻》丑玉反。

按：本書所列是。《韻鏡》則有誤本。

47 入三娘　溽　《韻鏡》〇。

箋：切三、王一、王二、王三、《唐韻》、《廣韻》燭韻無此音。諸書溽字皆在辱小韻，而蜀反。本書既列辱字於日紐，則溽字列於娘紐定誤。《集韻》燭韻有傉小韻，女足切，不收溽字。

按：本書所列，當即據《集韻》傉字而轉訛。《韻鏡》此位無字，與《集韻》以前諸韻書合。

48 入三影　空格　《韻鏡》列郁。

箋：《廣韻》《集韻》及以前韻書燭韻無影紐。郁是屋韻字，切三、王一、王二、王三、《唐韻》、《廣韻》並於六反。《集韻》郁在彧小韻，乙六切。

按：本書此字列於第一轉，是也。《韻鏡》既列第一轉，又於本轉重出，當是後人誤增。

49 入三喻　空格　《韻鏡》列欲。

箋：欲是以紐(喻四)字，切三、王韻、《唐韻》、《廣韻》燭韻並余蜀反；《集韻》俞玉切。

按：本書列於四等，是也。《韻鏡》所列誤。

50 韻目　上聲一等腫、入聲二等燭皆錯位，並當改列於三等。

外轉第三

	羽				徵				角			
	幫	滂	並	明	端知	透徹	定澄	泥孃	見	溪	群	疑
平	邦	胮	龐	尨	樁	惷	幢	醲	江	腔		[illegible]
上	綁	䑫	棒	㤶					講			
去		肨			戇	[illegible]	[illegible]	[illegible]	絳			
入	剝	璞	雹	邈	斲	逴	濁	搦	覺	殼		嶽

精照	清穿	從床	心審	邪禪	影	曉	匣	喻	來	日	重中重
商					宮				半徵	半商	
											江
	牕	淙	雙		胦	肛	降		瀧		
											講
					懶	備	項				
穖	漴	淙				戇	巷				
											覺
捉	娖	浞	朔		渥	吒	學		犖		

外轉第三　重中重

1 本轉上、去、入聲之字皆誤抄於三等位，爲便稱舉，今徑標爲二等。

2 平二滂　胮　《韻鏡》作胮。

箋：切三、王二、王三、《廣韻》江韻並有胮小韻，匹江反（王三栢江反）。《集韻》披江切。

按：唐五代俗書夅恒作夆若夅，胮遂誤爲胮。故此字當正作胮。

3 平二明　龙　《韻鏡》列厖。

箋：王二、王三江韻有庬小韻，切二訛爲痝，並莫江反。《廣韻》音同，字作厖。小韻内狵字下有龙，注云：『上同。』切二狵字則亦注云：『犬。今《説文》單作。』《集韻》音亦同，而以龙爲小韻首字。

按：是本書此字當據《集韻》而作。

4 平二娘　⿰耳農　他本作矃。《韻鏡》嘉吉本、寶生寺本、永祿本、寬永十八年本、北大本、寬永五年本、（佐）、（元）、（正）、（國）、（理）、（享）作⿰耳農，其他各本作矃。

箋：切二、王二、王三、《廣韻》江韻並有⿰耳農小韻，女江反。《集韻》濃江切。並訓『耳中聲』。《廣韻》《集韻》該小韻雖有矃字，但非本書所據，當以至治本從耳作⿰耳農爲正。

按：《韻鏡》亦當以作職者爲是。

5 平二曉　肛　《韻鏡》嘉吉本、應永本、寶生寺本、六地藏寺本等同，(享)、永禄本、北大本、寛永五年本作舡，(正)誤爲舩。

箋：切二、王二、王三、《廣韻》江韻並有肛小韻，許江反。不收舡字。《集韻》乃於肛小韻收舡字，虛江切。

按：本書作肛是，《韻鏡》作舡者當是後人所改，轉寫則又有誤爲舩者也。

6 上二幫　⿰糸封　《韻鏡》作⿱封糸。

箋：唐五代韻書講韻無此音。《廣韻》有⿱封糸小韻，巴講切。內無⿰糸封字。《集韻》⿰糸封字補講切，注云：『亦書作⿱封糸。』

按：本書所列合於《集韻》，《韻鏡》則合於《廣韻》。

7 上二滂　耩　《韻鏡》〇。

箋：耩是見紐字，切三、王二、王三、《廣韻》、《集韻》皆在講小韻，古項反。

按：本書見紐位已列講字，而又列耩於滂紐則大誤矣。《集韻》講韻末有⿰扌暴小韻，普講切，可當此位。本書或是據此而轉訛歟？《韻鏡》此位無字，合於其他韻書。

8 上二明　㤶　《韻鏡》列⿰亻尨。

箋：切三、王三、《廣韻》講韻有⿰亻尨小韻，武項反。王二莫項反。《集韻》母項切。

按：各韻書講韻皆無⿰忄尨字，本書所列，當即⿰亻尨之誤字。

9 去二滂　肨　其他各本作胖。《韻鏡》嘉吉本、應永本、永禄本、北大本、寬永五年本等並作肨，寶生寺本、（佐）、（延）、（正）、（國）作胖，六地藏寺本原誤作脹，而於邊欄校作肨。

箋：王二絳韻有肨小韻，匹降反；王三普降反；《廣韻》匹絳切；《集韻》同王二。

按：諸書別無胖字，是此字當以作肨爲正。六地藏寺本《韻鏡》誤爲脹者，脹是肨之注文，當是有本施之於肨旁，轉寫不知，以爲是肨之校字而誤改也。

10 去二明　空格　《韻鏡》（延）、（文）作⿰忄尨，其他各本作⿰月尨。

箋：《廣韻》及以前韻書絳韻無明紐。《集韻》有⿰忄尨小韻，尨巷切。然此小韻無⿰月尨字。本書此位無字，合於《廣韻》等。

按：《韻鏡》列⿰忄尨頗疑後人據《集韻》增，作⿰月尨當是誤字。

11 去二娘　鬞（至治本字迹模糊）　《韻鏡》〇。

箋：《廣韻》及以前韻書絳韻無此紐。《集韻》始收鬞小韻，尼降切。

按：本書所列即據《集韻》。

12 去二曉　戇　《韻鏡》〇。此字王二、王三絳韻丁降反又呼貢反，《廣韻》《集韻》陟降切。

箋：各書戇字並無絳韻曉紐一讀。本書戇字既列於知紐位，再列曉紐誤矣。

13 按：《集韻》絳韻末有贛小韻，呼絳切。本書恐是據此轉誤。

入二徹　逴　浙江局本誤爲逴，不成字矣。《韻鏡》作逴。

箋：切三、王一、王二、王三、《唐韻》、《廣韻》、《集韻》覺韻並有逴小韻，敕角反。

按：本書列字是。

14 入二疑　嶽　《韻鏡》（享）同，其他各本並作岳。

箋：切三覺韻有嶽小韻，五角反。字下注云：『或作岳。』王一、王二、王三、《唐韻》並同。《廣韻》音同，而於嶽下收岳字，注『上同』。《集韻》嶽岳並列於小韻首，逆角切。

按：本書列字是。《韻鏡》列岳者蓋亦因校讀者標於嶽旁之或字而改。

15 入二曉　吒　《韻鏡》應永本同，（延）、（文）列吒，嘉吉本、六地藏寺本、永禄本、北大本、寛永五年本〇，寳生寺本、（國）乃於〇中補入㕬字，（仙）、（天）、（元）、（正）即列㕬字。

箋：切三、王一、王二、王三、《唐韻》、《廣韻》覺韻並有吒小韻，許角反。《集韻》黒角切。唐五代韻書該小韻皆無㕬字，《廣韻》《集韻》有。

按：本書所列是也。《韻鏡》列吒者或是原書舊式，作吒則是誤書，無字者蓋係誤脱，作㕬者顯係後人據《廣韻》《集韻》加注之同音字，抄胥不察而誤改也。

16 韻目　上聲處脱絳字，當補。

內轉第四

	幫	滂	並	明	端 知	透 徹	定 澄	泥 孃	見	溪	群	疑
	羽				徵				角			
平												
	陂	鈹	皮	糜	知	摛	馳		羈	攲	奇	宜
	卑	岥	陴	彌							祇	
上												
	彼	破	被	靡	㩼	褫	豸	狔	掎	綺	技	螘
	比	諀	婢	弭					枳	企		
去												
	賁	帔	髲	䰽	智				寄	䞘	芰	議
	臂	譬	避						馶	企		
入												

通志七音略卷二十 十

	精	清	從	心	邪	影	曉	匣	喻	來	日
	照	穿	床	審	禪						
	商					宮				半徵	半商
支											
	齜	差	齹	釃							
	支	眵		施	匙	漪	犧			離	兒
	貲	雌	疵	斯			訑		移		
紙											
	批			躧							
	紙	侈	舓	弛	是	倚	[illegible]			邐	爾
	紫	此		徙					酏		
寘											
	柴			[illegible]							
	寘	卶		翅	豉	倚	戲			詈	
	積	刺	漬	賜		縊			易		

重中輕　內重

内轉第四　重中重 内重

1 平三明　麋　《韻鏡》作縻。

箋：切三、王二、《廣韻》支韻並有糜小韻，靡爲反。《集韻》忙皮切。諸書該小韻内皆有麋字。王三音同，字作麋，注云：『粥。亦作糜、⿰米麋。』本書所列同王三，然王三以麋鹿字爲糜粥字之或體終誤。切三糜小韻有麋字，注云：『鹿屬。』

按：本書所列是。《韻鏡》所列之縻，或是麋字之誤，六地藏寺本原誤爲蘼，而於上欄校作『縻』，再於天頭校作『麋清濁』，删去後又校作『縻麋』，正可見其變遷之迹。

2 平三見　羈　《韻鏡》六地藏寺本作羈而於上欄校作羇，其他各本作羇。

箋：切二、王一、王二、王三、《廣韻》、《集韻》支韻並有羈小韻，居宜反。

按：雖諸書該小韻皆收羇字，然此位仍當以本書列羈爲長。

3 平三牀　空格　《韻鏡》嘉吉本、寶生寺本、應永本、六地藏寺本〇，（享）、（天八）、（仙）、永禄本、北大本、寬永五年本誤列疵。

箋：疵是從紐字，切二、王一、王二、王三、《廣韻》支韻疾移反，《集韻》才支切，當列四等。

按：本書及《韻鏡》列四等者不誤。

4 平三審　施　《韻鏡》（佐）〇，嘉吉本、（天）作施，永祿本、北大本作施，其他各本作施。

箋：切三、王二、王三支韻施字式支反，正在此位。《廣韻》音同，而以纚爲小韻首字。《集韻》施小韻商支切。

按：本書所列是。《韻鏡》或作施者，日本俗書也字作巴似巴字，如嘉吉本、（天）施字作施即其例，永祿本等因而致誤也。

5 平三影　漪（至治本字形小異）　《韻鏡》（延）、（文）同，嘉吉本作掎，其他各本作猗。

箋：切三、王一、王二、王三、《廣韻》支韻並有漪小韻，於離反；《集韻》於宜反。各書猗字皆在該小韻内。

按：本書列漪是，《韻鏡》列猗者蓋寫脱氵，再誤而爲掎矣。

6 平四滂　岥　《韻鏡》寶生寺本、（大）、（佐）、（理）同，（國）作岐，嘉吉本、應永本、六地藏寺本、永祿本、北大本、寬永五年本等作披。

箋：唐五代韻書支韻無岥字，《廣韻》韻末有岥小韻，訓爲『器破也』，匹支切。與『鈹，敷羈切』爲重紐。《集韻》則併岥於鈹小韻，攀糜切。王一上聲旨韻有嚭小韻，匹鄙反；其下有岥字，注云：『破。又匹支反。』王二同，注云：『又疋支反。』此音適與鈹字爲重紐，或即與《廣韻》之岥同是一字，而二書支韻失收。

按：本書當是據《廣韻》而列。因疑《韻鏡》作岐者，乃岥之形訛。《韻鏡》本又作披，披字切

二、王二、王三、《廣韻》並在鈹小韻，不當列於此位。

7 平四群 祗 《韻鏡》作祇。

箋：切二、王二、王三、《廣韻》支韻有祇小韻，巨支反。《集韻》翹移切。諸書皆訓『神祇』。祗字P. 3695、王二、王三、《廣韻》均在脂韻脂小韻，旨夷反，訓爲『敬』。《説文》祇、祗二字不同。『神祇』之祇從示氏聲，大徐巨支切；『祗敬』之祗從示氐聲，大徐旨移切。

按：本書作祗誤，當正。

8 平四曉 訑 《韻鏡》〇。

箋：王二、王三支韻有訑小韻，香支反，訓爲『自多貌』。《集韻》同。《廣韻》音同，字作詑。注云：『自多貌。俗作訑。』

按：本書或即據《廣韻》。《韻鏡》此位不列，或所據韻書無。

9 上三並 被 大中堂本、仿明本同。其他作被不誤。

10 上三娘 狔 《韻鏡》永禄本、(文)作柅，(延)作犯，其他各本作抳。

箋：切三、刊、王二、王三、《廣韻》紙韻並有狔小韻，女氏反。本書所列與此合。切三、《廣韻》該小韻有抳無柅，刊、王二、王三有柅無抳。《集韻》乃以柅爲小韻首字，下收狔、抳。

按：本書所列合於《集韻》以前諸韻書，《韻鏡》所列犯，當是狔之誤字，以日本俗書犬旁類扌，故又誤爲抳，後人再據《集韻》改爲柅也。

11 上三見　椅　《韻鏡》作掎。

箋：椅是影紐字，切三、王二、王三、《廣韻》皆在紙韻倚小韻，於綺反；《集韻》隱綺切。掎字諸書則爲小韻首字，居綺反（《集韻》舉綺切）。

按：是本書作椅誤，當從《韻鏡》正。

12 上三牀　䑛　《韻鏡》（元）同，其他各本作舐。

箋：切三紙韻有䑛小韻，食氏反；　王一、王二、王三食紙反（王一字訛爲𤯝）。小韻内無舐字。王二於舐下注曰：『亦舓、䑛。』王三注曰：『或作舓，亦作䑛。』刊䑛字音同王韻，下收舐字，注云：『同上，俗。』《廣韻》則以舓爲小韻首字，神帋切。下䑛字注『上同』，舓注『俗』。《集韻》舓䑛舐並列於小韻首，甚爾切。

按：本書所列與切三、王韻同。《韻鏡》（元）列䑛，當是原書舊式，其他各本作舐者，蓋後人以校讀者施於䑛旁之同音字誤改也。

13 上三禪　是　《韻鏡》（理）同，其他各本作氏。

箋：切三、刊、王二、王三、《廣韻》紙韻並有是小韻，承紙反；《集韻》上紙切。各書氏字皆在該小韻内。

按：本書所列合於此，《韻鏡》列氏者，亦當是後人以校讀者施於是旁之同音字誤改也。

14 上三曉　䶊　《韻鏡》嘉吉本、應永本、寶生寺本、六地藏寺本、永祿本、北大本、寬永五年本等○，（元）、（天八）、（理）、（仙）此位有𧰛，（文）誤列於去聲四等位。

箋：王二、王三、《廣韻》紙韻並有𧰛小韻，興倚反；《集韻》許倚切。本書所列合於韻書。

按：據馬淵和夫，《韻鏡》（仙）雖有𧰛，而施注云『ィ本』。按此位當以有𧰛字者爲長。

15 上四幫　比　《韻鏡》列俾。比是旨韻匕小韻字，切三、王一、王三、《廣韻》卑履反，王二畢履反，《集韻》補履切。

箋：本書既列匕於第六轉，又列比於本轉則誤矣。《韻鏡》此位所列之俾字，切三、王二、王三、《廣韻》紙韻卑婢反，《集韻》補弭切（王三、《廣韻》在俾小韻，其他皆爲小韻首）。

按：是《韻鏡》所列不誤，當據正。

16 上四見　枳　《韻鏡》列跂。

箋：唐五代韻書枳字在紙小韻（諸氏反），並無見紐一讀。《廣韻》韻末有枳小韻，居帋切；《集韻》亦有，頸爾切。本書所列，合於《廣韻》《集韻》。跂字《廣韻》《集韻》則收於掎小韻，居綺切（《集韻》舉綺切）。切三、王二、王三掎小韻皆無跂字，且無見母重紐。

按：本書列字是。《韻鏡》所列大誤，原書此位本當無字，傳抄時誤將校讀者所施之同音字竄入圖中也。

17 去二照　裝　《韻鏡》寶生寺本、（佐）、（言）、（仙）、（國）、（文）、（理）同，嘉吉本、應永本、六地藏寺本、永祿本、北大本、寬永五年本作柴。

箋：王二、《廣韻》、《集韻》寘韻有𧚓小韻，爭義反。

按：本書所列是也。柴字各韻書皆無此音，《韻鏡》列柴者，乃是𧚓字之形訛。

18 去三明　魅　《韻鏡》(享)、(正)、(天八)列避，(國)、(仙)則於○中補避，其他各本○。

箋：魅是至韻字，在郿小韻内。王二、王三美秘反，《廣韻》明祕切。《集韻》音同，在媚小韻。本書郿字列於第六轉是，列魅於本轉誤也。

按：《韻鏡》有列避字於此位者，則更誤矣。參第21條。

19 去四幫　臂　《韻鏡》(文)同，其他各本並○。

箋：王二、王三、《廣韻》、《集韻》寘韻有臂小韻，卑義反。

按：本書所列合於此。《韻鏡》無者蓋誤脱也。

20 去四滂　譬　《韻鏡》(文)、(理)同，其他各本○。

按：王一、王二、王三寘韻有譬小韻，匹義反；《廣韻》匹賜切，《集韻》匹智切。

按：本書所列不誤。《韻鏡》則有誤脱之本。

21 去四並　避　《韻鏡》(文)、(理)同，永禄本○，其他各本誤列於明紐三等。

箋：王二、王三寘韻有避小韻，婢義反；《廣韻》《集韻》毗義切。本書所列與此合。

按：《韻鏡》原本恐無，後人殆是據《廣韻》《集韻》或本書增補而多誤入明紐三等位矣。參第18條。

22 去四見　䮘　《韻鏡》寶生寺本、應永本同，嘉吉本不清晰，其他各本作䮘。
箋：《廣韻》《集韻》寘韻有䮘小韻，居企反。王三字作䮘，舉企反。王二亦作䮘，在翨小韻，
勁賜反（翨字似不當有此音。王三翨在翅小韻，施智反）。此字當以作䮘爲正，唐代俗書
支、攴每淆，故王韻誤爲䮘。
按：本書所列是，《韻鏡》作䮘者乃承唐人俗書之誤。

23 去四影　縊　《韻鏡》六地藏寺本、北大本、寬永五年本、（享）、（正）、（天八）同，（仙）、（文）縊
字補於〇中，其他各本〇。
箋：王一、王二、王三、《廣韻》、《集韻》寘韻有縊小韻，於賜反。
按：本書所列與此合。《韻鏡》無此字者，或是傳寫誤脱。

24 韻目　平聲支、上聲紙、去聲寘皆誤入一等，當移至三等。

內轉第五

	幫	滂	並	明	端	透	定	泥	見	溪	群	疑
					知	徹	澄	孃				
	羽				徵				角			
平												
					腄		鬌		嬀	虧		危
上												
	葢				痤				詭	跪	跪	硊
										跬		
去												
							縋		⿰貝爲	⿺走危		僞
									諉	⿰目規		
入												

輕中輕

	日	來	喻	匣	曉	影	邪	心	從	清	精
							禪	審	牀	穿	照
	半商	半徵			宮				商		
支											
								衰			
	痿	羸	爲		麾	逶	垂	[illegible]		吹	[illegible]
			蠵		隳		隨	眭			劑
紙											
										揣	
	蘂	累	蔿		毀	委	菙				捶
							[illegible]	髓	惢		觜
寘											
	枘	累	爲		毀	餧	睡			吹	惴
			瓗		孈	恚		[illegible]			

内轉第五　輕中輕

1 平二穿　空格　《韻鏡》（文）於○中補衰，其他各本○。

按：此位當列衰，本書誤列於審紐位。《韻鏡》此位無字蓋誤脱，（文）乃是後人校補。參下條。

2 平二審　衰　《韻鏡》○。

箋：此字切二、王一、王二、王三、《廣韻》楚危反，《集韻》初危切。

按：並無支韻審紐讀音，當列穿紐位。《韻鏡》此位無字，是也。

3 平三溪　虧　大中堂本、仿明刊本、于氏刊本同。其他各本作虧不誤。

4 平三群　空格　《韻鏡》寶生寺本、永禄本、北大本、寛永五年本等作趌，應永本、六地藏寺本作趌，嘉吉本作趀，（元）作越。

箋：此字切二、王二作趌，《廣韻》作趌，並在祇小韻，巨支反。此字當從《説文》作趌。各韻書此音爲開口，不得入本圖；《廣韻》及以前韻書支韻合口無群紐，《集韻》乃於韻末收趌小韻，巨爲反。

按：本書空格是。《韻鏡》所列，當是後人據《集韻》妄增。本書不列是也。

5 平三審　䡴　《韻鏡》(理)同，(文)作䡴，(佐)、(國)作鑴，(仙)作鑴而注曰『亻本』；寶生寺本則於○中補鑴，其他各本○。

箋：䡴字切二、切三、王二、王三、《廣韻》、《集韻》支韻並山垂反。

按：本書所列誤，當入審紐二等位。《韻鏡》如此參差，當是原本無而後人據本書增。

6 平三來　羸　于氏刊本同，其他各本作羸。

按：此字作羸是也。《韻鏡》應永本亦誤。

7 平四心　眭　《韻鏡》(天八)○，其他各本並同。

箋：王一、王二、王三、《廣韻》皆有眭小韻，息爲反；《集韻》宣爲切。

按：本書及《韻鏡》有此字者是。

8 平四喻　蓨　《韻鏡》列蠵。

箋：切二、切三、王一、王三支韻無喻紐合口，亦不見此二字。王二有鼊小韻，与規反。注云：『案觜鼊大如龜，甲有文似瑇瑁。』其下收蓨字。《廣韻》則有蓨小韻，悅吹切；《集韻》勻規切。二書該小韻皆有蠵字。

按：本書所列合於《廣韻》《集韻》。又《廣韻》蠵字注云：『觜蠵，大龜。』《集韻》則以鼊爲蠵字之或體，《韻鏡》所據，與諸韻書皆有異。

9 上二穿　揣　《韻鏡》此位○而列揣於三等位。

箋：此字切三、王一、王二、王三、《廣韻》初委反，《集韻》楚委切。

10 上三非　萎　《韻鏡》○。

按：本書列於二等是，《韻鏡》所列誤。

箋：《廣韻》及以前韻書紙韻既無合口非紐字，亦無萎字。《集韻》紙韻無合口非紐，萎字則音女委切。

按：若依此音，當列娘紐三等位。本書列萎字大誤。

11 上三知　痽　《韻鏡》○。

箋：《廣韻》《集韻》及以前韻書紙韻合口無知紐，亦無此字。《説文》《玉篇》《類篇》等字書亦未見此字。《韻鏡》此位無字，而於去聲知紐列娷。娷字王二寘韻置睡反，王三、《廣韻》、《集韻》竹恚反。《集韻》以諈、娷同列於小韻首。

按：本書去聲知紐無字，而列痽於本位者，頗疑誤入上聲，又因娷之行書似痽而轉訛矣。

12 上三溪　跪　《韻鏡》○。

箋：王二、王三、《廣韻》紙韻並有合口溪紐跪小韻，去委反。《集韻》此跪則在尯小韻，苦委切。

按：本書所列合於諸韻書，《韻鏡》未合。

13 上三穿　空格　《韻鏡》列揣。

按：揣字不當列於此，本書入於二等，是也。參第9條。

14 上四邪　獝　《韻鏡》寶生寺本、北大本、(延)、(享)、(國)、(正)作獮，永禄本作潃，寬永五年本作獝，(元)作猶，(佐)、(仙)作獮，嘉吉本作攡，(文)作獝，六地藏寺本作隋，應永本等作獝。

箋：王一、王二、王三、《廣韻》紙韻並有獝小韻，隨婢反。《集韻》紙韻合口無邪紐。

按：本書此字作獝不誤，《韻鏡》亦有應永本等不誤。

15 上四喻　空格　《韻鏡》寶生寺本、永禄本、北大本、(延)、(佐)、(文)、(天)、(正)、(國)、(理)、(享)、寬永五年本列蓌，嘉吉本、六地藏寺本作蓌，(元)〇，(天八)誤列蓌於來紐。

箋：王三、《廣韻》紙韻並有蓌小韻，羊捶反。王二音同，字作蓌。《集韻》蓌字尹捶切。

按：《韻鏡》列於此位是也。本書不列，或是誤脱。

16 去三知　空格　《韻鏡》應永本列娷，六地藏寺本作娡，其他各本作娷。

箋：王二寘韻有娷小韻，置睡反；王三、《廣韻》、《集韻》竹恚反。

按：此位當有娷，本書不列蓋脱。《韻鏡》六地藏寺本作娡者，乃因注文而誤，又於下欄別筆校作娷。

17 去三娘　空格　《韻鏡》列諉。

箋：王一、王三、《廣韻》、《集韻》寘韻並有諉小韻，女恚反；王二女睡反。

按：本書此位無字而誤列諉於四等見紐位，當正。

18 去三溪　㩩　《韻鏡》〇。

箋：《廣韻》及以前韻書寘韻無合口溪紐。《集韻》有䠞，丘僞切。注引《廣雅》『胡也』。

按：本書當即據《集韻》此音。按《博雅音》卷三有㩩字，去僞切。殆即《集韻》所本。

19 去三曉　毀　于氏刊本、聚珍本作毀。《韻鏡》作毀。

箋：毀、毀皆毁之誤字。唐五代韻書寘韻無毁小韻，《廣韻》則有毁，況僞切；與『孈，呼恚切』爲重紐。《集韻》併毁於孈小韻，呼恚切。

按：本書所列，皆《廣韻》毁字之訛。又孈字本書及《韻鏡》列於四等。

20 去四見　諉　《韻鏡》列䚨。

箋：諉字當列三等娘紐位，辨見上第17條。

按：《韻鏡》所列之䚨字，不見於王韻寘韻。《廣韻》《集韻》乃收，規恚切。䚨字雖合在此位，然頗疑《韻鏡》所列終爲後人所增。

21 韻目　平聲支、上聲紙、去聲寘並誤入一等位，當改列於三等。

內轉第六

	幫	滂	並	明	端	透	定	泥	見	溪	群	疑
					知	徹	澄	孃				
	羽				徵				角			
平												
	悲	丕	邳	眉	胝	絺	墀	尼	飢		耆	示
		紕	毗									
上												
	鄙	諀	否	美	黹	𢇍	雉	柅	几		跽	
	匕		牝									
去												
	祕	濞	備	郿	致	杘	緻	膩	冀	器	臮	劓
	痹	屁	鼻	寐			地		蟼	弃		
入												

重中重

精照	清穿	從床	心審	邪禪	影	曉	匣	喻	來	日	
商					宮				半徵	半商	
											脂
			師						棃		
脂	鴟		只								
咨	郪	茨	私		伊	咦		夷			
											旨
𥝢											
旨			矢	視	歖	唏			履		
姊			死	兕							
											至
至	痓	示	屍	嗜	懿	齂			利	二	
恣	次	自	四			呬		肄			

内轉第六　重中重

1

平二來　梨　《韻鏡》〇。

箋：切二、切三、王二、王三脂韻並有梨小韻，力脂反。《廣韻》音同，字作棃，其下有梨，注云：「上同。」《集韻》棃、梨同列於小韻首，良脂切。

按：此字《韻鏡》列於三等位，是也，當據正。

2

平三疑　示　《韻鏡》(元)、(延)、(仙)誤爲狋，(天)誤爲伱，寶生寺本誤列於二等，其他各本作狋。

箋：切二、切三、王二、王三、《廣韻》、《集韻》脂韻並有狋小韻，牛肌反(王二肌訛肥，王三牛訛生)。

按：示是去聲至韻船(牀三)紐字，不得列於此位，本書當是寫脱犬旁，當據改。

3

平三審　只　《韻鏡》列尸。

箋：切二、切三、王二、王三、《廣韻》脂韻並有尸小韻，式脂反；《集韻》升脂切。

按：本書列只者，殆以尸字損泐下部而淺人妄改，當正作尸。

4

平三來　空格　《韻鏡》(延)、(天)列梨，其他各本作棃。

按：此位當列梨，本書乃誤入二等位。參第1條。

5 平四喻　夷　《韻鏡》列姨，(理)誤列姨於三等。

箋：夷字切二、切三、王二、王三、《廣韻》並在姨小韻，以脂反。《集韻》乃以夷爲小韻字，延知切。

按：本書與《集韻》合，《韻鏡》則合於其他韻書。

6 上三滂　諀　《韻鏡》作嚭。

箋：切三、王二、王三旨韻有嚭小韻，王一作嚭，《廣韻》作嚭，並匹鄙反。《集韻》嚭、嚭同字，普鄙切。

按：本書作諀，當即嚭字之誤。

7 上三知　薾　《韻鏡》作黹。

箋：王三旨韻有黹小韻，眡几反。《廣韻》豬几切、《集韻》展几切，字同王三。

按：本書作薾即黹之形訛。按切三、王二此字即誤爲薾，當正。

8 上三徹　𦇧　《韻鏡》永禄本、寛永十八年本、北大本、寛永五年本作𦇧，其他各本誤不成字。

箋：切三旨韻有𦇧小韻，王一、王三字作𦇧，並絺履反；《廣韻》作𦇧，楮几切。《集韻》音同《廣韻》，字作𦇧。此字《集韻》訓『移蠶也』，其他韻書訓爲『蠶就寛』，則正當從桒作𦇧。俗書桑簡爲桒，是字又作𦇧。

按：本書所作合於《集韻》，《韻鏡》作䵘則合於切三、《廣韻》，字誤諸本因不明此字結體所致也。

9 上三娘　柅　《韻鏡》永禄本誤作秜，其他各本同。

箋：切三、王一、王二、王三、《廣韻》、《集韻》旨韻並有柅小韻，女履反。小韻内皆無秜字。

按：本書及《韻鏡》作柅者是也。

10 上三影　歖　《韻鏡》北大本作歖，其他各本作歖。

箋：切三、王一、王二、《廣韻》旨韻並有歖小韻，於几反。王三音同，字作歖。《集韻》則歖、歖同字，隱几切。

按：本書作歖，當即歖、歖之誤。

11 上三曉　唏　《韻鏡》○。

箋：《廣韻》及以前韻書旨韻無此音。《集韻》有唏小韻，許几切。

按：本書此字當即據《集韻》而列。

12 上四精　姊　《韻鏡》嘉吉本、六地藏寺本作姉，寶生寺本、應永本、北大本、寬永五年本作姉，永禄本作姊。

箋：切三旨韻有姊小韻，王一作姊，王二作姉，王三作姉，《廣韻》作姊，並將几反。《集韻》字同《廣韻》，蔣兕切。

按：本書列字是。《韻鏡》除嘉吉本、六地藏寺本，其他皆隸變之異。今作姊。

13 去三徹 屎 《韻鏡》嘉吉本、永禄本、(和)、(延)、(文)、(仙)、(天)、(天八)、(元)〇，寶生寺本、(佐)乃於〇中補屎，應永本、北大本、寬永五年本作屎。

箋：王一、王三、《廣韻》至韻有屎小韻，丑利反。王二音同，字作屎。《集韻》屎、屎同列於小韻首，丑二切。

按：本書列屎合於諸韻書，《韻鏡》本或誤脱。

14 去三見 冀 《韻鏡》作冀。

箋：王一、王二、《廣韻》至韻有冀小韻，几利反；王三音同，字作兾，注云：『亦作冀。』《廣韻》冀字下有兾，注云：『上同。見經典，省。』《集韻》音同，而以冀、兾並列小韻首。

按：本書所作爲正體，《韻鏡》乃是誤字。

15 去三群 臮 其他各本作臮。《韻鏡》嘉吉本同，(天八)作臮，其他各本並作臮。

箋：王二、王三、《廣韻》至韻有臮小韻，其器反(《廣韻》本或作具器切)；王一具器反。《集韻》巨至切。

按：本書所作誤，當正作臮。

16 去四幫 痺 《韻鏡》嘉吉本、應永本、六地藏寺本同，其他各本作痹。

箋：王一、王三至韻有痺小韻，王二作痹，《廣韻》作痹，並必至反。《集韻》同《廣韻》，而在畀小韻内。

按：本書所作合於王一、王三。按俗書從卑從畀多不分。《韻鏡》列痺者當存原書舊式，作痹則後人據《廣韻》改也。

17 去四見　蟿　《韻鏡》〇。蟿字王二、《廣韻》至韻在棄小韻，詰利反。《集韻》同，磬致切。王一、王三未見。

箋：蟿是溪紐字，不當在此位。《集韻》乃於至韻末收繫字，吉棄切。

按：本書殆據《集韻》繫字而轉訛。

18 去四匣　空格　《韻鏡》(理)〇，應永本、六地藏寺本列糸，(延)、(文)作垒，其他各本作系。

箋：《廣韻》及以前韻書至韻無此音，《集韻》韻末則收系字，兮肄切。

按：本書空格是。《韻鏡》列系頗疑後人據《集韻》增，故或有或無，或正或誤。

19 韻目　平聲脂、上聲旨、去聲至皆誤入一等，當改列於三等。

內轉第七

	羽				徵				角			
	幫	滂	並	明	端知	透徹	定澄	泥孃	見	溪	群	疑
平												
					追		槌		龜	巋	逵	
											葵	
上												
									軌	巋	郈	
									癸		揆	
去												
							墜		媿	喟	匱	
					轛				季		悸	
入												

	精照	清穿	從床	心審	邪禪	影	曉	匣	喻	來	日
	商					宮				半徵	半商
脂											
				衰							
	佳	推			誰				帷	纍	蕤
	嗺		嫢	綏			倠		惟		
旨											
				水					洧	壘	蘂
	濢	趡	[illegible]						唯		
至											
		欻		帥							
		出		㒸			豷		位	類	
	醉	翠	萃	邃	遂		侐		遺		

輕中重內輕

内轉第七　輕中重 内輕

1 平三澄　槌　《韻鏡》列鎚。

箋：切二、王二、王三、《廣韻》脂韻有鎚小韻，直追反。下收槌字。切三此小韻首字壞缺，存注文『直追反。六』。下有槌字。《集韻》有椎桘小韻，傳追切。内收槌、鎚等字。

按：本書列槌非小韻首字，《韻鏡》則與切二等合。

2 平三照　佳　《韻鏡》嘉吉本列鵻，其他各本作錐。

箋：切三、王二、《廣韻》脂韻有錐小韻，職追反；切二心追反（『心』當作『止』，行書二字相近而致訛也）；王三職維反。各書該小韻皆有隹字。《集韻》乃以隹爲小韻首字，朱惟切。

按：本書當是據《集韻》隹字而誤書爲佳也。

3 平三喻　帷　《韻鏡》嘉吉本、寶生寺本、應永本、六地藏寺本、永禄本、北大本、寬永五年本○，（理）此位列惟而四等列帷，（正）此位列惟而四等○。

箋：P. 3696、切二、切三、王三、《廣韻》脂韻有帷小韻，洧悲反；王二侑悲反（侑疑即洧字之誤）；《集韻》于龜切。是帷字正當列於此位。

按：惟字切二、切三、王二、王三以隹反，本書列於四等，是也。《韻鏡》此位無字者當是誤脱，（理）則三、四等誤倒。（正）乃將四等之惟誤列於本位矣。

4 平三來　纍　《韻鏡》列灅。

箋：切二、切三、王二、王三、《廣韻》脂韻並有灅小韻，力追反。纍字則在該小韻内。《集韻》乃以纍爲小韻首字，倫追切。内有灅字。

按：本書列纍合於《集韻》，《韻鏡》列灅則與切二等合。

5 平四心　緌　《韻鏡》作綏。

箋：綏，切二、切三、王二、王三、《廣韻》息遺反，《集韻》宣隹切。緌，切二、切三、王二、王三、《廣韻》在蕤小韻，儒隹反；《集韻》音同，在甤小韻。

按：本書列緌乃是綏之誤字，當從《韻鏡》作綏。

6 上三見　軌　其他各本作軌。《韻鏡》作軌。

按：作軌是誤字，當從他本及《韻鏡》作軌。

7 上三照　空格　《韻鏡》寶生寺本、（佐）、（國）列蕊，其他各本列桝。

箋：切三、王一、王三旨韻有蕊小韻，如蘲反；《廣韻》如壘切。《韻鏡》已列在日紐，寶生寺等三本又列照紐，顯係後人誤增（《集韻》蕊字在紙韻繠小韻，乳捶切。更不當列於此）。桝字王二、王三、《廣韻》並在紙韻捶小韻，之累反。《集韻》乃增此字於旨韻末，之誄切。

按：本書空格是。《韻鏡》列桝字者，當是後人據《集韻》此音增。

8 上三曉　空格　《韻鏡》北大本作⿰耳啇,(文)作⿰目啇,其他各本作⿰目啇。

箋:王一旨韻有⿰目啇小韻,許癸反。王二字訛⿰目啇,王三訛爲⿰目啇,音並同。《廣韻》字亦誤爲⿰目啇。《集韻》旨韻有⿰目啇小韻,虎癸切。

按:本書此位無字,當係誤脱。《韻鏡》列⿰目啇者是。

9 上三喻　洧　大中堂本作洧,其他各本作隋。《韻鏡》嘉吉本誤爲清,(天)誤爲泊而施校語曰『洧亻』,其他各本作洧。

箋:切三、王一、王二、王三、《廣韻》旨韻並有洧小韻,榮美反。《集韻》羽軌切。諸書别無隋字。

按:大中堂本作洧是,至治本乃因左畔損泐而如此,他本則臆改爲隋。《韻鏡》作洧者不誤。

10 上三日　蘂　《韻鏡》作蕊。

箋:蘂字切三、王二、王三而髓反,《廣韻》如累切,《集韻》乳捶切,皆在紙韻,不當列於本轉。切三、王一、王三、《廣韻》旨韻並有蕊小韻,如藟反,正當列於此位。

按:本書蘂字已列第五轉,本轉再列者,或即蕊字之訛。《韻鏡》不誤,當據正。

11 去一見　癸　《韻鏡》〇。

箋:切三、王一、《廣韻》旨韻有癸小韻,居誄反(王三該小韻誤脱,而有以癸爲切下字者)。《集韻》頸誄切。

按：本書此字當列上聲四等位，《韻鏡》不誤，當據正。

12 去一群　揆　《韻鏡》〇。

箋：切三、王一、王二旨韻有揆小韻，葵癸反（切三葵誤蔡）；《廣韻》求癸切；《集韻》巨癸切。

按：本書此字亦當列於上聲四等位，《韻鏡》不誤，當據正。

13 去二穿　欸　《韻鏡》（理）、（文）作敊，其他各本〇。

箋：王一、《集韻》至韻有敊小韻，楚類反。王三楚利反（以開切合），《廣韻》楚愧切。《玉篇》此字在皮部。

按：是本書作欸，即敊字之訛。

14 去二審　帥　《韻鏡》嘉吉本、寶生寺本、六地藏寺本、永禄本、北大本、寬永五年本、（延）、（佐）、（文）、（天）、（國）、（享）〇，（仙）作師，應永本作帥。

箋：王二、王三、《廣韻》、《集韻》至韻並有帥小韻，所類反。

按：本書不誤，《韻鏡》作師者誤，無字者蓋脱。

15 去四定　墜　《韻鏡》〇。

箋：王一、王二、王三、《廣韻》、《集韻》至韻並有墜小韻，直類反。

按：本書誤列於此，《韻鏡》除（延）、（理）亦誤列於四等外，其他各本列於三等澄紐位，當據正。

16 去四見　媿　《韻鏡》列季。

箋：王一、王三至韻此字作愧，王二作媿，並軌位反。《廣韻》作媿，俱位切；《集韻》基位切。此字當列三等。

按：本書媿列四等而季列於入聲一等，並下錯一格，當是手民誤寫。季字王一、王二、王三癸悸反；《廣韻》《集韻》居悸切。《韻鏡》各本皆列媿於三等位，列季於四等，是也。當據正。參第22條。

17 去四溪　喟　《韻鏡》〇。

箋：王一、王二、王三、《廣韻》至韻並有喟小韻，丘愧反；《集韻》丘媿切。

按：此字亦當列於三等，《韻鏡》不誤，當據正。

18 去四群　匱　《韻鏡》列悸。

箋：王一、王二、王三至韻並有匱小韻（王一、王二乃俗字），逵位反；《廣韻》《集韻》求位切。

按：本書匱列四等而悸字列於入聲一等，亦爲手民之誤。當依《韻鏡》列匱於去聲三等，列悸於去聲四等。

19 去三曉　豷　《韻鏡》（文）列豷，應永本列䂶，（仙）於〇中補寫䂶，其他各本〇。

箋：豷字王一、王二、王三並在至韻隸小韻內，許器反；《廣韻》同，虛器切。此音當列第六轉開口圖中。王一、王三、《廣韻》至韻又有豷小韻，王二字作豷，王二、《廣韻》許位反，王一、王三許僞反（僞是寘韻字，疑爲位字之音訛）。

按：論音當在此位。《集韻》豷、豷同列於小韻首，亦許位切。本書或即據《集韻》而列。

20 去四心　邃　武英殿本同，其他各本作邃。

按：作邃是，當正。

21 入一端　轛　《韻鏡》〇。

箋：王一、王二、王三至韻有轛小韻，追頪反；《廣韻》《集韻》追萃切。

按：本書誤入此位，《韻鏡》（延）、（理）誤列於去聲四等位，其他各本列於三等知紐位。當據正。

22 入一見　季　《韻鏡》〇。

箋：此是去聲字，王一、王二、王三至韻癸悸反；《廣韻》《集韻》居悸切。

按：當依《韻鏡》列於去聲四等位。

23 入一群　悸　《韻鏡》〇。

箋：此亦去聲字，王一、王二、王三、《廣韻》、《集韻》至韻並其季反。

按：本書誤，當依《韻鏡》列於去聲四等。

24 韻目　平聲脂、上聲旨、去聲至列於一等並誤，當改入三等。

內轉第八

	幫	滂	並	明	端	透	定	泥	見	溪	群	疑
					知	徹	澄	孃				
	羽				徵				角			
平												
						癡	治		姬	欺	其	疑
上												
					徵	恥	峙	你	紀	起		擬
去												
					置	眙	值		記	亟	忌	譺
入												

內轉第八

重中重內重

	精	清	從	心	邪	影	曉	匣	喻	來	日	
	照	穿	床	審	禪							
	商					宮				半徵半商		
												之
	菑	輜	茬		漦							
	之	蚩		詩	時	醫	僖		飴	釐	而	
	兹		慈	思	詞							
												止
	滓	[illegible]	士	史	俟							
	止	齒		始	市	譩	憙		矣	里	耳	
	子			枲	似							
												志
	胾	廁	事	駛								
	志	熾		試	侍	噫	憙			吏	餌	
	字	載	字	笥	寺				異			

内轉第八　重中重内重

1 平二照　甾　《韻鏡》列菑。

箋：切三、王一、王三之韻有甾小韻，側持反；無菑字。切二甾小韻字、音並同，而下有菑字（字訛爲蓄）。《廣韻》以菑爲小韻字，音同。下收甾字，注云：『上同。』《集韻》則將菑、甾並列小韻首，莊持切。

按：本書列甾合於切三等，《韻鏡》合於《廣韻》。

2 平二穿　輜　《韻鏡》北大本、寬永五年本、（正）、（享）同，（仙）、（文）輜字補於○中，（理）誤列於四等，嘉吉本、寶生寺本、應永本、永禄本○。

箋：切二、切三、王二之韻有輜小韻，楚治反；王三、《廣韻》楚持反；《集韻》叉緇切。

按：本書不誤。《韻鏡》當是誤脱，而後又有增補矣。

3 平二牀　茌　《韻鏡》（理）作茌而列在三等，（仙）訛爲茬，其他各本作茬。

箋：切二之韻有茬小韻，上之反；王三、《廣韻》士之反。切三字作茬，𤣥（？）之反。《集韻》茬、茌並列小韻首，士之切。

按：本書作茌近於《集韻》，《韻鏡》作茬者合於切二等。

4 平二禪　漦　《韻鏡》（理）同，其他各本〇。

箋：切二、切三之韻有漦小韻（切三作漦），俟之反；王三俟淄反，《廣韻》《集韻》俟甾切。

按：《說文》水部有漦字，大徐音同《廣韻》。是此字當依《說文》正。

按：《韻鏡》原書此位當無字，（理）乃據本書補。

5 平三喻　飴　《韻鏡》列於四等。

箋：切二、切三、王二、王三、《廣韻》與之反（王三作『与之反』）；《集韻》盈之切。

按：本書誤列三等，當依《韻鏡》正。

6 平四溪　空格　《韻鏡》（延）〇，（文）列抾於〇中，其他各本列抾。

箋：唐五代韻書之韻無此字，《廣韻》有抾，丘之切。按之韻並無重紐，《廣韻》當是後增而未併於欺小韻（去其切）者。《集韻》此字則合併於欺小韻，丘其切。

按：本書空格是。《韻鏡》原當無字，後人乃據《廣韻》注抾於欺下，轉抄遂誤入此位矣。

7 上二照　滓　于氏刊本同，其他各本作滓。《韻鏡》作滓。

箋：王一止韻『滓』側李反，切三、列 TNK75、王二、王三音同，側里反，字作滓，俗字也。《說文》有滓字，大徐阻史切。《廣韻》音同，《集韻》壯士切。

按：本書及《韻鏡》作滓者不誤。

8 上三知　徵　《韻鏡》作徵。

箋：切三、王一、王二、王三止韻有徵小韻，陟里反；《廣韻》音同，字作徵。徵下注云：『亦作徵。』《集韻》亦作徵，展里切。

按：是本書所作合於《廣韻》《集韻》，《韻鏡》則合於切三、王韻。

9 上三徹　耻　《韻鏡》各本作恥，（天八）誤列四等。

箋：切三、列TNK75、王一、王三、《廣韻》止韻有恥小韻，敕里反；《集韻》丑里切。王一、王三注云：『俗作耻。』王二音亦敕里反，字作耻。

按：本書作耻即是從俗。

10 上三曉　憙　《韻鏡》作喜。

箋：切三、王一、王二、王三、《廣韻》止韻有喜小韻，虛里反；《集韻》訖已切。諸書唯《廣韻》該小韻有憙字（《集韻》有憘字）。

按：本書或是據《廣韻》列憙字。

11 上三喻　矣　《韻鏡》列以。

箋：王一、王二、王三、《廣韻》矣並于紀反，《集韻》羽已切。以字王一、王二、王三羊止反，《廣韻》羊已切，《集韻》養里切。論音以字當列四等位，《韻鏡》四等無字而列以於此位並誤。

按：本書列矣是，《韻鏡》當依本書列矣於此位而列以於四等。

12 上四心　枲　大中堂本、仿明刊本作枲。《韻鏡》亦作枲。

箋：切三、王一、王二、王三、《廣韻》止韻有枲小韻，胥里反。《集韻》想止切。

按：本書列字誤，當依《韻鏡》正。

13 上四喻　空格　《韻鏡》(理)列矣，其他各本〇。

箋：王一、王二、王三止韻並有以小韻，羊止反；《廣韻》羊己切，《集韻》養里切。論音當列於此位，本書此位無字，當是誤脱。

按：本書當校補『以』字，《韻鏡》既脱矣字，又誤列以字於三等位，當依本書正。

14 去二審　駛　大中堂本、仿明刊本作駛。《韻鏡》作駛(應永本、寬永五年本作駛)。

箋：王一、王三志韻有駛小韻，所吏反。王二音同，字誤作馶。《廣韻》作駛(《古逸叢書》本作駛)，疎吏切；《集韻》作駛，疏吏切(述古堂影宋抄本疎吏切，字形小訛)。駛、駛正俗之別，作駛則不成字矣。

按：本書列字誤，當依《韻鏡》正。

15 去三影　噫　《韻鏡》列意。

箋：王一、王二、王三、《廣韻》志韻並有意小韻，於記反。該小韻内無噫字。《集韻》意小韻亦於記切，下有噫字。

按：本書列噫或是據《集韻》。

16 去四精 子 《韻鏡》（理）〇，（延）列咨，（天）列涉，其他各本並作恣。

箋：子字去聲一讀，僅見於《集韻》，將吏切。本書所列即是據《集韻》此音。恣字王一、王二、王三、《廣韻》、《集韻》並在至韻（王三以姿爲小韻首字），資四反。

按：本書列字是。《韻鏡》列恣非是，原書此位當無字，（理）蓋其舊式也，後人乃誤增。

17 韻目 平聲之、上聲止、去聲志皆誤列於一等，當改入三等。

內轉第九

	幫	滂	並	明	端	透	定	泥	見	溪	群	疑
					知	徹	澄	孃				
	羽				徵				角			
平												
									饑		祈	沂
上												
									蟣	豈		顗
去												
									旣	氣	䤈	毅
												刈
入												

重中重內輕

	精照	清穿	從床	心審	邪禪	影	曉	匣	喻	來	日
	商					宮				半徵	半商
徵											
						衣	希				
尾											
						扆	豨				
未											
						衣	稀				
廢											

通志七音略之一　五

内轉第九　重中重内輕

1 平三影　衣　《韻鏡》列依。

箋：切二、切三、王一、王三微韻並有依小韻，於機反；《廣韻》於希切。《集韻》音同《廣韻》，而以衣爲小韻首字。

按：本書列衣合於《集韻》。

2 上三曉　豨　《韻鏡》作狶（應永本作豨，六地藏寺本作豨）。

箋：切三、德、王一、王三尾韻有狶小韻，希豈反。王二虛豈反。諸書該小韻無豨（豨）字。《廣韻》則作豨，虛豈切。注：『亦作狶。』《集韻》乃以豨狶同字，許豈切。

按：本書作豨乃豨字之訛。《韻鏡》原書當作狶，作豨乃後人據《集韻》而改，作豨則字又轉訛也。

3 去四影　衣　《韻鏡》嘉吉本、寶生寺本、永祿本、（延）、（佐）、（國）〇，其他各本列於三等。

箋：王一、王二、王三、《唐韻》、《廣韻》、《集韻》未韻並有衣小韻，於既反。

按：微韻系無重紐，本書平、上聲影紐字皆列三等，去聲衣字列四等誤。

4 去四曉　稀　《韻鏡》此位〇而列欷於三等。

箋：王一、王二、王三、《唐韻》、《廣韻》、《集韻》未韻並有欷小韻，許既反。各書未韻皆無稀字。《韻鏡》列欷於三等是也。

按：本書字既訛爲稀，又誤列四等，當據《韻鏡》正。

5 韻目　平聲微、上聲尾、去聲未皆誤列一等，當列於三等。

6 韻目　入聲（寄）廢列於一等誤。

箋：本書廢韻字皆列在第十六轉（本書廢韻不列開口字，故第十五轉惟有韻目），而本轉尚存廢韻韻目者，古韻圖廢韻本是寄在微韻入聲位，《韻鏡》廢韻寄在第九、十兩轉即是也。

按：本書或是鄭樵之輩因後世併轉爲攝之法改列廢韻於第十六轉，則廢韻入於蟹攝，此雖合於音理，然終是後人所爲，《韻鏡》乃存古韻圖之舊式也。又本書廢韻字既由止攝改入蟹攝，則本轉及第十轉廢韻韻目當删。

內轉第十

	幫	滂	並	明	端	透	定	泥	見	溪	群	疑
					知	徹	澄	孃				
	羽				徵				角			
平	非	霏	肥	微					歸	巋		巍
上	匪	斐	膹	尾					鬼			
去	沸	費	䨽	未					貴	槩		魏
入												

通志二十五音略卷三十六　十六

商					宮				半徵	半商	輕中輕內輕
精	清	從	心	邪	影	曉	匣	喻	來	日	
照	穿	牀	審	禪							
											微
					威	暉		韋			
											尾
					磈	虺		韙			
											未
					尉	諱		胃			
											廢

内轉第十　輕中輕内輕

1 平三敷　霏　《韻鏡》(延)、(理)同，其他各本作菲。

箋：切二、切三、王二、王三微韻有霏小韻，芳非反；小韻内無菲字。《廣韻》《集韻》霏小韻音同，下收有菲字。

按：本書列霏是，《韻鏡》作菲者殆亦後人據校讀者所施之同音字誤改。

2 平三溪　蘬　《韻鏡》嘉吉本、寶生寺本、(延)、(佐)、(仙)、(國)、(理)、(享)同，應永本、六地藏寺本、永禄本、北大本作巋。

箋：切二、切三、王二、王三、《廣韻》微韻有蘬小韻，丘韋反；小韻内並無巋字。《集韻》有巋，在蘬小韻末，區韋切。

按：本書列蘬是也，《韻鏡》列巋者當是蘬字之誤。

3 平三群　空格　《韻鏡》列頎。

箋：切二、切三、王二、王三、《廣韻》、《集韻》微韻有祈小韻，渠希反；内載頎字。按：本書及《韻鏡》已列祈字於第九轉，是也。《韻鏡》不當再列頎字於本轉。《集韻》微韻合口群紐有頎小韻，琴威切。《韻鏡》所列，當是後人據此增補而轉訛。

4 平三曉　暉　《韻鏡》永禄本、(佐)作暉，其他各本亦作暉。

箋：暉字切三在微韻輝小韻，許歸反；S. 2055、王一、王三輝音並同，其下皆注云：『亦作煇、暉。』別無暉字。《廣韻》暉音同，在揮小韻。《集韻》乃以暉爲小韻首字，吁韋切。

按：本書列暉合於《集韻》，《韻鏡》作暉者乃是誤字。

5 上三奉　膹　其他各本作膹。《韻鏡》寶生寺本作曊，(佐)作曊，(仙)作厞而有校曰「膹亻」，其他版本作膹。

箋：切三、王一、王二、王三、《廣韻》尾韻有膹小韻，浮鬼反；《集韻》父尾切。

按：本書及《韻鏡》作膹者是，其餘並是誤字。

6 上三曉　⿰尢虫　《韻鏡》嘉吉本、應永本同，其他各本作虺。

箋：切三、王一、王二、王三、《廣韻》尾韻有虺小韻，許偉反；《集韻》亦作虺，在虫小韻，詡鬼切。

按：本書及《韻鏡》作⿰尢虫者乃是字之誤，當正作虺。

7 去三奉　扉　《韻鏡》(理)列⿱非鬲，嘉吉本列屝，永禄本、北大本、寬永五年本、(延)、(仙)、(天)、(正)、(國)、(享)作痱，(天)作吠而注『痱亻』，其他各本作屝。

箋：王一、王二、王三、《廣韻》未韻有⿱非鬲小韻(王一、王三字訛爲鬻，王二訛爲⿱非禸)，扶沸反，內有屝、厞而無扉。《集韻》乃以屝爲小韻字，父沸切。諸書此字既訓『履也』，則其字不得從户。

按：本書所列，當是據《集韻》之扉字而轉訛。《韻鏡》諸本參差，頗疑（理）乃存其舊式，其他各本則爲後人所改也。

8 去三群　空格　《韻鏡》列轒。

箋：《廣韻》及以前韻書未韻合口無群紐。《集韻》乃於未韻末增窘小韻，巨畏切；該小韻有轒字。

按：本書此位無字合於《廣韻》等，《韻鏡》則當是後人據《集韻》而增。

9 去三影　慰　《韻鏡》嘉吉本、應永本、寶生寺本、六地藏寺本等同，永禄本、北大本、寬永五年本、（延）、（正）、（理）、（享）作尉。

箋：王一、王三未韻以慰爲小韻字，於謂反；王二同，於胃反。《廣韻》則以尉爲小韻字，於胃切。《集韻》同《廣韻》，紆胃切。

按：本書及《韻鏡》此位列慰合於唐五代韻書，列尉者是後人據《廣韻》《集韻》改。

10 去三喻　胃　《韻鏡》同。

箋：王一、王三未韻以謂爲小韻首字，云貴反。王二音同，而以胃爲小韻首字。《廣韻》《集韻》同王二，于貴切。

按：本書及《韻鏡》合於王二等。

11 韻目　平聲微、上聲尾、去聲未皆誤列一等，當列於三等。

12 韻目　入聲（寄）廢列於一等已誤，而本書廢韻字既改入第十六轉，是本轉廢韻韻目當删。參第九轉第6條。

内轉第十一	幫	滂	並	明	端 知	透 徹	定 澄	泥 孃	見	溪	群	疑
	羽				徵				角			
平					猪	攄	除	袽	居	墟	渠	魚
上					貯	楮	佇	女	舉	去	拒	語
去					著	絮	箸	女	據	去	遽	御
入												

一百三十六

通志三十六

十二

精照	清穿	從床	心審	邪禪	影	曉	匣	喻	來	日	
商					宮				半徵	半商	
											魚
菹	初	鋤	蔬								
諸			書	蜍	於	虛			臚	如	
苴	疽		胥	徐				余			
											語
阻	楚	齟	所								
鬻	杵	紓	暑	墅	扵	許			呂	汝	
苴	䏣	咀	諝	敘				與			
											御
詛	楚	助	䟽								
翥	處		恕	署	飫	嘘			慮	洳	
怚	覷		絮	屐				豫			

重中重

内轉第十一　重中重

1 平二照　葅　其他各本作葅。《韻鏡》寬永五年本、寬永十八年本、北大本、(正)、(文)、(享)作菹，應永本、寶生寺本、永禄本作葅，嘉吉本等作葅。

箋：切二、切三、王三魚韻並有葅小韻，側魚反。切二注云：『《説文》作此菹。』《廣韻》音同，字依《説文》作菹，注曰：『亦作葅。』《集韻》則以菹、葅等同列於小韻首，臻魚切。

按：本書及《韻鏡》作葅者，乃是葅字之俗訛。

2 平二牀　鉏　《韻鏡》列鉏，(理)列鉏於三等位。

箋：切二、切三魚韻有鋤小韻，助魚反。小韻内别無鉏字。切二鋤下注云：『《説文》作此鉏。』王一、王三鋤小韻音同，内收鉏字。刊同王韻，音士魚反。《廣韻》則以鉏爲小韻首字，而收鋤字於小韻内，士魚切。《集韻》鉏、鋤、助三字同列於小韻首，牀餘切。

按：本書列鋤合於唐五代韻書，《韻鏡》列鉏則與《廣韻》《集韻》合，(理)列於三等則誤。

3 平二審　蔬　其他各本作蔬。《韻鏡》嘉吉本、寶生寺本、六地藏寺本、(佐)作蔬，(理)作疏，(天)作蔬，永禄本、北大本、寬永五年本作蹝，應永本亦作蹝而其字右下注云『蔬イ』。

箋：切二、切三、刊、王三魚韻並以蹝爲小韻首字，色魚反。各書該小韻中蔬字皆作蔬。《廣韻》則以疏爲小韻字，内有踈、蔬等字，所葅切。《集韻》以蔬爲小韻字，山於切。

按：本書所列合於《集韻》，《韻鏡》作踈者與唐五代韻書同，作蔬或是踈字之誤，作蔬當是據《集韻》而改，作疏又轉誤矣。

4 平三知　猪　《韻鏡》嘉吉本、應永本、寶生寺本、六地藏寺本同，永禄本、北大本、寛永五年本、（正）、（天八）、（享）、（理）作豬。

箋：切三、王一、王三魚韻並有猪小韻，陟魚反。王一、王三注云：『正作豬。』切二、刊、《廣韻》即作豬，音同（刊子注及反切殘壞）。《集韻》豬猪並列小韻首，張如切。

按：本書及《韻鏡》作猪者，當是從俗。

5 平三澄　除　其他各本作除。《韻鏡》作除。

箋：除字切二、切三、刊、《廣韻》魚韻直魚反，《集韻》陳如切。

按：至治本誤脱一筆，當正。

6 平三娘　袽　《韻鏡》應永本作袽，六地藏寺本作秵，其他各本作袽。

箋：切二、切三、刊、王三、《廣韻》魚韻並有袽小韻，女餘反；《集韻》同，女居切。各書字皆從衣，且注云：『《易》曰，繻有衣袽。』

按：本書此字當從衣作袽。

7 平三喻　空格　《韻鏡》（和）、（國）〇，其他各本列余。

箋：余字切二與魚反，切三、王一、王三与魚反，《廣韻》以諸切，《集韻》羊諸切。

按：本書『余』字列於四等，是也。《韻鏡》列於三等者皆誤矣。

8 平三曉　虛　《韻鏡》寶生寺本、六地藏寺本同，其他各本作虗。

箋：切二、切三魚韻有虛小韻，許魚反。《廣韻》朽居切。王三音同《切韻》，字亦作虗（據王一似當作虗），注云：『亦作虗（當是虗之誤），通。俗作虗。』王一則作虗，音同。注云：『又作虛（亦當爲虛），通。俗作虗。』

按：此字《説文》在丘部，正當作虛，古作虗，通作虛。本書列虛字是。

9 上三徹　楮　大中堂本、仿明本、于氏刊本作褚，其他作褚。《韻鏡》嘉吉本、寬永十八年本、北大本、寬永五年本、（仙）、（理）、（享）作楮，六地藏寺本作褚，其他各本作褚。

箋：切三、王一、王二、王三、《廣韻》、《集韻》語韻皆有楮小韻，丑呂反，訓爲『木名』（《集韻》引《説文》『穀也』，亦是木名）。是該小韻諸書雖有褚字，然此位當以列楮爲正。

按：本書作褚、作褚者，皆因至治本省去木旁一點作楮而臆改也。《韻鏡》各本多作楮，是也。當據正。

10 上三群　拒　《韻鏡》作巨。

箋：切三、刊（P. 5531）、王二、王三、《廣韻》語韻並有巨小韻，其吕反；王一巨吕反。《集韻》臼吕切。

11 按：各書拒字皆在巨小韻內，是當以《韻鏡》列巨爲長。

上三照　譵　《韻鏡》嘉吉本、寶生寺本、應永本、六地藏寺本同，永禄本、北大本、寬永五年本、（延）、（文）、（仙）、（天）、（元）、（正）、（國）、（理）、（享）並作譵。

箋：切三、王一、王二、王三語韻並有煑小韻，諸與反。刊（P. 5531）亦作煑，之与反。王一注曰：『或作譵。』刊、王二注『亦譵』，則譵已誤爲譵矣。《廣韻》則以譵爲小韻首字，章与切。《集韻》譵煑並列小韻之首，掌與切。

按：本書及《韻鏡》作譵者合於《廣韻》，作譵乃是譵之形訛。

12 上三禪　墅　《韻鏡》寶生寺本、應永本同，其他各本並作野。

箋：王一、王三語韻有墅小韻，暑与反；刊（P. 5531）、王二時与反。切三該小韻作野，署與反，其下注曰：『俗作改土。』《廣韻》乃別爲野、墅二字，而以野爲小韻字，承與切。《集韻》則墅、野並列小韻之首，上與切。

按：本書列墅合於王韻、《廣韻》，《韻鏡》列野者合於切三，寶生寺本、應永本列墅者，當是後人所改。

13 上三影　𢬵　《韻鏡》（天）同，（延）〇，其他各本並作𢬵。

箋：切三、王一、王二、王三、《廣韻》語韻並有𢬵小韻，於許反，字皆訓爲『擊』；《集韻》亦作𢬵，歐許切。注云：『《廣雅》拍擊也。』

按：此字當從手作扵，作棜乃是形訛。

14 上四清　䀝　《韻鏡》（延）列杵，（仙）列瞍，六地藏寺本、永禄本列䀝，其他各本作䀝。

箋：切三、王一、王二語韻並有䀝小韻，七与反；王三七且反；《廣韻》七與切。《集韻》此與切。按此字從皮且聲，正當作䀝。作䀝則從目皮聲，不得列於此位。

按：本書及《韻鏡》作䀝者皆是䀝字之誤，《韻鏡》（仙）作瞍亦䀝字之誤，（延）列杵者，乃誤將二等位之楚、三等位之杵下移一格而脱去䀝字也。

15 去二穿　楚　《韻鏡》（理）同，其他各本並作儊。

箋：王一、王三禦韻有楚小韻，初據反；小韻内無儊字。《廣韻》楚，瘡據切；下有儊字。《集韻》則以憷爲小韻字，創據切；内有儊、楚字。

按：本書所列合於王韻、《廣韻》，《韻鏡》作儊者當是因楚有上聲一音且列於彼位，故改列儊字以區别之也。然頗疑此乃後人所爲，而非原書之舊，（理）即列楚，是其證也。

16 去四清　覻　其他各本作覷。《韻鏡》嘉吉本、永禄本、北大本、寬永五年本亦作覷，應永本、寶生寺本等則作覷。

箋：王一禦韻有覷小韻，反語壞缺。王二、王三、《唐韻》、《廣韻》字同，七慮反。《集韻》音同，字作覷。按《説文》見部有覰字，從見，虘聲。

按：作覻、作覷皆是誤字，當據《説文》正作覰。

17 去四從　空格　《韻鏡》六地藏寺本、北大本、寬永五年本、（正）、（享）列𡡓，其他各本〇。

箋：各韻書禦韻無從紐，《集韻》禦韻𡡓字兩音，一在怚小韻，將豫切，精紐；一在覻小韻，七慮切，清紐。

按：本書不列此字，是也。《韻鏡》列𡡓之本，當是後人據《集韻》增而誤列於此位矣。

18 去四邪　屐　《韻鏡》作屐若屐。

箋：屐是陌（格）韻群紐字，切三、王二、王三、《唐韻》、《廣韻》並在劇小韻，奇逆切。《集韻》竭戟切。不當列於此位。唐五代韻書禦韻無邪紐，《廣韻》乃於韻末增屐小韻，徐預切。《集韻》禦韻邪紐唯有一𡚸字。

按：本書當是據《廣韻》屐字而轉訛。

19 韻目　平聲魚、上聲語、去聲禦皆誤列於一等，當改入三等。

内轉第十一

	羽				徵				角			
	幫	滂	並	明	端	透	定	泥	見	溪	群	疑
					知	徹	澄	孃				
平	逋	鋪	蒲	模	都	稌	徒	奴	孤	枯		吾
	膚	敷	扶	無	株	貙	廚		拘	區	劬	虞
上	補	普	簿	姥	覩	土	杜	弩	古	苦		五
	甫	撫	父	武	拄		柱		矩	齲	窶	俁
去	布	怖	捕	暮	妒	菟	渡	笯	顧	絝		誤
	付	赴	附	務	駐	閏	住		屨	驅	懼	遇
入												

商					宮				徵	半商	輕中輕
精照	清穿	從床	心審	邪禪	影	曉	匣	喻	來	日	
祖	麁	徂	蘇		烏	呼	胡		盧		模
㑳	芻	雛	毹								虞
朱	樞		輸	殊	紆	訏		于	慺	儒	
諏	趨		須					俞			
祖	蔖	粗				虎	户	塢	魯		姥
											麌
主		[illegible]	數	豎	詡			羽	縷		
	取	聚	䫏								
作	厝	祚	訴			謼	護		路		暮
趨	蔌		梀								遇
注	敢		戍	樹	嫗	煦		芋	屢	孺	
緅	娶	埾	尠					裕			

内轉第十二　輕中輕

1 平一心　蘇　《韻鏡》嘉吉本、六地藏寺本、寬永五年本作蘓，其他各本亦作蘇。

箋：切三模韻有蘇小韻，思言反（當作思吾反）；王一息吾反，《廣韻》素姑切，《集韻》孫租切，字並同切三。王三乃作蘓，音同王一。

按：蘇、蘓乃一字二形，本書作蘇合於切三等，《韻鏡》作蘓者則與王三合。

2 平三奉　扶　《韻鏡》（理）同，（文）作苻，其他各本並作符。

箋：《廣韻》及以前韻書虞韻並以扶爲小韻字，切三、王三附夫反，王一訛爲坿失反。《廣韻》防無切，《集韻》馮無切。各書符字皆在扶小韻。

按：本書列扶字是，《韻鏡》列苻若符甚無據，當依（理）列扶。

3 平四喻　俞　《韻鏡》列逾。

箋：《廣韻》及以前韻書虞韻皆以逾爲小韻首字，羊朱反（切三朱訛宋）。《集韻》乃以俞爲小韻字，容朱切。

按：本書列俞合於《集韻》，《韻鏡》則與其他韻書相合。

4 上一幫　補　他本作補。《韻鏡》作補。

箋：切三、王二、王三、《廣韻》㚢韻有補小韻，博古反。《集韻》彼五切。

按：此字當從他本及《韻鏡》作補。

5 上一泥　砮　《韻鏡》北大本、寬永五年本、(正)、(天八)、(享)作怒，其他各本並作努。

箋：切三、王二、王三、《廣韻》㚢韻並有怒小韻，奴古反。《集韻》暖五切。切三該小韻有砮無努，其他韻書有。

按：本書所列與各韻書未合，《韻鏡》作怒者長，作努亦恐後人因怒有去聲一讀而改也。

6 上一影　空格　《韻鏡》列隖。本

按：本書誤列塢字於喻紐位，《韻鏡》不誤。參下條。

7 上一喻　塢　《韻鏡》列隖於影紐位。

箋：切三、王一、王二、王三、㚢韻有塢小韻，烏古反。諸書該小韻皆收隖字。《廣韻》塢在隖小韻，注云『上同』，安古切。《集韻》隖、塢同字，於五切。

按：據音塢當列在影紐位，本書誤。

8 上二牀　空格　《韻鏡》列䅊。

按：䅊字當列於此，本書誤入三等。參第 11 條。

9 上二審　空格　《韻鏡》列數。

按：此位當有數，本書乃誤列於三等。參第 12 條。

10 上三疑　俣　《韻鏡》列麌。

箋：麌是韻目字，切三虞巨反，王二、王三、《廣韻》虞矩反（王一誤爲虞知反）；《集韻》噳、麌同字，五矩切。

按：本書列俣字無誤，但本書韻目爲麌，此位作俣字，疑爲後人所改。

11 上三牀　猭《韻鏡》〇。

箋：考各韻書、字書均無此字。王一麌韻有猭小韻，仕禹反。《廣韻》雛禹切，《集韻》撰禹切。王二仕雨反，字作猭，當是俗省。《韻鏡》猭字列於二等牀紐位，是也。

按：本書字既俗訛，又誤列於三等位，當依《韻鏡》正。

12 上三審　數　《韻鏡》〇。

箋：切三、王二、王三、《廣韻》麌韻有數小韻，所矩反（王一有數字，不存反語）。《集韻》爽主切。

按：論音當列於二等位，《韻鏡》不誤，當據正。

13 上三禪　豎　聚珍本同，其他各本作竪。《韻鏡》永禄本、寬永十八年本、北大本、寬永五年本作豎，其他各本作竪。

箋：切三此字作豎，殊主反；《廣韻》臣庾切。《集韻》上主切。王一、王二、王三字則作竪，殊主反。按《說文》臤部曰：『豎，堅立也。從臤，豆聲。』《集韻》豎字注云：『俗作竪，非是。』是此字正作豎，竪乃俗字也。《韻鏡》各本豎、竪互作，亦有從正從俗之異也。

按：本書列正體，是。

14 上三影　詡　《韻鏡》列傴。

箋：詡是曉紐字，王一、王二、王三、《廣韻》況羽反；《集韻》火羽切。

按：本書曉紐無字，而將詡字誤列於影紐，非也。《韻鏡》所列之傴，切三、王二、《廣韻》於武反；《集韻》委羽切。《韻鏡》不誤，是當依《韻鏡》列傴於此位而改列詡字於曉紐位。

15 上三曉　空格　《韻鏡》列詡。

按：本書此字誤入影紐。參見上條。

16 上三日　空格　《韻鏡》列乳。

箋：切三、王一、王二、王三、《廣韻》麌韻並有乳小韻，而主反；《集韻》繠主切。

按：《韻鏡》所列是也，本書蓋誤脱，當據補。

17 上四喻　空格　《韻鏡》列庾（嘉吉本誤爲庚）。

箋：切三、王一、王二、王三、《廣韻》麌韻有庾小韻，以主反；《集韻》勇主切。論音正在此位。

按：本書蓋脱，當據《韻鏡》補。

18 去一端　妒　《韻鏡》嘉吉本、應永本同；寶生寺本、六地藏寺本、永禄本、寬永十八年本、北大本、寬永五年本、(延)、(佐)、(文)、(仙)、(天)、(元)、(正)、(國)、(亨)皆作姡。

箋：《唐韻》、《廣韻》暮韻有妒小韻，當故反。《唐韻》注云：『亦作妬。』王二、王三音同，字則作妬。王二注云：『按《説文》婦妬夫，從女户。俗從石，通。』王三注『亦妒』。《集韻》妒、妬並列小韻首，注亦云：『或作妬。』都故切。

按：本書作妒正，《韻鏡》作妬者乃是俗字也。

19 去一溪　絝　《韻鏡》嘉吉本、寶生寺本、(大)、(佐)、(天)、(國)諸本同，應永本、六地藏寺本、永禄本、寬永十八年本、北大本、寬永五年本等字作袴。

箋：王二、王三、《唐韻》暮韻此字作袴，苦故反。注中皆謂又作絝。《廣韻》音同，而以絝爲小韻字，下載袴字，注『上同』。《集韻》絝、袴皆在庫小韻，亦苦故切。

按：《説文》糸部有絝字，本書所作是正字，《韻鏡》作袴者乃用或體也。

20 去一精　作　《韻鏡》嘉吉本、(和)、(元)、(理)同，其他各本並作做。

箋：唐五代韻書暮韻無此小韻。《廣韻》於韻末增作字，臧祚切。《集韻》亦有作小韻，宗祚切。做是作之俗字，《集韻》作下注云：『俗作做，非是。』

按：本書列正體，是。

21 去一清　厝　《韻鏡》永禄本作唐，(仙)誤爲屠，其他各本亦作厝。

箋：王二、王三、《廣韻》暮韻並有厝小韻，倉故反；《集韻》音同，而以措、厝並列小韻之首。

按：本書作㫥正，㫥其俗字也。

22 去一影　空格　《韻鏡》列汙。

箋：王二、王三、《唐韻》、《廣韻》、《集韻》暮韻並有汙小韻，烏故反。

按：本書不列，蓋係誤脱。當依《韻鏡》補。

23 去二照　趨　《韻鏡》〇。

箋：各韻書趨字無此音。王一、王二、王三、《唐韻》、《廣韻》遇韻娶小韻有趣字，七句反。經典趣、趨二字互通。《禮記·月令》『趣民』《釋文》云：『七住反。本又作趨。』《詩經·大雅·棫樸》『趣之』《釋文》云：『七喻反。趨也。』《莊子·大宗師》『其聲而趨』《釋文》云：『七住反。』《禮記·玉藻》『趨』《釋文》『七須反。本又作趣。』是《集韻》乃收趨字於遇韻娶小韻，逡遇切。

按：依韻書趨字與娶字同音，本書娶字既列於四等清紐位，則本位列趨大誤矣。《韻鏡》此位無字，是也。當據刪。

24 去二審　捒　《韻鏡》作捒。

箋：王一、王三、《唐韻》、《廣韻》遇韻並有捒小韻，色句反。王二音同，在數小韻。《集韻》同，雙遇切。

按：各書捒字訓『裝捒』（《集韻》『裝持也』），正當從手作捒。本書從木訛。

25 去三微　務　《韻鏡》應永本、永禄本、北大本作務，其他各本亦作務。

箋：王一、王三此字正作務，武遇反；王二音同，字作務。《廣韻》亦作務，亡遇切。《唐韻》音同，字誤爲務。《集韻》務字音同，在敄小韻。

按：本書列字爲正體。是知《韻鏡》作務者，乃是俗寫也。

26 去三徹　閚　《韻鏡》（延）作閚，其他各本作閚。

箋：唐五代韻書遇韻無此字。《廣韻》《集韻》遇韻有閚小韻，丑注切。

按：本書當據《廣韻》《集韻》而轉訛。《韻鏡》（延）作閚小訛，其他各本誤與本書同。

27 去三見　屨　《韻鏡》嘉吉本、永禄本、北大本、寬永五年本、（延）、（仙）、（天）、（元）、（正）、（享）○，寶生寺本、（佐）、（文）於○中補入屨字，六地藏寺本此位○而於地脚出屨字，應永本則有屨字。

箋：王二、王三遇韻有屨小韻，俱遇反；《集韻》同。《唐韻》《廣韻》九遇反。

按：此位依韻書當列屨字，本書所列是也。

28 去三穿　玫　《韻鏡》○。

箋：《廣韻》及以前韻書遇韻無此音。《集韻》始收玫小韻，昌句切。

按：本書所列，當是本諸《集韻》。

29 去三曉　煦　《韻鏡》（延）、（文）同，（仙）誤爲句，其他各本並作呴。

箋：王一、王三、《唐韻》遇韻有煦小韻，香句反；　小韻内無昫、眗等字。《唐韻》注云：『《説文》無火。』王二煦小韻音同，下收眗字。　《廣韻》音同，而以眗爲小韻首字，煦字注云：『上同。』《集韻》則以煦爲小韻字，吁句切。

按：本書所列合於王韻、《唐韻》等，《韻鏡》作句者當是脱去日旁，作昫者則當是從《説文》、《廣韻》之眗而轉訛也。

30 去四從　埾　《韻鏡》嘉吉本、六地藏寺本、（天）、（仙）、（國）同，永禄本、北大本、寬永五年本、（享）作聚，（元）誤爲堅，（延）〇，其他各本作堅。

箋：王一、王二、《唐韻》、《廣韻》遇韻並有堅小韻，才句反。　下載聚字。　王三字作埾，音同。《集韻》堅、埾並列小韻首，從遇切。

按：本書所列合於王三，《韻鏡》作堅者合於其他韻書，作聚者恐是脱去埾下之土也。

31 去四喻　裕　《韻鏡》北大本作裕，其他各本亦誤爲裕。

箋：此字當作裕，王一、王二、王三遇韻羊孺反，《唐韻》《廣韻》羊戍反，《集韻》俞戍切。

按：本書當改爲裕字。

32 韻目　平聲虞、上聲麌、去聲遇皆誤列於二等，當列於三等。

內轉第十三

	幫	滂	並	明	端/知	透/徹	定/澄	泥/孃	見	溪	群	疑
	羽				徵				角			
平		娝	脴		𪒠	胎	臺	能	該	開		皚
	頍	嶏	排	埋	𪘮	搋		搱	皆	揩		
	篦	磇	鼙	迷	氐	梯	題	泥	鷄	谿		倪
上		啡	倍	穤	等	嗿	駘	乃	改	愷		
										楷		騃
	䫌	頩	陛	米	邸	體	弟	禰		啓		
去				穤	戴	貸	代	耐	漑	溉		礙
								褹	誡	烗		睚
									猘	憩		劓
	閉	媲	薜	謎	帝	替	第	泥	計	契		詣
入												
						蠆	[illegible]		犗			

弓二十五

通志三十七七音略二 二

十九

精照	清穿	從床	心審	邪禪	影	曉	匣	喻	來	日	
商					宮				半徵	半商	
哉	猜	裁	鰓		哀	咍	孩		來	耑	咍
齋	差	豺	崽		挨		諧		唻		皆
	[illegible]										
齎	妻	齊	西	移	鷖	醯	兮		黎	臡	齊
宰	采	在	諰		欸	海	亥	佁	釢	疓	海
	茝				挨	駭			攋		駭
倪											薺
濟	泚	薺	洗		吁	傒			禮		
載	菜	在	賽		愛	儗	瀣		賚		代
瘵	瘥	[illegible]	鎩		噫	譮	械				怪
制	掣		世	逝	緆	慧			例		祭
霽	砌	嚌	細		翳	[illegible]	蒵		麗		霽
	碎	寨	[illegible]		喝	講	[illegible]				夬

重中重

内轉第十三　重中重

1 標目　内轉　《韻鏡》作外轉。

箋：本書此轉與第十四、十五、十六四轉，同爲後世十六攝中蟹攝。後世同攝者，早期韻圖所屬内外相同，本書第十四、十五、十六既爲外轉，本轉亦當同例。

按：是此作『内轉』誤，當從《韻鏡》作『外轉』。

2 平一滂　姷　《韻鏡》寬永五年本同，(元)誤爲婎，(理)誤爲碨，其他各本並作婎。

箋：唐五代韻書咍韻無滂紐，《廣韻》有姷，普才切；《集韻》鋪來切。

按：本書作姷是，婎當是俗體。

3 平一並　腤　《韻鏡》作焙。

箋：王三、《廣韻》咍韻有焙小韻，扶來反。《集韻》蒲來切。

按：本書作腤誤，當據正。

4 平一端　鑒　《韻鏡》應永本同，嘉吉本、寶生寺本、六地藏寺本、永禄本、北大本、寬永五年本等並作鑒。

箋：切三、王一咍韻無端紐小韻，王一黗字注曰：『黗鑒，大黑。』是知王一脱鑒小韻。王三、

《廣韻》則有䵺小韻，丁來反；《集韻》當來切。注並云：『大黑。』

按：本書作䵺乃因脱去左畔黑下四點而誤，當依《韻鏡》作䵺。

5 平一日　耑　浙江局本、石印本作耑。《韻鏡》〇。

箋：《廣韻》及以前韻書咍韻無日紐，《集韻》乃於韻末增耑小韻，汝來切。依切當列三等位。

按：本書此字當是據《集韻》耑字而轉訛，且又誤列於一等。此字殆爲鄭樵所增，《韻鏡》不列合於其他韻書。

6 平二幫　碩　《韻鏡》〇。

箋：王三、《廣韻》此字在皆韻排小韻，步皆反。王三注云：『曲頤。又蒲來反。』刊(P. 2015)排小韻所注字數爲『五』，而第五字下收碩字，注曰：『曲入蒲頭來反。一。』此注文中『頤』誤爲『頭』，『又』誤爲『入』，且與蒲字誤倒，非二書注文有異也。又該字注中之『一』，當是從咍韻抄入時未删，且又未將該小韻之字數改爲『六』矣。按唐五代韻書及《廣韻》皆韻無幫紐，《集韻》碩小韻蘗皆切，幫紐。注云：『大面貌。』則與他書之碩當別是一字。

按：本書所列當即據《集韻》，《韻鏡》無字則合於其他韻書。

7 平二滂　嶏　《韻鏡》〇。

箋：《廣韻》及以前韻書皆韻無此字。《集韻》嶏，匹埋切。

按：本書當是據《集韻》列入。

8 平二疑　空格　《韻鏡》列霠。

箋：唐五代韻書皆韻無疑紐。《廣韻》有霠小韻，擬皆切；《集韻》宜皆切。

按：本書不列此字，合於唐五代韻書。《韻鏡》則合於《廣韻》《集韻》。

9 平二牀　豺　《韻鏡》嘉吉本、寶生寺本、北大本同，應永本、六地藏寺本作狘，永禄本作犲，寬永五年本作䝒。

箋：切三、刊、《廣韻》豺字士皆反；王三士諧反。《集韻》牀皆切。

按：此字正當作豺，本書所作不誤，《韻鏡》作豺若狘、䝒者或俗或誤也。

10 平二曉　空格　《韻鏡》寶生寺本、（佐）〇，嘉吉本、六地藏寺本、永禄本、北大本列徆，（元）作絺，其他各本作狶。

箋：《廣韻》皆韻有徆小韻，喜皆切，注曰：『訟也。』王三作俙，呼皆反。注亦爲『訟』。《集韻》字同王三，休皆切。

《說文》人部：『俙，訟面相是也。從人，希聲。』《玉篇》此字亦作俙。是《廣韻》之徆即俙字之誤，《韻鏡》先誤爲徆，又轉誤爲狶若絺矣。

按：本書不列，或係誤脱。

11 平三禪　空格　《韻鏡》（仙）於〇中列移，（文）列栘，其他各本〇。

箋：切三齊韻有栘小韻，成栖反。刊、王三成西反。《廣韻》《集韻》成臡切。
魏鶴山《吴彩鸞唐韻後序》云：『是書號《唐韻》，與今所謂《韻略》皆後人不知而作者也。……此書別出移（「移」字誤，當作「栘」）、臡二字爲一部，注云：陸與齊同，今別。然則今韻從陸本，疑此本爲是。』又唐武玄之《韻詮》五十韻頭有栘韻，成栖反。排在齊、皆之後，是栘韻本不與齊韻同，韻書蓋以字少而寄於齊韻者也，則與東韻上聲字寄於董韻相類矣。

按：栘字依切正當列於本位，然則本書此字既訛爲移，又誤列於四等邪紐位矣。《韻鏡》唯（文）合於韻書，其他亦誤也。參第13條。

12 平四滂　磇　《韻鏡》六地藏寺本作朼，其他各本作批。

箋：切三、王二齊韻有批小韻，普雞反。其訓曰：『擊。』該小韻無磇、朼等字。刊有朼小韻，音同，訓爲『〈署』。則與切三、王二之批別是一字，而小韻内亦無磇字。《廣韻》則有磇小韻，匹迷切。小韻内有批無朼。《集韻》亦有㩁批小韻，篇迷切。該小韻朼、磇皆有。

按：本書所列合於《廣韻》，《韻鏡》則與切三等合。

13 平四邪　移　《韻鏡》（天八）列移，（理）列栘，（仙）於三等位〇中列移，（文）於三等位列栘，其他各本〇。

箋：切三齊韻有栘小韻，成栖反。刊、王三成西反。《廣韻》《集韻》成臡切。

按：本書作移是栘字之誤，論音此字當列於三等禪紐位。參第11條。

14 平四來　黎　武英殿本同，浙江局本作黎。《韻鏡》寶生寺本、（延）、（佐）、（文）、（仙）、（天八）、（元）、（正）、（國）、（理）作黎，（天）作藜，其他各本並作梨。

箋：切三、王一齊韻並有黎小韻，落嵇反；王三落奚反；《廣韻》郎奚切；《集韻》憐題切。

按：本書所列是也，惟至治本、殿本字形小誤。梨是脂韻字，切二、切三、王二、王三並力脂反；《廣韻》音同，而以棃爲小韻首字，梨在其下，注曰：『上同。』《集韻》棃、梨並在小韻首，良脂切。《韻鏡》作梨、作藜者並誤。

15 上一幫　空格　《韻鏡》各本皆列俖。

箋：切一、切三、王二、王三、《廣韻》海韻有俖小韻，普乃反。論音當屬滂紐。本書及《韻鏡》滂紐已列啡字，啡字切三、王二、王三、《廣韻》亦在海韻，匹愷反，與俖小韻相重。韻書海韻有兩滂紐而無幫紐，甚爲可疑。《集韻》以俖併於啡小韻，普亥切；又另出一幫紐俖小韻，布亥切。則幫、滂分析劃然，不相淆亂，較前代韻書爲長。

按：本書空格是。《韻鏡》列俖於此位，或其所據韻書有幫紐之俖，抑竟是後人據《集韻》增補者歟？

16 上一並　倍　《韻鏡》（延）、（文）、（理）同，其他各本並作蓓。

箋：各韻書海韻皆以倍爲小韻首字，切一、切三、王一、王三、《廣韻》薄亥反；《集韻》簿亥切。

按：本書所列是，而《韻鏡》列蓓者與諸韻書未合，蓋後人以倍旁所施之同音字而改。

17 上一心　諰　《韻鏡》〇。

箋：《廣韻》及以前韻書海韻無心紐。《集韻》乃有諰小韻，息改切。

按：本書當是據《集韻》此音而列，《韻鏡》無字則合於其他韻書。

18 上一影　欸　《韻鏡》作欵。

箋：切三、王二、王三、《廣韻》海韻有欸小韻，於改反；《集韻》倚亥切。

本書所列欸字是早（緩）韻字，切三苦管反；王一、王三作款，苦管反，注曰：『俗作欵。』《廣韻》欵字亦收於款下，音同。注云『俗』。《集韻》款，苦緩切。注云：『俗作欵，非是。』

按：是本書所列，乃是欸字之形訛，當依《韻鏡》正。

19 上二並　空格　《韻鏡》（理）誤爲穲，北大本、寛永五年本、（享）、（仙）列罷，其他各本並作穲。

箋：切三、王三蟹韻有罷小韻，薄解反；《廣韻》薄蟹切。穲字諸書皆在罷小韻，論音此二字皆不得列於此位。

按：本書空格是。本書罷字列在第十五轉，是也。《集韻》駭韻末有穲小韻，蒲楷切。《韻鏡》所列，當是據《集韻》穲字此音而增，又有誤爲罷若穲者也。

20 上二穿　茝　《韻鏡》〇。

箋：切三、王二海韻有茝小韻，昌待反；王一、《廣韻》昌紿反；王三昌殆反；《集韻》昌亥切。

按：一等韻例不與昌（穿三）紐相拼，此係一等切三等，當列三等位。《韻鏡》所列不誤。參第26條。

21　上二影　挨　《韻鏡》應永本、（文）、（天八）同，其他各本○。

箋：切三、王二、王三、《廣韻》駭韻並有挨小韻，於駭反；《集韻》倚駭切。

按：本書此位列挨，是也。《韻鏡》本或無字，似當有脱誤。

22　上二曉　駭　《韻鏡》○。

箋：此是韻目字，切三、王三諧楷反，王二乎楷反，《廣韻》侯楷切；《集韻》下楷切。

按：《韻鏡》駭字列於匣紐位，是也。本書誤列於曉紐，當正。

23　上二匣　空格　《韻鏡》列駭。

按：此位當列駭，本書誤列於曉紐。參上條。

24　上二來　襰　其他各本作獺。《韻鏡》寬永十八年本、北大本、寬永五年本、（正）、（享）○，嘉吉本、寶生寺本、永禄本、（佐）、（文）、（仙）、（天八）、（天）、（國）、（理）作襰，其他各本作攋。

箋：各韻書、字書獺字並無駭韻一讀。《廣韻》及以前韻書駭韻亦無來紐。《集韻》始於駭韻增攋小韻，洛駭切，其字訓爲『把攋，棄』。字當從手作。《類篇》手部亦有攋字，音義同《集韻》。

按：本書所列，當是據《集韻》而轉訛。《韻鏡》原書此位當無字，後人乃據本書或《集韻》增補而字亦轉訛。

25 上三照 堄 《韻鏡》○。

箋：王三、《廣韻》、《集韻》薺韻有堄小韻，吾禮反。王二音義同，字訛爲⿰王兒。

按：本書誤，應永本《韻鏡》此字列於疑紐四等位，是也。當據正。

26 上三穿 空格 《韻鏡》茝。

箋：切三、王二海韻有茝小韻，昌待反；王一、《廣韻》昌紿反；王三昌殆反；《集韻》昌亥切。

按：本書此字誤列於二等位，當依《韻鏡》正。參第 20 條。

27 上三禪 空格 《韻鏡》列灑。

箋：《廣韻》此字在蟹韻，所蟹切。《集韻》則以曬爲小韻首字，所賣切。唐五代韻書蟹韻無此字。

按：本書此字列於第十五轉審紐二等位，是也。《韻鏡》當是後人增補時誤入本轉。

28 上四曉 傒 《韻鏡》○。

箋：王二、王三薺韻有傒無徯，胡禮反。《廣韻》音同，字作徯。王二傒字注云：『有所待望。』王三注曰：『有所望。』《廣韻》則注曰：『待也。』則傒、徯本衹一字。

《説文》人部無傒字，彳部則有『徯，待也』。《廣韻》本諸《説文》，王韻則亦徯字之形訛也。《集韻》徯、傒並列於小韻首，户禮切。《韻鏡》應永本、北大本、寬永五年本此字作傒，其他各本並作徯，而皆列於匣紐位。

按：本書列徯合於《集韻》而誤入曉紐，當據《韻鏡》乙正。參下條。

29 上四匣　空格　《韻鏡》應永本、北大本、寬永五年本列傒，其他各本列徯。

按：傒是匣紐字，本書誤列於曉紐，當乙正。參上條。

30 去一滂　空格　《韻鏡》永禄本、北大本、(佐)、(福)、(國)作怖，應永本作怖，嘉吉本誤爲悕，(仙)、(天八)、(元)、(正)、(理)、(享)、寬永五年本誤爲怖，(延)、(文)誤爲恀，(天)誤爲悕。

箋：《廣韻》及以前韻書代韻無滂紐。《集韻》代韻末乃有怖小韻，匹代切。《韻鏡》所列當即據此而增。其作怖者，怖字之異形。作悕、作悕、作怖若恀者，則皆怖字之誤也。

按：本書空格是。

31 去一溪　溉　《韻鏡》作慨。

箋：溉是見紐字，且無溪紐一讀。王二、王三代韻古礙反，《唐韻》《廣韻》古代反；《集韻》居代切。

按：是本書作溉誤也。慨字王二、王三苦愛反，《唐韻》《廣韻》苦摡反；《集韻》口溉切。《韻鏡》列慨是矣。

32 去一群　空格　《韻鏡》列隑。

箋：《廣韻》及以前韻書代韻無群紐，《集韻》代韻末乃有隑小韻，巨代切（述古堂影宋抄本巨誤爲臣，今依宋刻本、楝亭本及《類篇》）。

按：本書空格是，《韻鏡》所列當是後人據《集韻》增。

33 去二幫　空格　《韻鏡》寶生寺本、六地藏寺本、（佐）、（元）、（正）〇而列拜於三等位，其他各本列拜。

箋：拜字P. 3696（背面）、王一、王二、王三、《唐韻》、《廣韻》怪韻並博怪反；《集韻》布怪切。本書列於第十四轉，是也。

按：本書空格是，《韻鏡》第十四轉亦列此字，本轉所列各本不一，定是後人妄增。

34 去二見　誡　大中堂本、仿明刊本作誡。《韻鏡》亦作誡。

箋：作誡顯係誤字。P. 3696（背面）、王一、王二、王三、《唐韻》、《廣韻》怪韻並有誡小韻，古拜反；《集韻》居拜切。

按：本書元至治本等誤，當依大中堂本、仿明刊本及《韻鏡》正。

35 去二疑　䁥　武英殿本作喙，浙江局本作喙。《韻鏡》嘉吉本、寶生寺本、永祿本、北大本、寬永五年本作䁥（筆劃或有小異），六地藏寺本作矃，應永本作晐，（仙）作晐。

箋：《唐韻》怪韻有小韻䁥，P. 3696（背面）作矃、王一作　、王三作䁥、王二作瞶。並音五界反，訓爲『不聽』。《廣韻》亦作⿰耳彖，義訓同，音五介切。《集韻》字同《廣韻》，牛戒切。《說文》耳部有聵篆，或作⿰耳豦。⿰耳彖即⿰耳豦之省，是此字正當作從耳作⿰耳彖。

按：本書所列即此之誤字。《韻鏡》作⿰耳彖者是，其他亦誤也。

36 去二牀　⿰彳忩　《韻鏡》〇。

箋：《廣韻》及以前韻書怪韻無牀紐。《集韻》則有⿰犭忩小韻，才瘵切。瘵是怪韻莊（照二）紐字（王一、王二、王三、《廣韻》、《集韻》並側界反），⿰犭忩字才瘵切者，切上字從與崇（牀二）混切，合當在此位。

按：本書作⿰彳忩，即是據《集韻》⿰犭忩字而轉訛也。

37 去二審　鎩　《韻鏡》〇。

箋：王二怪韻有鎩小韻，所界反；王三、《唐韻》、《廣韻》所拜反；《集韻》所介切。

按：本書所列不誤，《韻鏡》不列此字，當有脱誤。六地藏寺本、寬永五年本並校補於地腳。

38 去三知　空格　《韻鏡》六地藏寺本列廗，其他各本並作⿸疒帶。

箋：王一、王二、王三、《廣韻》、《集韻》祭韻並有⿸疒帶小韻，竹例反。

按：是⿸疒帶字正當列於此位。本書無者，蓋是誤脱。

39 去三徹　空格　《韻鏡》列跇。

箋：王一祭韻有跩小韻，丑世反；王三丑勢反；王二字作跇，音同王一。《唐韻》《廣韻》

《集韻》亦作跐，丑例反。

按：論音跐字正在此位，本書無者，亦是誤脱。

40 去三澄　空格　《韻鏡》（正）、（享）列滯，其他各本作滯。

箋：王一、王二、王三、《唐韻》、《廣韻》、《集韻》祭韻並有滯小韻，直例反。論音本位當列滯字。

按：本書無者或係誤脱。滯是滯小韻字，《韻鏡》（正）、（享）所列殆即滯字之誤。

41 去三溪　憩　《韻鏡》寶生寺本、六地藏寺本、北大本、寬永五年本、（延）、（佐）、（天八）、（元）、（正）、（國）、（理）、（享）同，嘉吉本、應永本、永禄本作憇，（文）、（天）作甛。

箋：憩乃正字，王一、王二、王三、《唐韻》、《廣韻》、《集韻》祭韻並有憩小韻，去例反。作憇俗，作甛則誤也。

按：本書列正字，是。

42 去三群　空格　《韻鏡》列偈。

箋：王一、王二、王三、《唐韻》、《廣韻》祭韻有偈小韻，其憩反；《集韻》其例切。

按：《韻鏡》列偈是，本書或是誤脱。

43 去三疑　劓　其他作劓。《韻鏡》（天）、（理）同，其他各本作劓。

箋：王一、王二、《廣韻》祭韻有劓小韻，牛例反；《唐韻》義例反。王三音同，字誤爲劓。劓、劓爲一字異形，《集韻》即剿、劓同字，牛例切。

按：本書列　爲劓字形訛，列劓合於《集韻》，《韻鏡》則合於其他韻書。

44 去三影　緆　《韻鏡》〇，而列緆字於曉紐位。

箋：王一、王二、王三、《唐韻》、《廣韻》祭韻有緆小韻，於罽反；《集韻》此字作緆，於例切。此字《說文》弦部云：『從弦省，曷聲。讀若瘞。』故隸定當作緆。而玄之古文作𢆯，從古則作褐。因避宋諱缺筆作緆，《類篇》作緆，即其證也。字訛而爲緆緆若緆。

按：本書字形訛誤，當校正爲『緆』；而列位則是也。《韻鏡》字既訛，又誤列於曉紐矣。

45 去三曉　空格　《韻鏡》列緆。

按：緆當作褐，乃影紐字。《韻鏡》列於此位誤，辨見上條。

46 去四幫　閉　《韻鏡》六地藏寺本作閇，寬永五年本誤作閑，其他各本並作閉。閑字顯誤。

箋：王一、王二、王三、《廣韻》霽韻並有閉小韻，博計反；《集韻》必計切。《廣韻》閉下有閇，注曰：『俗。』《集韻》閉下亦注曰：『俗從下，非是。』

按：本書不誤。

47 去四定　弟　《韻鏡》嘉吉本、寶生寺本、六地藏寺本、永禄本、北大本、寬永五年本作第，應永本等作弟。

箋：王一、王二、王三、《唐韻》霽韻並有第無弟，特計反；《廣韻》弟在第小韻，音同前。第下有注云：『《説文》本作弟。』《集韻》則以弟、第並列小韻首，大計切。

按：是本書所列合於《集韻》，《韻鏡》則合於其他韻書。

48 去四清　毳　《韻鏡》同。

箋：此是祭韻字，王一、王二、王三、《廣韻》此芮反。《集韻》音同，而以脃毳膵並列小韻首。本轉四等爲霽韻位置，則毳字依例當列於第十六轉。

按：是本書與《韻鏡》皆誤。參十六轉第 20 條。

49 去四影　瞖　《韻鏡》列翳。

箋：瞖、翳同音，而王一、王二、王三、《唐韻》、《廣韻》霽韻並以翳爲小韻字，於計反；《集韻》則二字皆在醫小韻，壹計切。

按：本書所列，或是翳字之誤歟？《韻鏡》乃與韻書合。

50 去四曉　奤　《韻鏡》(文)、(理)、(元)、(天八)、(正)列歖，(佐)於○中補寫歖，(國)作歖，寶生寺本於○中補欿，(天)作欨，其他各本○。

箋：王一、王三、《廣韻》霽韻有歖小韻，呼計反。奤字各書在歖小韻。《集韻》則有奤小韻，顯計切。

按：本書所列合於《集韻》，《韻鏡》列歖者則合於其他韻書；作歖、作欿若欨者皆是誤字；無字者或是誤脱。

51 寄二徹　蠆　《韻鏡》六地藏寺本、永禄本、北大本、寛永五年本、(正)、(享)作蠆，其他各本亦作蠆。作蠆是也。

箋：王一夬韻有蠆小韻，丑菜反；王二丑界反；王三丑芥反；《唐韻》丑介反；《廣韻》丑犗切；《集韻》丑邁切。以上數切音並同。

按：本書所列不誤，《韻鏡》則有誤有不誤。

52 寄二穿　啐　《韻鏡》列啐。

箋：王一、王三、《廣韻》夬韻有啐小韻，倉快反；《集韻》倉夬切。正當在此位。

按：啐字無此音，本書誤，當從《韻鏡》作啐。

53 寄二匣　㪉　其他各本作㪉。《韻鏡》應永本、寶生寺本、六地藏寺本、應永本、北大本、寛永五年本作㪉，嘉吉本作㪉。

箋：《廣韻》夬韻有㪉小韻，何犗切。《唐韻》亦有，唯反語殘壞。《集韻》何邁切。

按：本書各本並誤，《韻鏡》嘉吉本是，其他則是俗字也。

54 韻目　上聲薺誤列三等，當改列於四等。

計六十三

外轉第十四

	幫	滂	並	明	端 知	透 徹	定 澄	泥 孃	見	溪	群	疑
	羽				徵				角			
平	杯	肧	裴	枚	磓	輴	穨	懮	傀	恢		鮠
							隤		乖	匯		
									圭	睽		
上			琲	浼	腿	骽	鐓	餧	顝	䫥		頠
去	背	配	佩	妹	對	退	隊	内	憒	塊		磑
	拜	湃	憊	昒	顡				恠	蒯		
					綴		鑡		劌	錈		聵
									桂	揆		
入	敗		敗	邁					夬	快		

精照	清穿	從床	心審	邪禪	影	曉	匣	喻	來	日	
商					宮				徵	半商	
嗺	崔	摧			隈	灰	回		雷		灰
		膗			崴	虺	懷		膠		皆
					烓	睳	攜				齊
嶊	皠	罪			猥	賄	瘣	倄	磥		賄
晬	倅	啐	碎		㟪	誨	潰		頪		隊
	竁		鎩			䜲	壞				恠
贅			税	啜				衛		芮	祭
	毳					嘒	慧				霽
	嘬				黷	咶	話				夬

輕中重

外轉第十四　輕中重

1 平一定　積　《韻鏡》作頽，六地藏寺本此位列隤而一等列頽乃是誤倒。

箋：切三、王一、王三、《廣韻》灰韻並有積小韻，杜回反；《集韻》徒回切。頽字諸書皆在積小韻内。

按：本書列字是，《韻鏡》列頽者，當是後人誤以旁注之同音字改積字也。

2 平一泥　㦟　其他各本作㦟。《韻鏡》嘉吉本、寶生寺本、六地藏寺本、(佐)、(福)、(天)、(國)、(仙)列捼，其他各本則作挼。

箋：此字切三灰韻作㦟、王一作㦟皆誤，王三則不成字矣。《廣韻》作㦟，是也。各書此字皆乃回反，《集韻》灰韻則無此字也。

按：本書字誤，當從《廣韻》正。《韻鏡》列捼字者乃挼之誤，各韻書挼字並乃回反，在㦟小韻。《韻鏡》或是以㦟字筆繁易誤而改歟。

3 平一心　空格　《韻鏡》列膗。

箋：切三、王三、《廣韻》灰韻皆有膗小韻，素回反。王一音同，字誤爲脽。《集韻》亦有膗小韻，蘇回切。

按：本書恐係誤脱，當依《韻鏡》補。

4 平二澄　膭　《韻鏡》（元）訛爲䃶，應永本作膭，其他各本並作⿸厂貴。六地藏寺本此位列頹而一等位列樻乃將兩字誤倒（參上第1條）。

箋：唐五代韻書皆韻無⿸厂貴字。《廣韻》有⿸厂貴，杜懷切。以定切澄，類隔。《集韻》憧乖切。

按：論音當列於此，本書不誤。

5 平二影　崴　《韻鏡》（理）同，其他各本○。

箋：刊、王三皆韻有崴小韻，乙乖反。《廣韻》以開切合，乙皆切。《集韻》烏乖切。

按：本書所列不誤，《韻鏡》或有誤脱。

6 平四影　⿱雨烓　《韻鏡》（元）○，六地藏寺本列睳，其他各本列烓。

箋：刊齊韻有烓小韻，烏圭反；王三、《廣韻》烏攜反。諸書該小韻別無⿱雨烓字。《集韻》乃以烓⿱雨烓同字，淵畦切。

按：是本書列⿱雨烓略近《集韻》而《韻鏡》則與刊、王三等合。本書睳字列於曉紐，是也。六地藏寺本《韻鏡》本位列睳，而於曉紐位列烓者，乃將二字誤倒也。參下條。

7 平四曉　睳　《韻鏡》六地藏寺本列烓，其他各本皆列眭。

箋：王三齊韻末有睳小韻，呼圭反；《廣韻》亦在韻末，呼攜切。《集韻》睳，翾畦切。本書此位所列是也。

按：睉乃匣紐字，刊、王三、《廣韻》户圭反，《集韻》玄圭切，並在攜小韻。《韻鏡》六地藏寺本此位列烓，影紐位列睦，正將二字誤倒。其他各本既列攜字於匣紐，又列同音之字於曉紐，非是。龍宇純以爲睉或爲睦字壞損，可備一説。

8 上一見　顝　《韻鏡》〇。

箋：《廣韻》及以前韻書賄韻無見紐。切三、王一賄韻無顝字。王二、王三、《廣韻》顝字在䫌小韻，口猥反；《集韻》同，苦猥切。據此顝乃溪紐字，不得列於此。

按：本書溪紐列䫌，則顝字列此定誤，當從《韻鏡》空位。《集韻》賄韻又有䫘小韻，沽罪切。本書所列，或是據《集韻》䫘字而誤歟？

9 上一清　膗　其他各本作嶉。《韻鏡》作嶉。

箋：切三、王二、王三、《廣韻》賄韻有嶉小韻，七罪反。《集韻》則在漼小韻，取猥切。

按：本書字誤，當從《韻鏡》作嶉。

10 上二知　空格　《韻鏡》（天）列䯽而有注云『䯽亻』，其他各本則作䯽。

箋：䯽字唐五代韻書賄、駭兩韻皆未見。《廣韻》始收於賄韻，陟賄切。《集韻》同。龍宇純曰：『賄韻不當有知母字，蓋祭韻上聲，當移知母三等。唯此字唐五代韻書既無，《七音略》亦無，此恐是後人所增。』

此字是否祭韻上聲，似未可遽定。然謂《韻鏡》此字恐爲後人所增，則是矣。

按：本書空格是。

11 去一群　空格　《韻鏡》（元）列⿱艹鞼，六地藏寺本別筆補鞼，其他各本則作鞼。

箋：《廣韻》及以前韻書隊韻無此字，亦無群紐。《集韻》乃於隊韻末增鞼小韻，巨內切。

按：本書不列合於《廣韻》等，《韻鏡》列鞼則殆係後人所增。

12 去一從　啐。《韻鏡》〇。

箋：王一、王二、王三、《唐韻》、《廣韻》啐字有二音。一在隊韻清紐倅小韻，七碎反；一在心紐碎小韻，蘇對反（《唐韻》反語壞缺），而無從紐一讀。《集韻》乃於隊韻增啐小韻，摧內切。

按：本書當是據《集韻》而列，是。

13 去一影　⿸厂鬼　《韻鏡》作⿺尢鬼。

箋：王二、《廣韻》賄韻有⿺尢鬼小韻，烏繢反。王一、王三、《唐韻》音同，字作⿸厂鬼，俗字也。《集韻》烏潰切，字作⿸厂鬼，亦俗字也（《玉篇》尢部尢字注云『俗作尣』）。此字從尢，鬼聲。王二、《廣韻》及《韻鏡》亦小訛。《玉篇》尢部則有⿺尢鬼字，烏潰切。

按：本書即使從《玉篇》，亦不當從⿸厂鬼作。

14 去一來　蘱　《韻鏡》（佐）、（延）作類，應永本、六地藏寺本、寬永五年本等作蘱，嘉吉本字訛爲頪。

箋：王二、王三、《唐韻》、《廣韻》隊韻並有纇小韻（《唐韻》字訛爲纇），盧隊反。《集韻》字、音並同。

按：本書列字無誤，諸書纇小韻雖皆有蘱字，然終當以列纇爲長。

15 去二明　昒　《韻鏡》六地藏寺本作⿰耳勿，其他各本亦作昒。

箋：王一、王二、王三、《唐韻》、《廣韻》怪韻並有昒小韻，莫拜反。《集韻》暮拜切。諸書該小韻別無⿰耳勿字。

按：本書列字是，《韻鏡》六地藏寺本作⿰耳勿乃是昒之字誤。

16 去二知　顡　《韻鏡》〇。

箋：王一、王三怪韻有顡小韻（王三字訛爲顡），知怪反。《廣韻》泰定本、《集韻》迍怪切。

按：是本書作顡即顡字之誤。顡字，《古逸叢書》本、澤存堂本《廣韻》他怪切，巾箱本辿怪切並誤。

17 去二穿　竁　《韻鏡》〇。

箋：王一、王三祭韻竁字兩見，一在桑小韻，楚歲反；一在毳小韻，此芮反（清紐），注：『又楚歲反。』《廣韻》同，毳小韻下竁又楚稅切。《唐韻》桑小韻音同王一等，無竁字。王二竁字祇見於毳小韻，音同王一等，無又音。《集韻》則有竁小韻，初稅切。

按：本書當即據《集韻》增。本圖既屬外轉，三等韻正齒音依例不得寄入二等位，故當從

《韻鏡》删。

18 去二審　錣　《韻鏡》(理)同，其他各本〇。

箋：此字王二怪韻所界反，王三、《唐韻》、《廣韻》所拜反，《集韻》所介切。論音當在開口圖。

按：本書此字既列第十三轉，再列於本轉則誤矣。《韻鏡》無此字，蓋所據不同，(理)當係後人增補。

19 去二曉　䂄　其他各本作䂄。《韻鏡》應永本作䂄，其他各本則作䂄。

箋：唐五代韻書怪韻無曉紐，亦無此字。《廣韻》有䂄小韻，火怪切；《集韻》呼怪切。

按：此字當以作䂄爲正，其他均有小訛。

20 去三禪　啜　《韻鏡》(文)、(理)同，(佐)、(國)乃於〇中補啜，其他各本〇。

箋：啜是祭韻字，王一、王二、王三市芮反，《唐韻》《廣韻》嘗芮反。龍宇純謂此位當有啜字，是也。

按：本書列字是，《韻鏡》此位無字者蓋誤脱。

21 去三曉　空格　《韻鏡》六地藏寺本、永禄本、北大本、寬永五年本、(正)、(理)、(享)列𠼪，嘉吉本作眔，應永本等列喙。

箋：唐五代韻書祭韻無此音。《廣韻》則有𠼪小韻，呼吠切。《集韻》亦無。

按：本書不列合於唐五代韻書，《韻鏡》則當是後人據《廣韻》增。

22 去三喻 衛 其他各本作衛。《韻鏡》作衛。

箋：羅先生謂此字當作衞，是也。

按：《說文》此字從韋、帀、行。故當正作衞。王三祭韻此字即作衞，爲翽反；《廣韻》《集韻》同，于歲切。王一則看（疑爲『爲』之誤）劌反，王二羽歲反，《唐韻》于劌反。字已作衛矣。

23 去四溪 揆 《韻鏡》〇。

箋：此是旨韻合口上聲重紐四等字，切三、王一、王二、王三葵癸反（切三葵誤蔡），《廣韻》求癸切，《集韻》巨癸切。《集韻》霽韻末有褉小韻，睽癸切（述古堂影宋抄本睽癸切）。本轉所列，殆據《集韻》而將褉字訛爲揆矣。

按：本書此位誤。依音揆字當列第七轉上聲四等群紐位，卻列於第七轉去聲一等位，乃係錯位。

24 去四清 毳 《韻鏡》〇。

箋：此是祭韻字，王一、王二、王三、《廣韻》此芮反。

是毳字雖可列於四等清紐位，而本轉四等係霽韻位置，故此字當列在第十六轉。本書第十六轉不列，正是其誤。

按：《韻鏡》列於三等穿紐位，亦誤。羅先生以此爲《韻鏡》誤而本書不誤之例，非是。

外轉第十五

	幫	滂	並	明	端	透	定	泥	見	溪	群	疑
					知	徹	澄	孃				
	羽				徵				角			
平												
			牌	䁥		杈		㹊	佳			崖
上												
	擺		罷	買			廌	妳	解	楷	鍇	騃
去	貝	霈	旆	昧	帶	太	太	奈	蓋	礚		艾
	㠔			賣	媞				懈	嫛		睚
	蔽	潎	獘	袂								
入												

通志二十一 七二

精/照	清/穿	從/床	心/審	邪/禪	影	曉	匣	喻	來	日	
精	清	從	心	邪	影	曉	匣	喻	來	日	
照	穿	床	審	禪							
商					宮				半徵	半商	
											佳
	釵	柴	崽		娃	䁐	睽				
											蟹
			灑		矮		蠏				
	蔡				藹	餀	害		賴		泰
債	差	瘵	曬		隘	譺	邂				卦
祭								曳			祭
											廢

重中輕

外轉第十五　重中輕

1 平二明　矉　《韻鏡》作矉。
箋：切三、刋、王二、王三、《廣韻》、《集韻》佳韻並有矉小韻，莫佳反。
按：諸書該小韻皆無矉字。《説文》目部：『矉，小視也。從目，買聲。』當據正。

2 平二溪　空格　《韻鏡》永禄本、北大本、寬永五年本列竵，其他各本列竵。
箋：《廣韻》及以前韻書佳韻無此音。《廣韻》麻韻誇小韻有竵，苦瓜切，此音不得列此位。誇字列於本書及《韻鏡》第三十轉麻韻溪母，是也。《集韻》佳韻有竵字，在咼喎咶小韻内，空媧切。此音爲合口，本書及《韻鏡》於第十六轉列喎是也。
按：本書空格是，《韻鏡》此位列竵甚無據，當是後人誤增。

3 平二疑　崖　《韻鏡》列崖。
箋：切三、刋、王二、王三、《廣韻》佳韻並有崖小韻，五佳反。《集韻》則以崖爲厓之或字，宜佳切。
按：本書作崔顯是字誤，當依《韻鏡》正作崖。

4 平二曉　䜐　《韻鏡》應永本、寬永五年本等作䜐，永禄本作䜐，嘉吉本、寶生寺本、六地藏寺本作瞖。瞖、瞖並是瞖字之訛。

箋：切三、王二、王三、《廣韻》佳韻並有瞖小韻，火佳反；《集韻》希佳切。正當列於此位。

按：本書列字，合於《集韻》。

5 平二匩　㬊　《韻鏡》作膎。

箋：切三、刊、王二、王三、《集韻》佳韻並有膎小韻，户佳反。《廣韻》膎字音同，在𢘽小韻。諸書該小韻皆無㬊字。

按：本書誤，《韻鏡》作膎是，當據正。

6 上二娘　妳　大中堂本、仿明刊本作妳。《韻鏡》寬永十八年本、北大本、寬永五年本、(享)、(正)列嬭，(天)列妳而校曰『嬭亻』，其他各本作㜷。

箋：切三、德、王三蟹韻有妳小韻，奴解反。《廣韻》有㜷，奴蟹切。下有妳字，注云：『上同。』《集韻》則㜷、妳字同，女蟹切。

按：本書此字當依大中堂本、仿明刊本作妳，合於《廣韻》及以前韻書。《韻鏡》列嬭者甚無據，頗疑原書亦作妳，後人則據《廣韻》改爲㜷，後又有誤爲嬭者。

7 上二溪　楷　《韻鏡》列芐(或作苄)。

箋：楷是駭韻字，切三、王二、王三、《廣韻》苦駭反。《集韻》口駭切。

按：本書楷已列於第十三轉，再列於本轉誤。此位《韻鏡》列芐字，是也。切三、王三芐字口解反；《廣韻》苦蟹切。《集韻》字作芐，口觧切。隸定小異耳。

8 上二疑　騃　《韻鏡》〇。

箋：騃亦駭韻字，切三、王二、王三、《廣韻》五駭反，《集韻》語駭切。

按：本書騃字已列於第十三轉，再列本轉誤矣。《韻鏡》此位無字，當據刪。

9 上二審　灑　《韻鏡》（天八）、（理）同，其他各本列在第十三轉。

箋：唐五代韻書蟹韻無此音。《廣韻》蟹韻有該小韻，所蟹切。《集韻》音同，在曬小韻。

按：本書當是據《廣韻》，而《韻鏡》原書本無，後人增補時則多誤入第十三轉矣。

10 去一並　旆　《韻鏡》應永本、永禄本、寬永十八年本、北大本、寬永五年本同，嘉吉本、寶生寺本、六地藏寺本、（佐）作旆，（天八）作旆，（理）誤爲旋。

箋：此字王一、王三泰韻薄蓋反，字作旆。王二同，蒲外反。《唐韻》作旆，蒲蓋反；《廣韻》同，薄蓋切。《集韻》亦同，蒲蓋切。《説文》此字從㫃，朩聲，正當作旆。

按：本書列字當改爲『旆』。

11 去一明　眛　《韻鏡》嘉吉本、寶生寺本、六地藏寺本、永禄本、北大本、寬永五年本、（佐）、（享）、（天八）、（正）、（國）作昧；應永本等作眛。

箋：王一、王三泰韻有眛小韻，忘艾反；《唐韻》《廣韻》《集韻》字同，莫貝反。諸書唯王一、《集韻》該小韻内有昧字。

按：本書合於王一、《集韻》；《韻鏡》原當列昧，則與王三、《唐韻》等合。

12 去一定　太　武英殿本、浙江局本同，大中堂本、仿明刊本、謝氏刊本作大。《韻鏡》（天八）作太，其他諸本並作大。

箋：作太誤，王二、王三、《唐韻》、《廣韻》太字在泰韻泰小韻，他蓋反。

按：本書及《韻鏡》皆列於透紐。王二、王三、《廣韻》又有大小韻，徒蓋反。是此字當正爲大。

13 去一溪　磕　《韻鏡》作磕。

箋：王二泰韻有磕小韻，王三、《唐韻》作磕，《廣韻》作磕，並苦蓋反。《集韻》磕、磕同字，丘蓋切。

按：本書所列同王二。

14 去二幫　𡾰　《韻鏡》同。

箋：王一、王二、王三、《唐韻》、《廣韻》卦韻有庍小韻，方卦反。《集韻》字作底，卜卦切。王一、王三、《廣韻》卦韻又有一𡾰小韻，方賣反。《韻鏡》庍字列於第十六轉幫紐，本書則誤列於該轉滂紐（與派字互倒），卦韻幫紐無開合口對立，《集韻》𡾰字併入庡小韻，是其證也。

按：是本轉不當列𡾰。《韻鏡》（佐）、（福）、（國）於本轉滂紐列派；（國）又於並紐列稗、明紐列賣，皆當是後人妄增者矣。

15 去二明 賣 《韻鏡》(國)同,其他各本○。

箋:賣字王一、王二、王三、《廣韻》卦韻並莫懈反。《集韻》同。此字《韻鏡》列於第十六轉,是也。卦韻脣音無開合對立,卦韻其他脣音字本書皆列於第十六轉,是賣字亦當列於第十六轉。

按:本書誤,當刪。

16 去二知 媞 《韻鏡》○。

箋:《廣韻》及以前韻書卦韻此音此字皆無。《集韻》則於韻末收媞小韻,得懈切。『得懈切』乃以端切知,類隔。

按:本書此位列媞當是本諸《集韻》。

17 去二穿 差 《韻鏡》北大本、寬永五年本、(元)、(享)作箸,六地藏寺本誤作荍而於下欄校作荖,永祿本作荖,(延)、(天八)作茬,寶生寺本、(佐)、(國)作荖,嘉吉本、應永本等作差。

箋:本書及《韻鏡》嘉吉本、應永本等作差是。王一、王二、王三、《唐韻》卦韻有差小韻,楚懈反;《廣韻》音同,字作荖。

按:《韻鏡》諸本各異者,日本書法左字每書作尢,差字則每作荖,書體不一則如是也。

18 去四並 獘 《韻鏡》嘉吉本、寬永五年本作弊,應永本、永祿本、北大本作獘,寶生寺本作獘,六地藏寺本作弊,(仙)作敝。

箋:王一、王三祭韻有弊小韻,王二、《廣韻》字作獘,並音毗祭反。《集韻》獘、弊音同,而皆

非小韻首字。《説文》犬部有獘，從犬，敝聲。（見段注）

按：本書所列之獘雖見於王二、《廣韻》，然其字從大終誤，當依《説文》作獘。

19 去四明　袂　《韻鏡》寬永五年本同，其他各本作袂。

箋：王一、王三祭韻有袂小韻，弥弊反；《唐韻》誤作袂，弥弊反。王二、《廣韻》彌獘反。《集韻》同《唐韻》。

按：本書及寬永五年本《韻鏡》是，作袂則是字誤也。

20 去四疑　空格　《韻鏡》寬永十八年本、北大本、寬永五年本〇，其他各本列藝。

箋：王一、王二、王三、《廣韻》祭韻有藝小韻，魚祭反。《集韻》倪祭切。

王一、王二、王三、《廣韻》祭韻又有劓小韻，牛例反；《唐韻》義例反。《集韻》牛例切。是藝與劓爲重紐。

按：本書第十三轉列劓（同劓），而本轉誤脱，當據補。

21 廢三見　空格　《韻鏡》（和）、（理）〇，其他各本列計。

箋：計是霽韻字，王二、王三、《唐韻》、《廣韻》古詣反；《集韻》吉詣切。諸書惟《集韻》廢韻有見紐訐小韻，九刈切。

按：本書空格是，《韻鏡》列計者，當是後人據《集韻》訐字增而字訛爲計也。

22 韻目　平聲佳、上聲蟹誤列於一等，當改入二等。入聲（寄）廢誤列於二等，當改入三等。

外轉第十六	幫	滂	並	明	端 知	透 徹	定 澄	泥 孃	見	溪	群	疑
	羽				徵				角			
平												
									媧	喎		
上												
							掔		廿	芐		
去					裋	姽	兊		儈	獪		
	派	庍	粺		膪				卦			
入												
	廦	肺	吠								䡬	

輕中輕

精照	清穿	從床	心審	邪禪	影	曉	匣	喻	來	日	
商					宮				半徵	半商	
											佳
					蛙	竵	鼃				
											蟹
						扮	夥				
最	襊	蕞	[illegible]		懀	譮	會		酹		泰
			啐		[illegible]		畫				卦
蕝			歲	篲				銳			祭
											廢
					穢	喙					

外轉第十六　輕中輕

1 平二曉　竵　《韻鏡》嘉吉本、寶生寺本、(佐)、(仙)作竵，(天八)、(國)作竵，(正)、(享)作竵，永祿本、北大本作竵，寬永五年本作竵、(文)作竵，(理)作噅，(天)作譌，應永本作竵，六地藏寺本作蹃，(延)作𥿄。

箋：切三佳韻有竵小韻，王一作竵，王三作竵，刊作噅，火咼反（切三、刊火訛爲大）。《廣韻》作竵，火媧切。《集韻》字同《廣韻》，火鼃切。《説文》立部有竵字，從立，咼聲。大徐火鼃切。

按：本書所列不誤。凡作竵者字形小異，其他皆是訛變。

2 上二澄　拏　《韻鏡》○。

箋：唐五代韻書蟹韻無此字。《廣韻》則有拏小韻，丈夥切。《集韻》亦有，柱買切。

按：本書所列合於《廣韻》《集韻》。《韻鏡》不列，合於唐五代韻書。

3 上二見　丫　《韻鏡》六地藏寺本、永祿本、北大本、寬永五年本作丫，嘉吉本作丫，應永本、寶生寺本等作丫若丫，(延)作丫，(元)○。

箋：唐五代韻書蟹韻無此字，王三則於韻末補拐小韻，孤買反。《廣韻》拐字收於丫小韻，乖買切。《集韻》同，古買切。

按：本書當是據《廣韻》《集韻》。此字《説文》云：『丫，羊角也。象形……讀若乖。』篆作丫，則正當作𦫳。

4 上二溪　芐　《韻鏡》○。

箋：此字切三、王三蟹韻作艼，口解反。《廣韻》巾箱本、澤存堂本作芐，其他作艼，苦蟹切。《集韻》亦作芐，口蠏切。

按：此字義爲『戾也』，當作𦫳。又依切此音爲開口，不當列於本轉，《韻鏡》列於第十五轉，是也。本書第十五轉誤列楷字，又將此字誤列於本轉，非是。當依《韻鏡》正。參第十五轉第7條。

5 上二影　空格　《韻鏡》嘉吉本○，其他各本列𢉖。

箋：王三、《廣韻》蟹韻有𢉖字，烏蟹反，在矮小韻内。《集韻》同，倚蟹切。

按：此音係開口，本書及《韻鏡》皆列於第十五轉，《韻鏡》再列於本轉乃誤。嘉吉本不列，當是原書舊式。

6 上二曉　扮　《韻鏡》嘉吉本○，北大本、（元）、（正）、（享）作粉，（文）作柺，其他各本亦作扮。

箋：唐五代韻書蟹韻無此音。《廣韻》則有扮小韻，花夥切；《集韻》虎買切。

按：本書所列當是據此。《韻鏡》原或無此字，有者蓋後人所增也。

7 去一溪　檜　《韻鏡》寶生寺本、（佐）、（國）於○中補檜，（文）、（天八）列檜，（元）列稽於二等位，其他各本〇。

箋：王二、王三、《唐韻》、《廣韻》泰韻並有檜小韻，苦會反。《集韻》同。

按：本書不誤，《韻鏡》不列者或是誤脱，作檜者則是字訛也。

8 去一疑　空格　《韻鏡》（佐）〇，其他各本列外。

箋：王二、王三泰韻有外小韻，吾會反；《唐韻》《廣韻》五會反。《集韻》同《廣韻》。是外字正當列於此位。

按：本書誤脱，當補。

9 去一喻　空格　《韻鏡》（文）〇，寶生寺本、（佐）列𢡱，（國）列𢡱，其他各本列𢡱。

箋：《廣韻》及以前韻書泰韻無此字，而有會小韻，王二、王三黄帶反，《唐韻》《廣韻》黄外反。《集韻》會小韻亦音黄外切，而於韻末增𢡱小韻，于外切。注云：『夢言，意不慧也。』經典相承𢡱字無『于外切』一音。《左傳》哀公二十四年：『是讏言也。』《釋文》云：『讏言，……《字林》作𢡱，云夢言意不慧也。于例反。』于例反是祭韻字，各韻書祭韻𢡱有于歲反一音，《字林》于例反，則是以開口切合口也。今謂『例』字損泐壞去亻旁即似『外』字，《集韻》不察，乃據誤本《字林》而增『𢡱，于外切』於泰韻末，不知喻紐三等（于紐）與一等韻拼切則同於匣紐矣。

按：《集韻》有據誤書收字，而往往所注之音與其字形聲不合也。如去聲三十七號韻：

『櫃，《廣雅》鐫也。巨到切。文一。』此字亦因切語字訛誤收於號韻也。《廣雅·釋器》卷八：『櫃，釘也。』曹憲《博雅音》櫃音巨例切。《一切經音義》卷五十九櫃字從槷作，引《字林》『渠例反』，則與曹憲『巨例切』正同。『巨例』之例壞脱亻旁則似『到』字，故『巨例切』遂誤爲『巨到切』，《集韻》未審，乃據誤本《博雅音》收櫃字於號韻末，且增『巨到切』小韻矣。

按：本書不列此字，是也。《韻鏡》有德字者，當是後人據《集韻》妄增。

10 去二幫　派　《韻鏡》（元）誤爲疴，其他各本並作庍。

箋：派是滂紐字，王一匹賣反，王二、王三、《唐韻》、《廣韻》匹卦反。又王一、王二、王三、《唐韻》、《廣韻》卦韻有庍小韻，方卦反。《韻鏡》所列與此相合。按《集韻》庍作厎，卜卦切。庍字乃爲厎字之異體。

按：此係滂紐字，本書所列誤，當依《韻鏡》列於滂紐。

11 去二滂　厎　《韻鏡》列派。

按：此位當列派，本書幫紐、滂紐所列二字互倒，當依《韻鏡》乙正。參上條。

12 去二並　粺　《韻鏡》嘉吉本、寶生寺本、永禄本、北大本、寬永五年本、（延）、（佐）、（文）、（仙）、（天）、（元）、（正）、（國）、（享）作稗，應永本等亦作粺。

箋：王一、王二、王三、《唐韻》、《廣韻》卦韻並有粺小韻（王二、王三、《唐韻》字作粺），旁卦反。

按：各書稈字皆在粺小韻内。《集韻》亦同。本書所列是也。

13 去二明　空格　《韻鏡》列賣。

箋：王一、王二、王三、《唐韻》、《廣韻》卦韻賣字並音莫蟹反；《集韻》同。

按：本書賣字列於第十五轉開口圖，《韻鏡》則列於本轉合口圖。脣音字本無開合口對立，故列開列合雖無大礙，然以體例一律而論，則當以《韻鏡》列於合口爲長。

14 去二知　膪　《韻鏡》（延）誤爲腣，其他各本並作膪。

箋：膪與膪乃一字異形，王一、王三卦韻作膪，《廣韻》作膪，並音竹賣反。《集韻》亦作膪，陟卦切。

按：本書列字是，《韻鏡》（延）訛。

15 去二審　啐　《韻鏡》〇。

箋：此是夬韻字，王一、王三、《廣韻》倉快反；《唐韻》《集韻》倉夬反。

按：本書列於此位，聲、韻皆不合。按此字當列於第十三轉去聲（寄入）初紐位，而本書彼位誤作碎，又以啐字列於此，亦誤。《韻鏡》僅列啐於第十三轉，是也。

16 去二影　譮　《韻鏡》寶生寺本於影紐位〇中别筆補譮，（元）、（文）、（理）影紐位作譮。

箋：譮是曉紐字，王一、王三、《廣韻》卦韻呼卦反。《集韻》同。

按：各韻書卦韻並無影紐合口，《韻鏡》有本列此字於曉紐，是也。當據正。

17 去二曉　空格　《韻鏡》寶生寺本於○中別筆補謌，(元)、(文)、(理)列謌，其他各本○。
按：謌字本書誤列於影紐位。參上條。

18 去二匣　畵　大中堂本、于刊本、謝刊本同，其他各本作畫。《韻鏡》永禄本、開奩○，其他各本並作畫。
箋：王一、王二、王三卦韻並作畵，《唐韻》《廣韻》則作畫，皆音胡卦反。《集韻》音同，字作畫。注云：『俗作畵，非是。』畫、畵字同而有正、俗之別。
按：本書列俗體，亦是。

19 去四見　空格　《韻鏡》(理)○，應永本列罽，六地藏寺本作瀱，其他各本並作瀱。
箋：王一、王二、王三、《唐韻》、《廣韻》祭韻有瀱字(王韻、《唐韻》字形小訛)，並在猘小韻，居例反。《集韻》同。
按：此音當在三等開口位，本書即列猘於第十三轉三等，《韻鏡》彼位既已列猘，又列瀱於本轉，非是。(理)此位無字，或即《韻鏡》舊式。

20 去四清　空格　《韻鏡》(理)作毳，其他各本作膬。
箋：王一、王二、王三、《廣韻》祭韻有毳小韻，此芮反。諸書該小韻唯《廣韻》有膬字。《集韻》音同，而以脃毳脺並列小韻首。
按：此位當列毳字，本書及《韻鏡》毳字皆誤入第十三轉，當正。參第十三轉第48條。

21 寄三非 廢 《韻鏡》嘉吉本、六地藏寺本作癈（韻目作廢），其他各本同。

按：此字正當作廢，本書不誤。參第九轉第6條。

22 寄三敷 肺 《韻鏡》〇。

箋：王二、王三、《廣韻》、《集韻》廢韻並有肺小韻，芳廢反。

按：本書列字是，《韻鏡》殆是誤脱，當補。

23 寄三奉 吠 《韻鏡》永禄本訛爲吠，北大本訛爲吹，其他各本作吠。

箋：王二、王三、《廣韻》廢韻並有吠小韻，符廢反；《集韻》房廢切。

按：本書列字是，《韻鏡》永禄本、北大本乃是誤字矣。

24 寄三溪 空格 《韻鏡》廢韻字寄在第十轉，《韻鏡》彼轉此位列有䥇字。

箋：《廣韻》及以前韻書廢韻無此音，《集韻》乃增䥇字於韻末𠞊小韻内，去穢切。

按：本書空格是，《韻鏡》所列，當是後人據《集韻》增。

25 寄三疑 空格 《韻鏡》第十轉列䂺。

箋：《廣韻》及以前韻書廢韻無此音，《集韻》則有䂺小韻，牛吠切。

按：本書空格無誤，《韻鏡》列䂺亦當是後人據《集韻》所增。

26 韻目 平聲佳、上聲蟹誤列於一等，當改入二等。入聲（寄）廢誤列於二等，當改入三等。

外轉第十七

疑	群	溪	見	泥	定	透	端	明	並	滂	幫	
				孃	澄	徹	知					
角				徵				羽				
垠			根			吞						平
銀	墐		巾	紉	陳	䋎	珍	珉	貧	砏	份	
	趁											
		墾	頣									上
釿			卺		紖	䡅	駗	愍				
		螼	緊					泯	牝	砯	臏	
𪗔		硍	艮									去
憖	僅				陣	疢	鎮					
								愍	[illegible]	砯	儐	
												入
耴	姞		暨	暱	秩	抶	窒	蜜	弼		筆	
		詰	吉	昵			蛭	密	邲	匹	必	

重中重

	日	來	喻	匣	曉	影	邪	心	從	清	精
							禪	審	床	穿	照
	半商	半徵	宮				商				
痕					痕	恩					
臻								莘	蓁		臻
真	人	鄰	囙			醫	辰	申	神	瞋	眞
		苓	寅	礥		因		辛	秦	親	津
很				佷							
隱										齓	縥
軫	忍	嶙	愪		脪		腎	矧			軫
						引			盡	笉	榼
恨				恨		饐					
櫬								阠		櫬	
震	刃	遴	酳		衅	隱	慎	眒			震
						印	賮	信		親	晉
沒				麧							
櫛								瑟	齜	刹	櫛
質	日	栗	颶		肸	乙		失	實	叱	質
			逸		欯	一		悉	疾	七	堲

外轉第十七　重中重

1 平一曉　痕　謝刊本、于氏刊本、浙江局本、武英殿本同，大中堂本、仿明刊本、聚珍本作痕。《韻鏡》○。

箋：此是韻目字，切三、王三、《廣韻》並户恩反。

按：本書作痕者誤，列於曉紐位則更誤。《韻鏡》作痕而列於匣紐，當據正。又，本書韻目處字誤同。

2 平三幫　份　《韻鏡》列彬。

箋：王三份、彬皆在斌小韻，切語模糊難辨。《廣韻》份字在彬小韻，府巾切。《集韻》份、彬並列小韻首，悲巾切。

按：是本書列份合於《集韻》，《韻鏡》則與《廣韻》合。

3 平三滂　砏　《韻鏡》○。

箋：唐五代韻書真韻無滂紐，亦無此字。《廣韻》諄韻有砏小韻，普巾切。《集韻》披巾切。

按：本書所列合於《廣韻》《集韻》。

4 平三群　墐　《韻鏡》(延)○，應永本作蓳，其他各本並作蓳。

箋：唐五代韻書真韻無墐字。切三真韻有墐小韻，巨巾反；王三音同，字作槿。論音合在此位。二書該小韻皆無墐有堇，堇字注曰：『黏土。』《廣韻》則有殣小韻，亦巨巾切。收堇、墐二字，下注：『墐同堇。』《集韻》乃以堇墐等並列小韻首，渠巾切。

按：本書列字與《集韻》略同，《韻鏡》則合於《廣韻》。

5 平三影　䕃　《韻鏡》(元)、(天八)、(和)作䕃，永禄本作藘，其他各本作䕃。

箋：切三、王三真韻有蘙小韻，於巾反；《廣韻》字作䕻，音同，在䕃小韻。《集韻》音亦同，而以咽、𣿾、䕻、䕃並列於小韻首。注云：『亦書作蘙。』

按：本書及《韻鏡》此字作䕃者同《廣韻》，其他並是誤字。

6 平四幫　空格　《韻鏡》列賓。

箋：切三、王三、《廣韻》真韻有賓小韻，必鄰反。《集韻》卑民切。賓與本書三等所列份字爲重紐，正當列於此位。

按：本書不列，當是誤脱。《韻鏡》此位列賓合於韻書。參本轉第2條。

7 平四滂　空格　《韻鏡》列繽。

箋：切三、王三、《廣韻》真韻有繽小韻，匹賓切。《集韻》紕民切。

按：繽字與本書三等所列砏字爲重紐，正當列於此位。參本轉第3條。

8 平四並　空格　《韻鏡》列頻。

箋：切三、王三真韻有頻小韻，符鄰反；《廣韻》符真切。《集韻》毗賓切。王三、《廣韻》真韻另有貧小韻，符巾反。

按：是頻與貧爲重紐，本書貧字列於三等而四等無字，當是誤脱。

9 平四明　空格　《韻鏡》列民。

箋：切三、王三真韻民小韻並弥鄰反；《廣韻》《集韻》彌鄰切。切三、王三、《廣韻》真韻另有瑉小韻，武巾反。《集韻》眉貧切。

按：是瑉與民爲重紐。本書三等列瑉而此位無字者，亦當是誤脱。

10 平四群　趁　《韻鏡》〇。

箋：王一、王二、王三軫韻有趣小韻，渠忍反。注云：『又渠人、渠刃二反。』但真韻失收渠人反一音（見王三，王一、王二真韻不存）。《廣韻》《集韻》真韻則有趣小韻，渠人切。

按：本書所列之趁，當即趣字之訛。

11 上一群　空格　《韻鏡》嘉吉本、永禄本、北大本、（延）、（文）、（正）、（天）、（元）、（理）、（亨）列頷，（仙）作領，六地藏寺本原列領而添筆改爲領，應永本等作頣。

箋：《廣韻》及以前韻書很韻無群紐。《集韻》乃增頎小韻，其墾切。

按：一等韻本無群紐，本書不列，是也。《韻鏡》當是後人據《集韻》增，本有作頷若領者，則又因形近而誤也。

12 上一疑　空格　《韻鏡》六地藏寺本、北大本、寬永五年本、(理)、(正)、(享)列眼，其他各本○。

箋：《廣韻》及以前韻書很韻無此音，《集韻》混韻有眼字，在限小韻，魚懇切。

按：本書不列，是也　《韻鏡》當亦爲後人據《集韻》增。

13 上一影　空格　《韻鏡》(延)、(天)、(天八)列穏，其他各本作穏。

箋：《廣韻》及以前韻書很韻無影紐。《集韻》乃增穏小韻，安很切。

按：本書此位無字合於其他韻書，《韻鏡》所列則當是後人據《集韻》增。

14 上一匣　⿰犭辰　《韻鏡》諸本作很或狠。

箋：切一、切三、王一、王三並有佷韻，痕墾反。《廣韻》作很，胡墾切。注云：『俗作佷(澤存堂本佷作狠)。』《集韻》則作狠，下懇切。

按：本書所作當即狠字之誤，本轉韻目作狠，是其證也。《韻鏡》則本當作很，然有後人據《集韻》改爲狠者。

15 上二照　⿰魚秦　《韻鏡》○。

箋：唐五代韻書軫韻無此字。《廣韻》⿰魚秦(《古逸叢書》本、巾箱本並誤爲⿰魚秦)字在隱韻，仄謹切。《集韻》則入準韻，阻引切。此字龍宇純、余迺永並以爲臻韻上聲，是也。

按：本書所列合於《廣韻》《集韻》。

16 上二穿　齔　《韻鏡》寶生寺本、(佐)、(國)同，其他各本並作齓。

箋：此字各書並在隱韻。切三、王三作齓，王一、《廣韻》作齓。切三初隱反，王韻、《廣韻》初謹反。《集韻》隱韻字作齓，初謹切；準韻則有兩齓字，一音楚引切，一音創允切。戴震《聲韻考》以爲此字係臻韻上聲寄於隱韻者，是也。《説文》此字作齓，從齒匕會意。匕即變化字，即爲人字之倒書，是齓字作齓乃爲誤字。説詳段氏注。

按：本書列字誤，當改。

17 上二牀　空格　《韻鏡》列濜。

箋：唐五代韻書軫韻無此音。《廣韻》準韻有濜小韻，鉏紖切。《集韻》鉏引切。

按：此字亦是臻韻上聲。本書不列，蓋所據原如此。

18 上二曉　空格　《韻鏡》(文)列蠕字於平聲二等位，(天八)列於平聲三等位，其他各本此位列蠕。

箋：唐五代韻書隱韻無此字。《廣韻》休謹切，《集韻》許謹切。

按：本書此字列於第十九轉，是也　《韻鏡》重列於本轉，當是後人誤增。

19 上三知　駗　《韻鏡》北大本、寬永五年本作屒，永禄本作屒，(享)作屒，嘉吉本、應永本、寶生寺本、六地藏寺本等作展。

箋：切一、切三、王一、王二、王三軫韻有胗無駗，一在軫小韻，之忍反；一在緊小韻，居忍反。《廣韻》軫小韻有駗字，章忍切。然此數音皆非知紐。《集韻》準韻則有駗小韻，知忍切。

按：本書當是據《集韻》而列。《廣韻》準韻則有辴小韻，珍忍切。《韻鏡》或是據《廣韻》增，其作展等則是字訛。

20 上三見 巹 其他各本作卺。《韻鏡》嘉吉本、（天）作𧆂，（延）、（仙）、（元）作𧯷，寶生寺本、（佐）、（國）作卺，永祿本、寬永十八年本、北大本、寬永五年本、（享）、（理）作巹，（正）作𡬸，（天八）作巹，（文）作圉，六地藏寺本作巹，應永本等作𢀿。

箋：此字切三作巹，王一作巹，王三、《廣韻》作巹。諸書並在隱韻謹小韻，居隱反。

按：本書謹字列於第十九轉，則本轉所列非據上引各韻書。《集韻》準韻亦收巹小韻，姜濇切。此蓋即本書所據也。《韻鏡》原書此位當無字，後人增補故諸本參差且多誤矣。

21 上溪三 空格 《韻鏡》列螼。

箋：王一、王二、軫韻有螼小韻，丘忍反；王三丘引反。《廣韻》此字在準韻，弃忍切。《集韻》此小韻準韻兩見，一音遣忍切（當列四等）；一音丘忍切（當列三等）。

按：本書蓋以爲二音相同，而據遣忍切列於四等。《韻鏡》列於本位，則與王韻等合。

22 上三曉 脪 其他各本作脪。《韻鏡》嘉吉本、寶生寺本、六地藏寺本、開奩、（文）、（仙）、（元）、（國）、（理）、（延）作脪，（正）〇，（天）〇而注『胗』，應永本、永祿本、寬永十八年本、北大本、寬永五年本等列胗。

箋：脪字王一、王三在隱韻，興近反。《廣韻》則收於準韻，興腎切。《集韻》同《廣韻》。

按：本書此位列脪字合於《廣韻》《集韻》。《韻鏡》此位本或無字，後人所增而有此參差。胗字韻書無此音（參本轉第19條），凡列胗字諸本，皆是字誤。

23 上四幫 臏 《韻鏡》〇。

箋：切三、王一、王二、王三、《廣韻》軫韻有臏字，在牝小韻，毗忍反。據此當列牝字。《集韻》準韻臏字兩見，一在牝小韻，婢忍切；一爲小韻字，逋忍切。

按：本書所據當是《集韻》逋忍切之臏字而列於此位。

24 上四滂 砯 《韻鏡》〇。

箋：唐五代韻書軫韻無滂紐，《廣韻》軫、準二韻亦無。《集韻》準韻有砯字，匹忍切。

按：本書當即據《集韻》而轉訛。

25 上四溪 螼 《韻鏡》〇。

箋：王一、王二軫韻有螼小韻，丘忍反；王三丘引反。《廣韻》此字在準韻，弃忍切。《集韻》此小韻準韻兩見，一音遣忍切（當列四等）；一音丘忍切（當列三等）。

按：本書蓋以爲二音相同，而據遣忍切一音列於四等。《韻鏡》列於三等，則與王韻等合。參本轉第21條。

26 上四影　引　《韻鏡》列於喻紐四等。
箋：引字切一、切三、王一軫韻余軫反，王二餘軫反，王三余畛反，《廣韻》余忍切；《集韻》以忍切。
按：論音當列於喻紐位，本書誤列於影紐，當依《韻鏡》正。
27 上四喻　空格　《韻鏡》列引。
按：此位列引是，本書誤入影紐。參上條。
28 去一溪　硍。《韻鏡》○。
箋：《廣韻》及以前韻書恨韻無此字，亦無溪紐。《集韻》恨韻乃增硍小韻，苦恨切。
按：本書當即據《集韻》而列。
29 去一影　⿰飠恩　大中堂本、于刊本、仿明刊本、聚珍本並作⿰飠隱。《韻鏡》作⿰飠隱。
箋：王一慁韻搵小韻有⿰飠息字，烏困反又於恨反。此⿰飠息當即⿰飠隱之俗訛。王三音同，字正作⿰飠隱。王二則收⿰飠恩字於恨韻，恩恨反。《廣韻》恨韻烏恨切，《集韻》於恨切，字並作⿰飠隱。此字正當作⿰飠隱，俗省乃作⿰飠恩。
按：本書所收爲俗體。
30 去一疑　⿰飠豈　《韻鏡》永祿本、（理）○，（天八）字訛爲⿰飠登，（仙）訛爲⿰飠是，其他各本並作⿰飠豈。王韻恨韻有此字，五恨反。

箋：王一字訛爲饐，王二訛爲饐（饐字注：『郭璞云，關西人呼欲飽爲饐饐。』足證此字乃涉上文饐而誤），王三訛爲饐；《廣韻》音同，字正作饐。《集韻》亦作饐，音同《廣韻》（述古堂影宋抄本誤爲『王恨切』）。此字出《説文》，從食，豈聲。正當作饐。
按：本書列字是。

31 去二穿　櫬　《韻鏡》同。
箋：列 TID 震韻櫬字殘壞，注云：『空棺。楚覲反。三。』S. 6176（正面）震韻有櫬字，注云：『空棺。楚覲反。四。』該小韻僅三字，注『四』顯誤。王二音同 S. 6176，王一、王三初遴反；《廣韻》《集韻》初覲切。
按：此字蓋爲臻韻去聲，則本書及《韻鏡》所列不誤。

32 去二審　阠　大中堂本、于氏刊本、仿明刊本、聚珍本同，其他各本誤爲阠。《韻鏡》〇。
箋：《廣韻》及以前韻書無此音，《集韻》稕韻末乃增阠小韻，所陳切。
按：本書當是據《集韻》，其字正當作阠。然稕韻屬三等，本轉係外轉，二等位依例不當列入三等字，本書所列亦是不明此例者所爲。

33 去三見　空格　《韻鏡》（仙）列帲，其他各本作抻。
箋：《廣韻》及以前韻書震（稕）韻無此字。《集韻》稕韻有抻小韻，居覲切。
按：本書不列正同於《廣韻》等，《韻鏡》則當是後人據《集韻》增。

34 去三溪　空格　《韻鏡》(仙)列葭,其他各本並作菣。

箋:王一、王二、王三、《廣韻》震韻有菣小韻,去刃反;《集韻》菣字在稕韻,音同。《韻鏡》(仙)列葭乃是誤字,列菣者合於王韻等。

按:本書不列蓋誤脱,當補。

35 去三疑　憖　《韻鏡》(正)、(享)列慭,嘉吉本、永禄本、(文)、(仙)、(元)作憗,(延)作憖,應永本等作憖。

箋:王一、王三震韻有憖(王一字訛爲愁)小韻,魚覲反,王二魚靳反(靳當是覲之音誤)。《廣韻》同王一、王三(《古逸叢書》本字作憖),《集韻》在猌小韻,魚僅切。

按:此字從心,猌聲。《韻鏡》永禄本、嘉吉本、(文)、(仙)、(元)等作憗不誤,當據正。

36 去三影　隱　《韻鏡》○。

箋:《廣韻》及以前韻書震(稕)韻無此音。《集韻》稕韻始收隱小韻,於刃切。

按:本書當是據《集韻》列。

37 去三曉　衅　《韻鏡》(理)同,其他各本列於四等位。

箋:王一、王二、王三衅字並在震韻釁小韻,許覲反。《廣韻》音同,而以衅爲小韻首字。《集韻》則釁、衅同列於小韻首,許慎切。

按:震韻曉紐各韻書皆無重紐對立,故此字三、四等列位頗難定奪。存疑。

38 去三喻　酳　《韻鏡》(元)、(仙)列胤(字小訛)；其他各本列於四等位。嘉吉本誤爲酉，(延)、(理)列胤(字小訛)，其餘並作酳。

箋：酳字王一、王二、王三並在震韻胤小韻，与晋反；《廣韻》同(《廣韻》胤作胤，乃避宋太祖諱缺末筆)，羊晋切。《集韻》字同《廣韻》，羊進切。《韻鏡》列於四等與王韻等合，列酳者當是後人據本書酳字而妄改。

按：本書四等無字而列酳於三等者，胤是宋諱，依例當避；而《集韻》稕韻末有酳小韻，于敒切。此蓋即本書所據也。

39 去四滂　砅　《韻鏡》列𣎳(字形小訛)。

箋：各韻書震韻無此字，本書此字又列於上聲(參本轉第24條)。王一、《廣韻》震韻有𣎳小韻，撫刃反。王二作宋，音同。王三作朩，匹刃反。《集韻》稕韻作朩，音同王三。此字出《説文》，篆作𣎳，隸定作𣎳若朩。

按：本書此位列砅，蓋涉上聲而誤。《韻鏡》此位列𣎳乃合於韻書。

40 去四並　邍　《韻鏡》〇。

箋：唐五代韻書及《廣韻》《集韻》震韻無此音；《説文》《玉篇》《類篇》等亦未見此字。

按：本書所列，不知何據。存疑。

41 去四明　湣　《韻鏡》〇。

箋：《廣韻》及以前韻書震（稕）韻無明紐。《集韻》稕韻末有濇小韻，忙覲切。
按：本書所列即是據此。
42 去四見 空格 《韻鏡》寶生寺本、（佐）、（天）〇，其他各本列昀。
箋：王一、王三、《廣韻》震韻有此小韻，九峻反。《集韻》同。據切下字昀字當列合口。本書及《韻鏡》寶生寺本、（佐）、（天）僅列於第十八轉（參第十八轉第24條），是也。此位列昀者，皆後人誤增。
按：本書空格是。
43 去四溪 空格 《韻鏡》列螼。
箋：唐五代韻書震韻無此字。《廣韻》震韻有螼小韻，羌印切，與《韻鏡》列於三等位之菣字（王一、王二、王三、《廣韻》去刃反）爲重紐，正當列於此位。《集韻》螼（羌刃切）、菣（去刃切）亦爲重紐。
按：本書誤脱，當補。
44 去四曉 空格 《韻鏡》（理）〇，其他各本列衅。
按：此字本書列於三等，參本轉第37條。
45 去四喻 空格 《韻鏡》（元）、（仙）列胤（字小訛）於三等位，其他各本列於四等位。嘉吉本誤爲酉，（延）、（理）列胤（字小訛），其餘並作酳。

箋：酭字王一、王二、王三並在震韻胤小韻，与晉反；《廣韻》同（胤作⿲丿肙丨，乃避宋諱缺末筆），羊晉切。《韻鏡》列於四等與王韻等合，列酭者當是因避諱而改，作西者當是脱去右半。

按：本書列於三等者，《集韻》韻末有酭小韻，于欳切。是其所據也。參本轉第38條。

46 入一見　空格　《韻鏡》（元）〇，嘉吉本、永禄本列⿰禾气，寶生寺本、（佐）作秅，其他各本作⿰禾乞。

箋：《廣韻》及以前韻書没韻無開口見紐字，《集韻》没韻有扢小韻，古紇切。龍宇純以爲《韻鏡》所列乃據此而訛，殆是。今謂此亦當是後人所增者。

按：本書空格是。

47 入一溪　空格　《韻鏡》列⿰禾豈。

箋：《廣韻》及以前韻書没韻無此音。《集韻》没韻乃有⿰禾豈小韻，敳紇切。龍宇純謂《韻鏡》當據《集韻》⿰禾豈字而轉訛爲⿰禾豈，且誤列溪紐位，乃淺人妄增。其説殆是。

按：本書空格是。

48 入二穿　刹　大中堂本、于刊本、仿明刊本、謝刊本作剎，其他作剎。《韻鏡》〇。

箋：切三、王一質韻有剎小韻，初栗反。王三、《唐韻》、《廣韻》音同，字作剎。《集韻》測乙切。

按：此字作剎是，然本轉屬外轉，三等齒音字依例不當列於二等位，《韻鏡》此位無字，是也。本書列於此位亦當是鄭樵輩不明體例所爲也。

49 入三並　弻　其他各本作弼。《韻鏡》寬永五年本、（延）、（文）、（仙）、（天）、（天八）、（國）、

（理）作弼，嘉吉本、寶生寺本、六地藏寺本、永禄本、北大本、（佐）、（元）、（正）、（享）作弼，應永本等作弼。

箋：此字切三、王一質韻並作弼，與《説文》合，房律反。切三注云：『俗作弼、弻。』王三此字即作弼，房筆反（筆訛爲箻）；《廣韻》亦作弼，房必反。王二此字已訛爲粥，旁律反。《集韻》此字作弻弼等，薄宓切。

按：本書至治本作弼誤，當正。

50 入三明　蜜　《韻鏡》（正）同，其他各本並作密。

箋：蜜字切三、王二質韻民必反，王一名必反，王三無必反，《唐韻》弥畢反，《廣韻》彌畢切。密字切三、王一、王二、王三、《唐韻》美筆反，《廣韻》美畢切。密、蜜二字爲重紐，當以密列三等，蜜列四等。《集韻》密，莫筆切；蜜，覓畢切。蜜字用四等覓字作切上字，正是《集韻》重紐四等特點，亦可爲蜜字當列四等之旁證。

按：本書誤，當據《韻鏡》乙正。

51 入三徹　秩　《韻鏡》（理）作柣，其他各本並作抶。

箋：秩是澄紐字，切三、王一、王二、王三、《唐韻》質韻直質反，《廣韻》直一切。《集韻》亦音直質切。不得列於此位。切三、王一、王二、王三、《唐韻》、《廣韻》質韻又有抶（切三字訛爲梏，以俗字扌、木每淆，且失字每書爲失故也）小韻，並音丑栗反。《集韻》同，勅栗切。

52 按：本書作秩乃誤，當據正。

入三曉 肸 大中堂本、于氏刊本、仿明刊本、聚珍本同，其他各本作肹。《韻鏡》寶生寺本、(佐)〇，(元)、(文)作肸，(天八)作肸，嘉吉本、(仙)作肸，永禄本、寬永十八年本、北大本作肸，應永本、六地藏寺本、寬永五年本等作肸。

箋：王二質韻有肸，許乙反。王三字作肸，羲乙反。《廣韻》音同王三，字作肸，注曰：『俗作肹。』《集韻》字亦作肸，黑乙切。《説文》十部有肸字，從十，肸聲。

按：是正當作肸，俗作肹若肸，其他則皆字誤矣。當正。

53 入四明 密 《韻鏡》作蜜。

箋：蜜字切三、王二質韻民必反，王一名必反，王三無必反，《唐韻》弥畢反，《廣韻》彌畢切。密字切三、王一、王二、王三、《唐韻》美筆反，《廣韻》美畢切。密、蜜二字爲重紐，當以密列三等，蜜列四等。《集韻》密，莫筆切；蜜，覓畢切。

按：本書誤，當據《韻鏡》改。參本轉第50條。

54 入四端 空格 《韻鏡》列蛭。

箋：唐五代韻書質韻無端紐。《廣韻》則於韻末增蛭小韻，丁悉切。龍宇純謂丁悉切乃類隔，《集韻》併於窒小韻，《韻鏡》列蛭恐是淺人據此而增。今謂日抄本《韻鏡》圖中字下每有校讀者所注同音字，或是因傳抄而誤列於正圖中歟。

按：本書空格是。

55 入四定　空格　《韻鏡》列姪。

箋：唐五代韻書質韻無定紐。《廣韻》此字在秩小韻，直一切。《集韻》同，直質切。

按：本書空格是。《韻鏡》所列，亦恐後人誤將秩下校注之同音字竄入圖中耳。

56 入四泥　昵　《韻鏡》（文）〇，應永本作眤，其他各本作昵。

箋：王一、王三質韻有昵小韻，尼質反。王二、《唐韻》、《廣韻》音同，字作暱，注云：『或作昵。』是昵、暱同音，且泥母無重紐，本書及《韻鏡》三等列暱，四等不當再列昵（昵）。昵字《集韻》質韻兩見，一爲暱、昵小韻，尼質切；一爲昵、暱，乃吉切。

按：本書所列，蓋據《集韻》『乃吉切』之昵而字又轉訛也；《韻鏡》所列，頗疑爲後人據《集韻》增。

57 入四群　空格　《韻鏡》列佶。

箋：切三、王一、王三、《唐韻》、《廣韻》字並在姞小韻，巨乙反。《集韻》既同，又別有一佶小韻，其吉切，與姞構成重紐。

按：本書空格是。《韻鏡》所列當是後人據《集韻》而增。

外轉第十八

	幫	滂	並	明	端 知	透 徹	定 澄	泥 孃	見	溪	群	疑
	羽				徵				角			
平	奔	歕	盆	門	敦	暾	屯	黁	昆	坤		僤
					迍	椿	酏		麏	囷		
									鈞			
上	本	栩	獖	懣		畽	囤	炳	鯀	閫		
						偆	蝽		窘	稛		
去	奔	噴	坌	悶	頓		鈍	嫩	睔	困		顐
									吻			
入		誖	教	沒	咄		突	訥	骨	窟		
					炪	黜	述					
					崛	茁			橘			

亏九十五

通志七十七音略卷之一

七四

精照	清穿	從床	心審	邪禪	影	曉	匣	喻	來	日	
商					宮				半徵	半商	
尊	村	存	孫		溫	昏	魂		論		魂
[illegible]	[illegible]										諄
諄	春	唇	㛰	純	贇			筠	倫	犉	
遵	逡	唇	荀	旬				勻			
鄭	忖	鱒	損		穩	總	混		怨		混
											準
準	蠢	盾	賰					殞	輪		
	蹲		筍					尹			
焌	寸	鐏	巽		搵	惛	慁		論		慁
											稕
稕			舜	順						閏	
俊			峻	徇	徇						
卒	猝	捽	窣		頞	忽			[illegible]		沒
貀	䶜		窣								術
	出	術				狘		颶	律	[illegible]	
卒	焌	崒	恤			獝		驈			

輕中輕

外轉第十八　輕中輕

1 平一泥　麘　其他各本作麘。《韻鏡》作麘。

箋：唐五代韻書魂韻無泥紐，《廣韻》《集韻》於韻末增麘小韻，奴昆切。

按：此當本書所據而至治本字乃訛。

2 平二照　竣　《韻鏡》〇。

箋：《廣韻》及以前韻書真（諄）韻無此字，且無莊紐（照二）。《集韻》乃收此字於韻末，壯倫切。

按：本書所據殆即此也。然本轉屬外轉，三等齒音字不當列於二等位置，此恐亦是鄭樵輩不明體例而妄增者，當删。

3 平二穿　惛　《韻鏡》〇。

箋：王三真韻惛字兩見，一在屯小韻，陟倫反（知紐）；一在䐗小韻，丈倫反（澄紐）。兩音並訓『布貯』，當是帾字之訛。此字《廣韻》諄韻屯、䐗兩小韻下皆作帾，是其證也。然本轉之惛，於上引二音不合。《集韻》真韻末有帾小韻，測倫切。與本書所列相合，訓爲『布載米』，則其字當從巾作帾爲是。

按：然本轉爲外轉，不當於二等位列三等字，此恐亦是鄭樵輩不明早期韻圖『内外』之例而妄增耳。

4 平三滂　空格　《韻鏡》開奩、(理)列砏，其他各本作磌。

箋：唐五代韻書真韻文韻皆無砏、磌字。《廣韻》諄韻有砏小韻，普巾切。《集韻》在真韻，披巾切。《韻鏡》作砏者，乃日本校讀者據《廣韻》《集韻》欲補於第十七轉而誤列此位。知其然者，第十七轉滂紐三等位《韻鏡》無字而四等列繽，繽字《集韻》紕民切，正與砏字爲重紐矣。作磌者，龍宇純曰：『磌字各字書、韻書並無。《集韻》文韻末「磌，旁君切。石落聲。《春秋傳》聞其磌然。」《公羊》僖公十六年傳《釋文》云：「磌，之人反；又大年反。聲響也。一音芳君反。本或作砰，八耕反。」案磌字從真聲，故音之人(『人』原誤作『真』——引者)反，又音大年反。真聲之字例不當讀脣音，而此字又音芳君反者，當是演砰之聲母。《廣韻》砰，普耕切；王韻同。《集韻》披耕切亦同。《類篇》音滂君切，與《釋文》芳君反同。疑《集韻》即本《釋文》，旁爲滂之誤。本書(指《韻鏡》——引者)磌字則據《集韻》所增，字作磌者蓋後人以字從真聲不當讀脣音，遂就字形之相近改作磌耳。《七音略》此無字，可據以删此。』其説甚有理據，可依信。

按：本書空格是。

5 平三見　麏　大中堂本、仿明刊本、聚珍本作麕。

箋：王三、《廣韻》真韻有麏小韻，居筠反。《集韻》諄韻居倫切。

按：本書作麏乃字之訛也，《韻鏡》不誤。

6 平四群　空格　《韻鏡》嘉吉本、寶生寺本、六地藏寺本、永禄本、(佐)、(天)、(天八)、(元)、(國)、(永)、(和)列愬，北大本、寬永五年本、(正)、(享)作均，(文)作愬，(理)作趣，(仙)於○中補愬，應永本等○。

箋：《廣韻》及以前韻書真(諄)韻無此字。《集韻》諄韻末有愬小韻，巨旬切(棟亭本『巨』誤爲『旨』，其他各本及《類篇》不誤)。

按：本書空格是。《韻鏡》此位本或無字，本或補寫，而有字者各有參差，足證此位原無字，列愬者當亦日人據《集韻》所增也。

7 平四從　脣　《韻鏡》列鶉。

箋：脣字切三真韻、《廣韻》諄韻並食倫反，並在漘小韻內。《集韻》諄韻乃以脣爲小韻字，船倫切。俗書以脣爲脣，本書作脣乃從俗。此音非從紐，本書已列三等船紐，再列於四等乃誤。切三真韻有鶉小韻，昨旬反；王三昨匀反。《廣韻》在諄韻，音同切三。《集韻》亦在諄韻，從倫切。

按：《韻鏡》此位列鶉是，當據改。

8 平四影　空格　《韻鏡》列奫(六地藏寺本訛爲奫)。

箋：切三、王三、《廣韻》奫於倫反，並在贇小韻。據此則真韻影母無重紐，本書唯於三等位列贇，是也。《集韻》奫字亦在贇小韻，紆倫切。又有蝹小韻，一均切。則其真韻影母贇（三等）、蝹（四等）爲重紐矣。《集韻》蝹下有淵、蠕，龍宇純疑《集韻》此淵字本作奫。龍説非是。日寫本《韻鏡》每有校讀者於圖中所列字下以小字施注云『某同位』、『某同』若『同某』者，轉寫即竄入圖中所列原字之下。切三、王三、《廣韻》奫字正在贇字下，因謂《韻鏡》此位之奫，原爲日本校讀者所施之注，轉寫不察，遂誤入此位也。

按：本書空格是。

9 上一滂　栩　《韻鏡》嘉吉本、永禄本、（仙）、（文）作𢱢，（延）、（天）、（天八）訛爲栩，其他各本亦作栩。

箋：唐五代韻書混韻未見此字。《廣韻》混韻字作栩，普本切；《集韻》同。

按：此字當以作栩爲正，《韻鏡》作𢱢者當是俗書，作栩則顯爲字誤。

10 上一溪　閫　《韻鏡》作閫。

箋：切一混韻有閫小韻，□本反，切三古（當作苦）本反，王一、《廣韻》苦本反；王三音同，而字作閫。《集韻》則捆、閫同列於小韻首，亦苦本切。

按：本書作閫不誤，《韻鏡》訛爲閫者，唐代寫本已有如此者矣。

11 上一曉　總　《韻鏡》寶生寺本、永禄本、寬永十八年本、北大本作緫，嘉吉本作總，（佐）作緦，（元）作緦，（正）作緦，其他各本作緦。

箋：唐五代韻書混韻無此小紐，《廣韻》有緦小韻，虛本切。《集韻》作緦，虎本切。

按：《韻鏡》各本字形參差，頗疑亦爲後人所增。

12 上一來　怨　《韻鏡》寶生寺本作怨，（佐）、（延）作怨，嘉吉本、六地藏寺本、（文）作怨，（天）、（國）作怨，永禄本、寬永十八年本、北大本、（理）、（享）作怨，寬永五年本作怨，（正）作怨，應永本作怨，（仙）、（元）作怨。

箋：王三混韻有怨小韻，王一作怨，並盧本反。《廣韻》《集韻》音同，字作怨。

按：本書此字合於王三，然當以《廣韻》《集韻》作怨爲正。《韻鏡》本多訛誤，亦當依《廣韻》作怨。

13 上三澄　蜳　《韻鏡》〇。

箋：《廣韻》及以前韻書軫（準）韻無此字。《集韻》準韻末有蜳小韻，柱允切。

按：本書所列即是據此。

14 上三見　窘　《韻鏡》此位〇而列於群紐位。

箋：切一、切三、王一、王二、王三、《廣韻》軫韻窘小韻並音渠殞反；《集韻》準韻巨隕切。

按：此爲群紐字，本書誤列見紐位，當據《韻鏡》正。

15 上三群　空格　《韻鏡》列窘。

按：《韻鏡》列窘是，本書誤紉於見紐。參見上條。

16 上三喻　隕　《韻鏡》（理）誤列尹字，其他各本○。

箋：切一、切三、王二、王三軫韻殞小韻並有隕字，于閔反；《廣韻》同，于敏切。王一殞音亦于閔反，唯不載隕字。《集韻》則以磒爲小韻首字，羽敏切。

按：本書所列與諸韻書皆異。《韻鏡》此位則當列殞矣。

17 上三日　空格　《韻鏡》嘉吉本、（天）、（元）、（正）列毴，（延）作毴，（仙）作進，其他各本並作毴。

箋：王一、《廣韻》準韻有毴小韻，王二、王三訛爲毴，並音而尹反。《集韻》字同《廣韻》，在蝡小韻，乳尹切。

按：本書此位殆有脱誤，當依《韻鏡》列毴。

18 上四清　蹲　《韻鏡》○。

箋：《廣韻》及以前韻書軫（準）韻無。《集韻》乃於準韻末收蹲小韻，趣允切。

按：本書當是據《集韻》列蹲字。

19 上四邪　空格　《韻鏡》列楯。

箋：切三軫韻有盾小韻，食允反，無楯字。王一、王二、王三、《廣韻》盾音同，下有楯字。

按：本書列盾字於牀紐位，與此合。《韻鏡》既列盾於牀紐，又列楯字於此位者，《集韻》準韻末有楯小韻，辭允切。則楯字亦當是後人據《集韻》所增者。

20 上四日　空格　《韻鏡》列蝡。

箋：唐五代韻書軫韻無此字。《廣韻》準韻有蝡小韻，而允切；又有毴小韻，亦音而允切。音既同而分爲兩小韻，是《廣韻》之疏失也。《集韻》準韻則併毴字於蝡小韻，乳尹切。

按：日母例無重紐，本書此位不列是也。《韻鏡》列毴於三等，列蝡於四等甚無謂，恐此亦當是後人將注於毴下之同音字誤入本位者。

21 去一透　空格　《韻鏡》應永本、寬永十八年本、北大本、寬永五年本列黗，嘉吉本、永禄本、(元)、(文)作黗，寶生寺本作黗，(天)作黗，六地藏寺本等並作黗。

箋：《廣韻》及以前韻書慁韻無此字。《集韻》恨韻末有黗小韻，噋困切。

按：本書不列當是舊式如此。《韻鏡》則是後人據《集韻》增而有轉訛者。

22 去一群　空格　《韻鏡》六地藏寺本列顐，其他各本並〇。

箋：顐是疑紐字，王一、王二、王三、《廣韻》韻並五困反；《集韻》吾困切。

按：本書及《韻鏡》其他版本顐字皆列於疑紐位，是也。六地藏寺本既列顐字於疑紐，又列於群紐誤矣。

23 去一曉　惛　《韻鏡》作惛。

箋：王二、王三慁韻無曉紐。王一有昏小韻，呼困反。内無惛字。《唐韻》《廣韻》則有惛小韻，亦音呼困反。無昏字。《集韻》亦有惛（述古堂影宋抄本訛爲傑，今從宋刻本、棟亭本）小韻，音同《廣韻》。

按：本書所列，即是惛之俗字。

24 去四見 昀 《韻鏡》（理）作昀而誤入三等，此位嘉吉本、六地藏寺本、（天）、（仙）、（文）列昀，永禄本作昫，（延）作吻，寬永十八年本、北大本、寬永五年本〇，其他各本作昀。

箋：王一、王三、《廣韻》震韻並有昀小韻，九峻反。《集韻》字音並同。

按：此位正當列昀。《韻鏡》作昫若吻者，皆是此字之訛也。作昫則因日人匀字每書爲匂也。寬永十八年本、北大本、寬永五年本此位無字者，則因諸本已將昀字誤列於第十七轉也。

25 去四精 俊 《韻鏡》寶生寺本、寬永五年本、（和）、（佐）、（先）、（天）、（國）、（理）列儁，其他各本則列雋。

箋：王一、王二、王三震韻有儁小韻，子峻反。並注又作俊。《廣韻》稕韻儁音同，下有俊字，注：『上同。』《集韻》則以俊儁共列小韻首，祖峻切。

按：是本書列俊同於《集韻》；《韻鏡》當是列儁而與王韻等合，字作雋者則是寫脱左畔矣。

26 去四邪 殉 聚珍本同，其他各本作徇。《韻鏡》作殉。

箋：王二、王三、《廣韻》震韻有殉小韻，辭閏反。《集韻》徐閏切。諸書該小韻有徇字。

按：本書列狥者，蓋即殉字之誤。當依《韻鏡》正。

27 去四影　狥　聚珍本同，其他各本作徇。《韻鏡》○。

箋：各韻書徇字、狥字並無震韻影紐一讀。

按：本書當是將邪紐狥字誤列於此位（參上條）。可據《韻鏡》刪。

28 入一透　空格　《韻鏡》列宊（本有誤爲宎者）。

箋：切三、王一、王二、《廣韻》没韻並有宊小韻，他骨反。王三、《唐韻》改作宊，音同。《集韻》音亦同，而以宊、宎並列小韻首。

按：本書此位無字，當係誤脱。

29 入一疑　空格　《韻鏡》列兀。

箋：切三、王一、王二、王三、《唐韻》、《廣韻》没韻並有兀小韻，五忽反；《集韻》同。

按：本書不列亦是誤脱。

30 入一影　頞　聚珍本同，其他各本作頞。《韻鏡》（元）作殞，其他各本皆作頞。

箋：切三、王一、王二、王三、《廣韻》、《集韻》没韻並有頞小韻，烏没反。

按：作頞者誤，正當作頞。

31 入一匣　空格　《韻鏡》列搰。

箋：切三、王二没韻合口無匣紐小韻，搰字收於麧小韻，下没反（開口）。然該鶻小韻下注云：『鶻鳩，又胡八、胡骨二反。』是知二書無『胡骨反』者，當係誤脱。王二、王三鶻小韻内有搰字，胡骨反。《唐韻》則有搰小韻，亦胡骨反；《廣韻》《集韻》同。

按：本書漏載，當據補。

32 入一來　鞁　仿明刊本、大中堂本作紱，浙江局本、謝刊本作𣗳，于氏刊本、聚珍本作栽，其他作敕。《韻鏡》作𣗳。

箋：王一没韻有柀小韻，勒没反。王二作帔，王三作𣏦，《唐韻》作𣏦，《廣韻》作紱，《集韻》柭、柀同字，亦勒没切。

按：至治本小訛，仿明刊及大中堂本不誤，當據正。《韻鏡》字作𣗳，亦是誤字。

33 入二穿　䶡　《韻鏡》○。

箋：此字王一、王三質韻仕乙反。《廣韻》䶡字有兩音，一在質韻仕叱切，與王一、王三音同；一在櫛韻，崱瑟切。本書第十七轉入二𣲷紐所列䶡字，當據《廣韻》崱瑟切一音。本轉所列者，《集韻》質韻䶡有測瑟切一音，以切下字論，此音亦當爲櫛韻字，可列於第十七轉入二穿紐位，而本書彼位已列剢字（切三、王一、王三、《唐韻》、《廣韻》質韻初栗反，《集韻》測乙切），因衝突而列䶡於本轉。

按：然䶡字開口，列於本轉合口圖亦誤。

34 入三知　𢁉　《韻鏡》作𢗰。

箋：切三、王一、王二、王三、《廣韻》、《集韻》術韻並有⿰忄出小韻，竹律反。

按：諸書該小韻皆無⿰巾出字，是作⿰巾出乃⿰忄出字之誤。

35 入三澄　述　《韻鏡》作术。

箋：述字王一、王二、王三在質韻術小韻，《唐韻》《廣韻》術韻同，並音食聿反。《集韻》亦在術小韻，食律切。

按：本書術字既列於牀紐，此位當是誤字。切三、王一、王二、王三質韻，《唐韻》《廣韻》術韻並有术小韻，直律反。《集韻》術韻音同，而以茉术並列小韻之首。《韻鏡》列术是，當據正。

36 入三日　⿰月矞　《韻鏡》〇。

箋：各韻書質、術、櫛韻均無合口日紐字。唐五代韻書及《説文》《玉篇》皆不載⿰月矞字。《廣韻》術韻橘小韻有⿰月矞，居聿切，訓『月在乙也』。《集韻》術韻橘小韻亦有此字，決律切。是爲見紐，不得在此位。《集韻》屑韻血小韻亦有⿰月矞字，呼決切，訓爲『瘡貌』，字乃從肉作，與術韻之⿰月矞非一字。

按：⿰月矞字向無日紐一讀，本書所列大誤，當是後人妄增，可據《韻鏡》删。

37 入三群　空格　《韻鏡》嘉吉本、（天）列崛，其他各本作屈。

箋：崛字切三、P. 3694（背面）、王二、王三、《廣韻》在物韻，衢物反；《唐韻》同，衢勿反。

《集韻》則在迄韻，渠物切。諸書皆以倔爲小韻首字。

按：崛字不當列於此位，本書及《韻鏡》列倔於第二十轉，是也。屈字《廣韻》及以前韻書質（術）韻亦無。《集韻》乃於質韻收屈小韻，其述切。《韻鏡》所列亦當後人據《集韻》增。

38 入三照 空格 《韻鏡》永禄本、北大本、寬永五年本、（享）列欻，其他各本並作䫜。

箋：《廣韻》及以前韻書質（術）韻無此音。《集韻》術韻乃補䫜小韻，之出切。

按：本書空格是，《韻鏡》列䫜乃後人據《集韻》增。列欻者則當是行書頁旁、欠旁形似致誤也。

39 入三曉 獝 《韻鏡》〇。

箋：切三、王一、王二、王三、《唐韻》質（術）韻並有颰（王三字訛爲獝，《唐韻》聲符殘泐）小韻，下載獝字，並音許聿反。《廣韻》音同，而以獝爲小韻字。《集韻》獝、颰則在矞小韻，休必切。

按：本書所列合於《廣韻》。

40 入三喻 颮 《韻鏡》〇。

箋：切三、王一、王二、王三、《唐韻》、《廣韻》質（術）韻並有颮小韻，于筆反。《集韻》質韻亦有，越筆切。

按：本書此位列颮是，《韻鏡》當是誤脱。

41 入四端　崛　《韻鏡》〇。

箋：《廣韻》及以前韻書崛字無此音，且質、術韻亦無端紐字。《集韻》雖於質韻末增設小韻（都律切），然該小韻内亦無崛字。《集韻》之都律切乃端知類隔，當在三等知紐位。『崛』字《廣韻》衢物切（大徐衢勿切，群物合三）、魚勿切（《玉篇》及《文選・魯靈光殿賦》注亦魚勿切，疑物合三）；《集韻》則有之出切（章術合三）、渠勿切（群迄合三）、魚屈切（疑迄合三）三音；小徐九勿反（見勿合三）、瞿弗反（群物合三）。上引數音皆不得列於此位。遍考諸書，惟《一切經音義》卷一《大般若波羅密經》卷第一『耆闍崛山』條注云：『上音祇，下達律反。正梵音云：紇哩二合馱囉二合屈吒，唐云鷲峰山，即前文已説也。』此處『崛』音『達律反』恐誤。《一切經音義》妙法蓮華經序品第一『耆闍崛山』條云：『上音祇，梵云姞利馱羅矩吒山，此云鷲峰，亦云鷲臺。此山峰上多棲鷲鳥，又類高臺故也。餘音皆訛，餘釋皆非，恐煩不述，但舉正言。下皆準此解也。』『耆闍崛山』之音譯爲『紇哩二合馱囉二合屈吒』，梵文音『gṛdhrkūṭa』，巴利文『gijjhakūṭa』，『崛』即『屈吒』（kūṭa）之省譯，當對 kūṭ，故《一切經音義》卷九『姞栗陀羅屈吒山』，注云：『上音吃，屈音軍勿反。』因疑『達律反』之達字爲逵字之形訛。如《一切經音義》卷八十『並該』條有：『賈達注國語云……』『賈達』之『達』即『逵』之誤字也。

按：然本書此位之『崛』字，恐即據誤本《一切經音義》『達律反』而列，然『達律反』爲定紐，本書列其字於端紐而不列於定紐，則再誤矣。

42 入四透　茁　《韻鏡》○。

箋：各韻書、字書茁字無此音，且質、術韻亦無透紐。王一質韻茁，切語模糊；王三乙律反，乙疑是乇之俗寫。如王三山韻有譠，乙山反。《廣韻》陟山切，知紐。《集韻》託山切者，乃出《博雅音》。茁字王三乙律切者，或亦爲乇字之訛也。

按：本書所列甚無據，當删。

43 入四群　空格　《韻鏡》嘉吉本、（延）、（天）、（正）、（國）、（理）、（享）列⿺走夐，寶生寺本、（佐）、（文）作⿺走賣，（仙）作⿺走貴，（元）作⿺走賣，應永本等作⿺走矞。

箋：切三質韻有⿺走矞小韻，其律反；王一、王二、王三、《唐韻》同，其聿反。王一、王三該小韻下有⿺走夐字。《廣韻》質、術二韻無群紐合口。《集韻》⿺走矞、⿺走夐並在繘小韻，其律切。

按：本書此位無字合於《廣韻》，《韻鏡》列⿺走矞者合於切三、王韻、《唐韻》；列⿺走夐者當是⿺走矞字之形訛。

44 入四精　卒　其他各本及《韻鏡》均作卒。

箋：切三、王一、王二、王三質韻，《唐韻》《廣韻》術韻並有卒小韻，子聿反。《集韻》即聿切。

按：是卒字正當在此位，至治本乃字誤。

45 入四喻　驈　《韻鏡》列聿。

箋：《集韻》質韻有驈字，户橘切。論音當列於三等位。

按：本書蓋是本此而錯位。切三、王一、王二、王三質韻，《唐韻》《廣韻》術韻並有聿小韻，餘律反。《韻鏡》列聿與此合。

46 韻目 平聲諄、上聲準、去聲稕、入聲術皆誤列於二等，當改入三等。

外轉第十九

	羽				徵				角			
	幫	滂	並	明	端	透	定	泥	見	溪	群	疑
					知	徹	澄	孃				
平												
									斤		勤	[illegible]
上												
									謹	赾	近	听
去												
									靳		近	垽
入												
									訖	乞	趌	疙

七十七

	精照	清穿	從床	心審	邪禪	影	曉	匣	喻	來	日
	商					宮				半徵	半商
欣											
						殷	欣				
隱											
						隱	蠔				
焮											
						億	焮				
迄											
							迄				

重中輕

外轉第十九　重中輕

1 去三見　靳　《韻鏡》六地藏寺本同，其他各本並訛爲蘄。

箋：王一、王二、王三、《廣韻》焮韻並有靳小韻，居焮反。

按：本書及六地藏寺本《韻鏡》是，作蘄則是字誤。

2 韻目　平聲欣、上聲隱、去聲焮、入聲迄皆誤列於一等，當改入三等。

外轉第二十

	幫非	滂敷	並奉	明微	端知	透徹	定澄	泥孃	見	溪	群	疑
	羽				徵				角			
平												
	分	芬	汾	文					君		羣	
上												
	粉	忿	憤	吻					攟	[illegible]		齳
去												
	糞	湓	分	問					攈		郡	
入												
	弗	拂	佛	物					𠬝	屈	倔	崛

七音略第一　通志三十六

輕中輕

精照	清穿	從床	心審	邪禪	影	曉	匣	喻	來	日	
商					宮				徵	半商	
											文
					熅	熏		雲			
											吻
					惲			抎			
											問
					醞	訓		運			
											物
					鬱	颮		⿺風胃			

外轉第二十　輕中輕

1 平三群　羣　《韻鏡》嘉吉本、六地藏寺本、寶生寺本、永祿本、北大本作群，應永本等作羣。

箋：切三、王三、《廣韻》文韻此字並作羣，渠云反；《集韻》衢云切。《廣韻》注曰：『亦作群。』《集韻》則曰：『或書作群。』

按：本書列字是。

2 平三曉　熏　《韻鏡》嘉吉本、寶生寺本、六地藏寺本、永祿本、寬永五年本、（佐）、（天）、（元）、（國）同，應永本、寬永十八年本、北大本等諸本作薰。

箋：切三、王三、《廣韻》文韻並有薰小韻，許云反；下有熏字。《集韻》音同，而以熏熏並列於小韻首。

按：本書列熏合於《集韻》，《韻鏡》列熏者則是後人所改。

3 上三溪　趣　《韻鏡》北大本、寬永五年本作趣，六地藏寺本作趣不成字，其他各本並作趣。

箋：唐五代韻書吻韻無溪紐，而此字皆在齳小韻（王一、王三魚吻反；王二户吻反），《廣韻》既同此，又別立一小韻，丘粉切。《集韻》隱韻同，去粉切。

按：本書列趣合於《廣韻》《集韻》。《韻鏡》作趣若趣者乃是字誤。

4 去三敷　溢　《韻鏡》永禄本、開奩〇，其他各本亦列溢。

箋：王一、王三、《廣韻》問韻有溢小韻，匹問反（王一匹誤爲亡）；王二同，紛問反。《集韻》芳問切。

按：本書不誤，《韻鏡》無此字者當是誤脱。

5 入三見　亥　《韻鏡》嘉吉本、寶生寺本、六地藏寺本、永禄本、寬永十八年本、寬永五年本、北大本並作亥（本或字劃小異），應永本等作亥。

箋：此即孑字，《説文》：『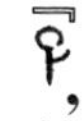，無左臂也。』隸定乃作孓，今則作孑。作亥者，俗書乃增人傍於孑之右而爲孔，再移人於下而遂有此變也。切三物韻此字作殁，《唐韻》作孔，王三訛爲孔，王二、《廣韻》並作亥，音九勿反（王三久勿反）。《廣韻》亥下有孓字，注：『上同，《説文》作此。』正可見其字嬗變之迹。

按：本書作亥誤，當正。

6 入三曉　颮　《韻鏡》寶生寺本、六地藏寺本、寬永十八年本、北大本、（佐）、（延）、（文）、（仙）、（天）、（元）、（正）、（國）、（理）、（享）同，其他各本作颮。

箋：切三、王三物韻有颮小韻，許物反；《唐韻》字同，許勿反。注云：『《説文》作颮。』王二、《廣韻》音同，字作颮。《廣韻》颮下又有颮字，注：『俗。』

按：此字《説文》正作颮，本書及《韻鏡》作颮者不誤。切三、王三作颮者，唐時俗書轉訛也。

《韻鏡》作颮者，則又因颬字而再轉訛矣。

7 入三喻　颮　《韻鏡》作颮。此字切三、王二物韻作颰，王物反（切三王訛爲玉）。《唐韻》作颮，音注殘落。

箋：王三、《廣韻》作颮，王物反（《廣韻》王勿切）。各書並訓爲『風聲』，當是一字。此字亦出《說文》，風部云：『颮，大風也。從風，胃聲。』大徐王忽切。是切三、王二作颰已誤，《韻鏡》作颮則沿《唐韻》之誤。

按：本書列字是。

8 韻目　平聲文、上聲吻、去聲問、入聲物皆誤列於一等，當改入三等。

七音畧第二

外轉二十一 平 上 去 入　　通志三十七

	幫	滂	並	明	端 知	透 徹	定 澄	泥 孃	見	溪	群	疑
	羽				徵				角			
平												
	媥				邅		繎	嘫	閒	掔		訮
									[illegible]	攑	鞬	言
	鞭	篇	便	緜					甄			
上	版	昄		鮸					簡	齴		眼
				冕		[illegible]			揵	言	蹇	言
	褊	扁	楩	緬						遣		
去	扮	盼	辦	蔄			袒		襉			豣
									建	鬳	健	甗
	徧	騗	便	面						譴		
入	捌								鴶	藒		
									訐		揭	钀
	鷩	瞥	嫳	滅					孑			

一百七十　通志七音畧卷二　十七

精照	清穿	從床	心審	邪禪	影	曉	匣	喻	來	日	
商					宮				半徵	半商	
											山
	彈	虥	山		黰	羴	閑		斕		
					焉	軒					元
煎	遷	錢	仙	涎				延			仙
醆	剗	棧	產				限				產
					偃	幰					阮
剪	淺	踐	獮	繕				演			獮
	羼		㦃				莧				襇
					堰	獻					願
箭		賤	線	羨				衍			線
		鑹									
	刹	鐗	殺		轄						鎋
											月
蠽	詧		薛					抴			薛

重中輕

外轉第二十一　重中輕

1 平二知　⿰彳亶　《韻鏡》寬永十八年本、北大本、寬永五年本、(正)、(享)、(天八)作擅,嘉吉本、寶生寺本、六地藏寺本、永禄本、(延)、(佐)、(文)、(仙)、(天)、(元)、(國)、(理)作譠,應永本等○。

箋:王三山韻有譠小韻,乙山反。乙不成字,其與乇行草相似,或是乇之訛。乇則知紐矣。《廣韻》譠小韻陟山切,收⿰彳亶字。《集韻》⿰彳亶小韻知山切;譠小韻託山切(此本《博雅音》)。

按:本書所列,當本《集韻》⿰彳亶,知山切一音。《韻鏡》列譠者合於王韻、《廣韻》;作擅者誤,無字者蓋是誤脫。

2 平二澄　⿰亻辮　《韻鏡》作⿰犭辮(六地藏寺本作⿰彳辮乃誤)。

箋:切三、王三、《廣韻》真韻有⿰犭辮小韻,丑真反(《廣韻》山韻亦有,直閑切。《集韻》丈山切),諸書並無⿰亻辮字。

按:本書所列,乃⿰犭辮字之誤。

3 平二溪　掔　《韻鏡》六地藏寺本列慣,其他各本並作慳。

箋:切三山韻有慳小韻,苦間反;不載掔字。王三慳音同,載掔字。《廣韻》慳下亦有掔,苦閑切。《集韻》乃以掔爲小韻首字，丘閑切。
按：本書列掔當是據《集韻》，《韻鏡》列慳則合於切三等，作慳者則是字誤。

4 平三見　攑　《韻鏡》（理）作𤛓，寬永十八年本、北大本作揵，其他各本並作犍。
箋：切三、王三元韻有攑小韻，居言反；不載犍、揵字。《廣韻》《集韻》攑小韻音同，下有犍字。
按：本書列攑不誤。《韻鏡》作犍，非小韻首字。當本作攑，（理）作𤛓雖誤，然終存舊式。日本校讀者以𤛓不見於韻書，遂以犍字易之，後又誤爲揵矣。

5 平四並　便　《韻鏡》六地藏寺本列稨，其他各本並作楩。
箋：切三、刊、王一、王三仙韻並有便小韻，房連反（刊反語壞缺）。不載楩、稨字。《廣韻》便小韻音同，下載楩字。《集韻》便小韻亦有楩字，毗連切。
按：本書列便是，《韻鏡》作楩者當是好事者以便字多讀去聲，遂以楩字易之，轉寫遂有誤爲稨者也。

6 平四明　緜　《韻鏡》寬永五年本作緜，其他各本並作綿。
箋：切三、王一、王三仙韻並有綿小韻，武連反。小韻内不收緜字。刊小韻字及切語壞損，下收緜字。《廣韻》則以緜爲小韻字，武延切。下有綿字，注：『上同。』《集韻》以緜、綿爲序，並列小韻首，彌延切。

按：是本書合於《廣韻》《集韻》，《韻鏡》則與唐五代韻書合。寬永五年本當是後人妄改，非原書舊式。

7 平四群 空格 《韻鏡》六地藏寺本、寬永十八年本、北大本、（享）、（天八）列虔，（理）於〇中補虔，寶生寺本、（佐）則別筆於〇中補虔，其他各本〇。

箋：虔字切三、刊、王一、王三、《廣韻》、《集韻》並在仙韻乹（乾）小韻，渠焉反（刊巨蹇反）。

按：乾字本書及《韻鏡》皆列入第二十三轉三等位，是本位不當列虔。據《韻鏡》各本之參差，此位列字者必淺人妄增。當删。

8 上二滂 眅 《韻鏡》（理）〇，（元）作販，永禄本、寬永十八年本、北大本、寬永五年本、（享）作昄，（文）作版，其他各本作眅。

箋：眅是潸韻字，王三、《廣韻》普板反，刊匹板反。刊産韻有闆字，普視（視當作限，闆字注云：『門中視也。』乃涉注文視字而誤）反，可列於此位。《集韻》産韻則有盼字，匹限切。龍宇純謂眅即盼之訛，然二字形不甚似，其説未確。

今謂《韻鏡》（理）此字僅列於第二十四轉而本轉不列者，乃存其原書舊式也。其他各本既列於第二十四轉，後人據本書誤增於此位，故其字或正或誤，並當删。

按：本書眅字已列於第二十四轉，再列本轉者誤。

9 上二並 空格 《韻鏡》（理）〇，其他各本列阪。

箋：阪字切一、切三、王一、王三、《廣韻》並在潸韻，扶版反。刊同，音北板反。此音不當列於本轉，當入第二十四轉。《集韻》則於産韻收版小韻，蒲限切；内載阪字。《韻鏡》此位列阪者，或是因版有幫紐一讀而改用阪字爲别歟？

按：此字亦非舊有者，當係後人所增。

10 上二明　䰩　大中堂本、于氏刊本、謝氏刊本、聚珍本同，其他各本作𩲃。《韻鏡》作𩲃。

箋：切一、切三、刊、王一、王三産韻並有𩲃小韻，武限反；《廣韻》武簡切。均訓爲『視貌』，是當從目作𩲃。《集韻》此字則作晚，亦武簡切。

按：本書及《韻鏡》作𩲃者是，作𩲃則是誤字。

11 上三徹　㖮　謝氏刊本、浙江局本、圖書集成本、聚珍本作㖮。《韻鏡》〇。

箋：《廣韻》及以前韻書阮韻無此字。《集韻》阮韻有㖮小韻，丑𢥞切。

按：本書當即據《集韻》而列。

12 上三見　犍　《韻鏡》(理)作鍵，(元)作𥓌。寬永十八年本、北大本作揵，其他各本亦作犍。

箋：切一阮韻有湕小韻，居偃反；不收犍、揵等字。切三、王一、《廣韻》湕小韻音同，收揵字。《集韻》湕小韻紀偃切，犍、揵皆收。

按：本書及《韻鏡》列犍若揵者，皆非小韻首字，或所據韻書犍、揵爲小韻首字？又王三湕小韻寫脱反語，故湕等四字闌入偃小韻，遂將偃小韻字數改爲『十三』矣。

13 上三溪　言　《韻鏡》嘉吉本、寬永五年本、(延)、(仙)同，六地藏寺本作云，寶生寺本作完，(元)作言，應永本、永禄本、北大本等作言、言若完。
箋：切三、王三、《廣韻》阮韻並有言小韻，去偃反。
按：本書及《韻鏡》作言若言者誤，其他則字形小訛。王一無此字，而在言下謂二字爲陸法言之謬。參下第14條。

14 上三疑　言　《韻鏡》寶生寺本、(佐)、(文)、(天八)、(天)、(國)、(理)、(享)、(和)作言，嘉吉本、永禄本、寬永十八年本、北大本、寬永五年本、(仙)、(元)、(正)作言，六地藏寺本誤不成字，應永本等〇。
箋：切三、王一、王三、《廣韻》、《集韻》阮韻有言小韻，語偃反。王一注云：『言言，脣急。陸生載此言言二字，列於《切韻》，事不稽古，便涉字袄。留不削除，庶覽者之鑑詳其謬。』
按：據此知言是陸法言所收俗字，本書所列即言字之誤。

15 上三影　偃　《韻鏡》(元)、(文)、(理)同，其他各本作堰。
箋：切三阮韻有偃小韻，於憲反；王一於憶反，王三、《廣韻》於幰反。各書該小韻皆無堰字。《集韻》隱幰切雖有偃、堰二字，然該小韻乃以匽爲首字。
按：本書作偃是，《韻鏡》列堰者甚無據。

16 上四幫　褊　大中堂本、于刊本同，其他各本作編。《韻鏡》嘉吉本、寶生寺本、(天)、(國)作褊,(延)、(文)作楄,應永本等作褊。
按:此字當作褊,切三、王三、《廣韻》獮韻方緬反,《集韻》俾緬切。

17 上四滂　扁　《韻鏡》〇。
箋:《廣韻》及以前韻書扁字無此音。《集韻》獮韻有萹字,匹善切。
按:本書所列或即萹字之訛。

18 上四見　空格　《韻鏡》列蹇。
箋:切三、王三獮韻有蹇小韻,居輦反;《廣韻》九輦切。《集韻》九件切。
按:此字各韻書並無重紐對立,本書及《韻鏡》皆已列於第二十三轉三等,是也。《韻鏡》本轉重出者,當是後人妄增。

19 上四精　剪　《韻鏡》(仙)同,其他各本並作翦。
箋:切三獮韻有翦小韻,即踐反;注『又剪』。王一、王三音同,字作剪。《廣韻》亦作翦,即淺切。下有剪字,注『俗』。《集韻》有翦無剪,子淺切。
按:本書所作當是從俗。
20 去二滂　盼　于刊本、集成本作盼,其他各本作盼。《韻鏡》嘉吉本作肹,(仙)作肹,其他各本作盼。
箋:此字當作盼,王一、王二、王三、《廣韻》襇韻匹莧反,《唐韻》《集韻》普莧反。

21 按：至治本、于刊本、集成本並誤，當依《韻鏡》作盼者正。

去二並　辦　《韻鏡》嘉吉本、寶生寺本、六地藏寺本、(延)、(佐)、(文)、(仙)、(天)、(元)、(正)、(國)作辨，寬永五年本、北大本、(享)、(天八)作辦，其他各本作瓣。

箋：王一、王二、王三襉韻有辦小韻，字從刀作，薄莧反。王一注曰：『俗作辦。』諸書該小韻有瓣字。《唐韻》字誤爲辯，蒲莧反，注曰：『又作辦，又作辨。』《廣韻》則以瓣爲小韻首字，蒲莧切；載有辨、辦等字。《集韻》同《廣韻》，皮莧切。

按：本書及《韻鏡》作辦者是辦字之俗，作辨乃其字之形訛，作瓣當是後人據《廣韻》或《集韻》妄改也。

22 去二澄　祖　大中堂本、于氏刊本同，其他各本作袒。

箋：王二、王三襉韻大莧反，《唐韻》《廣韻》丈莧反（《唐韻》丈訛爲文）。《集韻》直莧切。

按：本書此字作袒是。

23 去二見　澗　其他各本作澗。《韻鏡》本位及韻目亦並作襉。

箋：此字當作襉，乃韻目字。各本韻目作襉亦誤（惟聚珍本作襉不誤）。王二、王三、《唐韻》、《廣韻》襉，古莧反。該小韻不收澗字。

按：本書作澗者當是因至治本襉字損泐左畔，傳抄不察所致。《韻鏡》亦誤。

24 去二穿　羼　《韻鏡》〇。

箋：王三、《唐韻》孱小韻兩收，襇韻並音初莧反；諫韻王三亦初莧反（《唐韻》作視見反，切上下字並誤，疑當亦是『初莧反』）。初莧反衹當入襇韻，不當又入諫韻。王一、王二、《集韻》孱小韻皆見於襇韻，初莧反。《廣韻》孱小韻則在諫韻，初鴈切。

按：本書此位列孱，合於王一、王二、《集韻》。《韻鏡》不列者，或所據韻書諫韻亦無此字。

25 去二審 帴 《韻鏡》○。

箋：《廣韻》及以前韻書襇、綫韻皆無此字。《集韻》綫韻有，山箭切。乃據《周禮·鮑人》『爲帴』《釋文》『音踐。或山箭反』之或音而收。本圖屬外轉，綫韻列於四等，則正齒音二等位（照組）不得列三等綫韻字，否則即與襇韻字混。

按：本書於第二十三轉二等審紐位列二等諫韻訕字（王一、王二、王三、《唐韻》、《廣韻》並所晏反），是也。然又於本轉列帴則非其例也。《韻鏡》第二十三轉列訕而此位不列字，是也。

按：則本書所列帴字乃不明圖例者爲之，當刪。

26 去三溪 鬳 《韻鏡》○。

箋：《廣韻》及以前韻書願韻無溪紐開口。王一、王三、《廣韻》鬳字在甗小韻，語堰反。《集韻》同，牛堰切。

按：本書甗字既列於疑紐，又列鬳字於溪紐者，當是後人誤增。《集韻》願韻有騫小韻，祛建切。論音可列於此位。

27
去三群　健　于氏刊本、聚珍本同，他本作健。《韻鏡》應永本〇，其他各本作健。

箋：王一、王二、王三、《唐韻》、《廣韻》願韻並有健小韻，渠建反。《集韻》同。

按：諸書該小韻皆無健字，是此字當正作健。

28
去三疑　鬳瓜　其他各本作鬳瓜。《韻鏡》（元）列巘，其他各本〇。

箋：王一、《廣韻》願韻有鬳瓜小韻，語堰反；王三音同，字誤作鬳爪。《集韻》亦作鬳瓜，牛堰切。

按：至治本作鬳瓜是，他本從爪誤。《韻鏡》（元）列巘非是，其他各本誤列於四等。參下第31條。

29
去三曉　獻　《韻鏡》永禄本、寬永十八年本、北大本、寬永五年本、（享）、（天八）列憲，其他各本列獻。

箋：王一、王三願韻有憲小韻，許建反；下有獻字。王二、《唐韻》、《廣韻》、《集韻》則以獻爲小韻字，亦許建反。

按：本書所列合於王二等。《韻鏡》或本列憲，後則有據《廣韻》等改爲獻者。應永本獻下注：『憲同位。』開奩亦以獻爲『母』（小韻首字）、憲爲『子』（同音字）。

30
去四滂　騗　《韻鏡》作騗。

箋：王二、王三、《唐韻》線韻有騗小韻，匹扇反；《廣韻》匹戰切。《集韻》匹羨切。

按：本書作鷊誤，當據正。

31 去四疑　空格　《韻鏡》(元)〇，寶生寺本、(佐)列甗，六地藏寺本作獻，其他各本則作巘。

箋：唐五代韻書及《廣韻》《集韻》線韻皆無疑紐字。

按：本書此位無字，是也。《韻鏡》列巘者，龍宇純疑爲後人據《集韻》願韻牛堰切下之巘字而誤。今按《韻鏡》當是甗字先誤爲甗又誤入四等，形似再誤爲獻，校者以獻字無疑紐一讀而從《集韻》增山旁，遂又誤爲巘也。列於此位亦非，當删。參第28條。

32 入一從　鏱　于氏刊本、聚珍本作鏩，其他各本作鏩。《韻鏡》〇。

箋：此亦鏩字之訛字，鏩字俗可作鏩，因有此誤。鏩是牀紐二等字，不當列於此位。或是鏩之校字而誤入正文者，當删。參第41條。

33 入二明　空格　《韻鏡》永禄本、寬永十八年本、北大本列礣，其他各本作礣。

箋：此字切三、王一、王三、《廣韻》鎋(轄)韻作礣，王二、《唐韻》作礣。切三、王一、王二慕鎋反，王三、《唐韻》、《廣韻》莫鎋反。正當列於此位。《集韻》舝韻無礣字，别有一帓小韻，莫轄切。礣字則在黠韻阪小韻，莫八切。

按：本書無字或是誤脱。

34 入二知　空格　《韻鏡》列哳。

箋：唐五代韻書鎋韻無此字。《廣韻》陟鎋切，《集韻》同。

按：本書合於唐五代韻書，《韻鏡》疑是後人所增。

35 入二徹　空格　《韻鏡》列獺（六地藏寺本字訛爲獺）。

箋：切三、王一、王二、王三、《唐韻》、《廣韻》鎋（轄）韻並有獺小韻，他鎋反。《集韻》逖鎋切。此音以透切徹，正當列於此位。

按：本書不列蓋是誤脱。

36 入二娘　空格　《韻鏡》寬永五年本列瘵，其他各本作瘵。

箋：切三、王一、王二、王三、《唐韻》鎋韻並有瘵小韻，女鎋反。《集韻》字作瘵，女瞎切。《廣韻》則在黠韻痆小韻内，女黠切。

按：本書此位無字合於《廣韻》。《韻鏡》則是本作瘵，合於切三、王韻、《唐韻》等。寬永五年本作瘵者，乃係後人據《集韻》改。

37 入二見　鴰　《韻鏡》列鸛。

箋：鴰是合口字，切三、王一、王二、王三、《唐韻》、《廣韻》並在鎋（轄）韻刮小韻下，古頒反。《集韻》犖韻同，古刹切。本書已列刮字於第二十二轉，再列鴰字於本轉大誤。切三、王韻、《唐韻》、《廣韻》鎋（轄）韻並有鸛小韻，古轄反。《集韻》犖韻居轄切。

按：是鸛字爲開口，正當列於本位。《韻鏡》不誤，當據正。

38 入二溪　𥦗　《韻鏡》寬永十八年本、北大本、寬永五年本、（享）、（天八）作𥦗，寶生寺本、

(延)、(佐)、(文)、(天)、(元)、(正)、(國)、(理)、(永)、(和)作楬，六地藏寺本、(仙)作揭，應永本等作猲。

箋：切三、王二、王三鎋韻有⿱竹揭小韻，枯鎋反。王一、《唐韻》、《廣韻》音同，字作⿱竹⿰禾曷。此字諸韻書訓爲『木虎』，《玉篇》竹部作⿱竹⿰禾曷，注云：『柷敔也，亦作楬。』是此爲止樂之器，竹下當從木作楬。又王一、王三鎋韻又有藒小韻，祛刹反，訓爲『香草名』，與⿱竹⿰禾曷音同。

按：無論本書所據爲何，均是誤字。《韻鏡》作⿱竹⿰禾曷者正，作楬者省，其他亦是誤字。

39　入二疑　空格　《韻鏡》寶生寺本、六地藏寺本、永祿本、北大本、寬永五年本列聐，(文)作胵，嘉吉本作聕，(仙)作聒，其他各本作⿰月吉。

箋：切三、王一、王二、王三、《唐韻》鎋韻有齾小韻，五鎋反(王三吾鎋反)；無聐字。《廣韻》齾小韻亦五鎋切，下載聐字。《集韻》聐字亦在齾小韻，牛轄切。

按：本書此位無字，或是誤脱。《韻鏡》列聐或以齾字筆劃繁複而改歟？其餘並是聐字之誤。

40　入二照　空格　《韻鏡》(和)、(元)〇，嘉吉本、寶生寺本、六地藏寺本、永祿本、北大本、(佐)、(正)、(國)、(理)、(享)列鏩，寬永五年本、(天八)作鑭，(天)作鐗，(延)、(文)、(仙)作鏩，應永本等作鏩。

箋：唐五代韻書無此字。《廣韻》鎋韻有鏩小韻，查鎋切。《集韻》則有𨰹鑭小韻，槎轄切。

按：是本書此字列於牀紐而字形小訛。《韻鏡》字有不訛者而列位皆誤。參下條。

41 入二牀　鐗　大中堂本作鐗，其他各本作鐗。《韻鏡》○。

箋：唐五代韻書無此字。《廣韻》鎋韻有鏩小韻，查鎋切。《集韻》則有剿鐗小韻，槎轄切。

按：是本書當據《集韻》鐗字而訛。《韻鏡》則有誤列此字於照紐位者。《韻鏡》原書當本無此字，後人增補而誤列於照紐也。參上條。

42 入二審　殺　《韻鏡》同。

箋：殺字切三、王一、王二、王三、《唐韻》、《廣韻》並在黠韻，所八反。《集韻》同，山戛切。

論音殺字當列於第二十三轉，本書彼位已列榝字。

按：榝字《廣韻》在殺小韻，本書及《韻鏡》列殺於本轉當是誤增。

43 入二影　鶷　《韻鏡》列鸛。《廣韻》及以前韻書鎋（轄）韻無鶷字。《集韻》亦無。

箋：切三、王一、王二、王三、《唐韻》、《廣韻》鎋（轄）韻則有鸛小韻，乙鎋反。《集韻》同。正當列於此位。

按：本書列鶷甚無據，當依《韻鏡》正。

44 入二曉　空格　《韻鏡》列瞎。

箋：切三、王一、王二、王三、《唐韻》、《廣韻》鎋（轄）韻有瞎小韻，許轄反。

按：此蓋手民誤脱，當補。

45 入二匣　空格　《韻鏡》列鍣。

箋：此是《廣韻》韻目字，切三、王一、王二、《唐韻》、《廣韻》鍣（轄）韻並胡瞎反（王三胡八反誤）。

按：本書韻目有鍣，當據補。

46 入二日　空格　《韻鏡》永禄本、北大本作䵒，嘉吉本、應永本、六地藏寺本、寬永五年本等並作䵒（應永本小字），寶生寺本作䵒，（文）作䵒列於一等。

箋：切三、王一、王三、《唐韻》鍣韻無此字，王二、《廣韻》則有䵒小韻，而鍣反。《集韻》同。龍宇純曰：『日母例無二等字，疑此字當屬泥母。《玉篇》正音女鍣切。』今按龍説近是，唯此若係泥日類隔，則當與泥紐瘵字音同，亦不得列於此位。

47 入三溪　空格　《韻鏡》（享）、（天八）〇，（天）、（理）列藒，（和）作藒，北大本、寬永五年本作揭，其他各本作藒。

箋：《廣韻》及以前韻書月韻無溪紐開口。《集韻》乃於月韻末增一揭小韻，丘謁切。《韻鏡》所列，龍宇純謂或即後人據《集韻》此音而增。

按：本書不列是也。《韻鏡》列藒、藒若藒者，皆當是二等位所列藒（或楬、揭、猲）字下之校字而誤入正位者。（享）、（天八）二本列藒於二等而此位無字，即其明證也。參第 38 條。

48 入三群　撧　《韻鏡》(元)○，其他各本並作揭。

箋：切三、王二、王三、《唐韻》、《廣韻》月韻並有撧小韻，其謁反。諸書此字皆訓爲『擔物』。《唐韻》注：『又作揭。』《廣韻》撧下載揭字，注：『上同。』

按：本書所列與此合。《韻鏡》作揭者，王一月韻有揭無撧，音義與他書撧字相同。又《集韻》揭、撧二字同，並在竭小韻下。亦其謁切。

49 入三影　空格　《韻鏡》六地藏寺本、寬永十八年本、北大本、寬永五年本、(文)、(天八)、(正)、(理)、(享)列謁(六地藏寺本係別筆)，寶生寺本、(佐)、(國)於○中補謁，其他各本○。

箋：切三、王一、王二、王三、《唐韻》、《廣韻》月韻並有謁小韻，於歇反(《唐韻》誤音許歇反)。《集韻》同。論音正當列謁於此位。

按：《韻鏡》列謁者不誤，本書蓋誤脱。

50 入三曉　空格　《韻鏡》列歇。

箋：切三、王一、王二、王三、《唐韻》月韻皆有歇小韻，許謁反；《廣韻》《集韻》許竭切。

按：《韻鏡》所列是，本書蓋亦誤脱。

51 入四滂　瞥　《韻鏡》寬永十八年本、北大本同，永禄本、寬永五年本作瞥，其他各本則作瞥。

箋：切三、王二薛韻有覕小韻，芳滅反。《唐韻》覕小韻則有瞥字，芳劣反。王三有瞥無覕，亦芳滅反；《廣韻》瞥小韻音同，下注云：『亦作覕。』《集韻》瞥、覕字同，在屑韻擎小韻，匹蔑切。

按：本書及《韻鏡》列瞥合於王三、《廣韻》，作瞥如瞥則是誤字也。

52 入四並　嫳　《韻鏡》永禄本、寬永十八年本、北大本作蹩，其他各本作蹩。

箋：《廣韻》薛韻無此音。切三、王一、王三、《唐韻》薛韻有嫳，扶列反（王三扶別反）。《集韻》嫳在潎小韻，便滅切。各書該小韻皆無蹩（蹩）字。

按：本書列嫳是，《韻鏡》則是誤字。

53 入四精　蠘　《韻鏡》嘉吉本作盞，六地藏寺本、（仙）作盞，（元）、（文）、（延）作蠘，（佐）作蠽，寶生寺本、寬永五年本、（國）、（理）、（享）作蠽，其他各本作蠽。

箋：切三薛韻有蠘小韻，子列反（『子』王國維、姜亮夫並抄作『千』，非是。細審 S. 2071，其字似『于』，實即『子』字）；王一、王三姊列反。《唐韻》字作蠽，反語壞缺。《廣韻》字亦作蠽，姊列切。其下有蠘字，注云：『上同。』《集韻》則蠽、蠘同列於小韻首，子列切。

按：本書所列不誤，《韻鏡》亦當本列蠘，後人據《廣韻》等改爲蠽，作盞等者則是誤字。

54 入四清　詧　其他各本作詧。《韻鏡》（佐）、（天八）〇，其他各本列竊。

箋：《廣韻》及以前韻書薛韻無清紐開口字。《集韻》有詧，遷薛切。他本列竊者，竊是屑韻字，切三、王一、王二、王三、《唐韻》、《廣韻》並在切小韻，千結反。不當列於此位，列竊者乃是後人妄增。

按：本書乃據《集韻》而字形小訛。《韻鏡》原本此位當無字，（佐）、（天八）即其證也。

55 入四影　空格　《韻鏡》列焆。

箋：切三、王一、王二、王三、《唐韻》、《廣韻》薛韻有焆小韻，於列反。《集韻》同。

按：本書此字衹列於第二十三轉三等，是也。《韻鏡》此字即列於彼位，又列於本轉，誤矣。此字亦當是後人妄增，可據本書删。

56 入四來　空格　《韻鏡》（天）○，其他各本有列字。

箋：此字切三、王二薛韻呂薛反，王三呂結反，《唐韻》《廣韻》良薛反。《集韻》力蘖切。

按：來紐例無重紐，本書列於第二十三轉三等，是也。《韻鏡》既列於彼處，又重出於本轉亦誤。此亦是後人妄增，當删。

57 入四日　空格　《韻鏡》列熱。

箋：切三、王二、王三、《唐韻》、《廣韻》薛韻有熱小韻，如列反。

按：日紐例無重紐，本書列於第二十三轉三等，是也。《韻鏡》既列於彼，又於本轉重出，非是。此亦後人妄增者，當删。

58 韻目　平聲山誤列一等，當改入二等。

外轉二十二

	羽				徵				角			
	幫非	滂敷	並奉	明微	端知	透徹	定澄	泥孃	見	溪	群	疑
平												
							窀		鰥		權	頑
	藩	飜	煩	樠								元
					獾							
上												
	反		飯	晚					孌	綣	眷	阮
									琄		蜎	
去									鰥			
	販	嬔	飯	萬					戀	券	圈	願
									絹			
入												
					鵽	頽		妠	刮			刖
	髮	怫	伐	韈					厥	闕	鱖	月
										鈌		

輕中輕

韻	精照	清穿	從床	心審	邪禪	影	曉	匣	喻	來	日
	商					宮				半徵	半商
山	恮			栓		嬛		湲		孌	
元						鴛	暄		袁		
仙	鐫	詮	全	宣	旋	娟	翾		沿		
阮						婉	晅		遠		
獮	臇	選	雋	選	邅		蠉		兗		
襉	孨			篡				幻			
願		籑				怨	楦		遠		
線		縓	泉	選	旋				掾		
鎋	茁	篡		刷				頢			
月						嫛	颰		越		
薛	蕝	膬	絕	雪	踅	妜			悅		

外轉第二十二　輕中輕

1 平二群　權　《韻鏡》作權。

箋：切三、王三山韻無。《廣韻》作權，跪頑切；《集韻》作權，渠鰥切。

按：至治本作權是也，《韻鏡》亦不誤。

2 平二疑　頑　《韻鏡》寬永五年本、北大本、(享)、(佐)、(天八)作頑，其他各本亦作頑。

箋：切三、王三山韻有頑小韻，吴鰥反。《廣韻》頑在删韻癟小韻，五還切。切三、王三删韻亦有癟(王三字訛爲癟小韻，五還反，與頑音異。《集韻》山韻頑，五鰥切；删韻癟，吾還切。又《廣韻》山韻合口凡六小韻，而共有五小韻用頑作切下字，足證《廣韻》合併山韻之頑小韻於删韻之癟小韻乃誤矣。

按：本書及《韻鏡》列頑者不誤，列頑者則是頑之誤字。

3 平二照　恮　《韻鏡》開奩同，其他各本○。

箋：切三仙韻有恮，痊(莊之俗字)緣反。刊宣韻則有恮小韻，痊閂反(今從 P. 2014 照片摹寫，姜亮夫抄徑改作痊閞反)。王一、《廣韻》仙韻亦有恮小韻，莊緣反。《集韻》仙韻有恮，亦莊緣切；山韻則有跧，阻頑切。

按：本轉屬『外轉』，二等位有獨立二等韻山韻，三等仙韻齒音字不得借二等地位。是此字當係後人不明體例而妄增者。《韻鏡》本或將此字列於穿紐位，亦是後增。參下條。

4 平二穿　空格　《韻鏡》開奩、（理）〇，應永本列跧，其他各本作栓。

箋：諸韻書無此音。應永本所列跧字，蓋據《集韻》山韻跧，阻頑切增而誤入初紐位。其他各本則頗疑爲後人據本書照紐之栓而誤列本位。

按：本圖屬外轉，二等位不得列三等齒音字，（理）此位無字，當存《韻鏡》舊式。

5 平二來　𪊨　于刊本同，大中堂本、仿明刊本作𪊨，其他各本作𪊨。《韻鏡》作𪊨。

箋：唐五代韻書山韻無此字。《廣韻》作𪊨，力頑切。《集韻》作𪊨，盧鰥切。

按：本書大中堂本、仿明刊本所作是，當據正。

6 平三敷　飜　《韻鏡》應永本、開奩同，其他各本作翻。

箋：切三、王三、《廣韻》元韻有飜小韻，孚袁反。王三注曰：『亦作翻。』《廣韻》飜下有翻字，注『上同』。《集韻》音同，而以翻、飜同列於小韻首。

按：本書所列，合於切三等。《韻鏡》本作翻者，當是後人據旁注之同音字而改。應永本飜下有小字注曰：『番幡同。』《韻鏡開奩》亦以飜爲『母』（小韻首字），翻幡爲『子』（同音字）。

7 平三微　樠　《韻鏡》作樠。

箋：切三、王三元韻無此字。《廣韻》作樠，武元切。《集韻》則樠、槾並列，模元切。

按：本書作擶訛，當據《韻鏡》正。

8 平三曉　暄　《韻鏡》永禄本〇，寬永五年本、北大本、(佐)作暄，其他各本作暄。

箋：切三、王三、《廣韻》元韻有暄小韻，況元反。《集韻》煖、煊、暄並列小韻之首，許元切。

按：本書作暄是。《韻鏡》永禄本誤脱，寬永五年本等字訛，其他各本則不誤。

9 平四端　⿺尢雚　大中堂本作⿺尢雚。《韻鏡》嘉吉本〇，六地藏寺本列⿺尢雚，應永本列⿺尢雚字於三等，其他各本此位列⿺尢雚。

箋：切三、王二、王三仙韻無此音。王一(P. 2011)山韻韻末作⿺尢焉，丁全反。注云：『—⿺尢焉，尢也。出《説文》，新加。』刊(P. 2014)宣韻作⿺尢壽，子注模糊；《廣韻》則在仙韻，字作⿺尢雚，注云：『行不正皃。』二書亦音丁全反。《集韻》則作⿺尢亶，珍全切。將『類隔』改爲『音和』。注云：『⿺尢亶尷，行不正皃。』各韻書此字形音皆誤。《説文》：『⿺尢是，尬不能行，爲人所引曰⿺尢是尷。從尢從爪，是聲。』大徐都兮切(《玉篇》同)，小徐的齊反。是此字當入齊韻。段玉裁謂『⿺尢是尷』義與今語之『提攜』相近，是也。王一、《集韻》所作，即是⿺尢是字之誤；刊則誤合⿺尢是尷二字爲一。《廣韻》或見此之誤字，以其不當有『丁全切』一音而改爲⿺尢雚矣。今謂唐時俗書，全字多作仝、仒等(切三、王韻屢見)，兮字壞缺下半，即與仝、仒等形似。王仁昫見誤本《説文》有此音，未悟此乃訛字而收入仙韻也。

按：本書又據《廣韻》增列，以訛傳訛，庶難察其原矣。當删。《韻鏡》寶生寺本、(佐)於本轉標目下有『⿰礻雚中全切又丁全切』，（國）同而音注無『切』字，此亦後人所增，非原書舊式矣。

10 上三見　孌　《韻鏡》列卷。

箋：《廣韻》及以前韻書阮韻無見紐合口一音。《集韻》阮韻有卷字，在韏小韻，九遠切。『卷』字此音出《釋文》。《周禮·春官·大司樂》『大卷』《釋文》卷『又居遠反』，《莊子·讓王》『善卷』《釋文》卷『又居阮反』，《儀禮·燕禮》『兼卷』《釋文》引劉昌宗『居遠反』，《左傳·襄公三十年》『豐卷』、《莊子·在宥》『孌卷』並引徐邈『居阮反』，《莊子·逍遥遊》『捲曲』引徐邈『紀阮反』皆其例也。《韻鏡》此字或是好事者據《集韻》增。

按：本書列孌者，《莊子·在宥》『孌卷』《釋文》曰：『孌，力轉反。崔本作攣。卷，卷勉反。徐居阮反。司馬云：「孌卷，不申舒之狀也。」崔同。一云相牽引也。』《集韻》卷字亦注云：『孌卷，不舒也。』

按：是本書乃據《集韻》而涉注文中聯綿字『孌卷』而誤書『卷』爲『孌』矣。當正。

11 上三曉　⿰目恒　《韻鏡》作暅。

箋：切一、切三、王一、王三阮韻並有暅小韻，況晚反。諸書訓爲『日氣』，字當從日爲是。《廣韻》音同，《古逸叢書》本字亦訛爲⿰目恒。《集韻》晅暅⿰目恒同字，在咺小韻，火遠切。

按：本書或據誤本《廣韻》，當正。

12 上四見　琄　《韻鏡》○。

箋：《廣韻》及以前韻書獮韻無琄字，《説文》《釋文》亦無。此字《玉篇》胡犬切；《集韻》銑韻胡犬切（泫小韻）、古泫切（畎小韻），迥韻户茗切（迥小韻），諸音皆不得列於此位。

按：且前引諸韻書獮韻合口見紐皆無重紐，本書此是誤列，當依《韻鏡》删。

13 上四清　蕿　《韻鏡》○。

箋：《廣韻》及以前韻書獮韻無此字。《集韻》蕿字在撰小韻，雛免切。此音乃崇（牀二）紐，不當列於此位。

按：本書及《韻鏡》已於第二十四轉牀紐二等位列撰字，是本書此位之蕿字當非據《集韻》而列。《玉篇》艸部有蕿字，七選切。此或即本書所據也。《韻鏡》不列，乃與各韻書合。

14 上四邪　䞮　《韻鏡》○。

箋：《廣韻》及以前韻書獮韻合口無邪紐，《玉篇》此字有撲迥、九聿、呼銜三切，皆不當列在此位。王三、《廣韻》獮韻蠉小韻有此字，香兖反；《集韻》馨兖切。然蠉字本書已列於曉紐位，其同音之䞮斷不可列於本位。《集韻》可當此位者有蕿字，詳兖切。

按：該小韻亦無䞮字，且䞮與蕿形不近，不知本書緣何致誤。存疑。

15 上四曉　蠉　《韻鏡》寬永五年本誤爲螺，其他各本並作蠉。

箋：切三、王三、《廣韻》獮韻有蠉小韻，香兖反。切三此字已訛爲螺。

按：本書列字是。

16 去二照　孨　《韻鏡》(理)同，其他各本○。

箋：唐五代韻書線韻無此字。《廣韻》線韻有孨小韻，莊眷切。

按：此當本書所據。然本圖屬外轉，齒音二等位依例不得列三等線韻字，否則壞其例矣。《韻鏡》各本無字當是原書舊式，(理)有者，定是淺人妄增。

17 去二審　篡　《韻鏡》○。

箋：王二、王三、《唐韻》、《廣韻》線韻有篡小韻，所眷反。

按：本書所列雖據韻書，然本圖乃係外轉，齒音二等位不得列三等字。當從《韻鏡》删。

18 去三敷　娩　《韻鏡》寬永五年本作嬔，其他各本作嬔，(延)誤入四等位。

箋：王二願韻有嬔小韻，芳萬反；不收娩字。王一、王三、《廣韻》嬔(王一字訛爲娩)小韻音同，收娩字。《集韻》則首列娩字，孚萬切。

按：是本書所列合於《集韻》，《韻鏡》則合於王韻、《廣韻》等。

19 去三奉　飯　《韻鏡》(延)誤列飰於四等，其他各本此位作飰。

箋：此二字同，王二、《廣韻》願韻作飯；王一、王三作飰，皆符萬反。《集韻》則飯、飰、飰同列於小韻首，扶萬切。

按：本書所列合於王二、《廣韻》、《集韻》，《韻鏡》則合於王一、王三。

20 去三微　万　《韻鏡》寬永五年本、(文)列萬，其他各本作万，(延)誤列萬於四等。

箋：王一、王二、王三、《廣韻》願韻並以万爲小韻字，無販切。《集韻》音同而首列萬字。

按：本書所列是也。《韻鏡》列萬者乃是後人據《集韻》妄改。

21 去三群　圈　《韻鏡》寬永十八年本、北大本、寬永五年本、（正）、（天八）、（享）作圏，六地藏寺本作圈，其他各本作圈。

箋：王一、王三願韻有圏小韻，臼萬反（王三臼誤爲曰）。《廣韻》音同而字作圈。《集韻》則圈、圏同列於小韻首，具願切。

按：本書所作合於《廣韻》《集韻》，《韻鏡》作圏則合於王一、王三。

22 去三穿　⿰算攵　《韻鏡》○。

箋：此字當作⿰算攵。《説文》攴部：『⿰算攵，小舂也。從攴，算聲。』大徐初絭切。《玉篇》攴部亦云：『⿰算攵，叉萬切。小舂也。』王一、王三⿰算攵字在願韻嬔小韻，芳万反。亦注『小舂』。王一且曰：『亦作⿰米雚。』王二嬔小韻無⿰算攵字，而於韻末出⿰米雚小韻，叉万反。注云：『米未精。』其下有⿰算殳字，注云：『小舂。又初万反。』因知⿰算殳即⿰算攵之形訛。《集韻》乃以⿰算攵⿰米雚⿰算殳同字，音芻萬切。⿰米雚字亦見於《玉篇》，義爲『⿰石靡粟也。舂米未精也』。音叉萬切。《廣韻》⿰算攵下注云：『小舂也。亦作⿰米雚。』與王一、王三、《集韻》等讀音相同。故⿰米雚即⿰算攵字之或體。而王二以⿰米雚爲小韻首，當是誤與⿰算攵字互易也。《廣韻》⿰算攵字一在嬔小韻，芳万切；一爲小韻首字，亦音芳万切（古逸叢書本）。《十韻彙編》所附《校勘記》云：『澤存堂本同，巾箱本作又方切。段云前方万切，此當芳万切。』段玉裁所説非是，各韻書嬔皆芳万反（敷紐），不得改爲方万切（非紐）；且嬎字既從算聲，不當有脣音一讀。王一、王三有脣音者，乃疑所據本反切有誤遂併入嬔小韻耳。《廣韻》《集韻》不察，又以訛傳訛矣。今謂巾箱本之『叉方切』，即是『叉万切』之形訛。又，上引諸書之『初豢切』『叉万切』等音相同，不當列於此位，而本轉二等位又屬裥韻，故《韻鏡》不列。

按：本書列於三等者，惟小徐音『尺萬反』，則本書列於此位或與朱翺音相涉歟？

23 去三影　怨　《韻鏡》嘉吉本、永禄本、寬永十八年本、北大本、寬永五年本等同，寶生寺本、應永本、六地藏寺本等作怨。

箋：此字王一、王三、《廣韻》願韻並作怨，於願反。王二音同，字則作惌。

按：此字正當作怨，本書惌字作怨，此字作怨或爲區別二形歟？然而終是誤字，當正。

24 去四清　縓　《韻鏡》〇，寬永五年本地脚處別筆出校縓字。

箋：王二、王三線韻有縓小韻，七選反；《唐韻》《廣韻》七絹反。正當列於此位。

按：《韻鏡》蓋誤脱，當據本書補。

25 去四從　泉　《韻鏡》〇。

箋：《廣韻》及以前韻書泉字無此音。《集韻》線韻乃增泉小韻，疾絹切。

按：本書當即據《集韻》此音而列。

26 入二知 𪂹 《韻鏡》(天八)、(正)、(享)作𩕮,其他各本並作𪂹。

箋:切三、王一、王二、王三、《唐韻》、《廣韻》𨩲韻並有𪂹小韻,丁刮反(《唐韻》刮誤爲乱)。此音端、知類隔,當在此位。

按:本書所作是,《韻鏡》作𩕮者乃是誤字。

27 入二審 刷 《韻鏡》寛永五年本作刷,其他各本並作刷。

按:唐五代韻書𨩲韻無此字,《廣韻》刷,數刮切。《集韻》𩏂韻字同,數滑切。作刷乃是訛字。

28 入二喻 空格 《韻鏡》寛永十八年本、北大本、寛永五年本、(仙)、(正)、(國)、(天八)、(享)列曰,六地藏寺本別筆補曰,其他各本〇。

箋:切三月韻有越小韻,户伐反(匣于類隔);王三王伐反。二書該小韻皆不載曰字。王二、《唐韻》、《廣韻》越下有曰字,王伐反。《唐韻》曰下注『加』。《集韻》同《廣韻》。曰、越同音,越字既已列於三等,則曰字不得列於本位。

按:《韻鏡》本或列曰於二等位者,蓋是校讀者所施之同音字,抄胥誤入圖中也。當删。

29 入三徹 空格 《韻鏡》(仙)列㰈,其他各本作㰈。

箋:《廣韻》及以前韻書月韻無舌齒音字。《集韻》韻末乃增㰈小韻,丑伐切。

按:《韻鏡》所列當是後人據此而增。

30 入三群　觼　《韻鏡》永禄本、寬永十八年本、北大本、寬永五年本、(正)、(天八)、(享)作觼，其他各本亦作觼。

箋：切三、王一、王二、王三、《唐韻》、《廣韻》月韻有觼小韻，其月反。各書該字並訓『以角發物』。且該小韻别無觼字。《集韻》亦同，訓爲『角有所觸發也』。

按：是此字當從角作觼，作觼乃是誤字。

31 入三曉　颰　《韻鏡》作颰。

箋：切三、王一、王三、《唐韻》、《廣韻》月韻有颰小韻，許月反。王二音同，字作颰，乃是俗訛字矣。

按：本書不誤，而《韻鏡》之誤與王二同。

32 入三喻　越　《韻鏡》寶生寺本、六地藏寺本同，其他各本並誤爲越。

箋：切三、王三、《唐韻》、《廣韻》月韻此字並作越，王伐反。王二乃作越，俗訛字也。

按：本書不誤。

33 入四從　絶　《韻鏡》應永本、永禄本、寬永十八年本、北大本、寬永五年本作絁，六地藏寺本作絶，其他各本作絶。

箋：切三、王三、《唐韻》薛韻有絶小韻，情雪反。王二字作絶，《廣韻》作絶，音並同。此字《説文》糸部『從刀糸，卪聲』。卪隸定作巴或㔾。後此字省便則書爲絶若絶。

按：本書不誤，《韻鏡》本或作絙若絶者皆不成字矣。

34 入四曉　空格　《韻鏡》寶生寺本、（佐）、（文）、（正）、（國）、（理）列旻，六地藏寺本、永禄本、寬永十八年本、北大本、寬永五年本、（仙）、（天）、（元）、（享）作旻，（延）作旻，嘉吉本作昊，應永本等作旻。

箋：切三薛韻有昊小韻，音切殘缺，注僅存一『舉』字。王二、《唐韻》字作昊，許劣反（王二訛爲許列反）；注云：『舉目使人。』王一、王三、《廣韻》字作旻，音注並同《唐韻》（王三注文刊落『使人』二字）。《集韻》字同《廣韻》，翾劣切。《説文》目部有旻篆，從目、從攴會意，訓『以目使人』。大徐火劣切，與諸韻書同。是此字當正作旻。然此字本書及《韻鏡》已列於第二十四轉三等位，是本轉不當重出。

按：本書不列是，《韻鏡》所列蓋爲後人增補。

35 入四來　空格　《韻鏡》（正）、（元）〇，其他各本列劣。

箋：切三、王二、王三薛韻有劣小韻，力惙反；《廣韻》力輟切。《集韻》龍輟切。

按：本書此字僅列於第二十四轉三等位，是也。《韻鏡》重出，非是。本轉之劣亦後人所增，當删。

外轉二十三

聲	幫	滂	並	明	端 知	透 徹	定 澄	泥 孃	見	溪	群	疑
	羽				徵				角			
平					單	灘	壇	難	干	看		豻
									姦	馯		顏
					邅	脠	纏			愆	乾	
	邊		蹁	眠	顛	天	田	年	堅	牽		妍
上					亶	坦	但	攤	笴	侃		䣐
								赧				[illegible]
	辡	鴘	辯	免	展	搌	邅	趁	蹇	繾	件	齴
			辮	丏	典	腆		撚	繭	蜸		齞
去					旦	炭	憚	難	旰	侃		岸
					[illegible]	㬎			諫			鴈
			卞		驏		邅	輾			傿	彥
		片	辮	麪	殿	瑱	電	晛	見	俔		硯
入					怛	闥	達	捺	葛	渴		嶭
				礣	哳	呾	噠	痆	戛	[illegible]		
	鷩		別		哲	徹	轍		揭	朅	傑	孽
	彆	嫳	蹩	蔑	窒	鐵	姪	涅	結	猰		齧

重中重

精照	清穿	從床	心審	邪禪	影	曉	匣	喻	來	日	
商					宮				徵	半商	
	餐	戔	珊		安	頇	寒		闌		寒
		潺	刪								刪
饘	燀		羶	鋋	焉	嗎		漹	連	然	仙
牋	千	前	先		煙	祆	賢		蓮		先
鬢		瓚	散		侒	罕	旱		爛		旱
	棧	齴	潸				僩				潸
膳	闡		燃	善			㫃		輦	蹨	獮
			銑		蝘	顯	現				銑
贊	粲	攢	繖		按	漢	翰		爛		翰
	鏟	棧	訕		晏		骭				諫
戰	硟		扇	繕	躽				[illegible]		線
薦	蒨	荐	霰		宴	韅	現		練		霰
囋	擦	巀	躠		遏	顯	曷		剌		曷
札	察		榝		軋		黠				黠
浙	掣	舌	設	折	焆	娎			列	熱	薛
節	切	截	屑		噎	奊	纈				屑

外轉第二十三　重中重

1 平一從　戔　《韻鏡》列殘（應永本誤爲殘）。

箋：切三、王一、王三、《廣韻》戔字皆在寒韻殘小韻，昨干反。《集韻》乃以戔爲小韻字，財干切。

按：本書所列合於《集韻》，《韻鏡》則合於切三、王韻、《廣韻》。

2 平一曉　頇　《韻鏡》（天）〇，六地藏寺本作頋，寬永五年本作頇，其他各本並作頊。

箋：切三、王一、王三、《廣韻》寒韻並有頇小韻，許干反。《集韻》字同，虛干切。

按：此字從頁，干聲。正當作頇。

3 平一來　闌　《韻鏡》（天）誤爲蔄，其他各本作蘭。

箋：闌字切三、王一、王三、《廣韻》皆在寒韻蘭小韻，落干反（王一洛干反）。《集韻》乃以闌爲小韻首字，郎干切。

按：本書合於《集韻》，《韻鏡》則合於切三、王韻、《廣韻》。

4 平二牀　潺　《韻鏡》六地藏寺本、永祿本、寬永十八年本、北大本作潺，其他各本作潺，寶生寺本、（國）、（理）此位〇而列潺於三等位。

箋：切三、王三山韻有戲小韻，昨閑反，無潺字。《廣韻》戲小韻則有潺字，士山切。《集韻》戲小韻亦昨閑切，內無潺字而另有潺小韻，鉏山切。本書及《韻鏡》已於第二十一轉列戲字，是所列皆非上引數音。切三、王一、王三、《廣韻》仙韻亦有潺小韻，士連反。刊仙韻亦有潺字，在孱小韻（切語僅存『連反』二字）。《集韻》仙韻同，鋤連切。

按：本圖既屬外轉，二等位不當列三等齒音字，本書蓋已不明此例而列之，《韻鏡》則當是後人妄增，寶生寺本、(國)、(理)此位無字而列潺於三等位是其證也。本書及《韻鏡》所列潺字並當刪。

5 平三徹　䀡　《韻鏡》作脠。

箋：切三、王一、《廣韻》仙韻有脠小韻，丑延反，王三丑連反。《集韻》抽延切。切三、王一仙韻另有辿小韻。王三則併辿於脠小韻，然辿注中『又丑連反』未事刪削。《集韻》亦併辿於脠小韻。

按：諸書該小韻別無䀡字，是本書所作即脠字之誤。

6 平三澄　纏　于氏刊本同。其他各本作纏，是也。《韻鏡》作纏。

箋：王一、王三、《廣韻》仙韻纏小韻直連反。切三字省作緾，音同。《集韻》纏緾同字，澄延切。

按：本書作纏是，元治本訛，當校改。

7 平三見　空格　《韻鏡》六地藏寺本列甄，其他各本並作甄。

箋：切三、刊、王三、《廣韻》仙韻有甄小韻，王一字作甄，俗字也。並音居延反。《集韻》亦有甄，稽延切。當在此位。

按：本書不列，或是誤脱。《韻鏡》六地藏寺本字訛。

8 平三溪　愆　其他各本作愆。《韻鏡》六地藏寺本〇，(元)作愆，永禄本作愆，應永本作愆，其他各本作愆。

箋：此字韻書作愆，切三、王三仙韻去乹反；刊去虔反；王一、《廣韻》去乾反。《集韻》丘乾切。

按：當正作愆。

9 平三疑　空格　《韻鏡》六地藏寺本列奸，(文)作姸，其他各本作妍。

箋：各韻書仙韻無疑紐。妍是先韻字，切三、王一五賢反；《廣韻》五堅切。諸書妍字皆在研小韻。《集韻》乃以妍爲小韻字，倪堅切。

按：本書及《韻鏡》研字列在四等，是也。《韻鏡》再列妍字於此位者，當是校讀者爲研字所注之同音字而羼入正位也。

10 平四曉　祆。浙江局本、謝氏刊本、圖書集成本作祅。《韻鏡》(延)誤爲䄏，其他各本並作祆。

箋：王三先韻有祅小韻，呵憐反；《廣韻》呼煙切。《集韻》馨煙切。

按：本書及《韻鏡》作祅者是，其他並是誤字。

11 上一泥　灘　《韻鏡》作攤。

箋：各韻書灘字無此音。王一、王三旱韻，《廣韻》緩韻並有攤小韻，奴但反。《集韻》同，乃坦切。

按：本書誤，當依《韻鏡》列攤。

12 上一疑　䣊　大中堂本、仿明刊本作䣊，聚珍本作䣊。《韻鏡》○。

箋：作䣊若䣊者實不成字，《説文》《玉篇》及各韻書皆無。䣊字則僅見於《集韻》去聲翰韻，侯旰切，亦不當列於此位。

按：《韻鏡》即無，當據删。

13 上一心　散　《韻鏡》作繖。

箋：切一旱韻有散小韻，蘇旱反。不載繖字。切三音同，字作散，注云：『俗作散。』王一、王三、《廣韻》音亦同，字作散，注：『正作散。』切三以下該小韻有繖字。《集韻》繖字在散散小韻，顙旱切。

按：本書所列是。王一、王二、王三、《唐韻》、《廣韻》翰韻並有繖小韻，蘇旦反。《集韻》换韻先旰切。《韻鏡》列繖者，乃誤將上聲、去聲互倒矣。參本轉第37條。

14 上一影 佞 《韻鏡》〇。

箋：《廣韻》及以前韻書旱、緩兩韻皆無此音。《集韻》乃於緩韻增佞小韻，阿侃切（述古堂影宋抄本誤爲何侃切，今據宋刻本、楝亭本及《類篇》正）。

按：本書即是據《集韻》而列。

15 上一來 爛 《韻鏡》列嬾。

箋：王一旱韻有嬾小韻，洛旱反。王三、《廣韻》落旱反。《集韻》緩韻魯旱切。諸書該小韻皆有糷無爛。

按：本書所列，或是糷字之訛，或是去聲爛字誤列於此。

16 上二娘 𧹞 《韻鏡》（元）〇，六地藏寺本作椒，永禄本、寬永十八年本、北大本作赧，其他各本作赧若赧。

箋：切一、切三、王一、王三潸韻此字作𧹞，奴板反（王一怒板反）；刊亦作𧹞，在酴小韻，女板反。《廣韻》此字則作赧，奴板切。注：『俗作赧（明内府本注『俗作𧹞』，殆是也）。』《集韻》赧𧹞等並列於小韻之首，乃板切。《説文》赤部此字作赧，訓爲『面慙而赤也。從赤，𠬝聲』。

按：是此字正當作赧，《廣韻》從𠬝小誤，唐人俗書徑改此字從赤、從皮會意，非是也。

17 上二疑 齗 此字當爲齗缺筆。《韻鏡》永禄本作齗，六地藏寺本作齗，寬永五年本作齗，其他各本並作齗（或齗）。

箋：切一、切三、王一、王三、《廣韻》潸韻並有齘小韻，五板反。《集韻》同，雅板切。

按：是此字正當作齘，齘爲省筆，其他則是誤字。

18 上二照　空格　《韻鏡》嘉吉本作醡，其他各本則作醡。

箋：切一、切三、王一、王三、《廣韻》潸韻有醡小韻，側板反。《集韻》阻板切。

按：本書不列蓋誤脱。《韻鏡》嘉吉本乃是醡字之訛。

19 上二穿　㹌　《韻鏡》嘉吉本、（元）、（延）、（文）作棧，六地藏寺本作殘，其他各本作㹌。

箋：切一、切三、王一、王三、《廣韻》潸韻有㹌小韻，初版反。《集韻》楚綰切。

按：本書作㹌不誤。《韻鏡》作棧若殘者乃字之誤也。

20 上二匣　僩　《韻鏡》（理）同，其他各本○。

箋：切一潸韻有僩小韻，下板反；切三、《廣韻》下赧反；王三胡板反。《集韻》同《廣韻》。

按：本書所列合於諸韻書，《韻鏡》未列者或是誤脱。

21 上三並　辨　《韻鏡》寬永五年本、（延）、（文）、（仙）、（天八）、（正）、（理）、（享）作辯，寬永十八年本、北大本作辧，應永本等作辨。

箋：切三獮韻有辯字，符蹇反；該小韻僅此一字。王三、《廣韻》辯音同，小韻内有辨字。《集韻》乃以辨爲小韻字，平免切。

按：本書列辨合於《集韻》。《韻鏡》列辯者則與切三等合；其他皆是誤字。

22 上三溪　綣　《韻鏡》〇。

箋：《廣韻》及以前韻書獮韻無此字。《集韻》綣，起輦切。

按：本書當是據《集韻》而列。

23 上三照　𦗢　《韻鏡》永禄本作𦗢，其他作𦗢。

箋：羅先生謂本書此字誤，是也。然以爲當從《韻鏡》作𦗢，則非是矣。《韻鏡》此字從耳作𦗢，永禄本作𦗢者，日本俗書耳、目多淆。切三獮韻有𦗢小韻，旨善反，訓爲『耳聞』。王三、《廣韻》、《集韻》字音皆同，訓爲『耳門』(『門』當爲『聞』之誤)。

按：是其字正當從耳作𦗢。

24 上三禪　善　《韻鏡》寬永十八年本、北大本、寬永五年本、(享)〇，其他各本亦列善。

箋：切三、王三、《廣韻》獮韻有善小韻，常演反。《集韻》上演切。

按：是善字正當在此位。《韻鏡》本或無者，當是誤脱。

25 上三影　空格　《韻鏡》(仙)列弘，應永本作弘，其他各本作𠃊。

箋：王三、《廣韻》獮韻有𠃊小韻，於蹇反。《集韻》同。《韻鏡》列𠃊於此位者，是也。

按：本書此位不列而誤入於匣紐。當據正。

26 上三匣　𠃊　《韻鏡》〇。

按：𠃊是影紐字，本書乃誤列於匣紐矣。參上條。

27 上三日　蹨　《韻鏡》作蹨。

箋：切三、王三、《廣韻》獮韻有蹨小韻，人善反。《集韻》忍善切。

按：本書作蹨乃是蹨字之誤，當正。

28 上四幫　空格　《韻鏡》列編。

箋：切三銑韻有編小韻，方顯反；王一、王三方繭反（王一繭作蘁，俗）；《廣韻》方典切。

《集韻》在扁小韻，補典切。

按：本書無字或是誤脱。《韻鏡》所列合於切三等。

29 上四並　辮　《韻鏡》嘉吉本、永禄本作辯，其他各本亦作辮。

箋：切三銑韻有辮小韻，薄顯反；王一反語壞缺；王三薄典反；《廣韻》薄泫切。《集韻》婢典切。諸韻書辮小韻皆無辯字。

按：本書及《韻鏡》此位列辮者是，列辯則是字誤矣。

30 上四明　丏　大中堂本、仿明刊本作丏。《韻鏡》（元）作丏，嘉吉本、寶生寺本、（佐）作眄，寛永五年本、（延）、（文）、（理）作沔，（天）、（仙）作沔，應永本、六地藏寺本、永禄本、寛永十八年本、北大本等作沔。

箋：唐五代韻書銑韻無此字。《廣韻》緬小韻有丏、眄字，彌殄切；《集韻》音同，而以丏爲小韻首字。

按：本書當是據《集韻》而列。《韻鏡》原當無此字，故列字如此參差。作丏若眄者，乃據《廣韻》銑韻丏、眄而列；作沔、沔若沺者，則是據《廣韻》獮韻緬小韻內之沔（彌兖切）而列。其字作眄、沺者，當是寫脱右畔丏之下鈎，手民不識而遂有此誤也。

31 上四定　空格　《韻鏡》列殄。

箋：切三銑韻有殄小韻，徒顯反；王一、王三徒典反；《廣韻》《集韻》音同。

按：《韻鏡》所列合於韻書，本書無字當是誤脱。

32 上四溪　豎　其他各本作窒。《韻鏡》亦作窒。

箋：王一（P. 2011）、王三銑韻有窒字，口典反。《廣韻》牽繭切，《集韻》牽典切。

按：作窒是，當據正。

33 上四精　空格　《韻鏡》（延）列戰，其他各本列戩。

箋：戩字切三、王三、《廣韻》、《集韻》皆在獮韻翦小韻（王三作剪），即踐反。以上各韻書銑韻並無精紐字。

按：本書及《韻鏡》已列翦字於第二十一轉，《韻鏡》此位重出者，定爲後人妄增。當删。

34 上四影　蝘　《韻鏡》六地藏寺本作蝘，（佐）作蝘，其他各本亦作蝘。

箋：切三、刊、王一、王三、《廣韻》、《集韻》銑韻並有蝘小韻，於殄反（刊烏殄反，王一反語壞缺）；諸書該小韻别無蝘字。

按：此字作蝘是。

35 上四匣 現 《韻鏡》列峴。

箋：切三、王一銑韻有峴小韻，胡顯反；王三胡繭反；《廣韻》胡典切。諸書該小韻別無現字。《集韻》則現峴並列於小韻首，胡典切。

按：是本書列現合於《集韻》，《韻鏡》則與切三等合。羅常培先生謂此字當從《韻鏡》作峴，非是。蓋二書所本不同，因有此異也。

36 去一見 旰 《韻鏡》寶生寺本、（正）、（理）作旰，（國）作旴，六地藏寺本作盰，（佐）作旰，其他各本作肝。

箋：王二、《唐韻》翰韻有旰小韻，古旦反；不載旰字。王一、王三、《廣韻》旰小韻音同，有旰字。《集韻》旰旰在軑小韻，居案切。

按：是本書之旰當即旰字之訛。《韻鏡》寶生寺本等作旰是，其他各本亦誤。

37 去一心 繖 《韻鏡》列散。

箋：王一、王二、王三、《唐韻》、《廣韻》翰韻並有繖小韻，蘇旦反。《集韻》換韻先旰切。切一旱韻有散小韻，蘇旱反，不載繖字。切三音同，字作潵，注云：『俗作散。』王一、王三、《廣韻》音亦同，字作散，注：『正作潵。』切三以下該小韻有繖字。《集韻》繖字在潵散小韻，顙旱切。《韻鏡》列繖者，乃是誤將上聲、去聲之字互倒矣。

按：本書所列是。《韻鏡》所列，乃上聲字。參本轉第13條。

38 去一影　按　《韻鏡》寶生寺本、六地藏寺本、(延)、(佐)、(文)、(天)、(元)、(國)、(理)同，(仙)作按，其他各本則作桉。

箋：王一、王二、王三翰韻有按小韻，烏旦反；《廣韻》烏旰切。《集韻》於旰切。諸書該小韻別無桉字。

按：本書及《韻鏡》作按者是，作桉若挼者則是誤字也。

39 去二知　娨　《韻鏡》〇。

箋：《廣韻》《集韻》諫韻逡小韻有娨字，下晏反。王一、王二、王三、《唐韻》逡小韻亦下晏反，無娨字。娨字依《廣韻》《集韻》乃匣紐而非知紐字，不當列於此。

按：本書誤，當删。

40 去二牀　棧　《韻鏡》作轏。

箋：王一、王二、王三諫韻有輚小韻，士諫反。王二、《唐韻》該小韻有棧無轏，王一、王三則棧、轏皆有。《廣韻》以轏爲小韻首字，士諫切；《集韻》則以棧爲小韻首字，仕諫切。

按：本書所列合於《集韻》，《韻鏡》則合於《廣韻》。

41 去三並　卞　《韻鏡》〇。

箋：王二、王三、《唐韻》、《廣韻》線韻卞音皮變反，《集韻》同。《韻鏡》此字與變字皆列於第二十四轉合口圖，是也。

按：本書變列於第二十四轉而卞字列於本轉，當是一時之疏也。

42 去三娘　輾　《韻鏡》永禄本、寬永十八年本、北大本作輾，其他各本亦作輾。

箋：王二線韻此字作輾，俗書省筆也。　王三、《唐韻》、《廣韻》字並作輾，諸書皆音女箭反。

按：本書不誤，《韻鏡》作輾者當是寫脱左畔車旁首筆。

43 去三群　傼　《韻鏡》○。

箋：《廣韻》及以前韻書線韻無群紐開口字，《集韻》乃於線韻末收傼字，虔彦切。

按：本書當即據此而列。

44 去三穿　⿱竹硟　《韻鏡》作硟。

箋：王二、王三線韻有硟小韻，尺戰反。《唐韻》《廣韻》同，昌戰反。《集韻》亦尺戰切。

按：諸書該小韻並無⿱竹硟字，是本書所列，當即硟之誤字。

45 去三喻　空格　《韻鏡》列羨。

箋：《唐韻》線韻有衍小韻，予線反（《十韻彙編》所録《唐韻》切上字空缺，今依蔣斧印本）。該小韻第三字即羨。《廣韻》衍小韻亦收羨字，然誤爲于線切。

按：衍字本書及《韻鏡》皆已列於第二十一轉喻紐四等位，是不當再列於此位。　龍宇純謂《韻鏡》列於此位當是後人據誤本《廣韻》所增，殆是也。

46 去三日　空格　《韻鏡》(和)○，其他各本列綖。

箋：《廣韻》及以前韻書線韻無日紐開口字，且諸書綖字皆無日紐一讀。龍宇純謂《集韻》有繎，如戰切。可入此位。綖與繎二字行書極似，綖字或據《集韻》繎而轉訛。李新魁亦疑綖爲《集韻》繎字之誤。今按《集韻》繎字在軔小韻，綖在譴小韻(詰戰切)，且綖與繎字形不甚似，《韻鏡》所列之綖字殆非《集韻》繎字之誤。六地藏寺本二十一轉喻紐地腳處別筆出『綖』字，旁注『上四』，因頗疑本轉之綖乃是日人爲二十一轉喻紐某字所施之同音字而羼入本圖者，雖不知究據何書而終爲誤增。(和)此位即無綖字，是也，當據删。

按：本書空格是。

47 去四幫　空格　《韻鏡》列徧。

箋：王韻霰韻有遍小韻，博見反。王二遍下注曰：『又作徧。』王一、王三則載徧字。唐韻此字即作徧，博燕反。徧下注曰：『或作遍。』《廣韻》徧小韻方見切，然誤收於線韻末。《集韻》霰韻亦有徧遍小韻，卑見切。

按：本書此位無字，當沿《廣韻》之誤。《韻鏡》則合於《唐韻》等。

48 去四明　麪　《韻鏡》作麵。

箋：王一霰韻有麵小韻，莫見反；注云：『亦作麪。』《唐韻》麵音莫甸反，注：『《説文》作麪。』王二、王三字作麪，莫見反；注以麵爲俗字。《廣韻》字誤爲麪，莫甸切。下有麵字，注

『上同』。《集韻》則麪、麵同列於小韻首，眠見切。

按：本書所作同於《廣韻》而字乃麪之訛。《韻鏡》則合於王一、《唐韻》。

49 去四泥　睍　仿明刊本、集成本作晛。《韻鏡》(正)作眼，寬永十八年本、北大本作晛，其他各本作睍。

箋：王二、王三霰韻有晛字，奴見反。《唐韻》《廣韻》奴甸反。《集韻》乃見切。

按：諸書該小韻別無睍字，且晛字既訓『日光』，固當從日作。是睍即晛之訛。

50 去四匣　現　《韻鏡》列見。

箋：王一、王二、王三霰韻有現小韻，户見反；《唐韻》胡甸反。《廣韻》則以見爲小韻首字，胡甸切。下載現字，注『俗』。《集韻》亦以見爲小韻字，形甸切。

按：本書列現合於王韻、《唐韻》，《韻鏡》則合於《廣韻》等。

51 入一滂　空格　《韻鏡》寬永十八年本、北大本、寬永五年本、(天八)、(正)、(國)、(享)列癹，六地藏寺本別筆補癹，其他各本○。

按：各韻書曷韻無滂紐，本書無字是也。《韻鏡》列癹之本，定爲後人妄增。當刪。

52 入一明　空格　《韻鏡》六地藏寺本列藒，其他各本作藒。

箋：唐五代韻書及《集韻》曷、末兩韻既無此字，又無明紐一音。《廣韻》曷韻末有藒字，矛割切。《韻鏡》所列，當是後人據《廣韻》此字增。《廣韻》藒字矛割切者，切上字矛是誤字。元泰定本、明内府本此字予割切，宋本《玉篇》《篆隸萬象名義》餘割切。一等韻例無以(喻四)紐，是『予』『餘』亦並誤。今謂《廣韻》矛割切當作於割切，『於』字右旁畔壞脱則與『予』字形似，抄胥不審而遂有此誤。《玉篇》《名義》皆非顧野王之舊，後人見『予』(即『於』之壞字)、『矛』形近易訛而徑改爲『予』之同紐字『餘』字也。《集韻》此字併入遏小韻，阿葛切。則此字本讀影紐，即其明證也。歷經淆亂而誤如此，幾無從質證矣。

按：本書空位是，《韻鏡》此字當即後人據誤本《廣韻》增，當删。

53 入一泥　捺　《韻鏡》嘉吉本、(延)作捺，(元)作捺，其他各本作捺。

箋：切三、王一、王二、《唐韻》曷韻此字皆作捺，王三作捺，並奴曷反。《古逸叢書》本《廣韻》奴葛切，他本奴曷切。巾箱本字誤爲捺，其他亦作捺。

按：本書及《韻鏡》作捺者是，其他則是字誤。

54 入一疑　嶭　《韻鏡》(佐)〇，寬永五年本作嶭，其他各本亦作嶭。

箋：切三、王一、王二、王三、《唐韻》曷(末)韻此字並作嶭，五葛反。《廣韻》音同，字作嶭。《集韻》亦作嶭，牙葛切。

按：本書所作合於《廣韻》《集韻》。《韻鏡》作嶭者當是嶭字之誤。

55 入一精　囋　《韻鏡》寶生寺本、(佐)、(國)誤列二等照紐之札字，其他各本〇。

箋：《廣韻》囋字在曷韻巀小韻内，才割切。囋字此音爲從紐，不當列於此位。《集韻》末韻有囋字，子末切。然在⿱髟贊小韻，本書當亦非據此而列。切三、王二、《廣韻》末（褐）韻有⿱髟贊小韻，子末反；王一、王三、《唐韻》姊末反（《唐韻》姊誤爲妹），並與同韻合口之繓（切三、王三作縬，王一作緝），子括反對立。繓字本書及《韻鏡》列在第二十四轉合口圖，論音當列⿱髟贊字於本轉。古人⿱髟贊字習作左髟右贊，寫脱或損泐髟之上部則絶類囋字。本書蓋即緣此而訛。

按：本書訛，當改。

56 入一從　巀　《韻鏡》永禄本、寬永十八年本、北大本、寬永五年本、（天八）、（正）、（享）、（理）作巀，其他各本亦作巀。

箋：切三、王一、王三、《廣韻》曷（末）韻有巀小韻，才割反（王一才誤爲木）；王二才達反。《集韻》字作𢧵，才達切。

按：巀乃巀之省變，詳見《説文》山部。本書列字是。

57 入二幫　空格　《韻鏡》（延）〇，其他各本列八。

箋：切三、王一、王二、王三、《唐韻》、《廣韻》黠韻八小韻並音博拔反；《集韻》布拔切。本書八字列於第二十四轉，本轉不列是也。《韻鏡》八字與同韻並紐之拔字、明紐之傛字等皆已列於第二十四轉合口圖内，又於本轉重出。

按：黠韻脣音字無開合口對立，本轉所列，當是後人妄增。（延）此位無字是也，當據删。

58 入二並　空格　《韻鏡》列拔。

箋：切三、王一、王三、《廣韻》黠韻有拔小韻，蒲八反；王二、《唐韻》蒲八反。《集韻》同《廣韻》。

按：本書此字衹列於第二十四轉，是也。《韻鏡》重出，當亦後人妄增。

59 入二明 磯 《韻鏡》列傛。

箋：切三、王一鎋韻有磯小韻，慕鎋反；王二、王三、《唐韻》、《廣韻》莫鎋反。然磯既爲鎋韻字，則當依《韻鏡》列於第二十一轉。王一、王二、王三、《唐韻》、《廣韻》黠韻又有傛小韻，莫八反（《唐韻》反語壞闕）。《廣韻》傛小韻有磯字，而《集韻》磯字惟見於傛小韻，亦莫八切。

按：本書既列傛於第二十四轉，則本轉之磯當是後人妄增。《韻鏡》傛字亦兩見，當删此而存第二十四轉所列者。

60 入二知 哳 《韻鏡》嘉吉本列噹，其他各本作咀。

箋：《廣韻》及以前韻書黠韻無開口知紐字。《廣韻》鎋韻末有哳字，陟鎋切。但此音當入第二十一轉，《韻鏡》即如此。《集韻》黠韻則有噠字，知戛切。

按：本書所列或是此字之訛歟？又《韻鏡》所列之咀，《廣韻》及以前韻書黠韻皆無，《集韻》𥈭軋切。本書即據《集韻》列於徹紐，《韻鏡》列於知紐乃是後增而轉誤。參下第61條。

61 入二徹 咀 《韻鏡》〇。

箋：此字《廣韻》及以前韻書黠韻皆無。《集韻》𥈭軋切，正可列於此位。

按：本書當即據《集韻》而列。《韻鏡》此位不列而入知紐者，當是後人妄增轉誤。參上條。

62 入二澄　噠　《韻鏡》（文）、（理）同，（延）作噠，（元）作蓮，其他各本作薘。

箋：《廣韻》及以前韻書黠韻無此音。《集韻》乃於韻末收噠字，宅軋切。

按：本書所列當即據《集韻》。《韻鏡》所作參差，亦當是後人增時轉訛。

63 入二見　戞　《韻鏡》六地藏寺本作戞，嘉吉本、應永本作戞，寬永五年本作戛，其他各本作戛。

箋：此字當以作戛爲正，《説文》戈部有戛字，從戈百。王一、王三、《廣韻》即作戛；切三、王二、《唐韻》則作戞，俗字也。諸書並音古黠反。《集韻》亦作戛，訖黠切。

按：本書作戞從俗而小訛，《韻鏡》作戞若戛者亦訛。

64 入二溪　⿰言爪　《韻鏡》寬永十八年本、北大本、寬永五年本、（享）作⿰言爪，其他各本作⿰言爪。

箋：切三黠韻有⿰言爪小韻，恪八反；王三、《廣韻》音同（王三苦八反），字作⿰言爪；王一、王二音亦同，字作⿰言𠂢。此字諸書訓爲『勁也』，是當從爪作⿰言爪。

按：本書及《韻鏡》皆誤，當依切三正。

65 入二曉　空格　《韻鏡》嘉吉本、寶生寺本、（佐）、（仙）、（天）、（元）、（正）、（國）列⿰糸臿，六地藏寺本作⿰糸臿，寬永十八年本、北大本作傄，其他各本作傄。

箋：此字當作傄，王一、《唐韻》、《廣韻》、《集韻》並如是，呼八反。切三、王二、王三音同，字從俗作偺。《玉篇》此字作偺，亦音呼八切。是此字當正作偺，其他皆是誤字。然此字本書及《韻鏡》皆列於第二十四轉，且各韻書此字皆注『傄偺，健貌』。傄偺二字爲疊韻連語，傄字既列於第二十四轉，則偺亦當同。

按：本書偺字僅列於第二十四轉，是也。《韻鏡》於本轉重出者，則當是後人所加。

66 入三幫　䇷　《韻鏡》(元)○，其他各本列鼈。

箋：切三、《廣韻》薛韻有䇷小韻，方列反；王二變列反，王三兵列反。此字與鷩爲重紐，本書列於此位不誤。鼈字切三、王二、王三、《唐韻》、《廣韻》在薛韻鷩小韻下，並列反。《集韻》䇷，筆別切；鼈，必列切。二字亦爲三、四等重紐。

按：本書及《韻鏡》皆列鷩字於第二十一轉四等位，則本書䇷字列於此位，是也。《韻鏡》鷩字列於第二十四轉，而又於本轉列鼈不列䇷，誤矣。或是後人據《集韻》妄改也，當正。參下第71條。

67 入三澄　轍　《韻鏡》(元)○，寬永十八年本、北大本、(仙)、(天)、(正)、(國)、(享)列澈，其他各本作轍。

箋：切三、王一、王二、王三、《唐韻》、《廣韻》薛韻有轍小韻，直列反。各韻書該小韻皆有澈字。《集韻》同。

按：本書及《韻鏡》作轍之本不誤。作澈者，頗疑後人據旁校之字誤改。

68 入三群　傑　《韻鏡》（元）作佳，寶生寺本、永禄本、寬永十八年本、北大本作傑，六地藏寺本作桀，其他各本作傑。垈、傑、桀並是誤字。

箋：切三、王二薛韻此字作傑，《唐韻》作傑，皆唐俗字也。王三、《廣韻》此字正作傑。諸書皆渠列反。《集韻》亦作傑，巨列切。

按：本書誤，當據正。

69 入三照　浙　《韻鏡》（佐）〇，（仙）、（理）列哲，寬永十八年本、北大本作析，其他各本作折。

箋：切三、王二、王三、《唐韻》、《廣韻》薛韻並有哲小韻，旨熱反。折、浙二字皆在該小韻内（《唐韻》哲小韻殘，缺折字。然以其韻末折小韻常徹反下所注『又軄列反』視之，哲下亦當有折字）。《集韻》乃以浙爲小韻首字，之列切。

按：是本書所列當據《集韻》。《韻鏡》列哲者合於其他韻書，無字者當有脱誤，列浙者殆是後人據哲旁所注之同音字而誤改。

70 入三來　列　《韻鏡》作烈。

箋：列、烈同音，各韻書薛韻並以列爲小韻首字，切三、王二呂薛反；王三呂結反（結是屑韻字，唐五代韻書薛、屑兩韻切下字間有淆亂）；《唐韻》《廣韻》良薛反；《集韻》力蘗切。

按：是此位依本書作列較長，《韻鏡》作烈者，當亦是後人據校讀者施於列旁之同音字妄改也。

71 入四幫　彌　《韻鏡》(元)〇，其他各本列鷩(嘉吉本、應永本、寶生寺本誤爲鷩)。

箋：切三屑韻有彌(彌字之誤)小韻，王二、《唐韻》作彌(彌之俗字)，王三作弻(亦爲彌字之誤)，王一、《廣韻》正作彌，是也。諸書皆音方結反，正當列於此位。

按：本書作彌不誤。《韻鏡》所列之鷩乃薛韻字，諸韻書皆並列反。鷩字《韻鏡》既已列於第二十一轉，本轉重出乃誤。此位當依本書删鷩而列彌字。參上第66條。

72 入四滂　嫳　《韻鏡》寶生寺本、(佐)、(元)〇，寬永十八年本、北大本作瞥，其他各本作瞥(嘉吉本、應永本誤爲瞥)。

箋：切三、王三、《唐韻》屑韻有撇小韻，普蔑反；小韻内無嫳、瞥、瞥等字。王二撇小韻同，而別出一瞥小韻，匹列反；下有瞥字。以切下字論，王二此處之瞥、瞥二字似當入薛韻。然其書薛韻另有滂紐覕小韻，芳滅反。唐五代韻書薛、屑兩韻切下字每有混淆(如王三薛韻列音吕結反等亦其例也)，是王二撇、瞥兩小韻音同，未加合併則是其疏也。《廣韻》薛韻瞥音芳滅切，又芳結切。亦足證瞥字有屑韻滂紐一讀。《廣韻》《集韻》屑韻有撆(同撇)小韻，普蔑切；下載瞥、嫳等字。

按：本書所列嫳字雖見於《廣韻》《集韻》，然非小韻首字，或是撆字之誤歟？《韻鏡》所列，則與王二合。

73 入四明　茂　此字誤，當作蔑。《韻鏡》嘉吉本、六地藏寺本、(延)作薎，寶生寺本、永禄本、寬永十八年本、北大本作蔑，應永本等作蔑。此字《説文》作蔑，隸定乃作蔑。

箋：切三、王一、王三、《廣韻》、《集韻》皆作蔑；《唐韻》則作蔑，注云：『蔑亦通。』王二則作蔑。

按：諸書並莫結反。當據正。

74 入四泥　涅　于氏刊本、謝氏刊本同，其他各本作湼。《韻鏡》作涅。

箋：此字作涅是，切三、王二、王三、《唐韻》、《廣韻》屑韻奴結反；《集韻》乃結切。

按：本書誤，當據正。

75 入四溪　猰　《韻鏡》嘉吉本、(元)、(延)作猰，寶生寺本、(國)作猰，六地藏寺本作褉，永禄本作揳，其他各本作揳。

箋：切三、王二、王三、《廣韻》屑韻有猰小韻，苦結反；《唐韻》字作猠，俗。音古(當作苦)結反。諸書該小韻皆無揳、揳、褉等字。《集韻》同，詰結反。

按：本書及《韻鏡》作猰者是，其他皆是字誤也。日本書法犬旁作犭，易與扌旁及衤旁等相淆，因有此誤。

76 入四從　截　《韻鏡》寶生寺本、(享)、(天八)、(正)、(國)、(理)作截，(佐)作莪，寬永十八年本、北大本作截，其他各本作截。

箋：切三、王一、王二、王三、《唐韻》屑韻有截小韻，昨結反(切三昨誤爲作)；《廣韻》音同，字作㦰。諸書該小韻皆無攕字。《集韻》則以㦰攕並列小韻首，昨結切。

按：本書所作或即據《集韻》，《韻鏡》作㦰作截者皆不誤，其他或是壞字，或是訛字。

77 入四心　屑　《韻鏡》永祿本作屑，其他各本亦作屑。

箋：屑是韻目字，切三、王一、王二、王三、《唐韻》、《廣韻》皆先結反。《集韻》音同，字作屑、屑二形。

按：本書列字是。《韻鏡》永祿本此處是壞字，其韻目作屑可證也。

78 入四來　空格　《韻鏡》列类。

箋：此字正當作奊，從夨，圭聲。《唐韻》屑韻此字作类，字形小訛，字下注曰：『《説文》從圭，⿺辶类亦通。』⿺辶类乃俗字也。唐五代韻書從匚、從乚之字俗作每從辶，如匹作⿺辶匹若込即其例也。切三作奊亦訛。王二、王三直訛爲⿺辶类。《廣韻》作奊乃通。諸書並音練結反。《集韻》則奊类並列於小韻首，力結切。

按：本書不列，當係脱誤。《韻鏡》作类同於《唐韻》而字形亦誤也，當爲奊。

外轉二十四

	幫	滂	並	明	端 知	透 徹	定 澄	泥 孃	見	溪	群	疑
	羽				徵				角			
平	䬳	潘	盤	瞞	耑	湍	團	渜	官	寬		岏
	班	攀	肦	蠻				奻	關			[illegible]
				戀		鐉	椽		勬	弮	權	
									涓			
上	粄	坢	伴	滿	短	疃	斷	餪	管	款		輐
	扳	眅	阪	矕								
					轉	瑑	篆	腝	卷		圈	
									畎	犬		
去	半	判	畔	謾	鍛	彖	段	偄	貫	鏉		玩
	斑	襻		慢				奻	慣		[illegible]	薍
	變				囀	猭	傳		眷	[illegible]	倦	
							綻		睊	駽		
入	撥	鏺	跋	末	掇	侻	奪		括	闊		枂
	八	汃	拔	傛	窡			豽	劀	[illegible]		聉
					輟	裰		吶	蹶			
									玦	闋		

精照	清穿	從床	心審	邪禪	影	曉	匣	喻	來	日	
商					宮				半徵	半商	
鑽	竣	攢	酸		剜	歡	桓		鸞		桓
跧		袀	擐		彎		還				删
專	穿	船		遄	嬽			員	攣	堧	仙
					淵	鍹	玄				先
纂	憃	鄹	算		捥		緩		卵		緩
蟤	恮	撰	撰		綰		皖				潸
剸	姅			膞	宛				臠	腝	獮
			旋		蜎		泫				銑
穳	竄	攢	筭		惋	喚	換		亂		換
恮	篡	饌	孿		綰		患				諫
剸	釧	揀	縺					瑗	戀	瞤	線
					餶	絢	縣				霰
繓	撮	䄌	刷		斡	鍩	活		捋		末
茁	剷	齰			婠	傄	滑				黠
拙	歠		說	啜	噦	旻			劣	爇	薛
					抉	血	穴				屑

輕中重

外轉第二十四　輕中重

1 平一幫　𪐴　《韻鏡》六地藏寺本作𪐴，其他各本並作𪐴。
箋：切三、王一、王三、《廣韻》寒（桓）韻有𪐴小韻，北潘反。《集韻》逋潘切（述古堂影宋抄本誤爲隨嶓切）。
按：本書及《韻鏡》作𪐴者不誤。

2 平一端　耑　《韻鏡》作端。
箋：切三、王一、王三、《廣韻》寒（桓）韻有端小韻，多官反；切三以外，諸書該小韻有耑字。《集韻》音同，而以耑爲小韻首字。
按：本書此位合於《集韻》，《韻鏡》則與其他韻書合。

3 平一泥　渜　《韻鏡》〇。
箋：唐五代韻書寒韻無泥紐合口字。《廣韻》有濡，乃官切。《集韻》則渜濡同字，奴官切。
按：本書當是據《集韻》之渜而轉訛。

4 平一清　狻　《韻鏡》〇。
箋：《廣韻》及以前韻書寒（桓）韻無清紐合口字。《集韻》桓韻有爨字，七丸切。小韻内有鋑、穳等而無豵字。
按：頗疑本書以《集韻》爨字筆劃過多而取用鋑字，因涉穳字而誤爲稄，再誤而爲豵矣。
5
平一來　鸞　《韻鏡》列鑾。
箋：切三、王一、王三、《廣韻》寒（桓）韻有鑾小韻，落官反；小韻内有鸞字。《集韻》則以鸞爲小韻首字，盧丸切。
按：本書所列當是據《集韻》，《韻鏡》則合於其他韻書。
6
平二並　盼　《韻鏡》〇。
箋：《廣韻》及以前韻書删韻無並紐合口字。《集韻》乃於韻末增盼小韻，步還切。注云：『片也。』
按：本書所列當即據《集韻》盼字而轉誤。
7
平二疑　痡　《韻鏡》（正）作庯，（文）作癖，六地藏寺本作瘝而施校字痡，其他各本作癴。
箋：切三、《廣韻》删韻有痡小韻，五還切；王三音同，字作庯。《集韻》則以痡癴並列於小韻首，吾還切。
按：本書所列不誤，《韻鏡》作庯誤同於王三，作癖、作瘝則是訛字也。
8
平二照　硂　《韻鏡》同。
箋：唐五代韻書删韻無此音，《廣韻》乃於韻末增硂，阻全切。《集韻》亦有，阻頑切。又切

三、王一、王三仙韻有硂小韻，莊緣反（王一、王三誤爲居緣反）；刊、《廣韻》音同，而以跧爲小韻字。王一仙韻別有跧小韻，莊緣反。蓋因疏略而未與莊緣反之硂小韻合併也。

按：本書及《韻鏡》此位所列之硂，當據阻全切一音。本圖屬外轉，自不當於齒音二等位列三等仙韻之字也。

9　平二牀　袀　浙江局本、謝刊本、集成本作袀，仿明刊本作袀。《韻鏡》寶生寺本此位○而於四等之○中補犳，（和）、（文）、（理）本位○而列犳於四等，（天八）本位亦無而列弜於四等；其他各本均於二等位列犳。

箋：唐五代韻書刪、仙、先韻皆無合口二等牀紐字。《廣韻》先韻末有犳字，崇玄切。《集韻》同。本書之袀、袀、袀等皆當據《廣韻》《集韻》之犳字而轉訛。然先韻屬四等，例不當有照二（莊）組字。

此字葛信益先生曰：『《玉篇》《切韻》均有犳無犳。《玉篇》犳下云，獸豹文。之若切。《切韻》藥韻之爍反犳，注：《山海經》曰，堤山有獸，豹而文首，名犳。考《山海經·西山經》低陽之山，其獸多犀、兕、虎、犳、庬牛。郭注犳之若反。本書（指《廣韻》——引用者）入聲藥韻犳，之若切，獸名。與《山海經》合。是可證先韻犳字爲犳之訛，即訛爲犳，韻書遂據入先韻耳。』

按：《韻鏡》原本二、四等位皆當無字，日本學者據《廣韻》《集韻》增補時或以爲此是從、牀類隔，則入於四等從紐位，寶生寺本即如此。傳抄徑去其字外之○，或又誤此字爲㢮矣。後人又有據本書校改列入二等者，而有諸本之參差矣。

10 平二審　𢷬　《韻鏡》○。

箋：唐五代韻書刪韻無審紐合口，亦無此字。《廣韻》有櫦，數還切。注：『關門機。出《通俗文》。』《集韻》音同，字作櫦。《類篇》亦同，在木部。此字既訓『關門機』，字當從木、從户，睘聲。

按：《廣韻》《集韻》此字並訛，本書從扌亦訛。《韻鏡》此位無字，合於唐五代韻書。

11 平三明　𢡟　《韻鏡》○。

箋：《廣韻》及以前韻書仙（宣）韻無此字。《集韻》仙韻有𢡟字，免員切。

按：本書當即據此而列。

12 平三徹　鐉　《韻鏡》（國）於○中補猭（字小訛），其他各本○。

箋：切三、王一、王三仙韻有鐉小韻（王一字誤爲饌），丑專反；刊宣韻亦有鐉，丑緣反。《集韻》仙韻椿全切。《廣韻》鐉字併入詮小韻，此緣切；而另有猭小韻，丑緣切。

按：本書所列合於《廣韻》之外其他韻書，《韻鏡》無字者蓋有脱誤，（國）當是據《集韻》增補。

13 平三澄　椽　《韻鏡》永禄本、開奩○，寶生寺本於○中補椽，（佐）於○中補傳，其他各本列椽。

箋：切三、刊、王一、王三仙（宣）韻有椽小韻，直緣反；《廣韻》直攣切。《集韻》亦有，重緣切。

按：本書所列合於韻書，《韻鏡》不列者蓋誤脱。

14 平三溪　卷　《韻鏡》作棬。

箋：切三、王一、王三、《廣韻》仙韻有卷小韻，去員反；刊亦有此字而切語寫脱。諸書棬字皆在卷小韻内。《集韻》同，趨員切。

按：本書所列卷字合，《韻鏡》列棬或是據卷字旁注之同音字而改。

15 平三影　嬽　《韻鏡》寬永五年本、北大本、（享）、（正）同，六地藏寺本、寬永五年本別筆補嬽，其他各本〇。

箋：切三、王一、王三、《廣韻》仙韻有嬽小韻，於權反。《集韻》同，紆權切。

按：此爲重紐三等字，與於緣反之娟小韻對立，本書所列合於韻書。刊嬽字在娟小韻，於緣反。《韻鏡》原當寫脱，後人乃補。故本或作嬛等而誤入曉紐位。參下條。

16 平三曉　空格　《韻鏡》六地藏寺本列嫘，其他各本作嬛。

箋：切三、刊、王一、王三、《廣韻》嬛字並在娟小韻，於緣反。《集韻》同，縈緣切。

按：本書及《韻鏡》娟字列在第二十二轉四等影紐位，是也。《韻鏡》此字又列於本轉曉紐位諸本，殆是將影紐之嫚字寫誤且錯移一格。參上條。

17 平四幫　空格　《韻鏡》列邊。

按：本書邊字與先韻其他脣音字皆列於第二十三轉，是也。《韻鏡》所有先韻脣音字亦列彼位，再列邊於此者，誤也。當刪。

18 上一幫　叛　《韻鏡》（天八）〇，（元）作板，其他各本作粄。

箋：切一旱韻有粄小韻（據S. 2683，王國維、姜亮夫二抄本並誤爲叛），溥（當作博）管反；切三、王一、《廣韻》博管反；王三傅（亦當作博）管反；刊布管反。《集韻》緩韻同，補滿切。

按：本書所列，則粄之誤字也。《韻鏡》作板者亦誤，無字者當是寫脱。

19 上一泥　餪　《韻鏡》六地藏寺本列煖（字形小訛），其他各本作暖。

箋：切一、切三、刊、王一、王三、《廣韻》旱（緩）韻並有餪小韻，乃管反。

按：本書所列與此合。《集韻》音同，而以煗煖暖㬉並列於小韻之首。《韻鏡》所列，或是後人據旁注之同音字而改歟？

20 上一清　⿱毳心　《韻鏡》〇。

箋：《廣韻》及以前韻書旱（緩）韻無此字，亦無清紐合口讀音。《集韻》緩韻乃收⿱毳心小韻，千短切。

按：本書即據《集韻》此音而列。

21 上一從　鄹　《韻鏡》（天）同，其他各本作酇。

箋：唐五代韻書唯刊（P. 2014）旱韻有郰（字訛爲聊）小韻，詞纂反。《廣韻》則有鄹小韻，辝纂切。《集韻》鄹郰同字，緒纂切。邪紐例無一等，此三切皆是以邪切從，古『類隔』也。《韻鏡》所列之酇，各韻書皆無此音，切三旱韻無此字，刊（P. 2014）在纂小韻，作卯反，王一、王三作管反，《廣韻》同。此酇爲精紐，不當列於從紐位。鄹字經典相承無旱韻一讀，以形聲而論，亦不當有此音。《唐韻》此字訓『亭名』，《廣韻》引《字林》云：『亭名，在新豐。』《集韻》注亦同。而《説文》邑部此字作郰，『從邑，取聲』。大徐側鳩切，乃與其字形聲相合也。鄹字《萬象名義》側牛反，同『陬』。《玉篇》鄹同鄒（仄牛切），又音聚。注：『亭名，在新豐。』《説文》别有酇字，『從邑，贊聲』。大徐作管切。訓曰：『百家爲酇。酇，聚也。』韻書同，《玉篇》《篆隸萬象名義》等亦訓爲『聚』。因頗疑《字林》之鄹亦當作酇，傳寫乃涉注文『聚也』而誤爲鄹，《一切經音義》卷七五玄應《舊雜譬喻經》上卷『一鄹』條云：『古文鄹、郰二形，今作聚，同，才句反。《廣雅》聚居也，謂人所聚居也。』玄應所引當即《廣雅・釋詁》文，今本《釋詁》作：『揩，聚也。』王念孫據《文選》顔延之《應劭觀北湖田收詩》注所引《廣雅》改爲欑，乃合其『聚』義。然此字既爲『聚落』義，當以從邑作酇爲正，欑其借字耳。《一切經音義》所引『聚居也』則當從今本《釋詁》作『聚也』。然經典鄹、郰無『聚』義，而酇則皆訓『聚』，是《字林》之鄹爲酇字之誤明矣。《唐韻》未審，既收鄹字於尤韻，又據誤本《字林》收於旱韻詞纂反下，《廣韻》《集韻》相沿而不察，遂至以訛傳訛也。《韻鏡》此位列酇，當是所據韻書早韻『詞纂反』之字作酇不作鄹，所本之《字林》尚未誤也。若然，則《韻鏡》列酇非特不誤，且遠勝於本書沿《廣韻》《集韻》之誤而列鄹矣。

按：本書所列鄹字，合於《廣韻》《集韻》。

22 上一曉　空格　《韻鏡》嘉吉本、（延）、（仙）、（天八）、（元）列暖，寶生寺本、（佐）、（文）、（天）、（國）、（理）作暖，其他各本作㬉。刊緩韻有㬉小韻，呼管反，訓爲『弄羽也』。

箋：唐五代其他韻書及《廣韻》皆無。《集韻》則有㬉小韻，火管切；訓爲『弄水也』（述古堂影宋抄本『水』誤爲『木』）。是刊此字誤，訓亦誤『水』爲『羽』。

按：本書此位無字合於《廣韻》等，《韻鏡》所本或是刊一類韻書。

23 上一來　夘　于氏刊本、聚珍本作夘，武英殿本、浙江局本等作卵。《韻鏡》（享）〇，嘉吉本、（天）作夘，寶生寺本、（國）、（和）作夘，（佐）作夘，（延）作卬，（仙）作卵，（理）作卵，六地藏寺本、（元）作夘，（文）、（正）作卵，其他各本作夘。

箋：切三此字作卯，刊（P. 2014）作夘，並落管反；王三作卵，洛管反；《廣韻》字同王三，盧管切。《集韻》作夘，魯管切。

按：《說文》此字作，隸定作夘若卵，其他皆俗書訛變也。

24 上二幫　板　《韻鏡》（天八）〇，其他各本列版。

箋：切一、切三、王一、王三潸韻有板小韻，布綰反；小韻内有版字。《廣韻》音同，而以版爲小韻首字。《集韻》則版板並列小韻首，補綰切。

按：本書列板合於唐五代韻書，《韻鏡》則與《廣韻》等合。

25 上二滂　眅　《韻鏡》嘉吉本、寶生寺本、永禄本、(延)、(佐)、(文)、(元)、(國)、(理)同，六地藏寺本、寬永十八年本、北大本、寬永五年本、(仙)、(天八)、(正)、(亨)作昄，(天)作販，應永本等作販。

箋：刊潸韻有眅小韻，匹板反；下載有昄字。王一、王三、《廣韻》眅小韻無昄字，普板反。《集韻》眅小韻亦有昄字(述古堂影宋抄本誤爲販)，普版切。

按：此當以列眅爲是，其他皆是誤字。

26 上二照　⿰虫巽　《韻鏡》〇。

箋：《廣韻》及以前韻書無此音。《集韻》𩒏韻有⿰虫巽小韻，茁撰切。

按：本書所列當即據此。按本轉爲外轉，二等位依例不當列三等齒音字，《韻鏡》不列是也。

27 上二穿　㦃　《韻鏡》列羼。

箋：㦃字《廣韻》初綰切；《集韻》揣綰切。二書此字皆在産韻。然據其切下字，似可列於此位。

按：本書所列當據此。《韻鏡》所列之孱字，刋在産韻鏟小韻内，初産反；《廣韻》《集韻》則在産韻剗小韻，初限切。《韻鏡》第二十一轉已列剗字，又列孱於本轉者，當是後人誤增。

28 上二審　譔　《韻鏡》〇。

箋：《廣韻》及以前韻書潸、獮韻皆無審紐合口字。《集韻》獮韻有巽小韻，内有譔字，式撰切。

按：本書或即據《集韻》增，然以反切論，此字爲書紐，當列於三等位，列於此位乃誤。

29 上二匣　皖　《韻鏡》作晥（應永本誤爲睆）。

箋：切一、切三、王三、刋潸韻並有晥小韻，户板反；《廣韻》晥小韻音同，下有皖字，義爲『明星』。此字刋作晥，義同。《集韻》則晥皖同字，在睅晥小韻内，户版切。

按：本書所列之皖雖見於韻書，然皆非小韻首字，是皖亦晥之形訛。《韻鏡》列晥是，當據正。

30 上三徹　瑑　《韻鏡》〇。

箋：《廣韻》及以前韻書獮韻無徹紐合口字。《集韻》乃於韻末收腞字，敕轉切。注云：『篆也。《莊子》：腞楯之上。』《莊子·達生》『腞』《釋文》：『直轉反，又敕轉反。』

按：是本書所列當即據《集韻》敕轉切之腞字而轉訛。

31 上三娘　腝　《韻鏡》〇。

箋：《廣韻》及以前韻書獮韻無泥紐合口字。《集韻》有腝，女軟切，意爲『小有財』。

按：是此字當從貝作。

32 上三日　臑　《韻鏡》作腝。

箋：切三、王三獮韻有輭小韻，而兖反。小韻内無臑、腝二字。《廣韻》音同，小韻内有腝無臑。《集韻》耎小韻（乳兖切）亦有腝無臑。

按：本書所列，或即腝字之訛。

33 上三審　空格　《韻鏡》列膞。

按：膞是禪紐字，《韻鏡》右移一格乃是錯位。參下條。

34 上三禪　膞　《韻鏡》〇。

箋：切三、王三獮韻有膞小韻，視兖反；《廣韻》市兖切。《集韻》腨小韻亦有膞字，豎兖切。

按：膞字上引數切皆讀禪紐，本書所列是也。《韻鏡》誤列於審紐，當依本書正。參上條。

35 去一明　謾　《韻鏡》作縵。

箋：王一、王二、王三、《唐韻》、《廣韻》翰（换）韻並有縵小韻，莫半反（《唐韻》莫貫反）；諸書該小韻皆無謾字。《集韻》縵小韻亦莫半切，下收謾字。

按：本書當是縵之誤字，當據《韻鏡》正。

36 去一定　叚　大中堂本、仿明刊本、于氏刊本同，其他各本作叚。《韻鏡》作段。

箋：此字王一、王二、王三、《廣韻》、《集韻》翰（換）韻並作段，徒玩反。『叚』爲『段』異體。《唐韻》字作叚，當是唐代俗書，音徒翫反，亦當爲『段』字形訛。

按：本書作叚叚者均訛。《韻鏡》亦誤。並當正作段。

37 去一溪 鍛 《韻鏡》（天八）同，其他各本皆作鍛。

箋：王一、王三、《廣韻》翰（換）韻有鍛小韻（王三字從金、從款作，小異），口喚反。《集韻》同，苦喚切。

按：本書字訛，當依《韻鏡》不誤之本正爲鍛。

38 去一心 筭 其他各本作算。《韻鏡》作筭。

箋：王一、王二、王三翰韻有筭小韻，蘇段反；《唐韻》《廣韻》同，蘇貫反。諸書該小韻別無算字。《集韻》筭算並列小韻之首，音同《廣韻》等。

按：是此位列筭較長。

39 去一影 惋 《韻鏡》六地藏寺本作惋，其他各本作惋。

箋：王一、王二、王三翰韻有惋小韻，烏段反；《唐韻》《廣韻》換韻烏貫反。《集韻》同《廣韻》。諸書該小韻别無惋字，知六地藏寺本《韻鏡》所作即惋之誤字。

按：本書列字是。

40 去二幫 䙚 大中堂本、仿明刊本、于刊本同，其他作䙚。《韻鏡》〇。

箋：《廣韻》《集韻》及以前韻書諫韻皆無幫紐合口字。《集韻》裥韻有掝字，在扮小韻，博幻切。

按：本書當是據此而訛。然扮字既已列於第二十一轉，本轉再列掝字亦誤，當從《韻鏡》删。

41 去二滂　襻　大中堂本、仿明刊本、浙江局本同，其他作襻。《韻鏡》寬永五年本作襻，其他各本亦作襻。

箋：王一、王二、王三、《唐韻》、《廣韻》、《集韻》諫韻並有襻小韻，普患反（《十韻彙編》録《唐韻》『普患』誤爲『善患』）。

按：本書及《韻鏡》作襻者皆誤。

42 去二明　慢　《韻鏡》六地藏寺本作幔，其他各本作慢。

箋：王一、王二、王三、《唐韻》諫韻有慢小韻，莫晏反；《廣韻》謨晏切。《集韻》同王韻。諸書該小韻别誤幔字，應永本《韻鏡》於一等縵下施注曰：『幔同』，六地藏寺本蓋據此而誤改。

43 去二穿　篡　大中堂本、仿明刊本、于刊本同，其他各本作篡。《韻鏡》（佐）作纂，永禄本、寬永十八年本、北大本作篡，六地藏寺本作簒，其他各本作篡。

按：本書列字是。

箋：王一、王二、王三、諫韻有篡小韻，楚患反；《唐韻》《廣韻》《集韻》初患反。

按：本書至治本等及《韻鏡》作篹者不誤。

44 去二審 孿 《韻鏡》同。

箋：孿字有二、三等異讀，一在諫韻，《唐韻》作『雙生子患又所眷反一』，注文蓋誤。王二訕韻（相當於其他韻書諫韻）未收此字，王三山患反，《廣韻》生患切，《集韻》數患切。一在線韻篹小韻，王二、王三、《唐韻》、《廣韻》所眷反。《集韻》數眷切。

按：本圖爲外轉，二等位依例不當列入三等齒音字。本書及《韻鏡》當是據諫韻山患反之音列孿於此。

45 去三並 空格 《韻鏡》列卞。

箋：王二、王三、《唐韻》、《廣韻》線韻並有卞小韻，皮變反。《集韻》同。卞字與二十一轉四等位之鬜（本書誤爲鬝，參第二十一轉第30條）字爲重紐，正當列於此位。

按：本書此字列於第二十三轉開口圖，而與其他脣音字不類，當是偶疏也。參第二十三轉第41條。

46 去三徹 ⿰弓彖 其他各本作⿰弓彖。《韻鏡》嘉吉本、寶生寺本、開奩、（延）、（佐）、（文）、（元）、（正）、（國）、（理）作猭，（仙）作猼，（天）作椽，六地藏寺本作緣，其他各本作掾。

箋：王二、王三、《唐韻》、《廣韻》線韻有猭小韻，丑戀反；《集韻》寵戀切。各書該小韻皆無豫、⿰弓彖等字。

按：本書所列，即是豫之誤字。《韻鏡》作㹌、作椽、作緣若掾者，亦是豫字之訛。

47 去三溪 𦧨 《韻鏡》六地藏寺本、(元)、(延)作𦧨，(仙)作𦧨，寶生寺本、寬永十八年本、北大本、(佐)、(國)作𦧨，其他各本作𦧨。

箋：王三線韻有𦧨小韻，丘弁反；《廣韻》區倦切。注云：『祭祀。』《集韻》字作𦧨，苦倦切。注：『祠也。』

按：是此字當依《集韻》作𦧨，從祟、從祀省會意。本書左畔誤爲祟，《韻鏡》則各本並訛。

48 去三牀 揌 《韻鏡》〇。

箋：王二、王三線韻有揌小韻，豎釧反；《唐韻》《廣韻》時釧反。此音當列禪紐位，本書與此不合。《集韻》叀小韻下亦有揌字，注曰：『通作叀。』船釧切。

按：本書列揌於此位，當是據《集韻》『船釧切』一音。《韻鏡》此字列於禪紐位，乃合於《廣韻》及以前韻書。參下第50條。

49 去三審 縳 《韻鏡》〇。

箋：《廣韻》及以前韻書線韻無審紐三等合口字。《集韻》有縳小韻，升絹切。

按：本書當是據此而訛。

50 去三禪 空格 《韻鏡》寶生寺本、永祿本、(延)、(佐)、(天)、(正)、(理)列揌，(文)作㨻，(國)作揌，其他各本作摶。

箋：王二、王三線韻有捷小韻，豎釧反；《唐韻》《廣韻》時釧反。《韻鏡》列捷者與諸韻書合，其他則是誤字。

按：本書乃據《集韻》列於船紐。參上第48條。

51 去三匣　空格　《韻鏡》寶生寺本、(理)、(國)○而列縣於四等位，其他各本此位列縣(本或字有小訛)。

箋：縣是霰韻字，王一、王三、《唐韻》、《廣韻》黃練反(《唐韻》黃練訛爲莫練)，王二玄絢反。《集韻》熒絹切。

按：是此字當列於四等位，《韻鏡》寶生寺本等不誤。參下第54條。

52 去四定　綻　《韻鏡》○。

箋：王二襉韻有袒小韻，大莧反。下收組字，注云：『補縫。又作綻、綻。』王三袒小韻音同，注曰：『衣縫解。或作綻、組、裞。』《廣韻》袒，丈莧切。下收綻字。《集韻》則以袒、綻、綻同字，直莧切。並訓『衣縫解也』。

按：以上音切，皆不得列於此位。《集韻》另於霰韻末增綻綻小韻，治見切。注云：『縫解也。』今謂《集韻》霰韻此音當是據誤書而收，『治見』殆爲『治莧』之誤，因霰爲四等韻，例無知紐，《集韻》乃附於韻末。淺人不察，見《集韻》有此音，又不悟即有此音亦爲開口，遂妄增於本轉合口圖內矣。

按：本書列字誤，當删。

53 去四溪　駽　《韻鏡》〇。

箋：《廣韻》及以前韻書霰韻皆無合口溪紐字。《集韻》乃於韻末收駽字，犬縣切，字下注曰：『馬色。《爾雅》青驪，駽。』

按：本書所列當據此也。

54 去四匣　縣　《韻鏡》寶生寺本、（理）、（國）同，其他各本〇而列於三等。

箋：王一、王三、《唐韻》、《廣韻》黄練反（《唐韻》黄練訛爲莫練），王二玄絢反。《集韻》熒絹切。

按：是縣字當列於此位，《韻鏡》列於三等諸本皆誤。參上第51條。

55 入一滂　鏺　《韻鏡》（理）同，其他各本作潑。

箋：切三、王一、王三末韻有鏺小韻，普括反；《唐韻》字作鏺，普活反。諸書該小韻無潑字。《廣韻》《集韻》鏺小韻有潑字，音同《唐韻》。

按：本書所列與諸韻書合。《韻鏡》列潑之本，當是因校注者於鏺下所施之同音字而改，（理）即作鏺是其證也。

56 入一疑　枂　《韻鏡》（元）〇，嘉吉本、寬永五年本、（延）、（正）、（國）、（文）作相，其他各本亦作枂。

箋：此字本書作枂是，切三、王一、王三、《廣韻》末韻有枂小韻，五活反；《唐韻》音同，字訛爲枂。《集韻》枂音亦同，在抈小韻。

按：本書列字是。《韻鏡》作相者字訛，無字者當是脱去。

57 入一心　刷　《韻鏡》列㓉。

箋：刷是薛韻字，切三所劣反。王二、王三、《廣韻》、《集韻》並在㕞小韻，音同切三。是刷字不當列於此位。《韻鏡》刷字列於山紐二等位，則與黠韻字相淆雜也。參下第61條。又《廣韻》及以前韻書末韻合口無心紐，《集韻》韻末乃增㓉小韻，先活切。

按：本書列字誤。《韻鏡》所列，當是後人據此附益耳。

58 入二疑　聉　其他各本作聉。《韻鏡》六地藏寺本作䶂，其他各本作䶂。

箋：切三黠韻有䶂小韻，女滑反（女字疑誤）；王一、王三五滑反。諸書該小韻別無聉字。王二、《唐韻》、《廣韻》䶂小韻則有聉字，五滑反（《廣韻》諸本並五骨反，骨乃誤，《鉅宋廣韻》作『五滑切』，是也。今據正）。《集韻》同王二等。

按：本書作聉者當即聉字之誤。《韻鏡》所列乃諸韻書小韻首字。

59 入二穿　𠜾　大中堂本、仿明刊本、于氏刊本同，其他各本作𠜾。《韻鏡》〇。

箋：切三薛韻有𠜾小韻，廁滑反（《十韻彙編》據王國維抄誤爲厠滑反，姜亮夫抄誤爲廁列反。今依 S. 2071 正）；王二字同、王一字訛爲萴，王三字誤爲箾，並廁别反。切三雖以滑爲切下字，而仍當是薛韻字。《唐韻》字同切三、王二，《廣韻》則作⿰算刂，並誤爲廁列反（列當是別之形訛）。《集韻》茁小韻有⿰算刂字，側劣切；然此音乃莊紐，當非本書所據。

按：本書所列字形與《廣韻》相近，或所見本《廣韻》反切下字尚未誤歟？然本圖屬外轉，齒音二等位不得列入三等薛韻字，《韻鏡》不列是也。

60 入二牀　⿰齒卒　《韻鏡》〇。

箋：切三、王一、王三、《廣韻》黠、薛兩韻無此字。王二薛韻有⿰齒卒，士列切。《集韻》薛韻音同而併入閿小韻，又另於黠韻收⿰齒卒字，士滑切（宋刻本、姚刻本士誤爲土）。注云：『《博雅》齧也。』《博雅音》卷三《釋詁下》有：『⿰齒卒，士滑切。』此當即《集韻》所本。

按：本書所列⿰齒卒字則是據《集韻》黠韻『士滑切』一音而列。《韻鏡》此位無字，乃合於其他韻書。

61 入二審　空格　《韻鏡》列刷。

箋：刷是薛韻字，切三所劣反；王二、王三、《廣韻》音同，字作㕞。《廣韻》㕞下有刷字，注云：『上同。』《集韻》同《廣韻》。本書此字誤入一等心紐位。參上第57條。本圖爲外轉，二等位屬黠韻所有，三等薛韻字不當列入。

按：本書空格是。《韻鏡》此位列刷亦誤，或竟是後人所增歟？

62 入二影　婠　《韻鏡》（延）、（文）、（理）同，其他各本〇。

箋：切三、王一、王二、王三黠韻婠字皆在嗗小韻，烏八反（切三『烏』誤爲『馬』）；《唐韻》《廣韻》音同，而以婠爲小韻首字。《集韻》同《廣韻》。

按：本書列婠於此，合於《唐韻》《廣韻》等。《韻鏡》無字諸本，恐是誤脱。

63 入二曉　傄　《韻鏡》寬永五年本作傄，其他各本作傄。

箋：切三、王二、王三黠韻此字作傄，俗字也；王一、《唐韻》、《廣韻》則作傄。諸書皆音呼八反。

按：本書及《韻鏡》作傄者合於諸韻書，寬永五年本作傄乃誤。

64 入三禪　啜　《韻鏡》（文）同，其他各本〇。

箋：切三、王一、王二薛韻有啜小韻，樹雪反；《唐韻》《廣韻》殊雪反（《古逸叢書》本、澤存堂本《廣韻》『殊』誤『姝』，今從巾箱本）。《集韻》薛韻無此音。

按：本書所列合於《集韻》前韻書，《韻鏡》（文）有此字是，無字者或是後人因《集韻》無此字而妄删。

65 入三曉　旻　謝刊本作旻，集成本作旻。《韻鏡》永禄本、寬永十八年本、北大本作旻，六地藏寺本作旻，其他各本作旻。

箋：王三薛韻有旻小韻，許劣反。注：『舉目。』《廣韻》形音並同，注云：『舉目使人。』切三此字作𥄎，脱反語，注云：『舉。』王二字作𥄎，許列反，注同《廣韻》。按此字正當作旻。《説文》：『旻，舉目使人也。從攴目。』大徐火劣切，小徐隳悦反。《玉篇》字同，火域切，又火滅切。《集韻》此字翾劣切，據其切上字翾，乃屬重紐四等而當入第二十二轉。

按：本書第二十二轉無而列於此位誤。《韻鏡》作旻者字不誤，然此字既列於第二十二轉，又列本轉則當是後人誤增矣。

外轉二十五

	羽				徵				角			
	幫	滂	並	明	端 知	透 徹	定 澄	泥 孃	見	溪	群	疑
平	褒	橐	袍	毛	刀	饕	陶	猱	高	尻		嶅
	包	胞	庖	茅	淍	颩	桃	鐃	交	敲		聱
	鑣	奧		苗	朝	超	晁		驕	趫	喬	
					貂	挑	迢	嬈	驍	鄡		堯
上	寶	臕	抱	蓩	倒	討	道	腦	暠	考		䫜
	飽		鮑	卯	獠	抓		獿	絞	巧		齩
	表	麃	藨			[illegible]	趙		撟	趫	驕	鱎
					鳥	朓	窕	嬲	皎	[illegible]		磽
去	報	犥	暴	帽	到	韜	導	臑	誥	鎬		傲
	豹	奅	靤	皃	罩	趠	棹	撓	教	敲		樂
	俵	剽	膘	廟		朓	召		驕	趬	嶠	
					弔	糶	藋	尿	叫	竅		顏
入	博	䪖	泊	莫	沰	託	鐸	諾	各	恪		愕
	䪐	薄	縛		芍	㲋	著	逽	腳	却	噱	虐

三子卅九

通志二十七音略二

七一

重中重

精	清	從	心	邪	影	曉	匣	喻	來	日	
照	穿	床	審	禪							
商					宮				半徵商		
糟	操	曹	騷		爊	蒿	豪		勞		豪
䑲	譟	巢	梢		顤	虓	肴		顟		肴
昭	怊		燒	韶	妖	囂		鴞	遼	饒	宵
			蕭		幺	膮			聊		蕭
早	草	皁	嫂		襖	好	晧		老		晧
爪	謅	魑	數		拗		學				巧
沼	麨		少	紹	夭				繚	擾	小
湫	悄		篠		杳	曉	皛		了		篠
竈	操	漕	喿		奥	耗	号		嫪		号
抓	抄	巢	稍		靿	孝	効				效
照	覞		少	邵		[illegible]			尞	饒	笑
醮	峭	噍	嘯		窔	歊			顟		嘯
作	錯	昨	索		惡	臛	涸		落		鐸
斮		戠									藥
灼	綽		爍		約	謔			略	弱	
爵	鵲	嚼	削								

外轉第二十五　重中重

1 平一滂　橐　《韻鏡》寶生寺本作槖，永禄本、寬永十八年本、北大本作槖，六地藏寺本作橐，其他各本作橐。

箋：橐是見紐字，不當列在此位。切三、刊、王一、王二、王三、《廣韻》橐字皆在豪韻高小韻，古勞反。《集韻》同，居勞切。王一、王二豪韻又有橐小韻，普勞反；《廣韻》普袍切，《集韻》普刀切。正當列於此位。

按：是本書及《韻鏡》作橐者皆此字之誤。橐字出《説文》，從缶得聲。《韻鏡》寶生寺本不誤，當據正。

2 平一並　袍　大中堂本、仿明刊本、于刊本同，其他各本作袍。《韻鏡》嘉吉本、應永本、寶生寺本、六地藏寺本等諸寫本亦誤作袍。

箋：此字當作袍，切三、王一、王二、王三、《廣韻》薄褒反。

按：當據正。

3 平一溪　尻　《韻鏡》列尻。

箋：切三、王一、王二、王三、《廣韻》豪韻有尻小韻，苦勞反。刊作尻，俗訛也，口刀反。《集韻》亦作尻，丘刀切。

按：此字《説文》尸部作尻，『從尸，九聲』。《韻鏡》不誤，當據正。

4 平一疑　蔜　《韻鏡》作敖。

箋：切三、刊、王一、王二、王三、《廣韻》豪韻有敖小韻，五勞反。《集韻》牛刀切。諸書該小韻皆有蔜字。

按：本書所列非小韻首字，是當以《韻鏡》列敖爲長。

5 平一心　騷　《韻鏡》(國)作驣，六地藏寺本作騷，寬永五年本作騷，其他各本作騷。

箋：切三、王一、王二此字作騷，蘇遭反；王三字同，蘇刀反。

按：本書所作雖與韻書相合而終是俗字也。《廣韻》音亦蘇遭切而字作騷，《集韻》同。《説文》馬部此字正作騷，從馬，蚤聲。《韻鏡》各本亦並誤，當正。

6 平一影　爊　《韻鏡》(元)作鏕，(正)作鑣，其他各本作鏕。

箋：切三、王一、王二、王三豪韻有爊小韻，於刀反。《集韻》同。諸書鏕字皆在該小韻。《廣韻》字作爊，音同，亦載鏕字。

按：本書所作合於諸韻書，《韻鏡》各本並誤，當正。

6 平二知　凋　《韻鏡》(理)列嘲，其他各本列啁。

箋：各韻書肴韻無凋字。切三、刊、王三肴韻有嘲小韻，張交反。小韻內無啁字。王二謿小韻音同，其下注曰：『亦嘲、又啁。』是以嘲字、啁字爲謿之或體。《説文》口部有啁無嘲，段玉裁曰：『今人以嘲爲啁。』是啁、嘲爲古今字。《廣韻》嘲小韻則有啁字，陟交切。《集韻》乃以啁爲小韻首字，音同《廣韻》。

按：是本書所列凋字，當本《集韻》啁字而轉訛。《韻鏡》列嘲蓋是舊式，列啁則當是後人據《集韻》改。

8 平二澄　祧　大中堂本、仿明刊本、于氏刊本同，其他各本作⿰衤兆。《韻鏡》寛永十八年本、北大本、寛永五年本、(延)、(文)、(天八)、(享)作⿰衤兆，嘉吉本、寶生寺本、永禄本、六地藏寺本、(佐)、(國)、(仙)、(元)、(正)、(理)作⿰禾兆，應永本等作桃。

箋：唐五代韻書肴韻無澄紐。《廣韻》乃有⿰禾兆小韻，直交切。《集韻》亦有⿰禾兆，除交切。

按：本書所列即是⿰禾兆字之誤。《韻鏡》各本參差，作⿰禾兆者字不誤，然頗疑原書此位無字，後人乃據《廣韻》《集韻》而增。

9 平二娘　饒　《韻鏡》(仙)同，其他各本作鐃。

箋：切三、刊、王三、《廣韻》肴韻並有鐃小韻，女交反。《集韻》泥交切。各書該小韻別無饒字。

按：本書所作，即是鐃字之訛。

10 平二溪　敲　聚珍本作敲。《韻鏡》作敲。

箋：切三、刊、王一、王三、《廣韻》豪韻並作敲，口交反。《集韻》丘交切，而述古堂影宋抄本字已誤作敲。

按：本書作敲者皆誤，當依聚珍本及《韻鏡》等正。

11 平二照 䝃 《韻鏡》(文)作䝃，六地藏寺本作䝃，其他各本作䝃。

箋：切三、刊、王一、王二、王三、《廣韻》肴韻有䝃小韻，側交反。注云：『耳中聲。』(《十韻彙編》據王國維抄切三誤爲『身中聲』，今依 S. 2071 正)《集韻》莊交切。注云：『䝃䝃，聲擾耳。』

按：是其字正當從耳作，本書及《韻鏡》作䝃者不誤。

12 平二曉 虓 大中堂本、仿明刊本作虓，其他作虓。《韻鏡》作虓。

箋：切三、王一、王三、《廣韻》肴韻並有虓小韻，許交反。《集韻》同，虛交切。《說文》此字作虓，大徐許交切。

按：本書各本並誤，當據《韻鏡》正。

13 平三溪 趬 《韻鏡》(延)、(文)、(理)同，其他各本列蹻。

箋：切三宵韻趬在喬小韻，巨朝反，注云：『又去遥反。』另有溪紐蹻小韻，去囂反。然該小韻未收趬字，當是一時之疏。據切三喬與蹻爲重紐，喬三等，蹻四等。王三趬小韻去遥反，《廣韻》起囂反；王三、《廣韻》蹻小韻並去遥反。是二書趬三等，蹻四等，亦爲重紐。《集韻》宵韻唯有一溪紐小韻，而以蹺趬蹻等並列於小韻首，内收趬字。

按：是本書此位列趬，第二十六轉四等位列蹻合於王三、《廣韻》。《韻鏡》本轉與次轉皆列蹻者則誤矣。

14 平三疑　空格　《韻鏡》（理）○而列堯於四等，其他各本此位皆列堯。

箋：唐五代韻書及《廣韻》《集韻》宵韻皆無疑紐。　堯字諸書在蕭韻，切三、王一、王三五聊反；《集韻》倪幺切。

按：本書此位無字而列堯字於四等，是也。《韻鏡》唯（理）不誤，其他各本三等列堯，四等列嶢者，各韻書嶢字皆在堯小韻，蓋抄胥誤將校讀者施於堯旁之同音字嶢羼入四等位，而又將堯字寫入三等也。

15 平三照　昭　《韻鏡》六地藏寺本作昭，北大本作䏚，寬永五年本作䏚，其他各本作昭。

箋：切三、王三、《廣韻》宵韻有昭小韻，止遥反（切三止誤爲心）。《集韻》之遥切。

按：本書及《韻鏡》作昭者是，其他並誤。

16 平三穿　怊　《韻鏡》（元）作⿰歹召，其他各本作弨。

箋：切三、王三、《廣韻》宵韻有怊小韻（王三字誤爲帩），尺招反。《集韻》蚩招切。　諸書弨字皆在該小韻。

按：本書所列合於諸韻書，《韻鏡》列弨則未合。

17 平三曉　囂　《韻鏡》(元)〇，永禄本作嚣，寬永十八年本、北大本作嚻，寬永五年本作嚻，其他各本作嚻。

箋：此字《説文》從㗊頁，當作嚻若囂。切三宵韻此字即作嚻，許□反(《十韻彙編》從王國維抄『許』誤爲『詩』，姜亮夫抄誤同。今從 S. 2071 正)。王一、《廣韻》許嬌反，王三許喬反。《集韻》虛嬌切。

按：本書及《韻鏡》作囂者不誤。

18 平四泥　嬈　《韻鏡》〇。

箋：《廣韻》及以前韻書蕭韻無泥紐。《集韻》乃於蕭韻末增嬈，裹聊切(述古堂影宋抄本裹誤爲褭)。

按：本書當即據此而列。

19 平四溪　鄡　浙江局本、謝氏刊本作鄡，其他亦作鄡。《韻鏡》(延)〇，其他各本作鄡。

箋：此字切三、王三蕭韻作鄡，苦聊反；王一音同，字作鄡；《廣韻》亦作鄡，苦幺切。《集韻》同《廣韻》，牽幺切。

按：本書至治本等不誤。《韻鏡》無字之本蓋脱。

20 平四疑　堯　《韻鏡》(理)同，其他各本列嶢。

按：此位列堯是，《韻鏡》列嶢者當是誤將堯之同音字羼入，又誤移堯字於三等位矣。參本轉第 14 條。

21 平四影 么 《韻鏡》作幺。

箋：切三、王三、《廣韻》蕭韻有幺小韻，於堯反。《集韻》伊堯切。

按：《韻鏡》不誤，當據正。

22 平四曉 膮 《韻鏡》(延)、(佐)、(文)、(仙)、(天)、(元)、(正)、(理)、(和)同，其他各本作曉。

箋：切三、王一、王三、《廣韻》蕭韻有膮小韻，許幺反(《十韻彙編》據王國維抄及姜亮夫抄『幺』誤爲『么』，今據 S. 2071 正)。《集韻》同，馨幺切。

按：諸書該小韻皆無曉字，知《韻鏡》作曉者皆爲膮字之訛。

23 上一滂 膔 《韻鏡》(佐)作㒹，(天)、(文)作膔，其他各本作犥。

箋：《廣韻》及以前韻書晧韻無滂紐。《集韻》乃於韻末增皫小韻，滂保切。小韻内有麃、犥等而無膔。

按：本書所列，當即皫字之訛。《韻鏡》各本參差，當是原無而後人增補遂如此。

24 上一疑 蘋 《韻鏡》(元)作藾，其他各本作蘋。

箋：切三晧韻無疑紐。王一此字作頢，王三作頶，並五老反。《廣韻》《集韻》音同，字作蘋。

按：《韻鏡》唯(元)字誤，其他皆正，當據改。

25 上一從　皁　大中堂本、仿明刊本同，其他各本作阜。《韻鏡》作皁。

箋：切三、《廣韻》晧韻有皁小韻，昨早反。王一、王三音同，字作皂。《集韻》亦作皁，在早切。

26 上一影　襖　于氏刊本同，其他各本作襖。《韻鏡》作襖。

按：大中堂本等作阜顯誤，當據正。

箋：切三晧韻此字作襖，王一、王三則作襖，並烏浩反。《廣韻》亦作襖，烏晧切；《集韻》音同，在媪小韻。

按：此字既訓爲『袍』，正當從衣作襖。

27 上一匣　晧　《韻鏡》寶生寺本、永禄本、寬永十八年本、北大本、寬永五年本、（延）、（天八）、（天）、（正）、（國）、（理）、（享）作晧，其他各本作皓。

箋：切三、王一、王三、《廣韻》皆以晧爲韻目，胡老反。《集韻》同，下老切。

按：本書此位及韻目作皓並誤，當正作晧。《韻鏡》作晧之本韻目亦作晧，不誤。

28 上二知　獠　仿明刊本同，其他各本作獠。《韻鏡》作獠。

箋：唐五代韻書巧韻無知紐。《廣韻》有獠，張絞切，《集韻》竹絞切。

按：至治本等從尞之字多作奈，當正。

29 上二徹　抓　聚珍本同，其他作抓。《韻鏡》〇。

箋：唐五代韻書及《廣韻》《集韻》巧韻皆無徹紐字。切三巧韻有爪小韻，側絞反；P. 3693音同，字作爪。二書該小韻無抓字。王一、王三、《廣韻》、《集韻》爪小韻有抓，亦側絞反（王一切下字模糊）。

按：此是莊紐字，本書及《韻鏡》皆列爪於照二等位，是也。本書列抓於此位甚無據，當從《韻鏡》删。

30 上二穿　謅　《韻鏡》列㷅。

箋：切三、王一、王三巧韻有㷅（王一、王三字作煼，俗字也）小韻，楚巧反；不收謅字。《廣韻》㷅小韻有謅，初爪切。《集韻》以鬻㷅等並列小韻首，下有謅字，楚絞切。

按：謅、㷅行書形似，本書所列當即㷅字之訛。

31 上二審　𢿘（左畔模糊）。其他各本作𢿘。《韻鏡》作𢿘。

箋：王一巧韻梢小韻有𢿘字，所絞反。王三音同，字作數，注云：『攪。亦作𢿘。』《廣韻》以𢿘爲小韻字，山巧切。注云：『擊也。一云攪也。』《集韻》音同，在稍小韻，字作数。注：『擊也。』此字既訓擊、訓攪，正當從攴作。

按：本書當是據《廣韻》而轉訛者。

32 上三徹　巐　《韻鏡》應永本作巐，六地藏寺本作巐，（天八）、（元）作巐，其他各本作巐。

箋：唐五代韻書小韻無徹紐字。《廣韻》乃有巐小韻，丑小切。《集韻》同。

按：本書所列即嶭字之訛。

33 上三溪　趫　《韻鏡》〇。

箋：《廣韻》及以前韻書小韻無溪紐。《集韻》則有槁小韻，祛矯切。該小韻並無趫字。

按：本書所列甚無據，《韻鏡》此位無字，是也。

34 上三群　驕　《韻鏡》寶生寺本、（延）、（佐）、（國）、（和）同，六地藏寺本、（文）、（天）、（理）作驕，其他各本作鱎。

箋：切三小韻有驕（《十韻彙編》切三據王國維抄誤爲鱎，姜亮夫抄誤同。此字切三、王一、王三皆訓爲『長皃』，《廣韻》亦注云：『鐐驕，長皃。』是當從镸不從髟。今據 S. 2071 正。），在小反。『在小反』與此字形聲不相應，反切上字有誤。刊（P. 3693）、王一、王三、《廣韻》字同，巨小反（刊切語漫漶）。《集韻》字亦作驕，巨夭切。

按：本書作驕不誤，而《韻鏡》作驕若鱎者皆驕字之誤也。

35 上三疑　鱎　《韻鏡》〇。

按：《廣韻》及以前韻書小韻無疑紐。《集韻》則有䲮小韻，魚小切。此小韻第三字即鱎。未知本書是否據此而列。

36 上三穿　麨　《韻鏡》嘉吉本作麵，寶生寺本、（佐）作麵，永禄本、寛永十八年本、北大本作麵，（天八）作麵，（天）作麵，其他各本作麵。

箋：切三、王一、王三小韻並有䵲（《十韻彙編》據王國維抄、姜亮夫抄並誤爲趫，今據 S. 2071 正），尺紹反；注並云：『或作麨。』《廣韻》亦以䵲爲小韻字，尺沼切；下有麨，注云：『上同。』《集韻》乃䵲麨並列於小韻首，齒紹切（述古堂影宋抄本『紹』誤爲『弨』）。

按：本書列麨近於《集韻》，《韻鏡》列䵲則與其他韻書合。

37 上三影　夭　《韻鏡》列殀。

箋：王一、王三、《廣韻》小韻有夭，於兆反；諸書該小韻内有殀字。《集韻》同。

按：本書所列與此相合。《韻鏡》列殀者，當是傳抄時將校讀者施於夭旁之同音字誤以爲校字，遂改夭字爲殀字矣。

38 上四溪　⿰石兆　《韻鏡》（天八）〇，其他各本列磽。

箋：《廣韻》及以前韻書篠韻有磽無⿰石兆。磽字切三、王一、《廣韻》苦皎反，王三苦晈反。《集韻》則以⿰石兆磽同字，輕晈切。

按：是本書列⿰石兆乃據《集韻》，《韻鏡》所列則合於其他韻書。

39 上四疑　磽　《韻鏡》〇。

箋：《廣韻》及以前韻書篠韻無疑紐。《集韻》篠韻乃增磽小韻，倪了切。

按：本書所列當即據此。

40 上四清　悄　《韻鏡》〇。

箋：各韻書篠韻皆無清紐。悄字切三、王一、王三、《廣韻》、《集韻》並在小韻，七小反（《廣韻》親小切）。

按：本書悄字列於第二十六轉是，再列於本轉則非也。當依《韻鏡》刪。

41 上四曉　曉　《韻鏡》嘉吉本、寶生寺本、六地藏寺本、永禄本、（延）、（文）、（仙）、（天）、（元）、（國）、（和）同，（佐）作曉，其他各本列鐃。

箋：切三篠韻曉小韻唯此一字，呼鳥反；王一、王三音同，曉下增鐃字。《廣韻》則以鐃爲小韻首字，馨皛切。《集韻》則仍以曉爲小韻字，音同《廣韻》。

按：本書此位所列合於唐五代韻書及《集韻》。龍宇純疑《韻鏡》亦當本列曉字，後人乃有據《廣韻》而改者。今謂《韻鏡》列鐃者，當是流傳日本時，後人據校讀者標注之同音字而改。

42 去一滂　犥　《韻鏡》〇。

箋：《廣韻》及以前韻書号（號）韻無滂紐。《集韻》乃增犥小韻（述古堂影宋抄本字誤爲⿰牛應），回到切。

按：本書當即據《集韻》而列。

43 去一透　韜　《韻鏡》〇。

箋：王一、王三号韻有韜小韻，他到反。《集韻》亦有，叨号切。

按：本書所列與諸韻書合。《廣韻》号韻則無透紐，《韻鏡》此位無字與《廣韻》合。

44 去一定　道　《韻鏡》列導。

箋：王一、王三、《唐韻》、《廣韻》号韻有導小韻，徒到反。王二音同，字訛爲𨗨。《集韻》亦作導，大到切。諸書該小韻皆無道字。道是上聲字，切三（S. 2071）、王一、王三、《廣韻》晧韻徒浩反；《集韻》杜晧切。

按：本書此位列道者，蓋以不辨濁上與濁去而誤也。

45 去一泥　臑　《韻鏡》永禄本、（仙）、（天八）、（天）同，寶生寺本、寬永十八年本、北大本、寬永五年本、（延）、（佐）、（文）、（元）、（正）、（國）、（理）、（享）作腝，六地藏寺本作臑，其他作嚅。

箋：王一臑、王三臑並在号韻腦小韻（王三作腦，俗字也），奴到反。《廣韻》以腝爲小韻首字，那到切。《集韻》此字作臑，乃到切。

按：本書所列合於《集韻》，《韻鏡》作嚅者顯誤，原本或是作腝歟？

46 去二並　皰　《韻鏡》（理）同，寬永五年本作皰，永禄本、寬永十八年本、北大本、（享）作皰，其他各本作皰。

箋：王二、《唐韻》效韻有皰小韻，防教反；王二字下注：『亦作皰。』王一皰小韻則有皰字，防孝反。王三、《廣韻》同，防教反。《集韻》則以皰皰等並列小韻首，皮教切。

按：本書所列合於諸韻書。《韻鏡》列皰者，頗疑後人據《集韻》改。

47 去二明　皃　《韻鏡》列貌（本或書作貇）。

箋：王一、王二、王三、《唐韻》有貌（或書作貇）小韻，莫教反。王二注曰：『正作皃。』其他皆以皃爲貌之或體。《廣韻》音同，而以皃爲小韻首字。《集韻》則以皃須貌並列於小韻首，眉教切。

按：是本書合於《廣韻》《集韻》，《韻鏡》則合於唐五代韻書。

48 去二知　罩　《韻鏡》寬永五年本誤爲單，其他各本亦作罩。

箋：王一效韻罩字□教反（《十韻彙編》從劉刻以及姜亮夫抄並作『如教反』，P. 2011 此字之切上字模糊難辨，作『如』不知何據），王二、《唐韻》、《廣韻》都教反；王三丁教反。皆以端切知，類隔。《集韻》陟教切，音和。

按：本書及《韻鏡》作罩是，作單顯係誤字。

49 去二娘　撓　謝刊本、浙江局本、集成本作橈。《韻鏡》作橈。

箋：王一、王三、《廣韻》效韻有橈小韻，奴效反。注云：『木曲。』王二形音並同，注作『木名。又曲也』。《集韻》女教切。注：『《說文》：曲木。』

按：是此字正當從木作橈。

50 去二溪　敲　聚珍本作敲。《韻鏡》作敲。

箋：王一、王三、《唐韻》、《廣韻》效韻有敲小韻（王二訛爲毃），苦教反。《集韻》作敲，口教切。

按：依字正當作敲。

51 去二影 䩕 《韻鏡》永禄本作䩷，其他各本作靿（北大本作䪩）。

箋：王一、王三靿字在效韻拗小韻，乙罩反。王二乃以靿爲小韻首字，一豹反；《唐韻》《廣韻》《集韻》同，於教反。

按：是此字正當作靿，本書小訛。《韻鏡》永禄本則不成字矣。

52 去三幫 俵 《韻鏡》〇。

箋：王二笑韻有裱字，必廟反。注：『《爾疋》云：被巾謂之裱。』王三訓爲『領巾』，方廟反。二書該小韻僅此一字。《廣韻》音義同王三，而小韻内有俵字。《集韻》裱誤爲褾，彼廟切。

按：本書所列之俵，雖見於《廣韻》《集韻》，然第二十六轉四等位既已列入褾字，則其同音之俵不得再列於此。又唐五代韻書及《廣韻》笑韻幫母無重紐，當列褾字於本轉三等位，應永本《韻鏡》即如此。《集韻》褾（彼廟切）與標（卑妙切）爲重紐，則當本轉列褾，第二十六轉四等列標。

53 去三滂 剽 《韻鏡》〇。

箋：王一、王二、王三笑韻有剽小韻，匹笑反。《唐韻》《廣韻》匹妙反。《集韻》音同，在勡小韻。

按：本書此字既列於第二十六轉，則本轉重出當是後人妄增。

54 去三並 膘 《韻鏡》○。

箋：各韻書笑韻無此字。王一、王二、王三、《唐韻》、《廣韻》、《集韻》笑韻並有驃小韻（《唐韻》字作膘），毗召反。各書該韻並紐無重紐，本書既列驃字於第二十六轉，不得再於本轉列膘字。膘字見《説文》，大徐敷紹切（滂紐）；小徐頻小反（並紐）。《玉篇》則有扶小、孚小二切。王三膘字收於剿小韻，子小反（王三此字收於剿小韻有誤，當是所據本『孚小反』誤爲『子小反』矣），注：『脅前。又扶了反。』《廣韻》則收於摽小韻，苻少切。與藨小韻（平表切）構成重紐。《集韻》亦收於摽小韻，婢小切。與𠬪小韻（被表切）形成對立。然其音皆爲上聲，當列於第二十六轉上聲四等位。

按：本書彼轉已列摽字，又列同音之膘於本轉者，不惟不辨宵韻系之重紐三、四等，又不能別濁上與濁去矣。此蓋後人妄增，當删。

55 去三溪 趬 《韻鏡》○。

箋：王一、王二、王三、《唐韻》、《廣韻》、《集韻》笑韻有趬小韻，丘召反（王一缺切下字，《唐韻》丘訛五）。此字當列於第二十六轉四等位，《韻鏡》即如此。

按：本書本轉列趬，而於第二十六轉列蹺。《集韻》趬小韻末一字即蹺字，此係同音重出，誤矣。

56 去三穿 覞 《韻鏡》○。

箋：王二、王三、《唐韻》、《廣韻》笑韻無此字。王一、《集韻》則有覞小韻，昌召反。

按：本書或是據《集韻》而列。

57 去三曉　魦　謝刊本、于氏刊本、聚珍本、集成本作魦。《韻鏡》○。

按：各韻書及《説文》《玉篇》均無此字。《廣韻》及以前韻書笑韻無曉紐。《集韻》則有𩴂小韻，虛廟切。本書或即據此而誤歟？

58 去三來　尞　《韻鏡》(理)同，六地藏寺本列療，其他各本列療。

箋：王一、王二、王三、《唐韻》笑韻燎小韻内有尞(即尞之或體)、療等字，力召反(王三力照反)。《廣韻》乃以尞爲小韻首字，力照切。《集韻》音同《廣韻》，而以尞燎等並列於小韻首。

按：本書所列合於《廣韻》《集韻》。《韻鏡》列療者當非原書之舊，蓋亦傳抄時以旁校之同音字易之也。

59 去四精　醮　《韻鏡》○。

箋：醮是笑韻字，王二子誚反；王三、《廣韻》、《集韻》子肖反。

按：本書此字既列於第二十六轉，本轉重出誤矣。當依《韻鏡》删。

60 去四清　峭　《韻鏡》○。

箋：峭是笑韻字，王三七笑反；王二、《廣韻》、《集韻》七肖反；《唐韻》音同，字作陗，注云：『亦作峭。』

按：本書陗字列於第二十六轉是也，峭列本轉則誤。此字亦當依《韻鏡》删。

61 去四從 噍 《韻鏡》〇。

箋：噍亦笑韻字，王一、王二、王三、《唐韻》、《廣韻》、《集韻》並才笑反。

按：本書噍字已列於第二十六轉，再列本轉乃誤。當删。

62 去四來 顟 大中堂本、仿明刊本、于氏刊本同，其他作顟。《韻鏡》亦作顟。

箋：此字王二、《廣韻》嘯韻作顟，王三作顟，並音力弔反。《集韻》音同，在嫽小韻。

按：此字正作顟，作𩓣當是俗省。

63 韻目 入聲藥誤列於二等，當改入三等。

箋：本轉所列入聲鐸、藥兩韻開口字，又見於第三十四轉，是該兩韻開口字兼配陰聲豪、宵(後世『效攝』)與陽聲唐、陽(後世『宕攝』)兩韻系，入聲兼配陰陽乃《四聲等子》《切韻指掌圖》之類後世韻圖之重要特點。

按：本書入聲唯鐸、藥韻兼配陰陽，當是鄭樵輩據後世韻圖改措而非早期韻圖之舊式，惟其又未能盡改，徒使其書體例駁雜，陷己於『不今不古』之間，自難免『矜奇炫博』之譏矣。《韻鏡》本轉不配入聲，乃仍古韻圖之舊，是也。又，本轉入聲所列之字，與第三十四轉大同，爲避重複，本轉入聲不出校箋而見於第三十四轉。

外轉二十六

	幫	滂	並	明	端 知	透 徹	定 澄	泥 孃	見	溪	群	疑
	羽				徵				角			
平												
	猋	漂	瓢	蜱							蹻	翹
上												
	標	縹	摽	眇								[illegible]
去												
	褾	剽	驃	妙						趬		
入												

重中重

精照	清穿	從床	心審	邪禪	影	曉	匣	喻	來	日	
商					宮				半徵	半商	
											宵
焦	鍫	樵	宵		邀			遥			
											小
勦	悄		小		闄			溔			
											笑
醮	陗	噍	笑		要			燿			

外轉第二十六　重中重

1 平四幫　猋　《韻鏡》寶生寺本、永禄本、(延)、(佐)、(文)、(天)、(國)、(理)列飆，(元)作飌，其他各本作飆。

箋：切三、王三宵韻有飈小韻，甫遥反。《廣韻》音同，字作飆。《集韻》乃以猋爲小韻首字，卑遥切。

按：是本書所列當據《集韻》。《韻鏡》則與《廣韻》合，作飆若飌者，並飆之訛。

2 平四明　蜱　《韻鏡》作蜱。

箋：切三、王三宵韻有蜱小韻，無遥反；《廣韻》同，彌遥切。《集韻》則作蜱，音同《廣韻》。

按：本書此同《集韻》，《韻鏡》則與其他韻書合。

3 平四見　空格　《韻鏡》六地藏寺本列蹻，其他各本〇。

按：蹻非見紐字，此位不當列字，參下條。

4 平四溪　空格　《韻鏡》寶生寺本、(佐)、(天)、(國)列趫，其他各本列蹻。

箋：切三宵韻有蹻小韻，去囂反；王三、《廣韻》去遥反。本書以溪紐蹻字列於群紐，非是。本書第二十五轉三等溪紐位列有趫字，該轉原當有蹻字而誤列於本轉群紐四等位；《韻鏡》則於彼位列蹻，本位列趫。二書重紐三、四等互異。考切三蹻小韻無趫字，王三蹻小韻有趫。則宵韻溪母無重紐對立。《廣韻》趫小韻起囂切，與蹻小韻去遥切對立。則《廣韻》似以二字爲重紐，蹻三等；趫四等。然《集韻》併趫於蹺趬蹻嶠小韻，丘祆切。諸韻書宵韻溪母皆無重紐，因疑《廣韻》宵韻溪紐之趫、蹻二小韻恐無語音對立，或竟爲疏失而未事合併。

按：如此則本位當以無字爲長。《韻鏡》列趫者雖合於《廣韻》，然頗疑此位本無字，後人增補則有誤有不誤。

5 平四群　蹻　《韻鏡》寶生寺本、(佐)、(天)列趐，其他各本作翹。

箋：切三宵韻有趐小韻，渠遥反，與喬小韻巨朝反爲重紐。王三、《廣韻》字並作翹，渠遥切（王三誤爲去遥反）；《集韻》字亦作翹，祁堯切。並與二十五轉之喬爲重紐（王三奇驕反，《廣韻》巨驕切，《集韻》渠驕切）。

本書當是據《廣韻》等列翹而誤紉於疑紐（參下條），《韻鏡》列趐當是據切三一類韻書，後人乃據《廣韻》改爲翹。此字正作翹，各韻書訓『鳥尾』；《説文》鳥部曰：『翹，尾長毛也。從鳥，堯聲。』作趐則於形聲、會意皆失，當是唐代俗書誤字。

按：本書所列蹻字諸韻書皆溪紐（參上條），不當列於此位。

6 平四疑　翹　《韻鏡》〇。

按：翹是群紐字，本書誤紉於此。詳上條。

7 平四心　霄　《韻鏡》寬永五年本作霄，其他各本作宵。

箋：各韻書皆以宵爲韻目字，切三、王三相焦反；《廣韻》相邀切；《集韻》思邀切。霄字雖在該小韻內，但理應列宵。

按：如本轉韻目作宵而第二十五轉韻目訛爲霄，是其證也。《韻鏡》(仙)本轉韻目亦誤爲霄。

8 平四影　邀　《韻鏡》永禄本、寬永十八年本、北大本、寬永五年本、(享)、(正)、(天八)作葽，其他各本並作要。

箋：切三、王三要、葽、邀等字皆在宵韻腰小韻，於宵反。《廣韻》音同，而以要爲小韻首字。《集韻》則以要、腰等並列於小韻首，伊消切。

按：本書所列非小韻字，蓋以要有去聲一讀而以邀易之也。《韻鏡》列要合於《廣韻》，列葽恐亦因要有去聲而改也。

9 上四幫　褾　謝刊本、浙江局本、聚珍本、集成本作褾。《韻鏡》永禄本、(仙)作褾，寶生寺本、(延)、(佐)、(文)、(天八)、(天)、(元)、(國)、(和)作褾，其他各本作標。

箋：切一(P. 3693)小韻表小韻音方小反，又方矯反。下收褾字，注爲『袖端』，當是褾之字誤。王一、王三有二表小韻，一爲『表，方小反，又方矯反』，內收褾字。注亦云：『袖端。』一爲『表，方矯反。』《廣韻》則分别以『表，陂矯切』與『褾，方小切』爲二小韻。《集韻》表，彼小切；褾，俾小切。亦爲兩小韻。

按：表字既列於第二十五轉三等位，本轉所列則當正作褾。本書及《韻鏡》作褾若標者乃訛。

10 上四見　空格　《韻鏡》嘉吉本、寶生寺本、永禄本、寬永十八年本、北大本、寬永五年本、(佐)、(元)、(正)、(國)、(理)、(享)列䀢，六地藏寺本、(文)、(仙)、(天八)作䀫，應永本等作䀫。

箋：切三、王三、《廣韻》小韻見紐無重紐，䀢字切三、王三作䀘，在矯小韻，居沼反；《廣韻》作䀢，居夭切。《集韻》小韻䀢字一在矯小韻，舉夭切；又另有一䀢小韻，吉小切。則《集韻》小韻見母有重紐，矯三等，䀢四等。

按：本書此位無字，合於《廣韻》及以前韻書。《韻鏡》此當據《集韻》增。

11 上四疑　猺　《韻鏡》〇。

箋：《廣韻》及以前韻書小韻無。《集韻》有猺，巨小切。

按：此音爲群紐，本書當是據此而誤列疑紐。《韻鏡》群紐、疑紐位並無，合於其他韻書。

12 上四精　剿　《韻鏡》(天)同，寶生寺本、永禄本、寬永十八年本、北大本、寬永五年本作劋，六地藏寺本作勒，其他各本作勦。此字當作劋。

箋：切三(S. 2071)小韻有『剿，劋絶。子小反。二』。其下有『剿(當作勦)，勞。又鋤交反』。前一剿字即劋之省變，其注尚不省也。王三亦作剿，且與訓『勞』之剿(勦)相淆。王一、《廣韻》字皆作劋，《集韻》則改爲剿，並子小反。

按：劋既爲小韻首字，故當以之爲正。《韻鏡》作勦者乃是劋字之誤。

13 上四清　悄　《韻鏡》六地藏寺本作帩，其他各本亦作悄。

箋：切三、王一、王三、《集韻》悄並七小反，《廣韻》親小切。

按：諸書該小韻別無帩字，此位列悄是，作帩則是字誤。

14 上四從　空格　《韻鏡》六地藏寺本列濯，其他各本作灂。

箋：《廣韻》及以前韻書小韻無從紐，灂字並在精紐劋小韻，子小反。《集韻》灂字則有從紐一讀，樵小切。

按：本書此位無字，合於《廣韻》等。《韻鏡》列灂，當是後人據《集韻》增。

15 上四以　溔　《韻鏡》嘉吉本列雋，其他各本作鷕。

箋：切三、王一、王三、《廣韻》小韻皆有鷕，以沼反；該小韻有溔字。《集韻》乃以溔爲小韻首字，以紹切。

按：本書列溔合於《集韻》，《韻鏡》嘉吉本乃是字誤，其他各本則合於切三諸韻書。

16 去四幫　裱　大中堂本、仿明刊本、于氏刊本同。其他各本作裱。《韻鏡》〇。

箋：王二笑韻有裱小韻，必廟反。王三、《廣韻》方廟反。《集韻》裱誤爲裱，彼廟切。此字當作裱，論音當列於第二十五轉三等位。本書第二十五轉所列俵字，在《廣韻》裱小韻內。二字一音，不得分列兩處。

按：是當依《韻鏡》删本轉之裱字，而列於第二十五轉三等位。參第二十五轉第 52 條。

17 去四見　空格　《韻鏡》永祿本、（佐）、（天八）、（天）、（國）、（仙）、（理）○，其他各本列趬。

按：趬是溪紐字，《韻鏡》列趬之本皆誤。參下條。

18 去四溪　⿰堯堯　《韻鏡》（佐）、（天）、（國）、（仙）、（理）列趬，永祿本、寬永十八年本、（天八）列⿸虍亢，其他各本列翹（北大本作係補刻）。

箋：王一、王二、王三、《唐韻》、《廣韻》、《集韻》笑韻有趬小韻，丘召反（王一丘□反，《唐韻》丘誤五）。諸書該小韻皆無⿰堯堯字。本書第二十五轉列趬而本轉列⿰堯堯（⿰堯堯字頗疑爲翹字之訛）皆非，因笑韻溪紐並無重紐。

按：當删第二十五轉之趬而列於本轉。《韻鏡》此位列群紐翹字者或疑紐⿸虍亢字者亦並誤也。參第 19 條、第 20 條。

19 去四群　空格　《韻鏡》永祿本、（天八）列翹，（佐）、（天）、（國）、（仙）、（理）作翹，其他各本列⿸虍亢（⿸虍亢字本或誤爲⿸虍兀）。

箋：王一、王三笑韻有翹小韻，渠要反；《廣韻》巨要切。《集韻》祁要切。是翹與第二十五轉三等之嶠爲重紐，正當列於此位。

按：本書此位無字者，蓋誤紉於溪紐且訛爲蹺矣。《韻鏡》作趐者乃唐代俗字（辨見本轉第5條），作䖔者乃誤列疑紐字也。參下條。

20 去四疑　空格　《韻鏡》寬永十八年本、北大本、（佐）、（天）、（國）、（仙）、（理）列䖔（䖔字誤爲⿸虍元），永禄本、（天八）列趬，其他各本〇。

箋：䖔字王二、王三、《唐韻》、《廣韻》笑韻牛召反。《集韻》同。是䖔字正當列於此位，本書無字蓋誤脱。《韻鏡》永禄本、（天八）溪、疑所列二字互倒，其他各本多將溪、群、疑紐下三字誤紉於見、溪、群紐下矣。

按：《韻鏡》本轉牙音列位有（佐）、（天）、（國）、（仙）、（理）五本不誤，可據正。

21 韻目　平聲宵、上聲小並誤列於一等，去聲笑誤列於二等，皆當改列於三等。

内轉二十七	羽				徵				角			
	幫	滂	並	明	端	透	定	泥	見	溪	群	疑
					知	徹	澄	孃				
平					多	他	駞	那	歌	珂		莪
上					嚲	柁	爹	橠	哿	何		我
去					跢	柂	馱	奈	箇	坷		餓
入												

重中重

精	清	從	心	邪	影	曉	匣	喻	來	日	
照	穿	床	審	禪							
商					宮				半徵	半商	
磋	蹉	醝	娑		阿	呵	何		羅		歌
左	瑳	䰈	縒		閜	歌	荷		攞		哿
佐	磋		些		侉	呵	賀		邏		箇

内轉第二十七　重中重

1 平一定　駞　《韻鏡》作駝。

箋：切一、王一、王三歌韻駞小韻徒何反，下無駝字。王二音同，然於駞注曰：『亦駝。』《廣韻》音亦同，而以駝爲小韻首字，而於駞下注云：『俗。』《集韻》戈韻則以駝駞並列於小韻首，唐何切。

按：本書列駞合於切三等，《韻鏡》則與《廣韻》合。

2 平一影　阿　《韻鏡》各本同，寬永五年本列何。

按：本書及《韻鏡》列阿者是，何是匣紐字，列於此位顯誤。

3 平一曉　呵　《韻鏡》寬永五年本作阿，其他各本皆作訶。

箋：切三、王一、王二、王三歌韻有訶小韻，虎何反。諸書訶下並注云：『或作呵。』《廣韻》訶音同，下載呵字，注『上同』。《集韻》同《廣韻》。

按：本書列呵乃用或字，《韻鏡》作訶則是韻書中正字（唯寬永五年本誤）。

4 平一匣　何　《韻鏡》各本同，寬永五年本列訶乃誤。

按：寬永五年本《韻鏡》影、曉、匣所列之字皆錯位，當依他本正。

5 上一端　䡴　《韻鏡》列癉。

箋：切三、王一、王三哿韻有䡴小韻，丁可反。《廣韻》䡴小韻音同，下有癉字。《集韻》同《廣韻》，典可切。

按：本書列䡴爲韻書小韻字，《韻鏡》所列未合，或是傳寫時將校讀者施於䡴旁之同音字誤以爲校字而改也。

6 上一透　柁　《韻鏡》嘉吉本、寶生寺本、六地藏寺本、永禄本、北大本、寬永十八年本、（延）、（佐）、（仙）、（天八）、（天）、（正）、（國）、（享）〇，（元）、（文）、（理）列袉，應永本列柁。

箋：唐五代韻書哿韻無透紐開口字。《廣韻》有袉小韻，吐可切。下無柁字。《集韻》袉小韻音他可切，下有柁。然頗疑本書所列之柁字爲袉之形訛。又王一、王三、《廣韻》柁在爹小韻，徒可反。柁字義爲『正舟木』。《集韻》則有拕小韻，訓『正船木』，當即柁字之誤。音待可切。

按：柁即今之舵字也。然柁爲定母字，更不得列於本位。《韻鏡》此位原當無字，日人乃據《廣韻》施定紐爹之同音字袉於旁，傳寫不察，乃誤入透紐位，而應永本又轉訛爲柁矣。

7 上一溪　何　《韻鏡》列可。

箋：何是匣紐字，不得列在此位。切三、王一、王三、《廣韻》哿韻有可小韻，枯我反。《集韻》口我切。

按：《韻鏡》列可不誤，當據正。

8 上一精　左　《韻鏡》寶生寺本、六地藏寺本、寬永五年本同，其他各本作龙。

箋：龍宇純、李新魁並以龙爲左之誤字，未確，實則『左』『龙』爲異體字，各版本所列無誤，『左』字形常用。日本俗書左字恒書爲龙，《韻鏡》作龙者即是左之俗字。俗與誤不同，不當以俗字爲誤字。

按：本書列正體是。

9 上一從　⿱髟差　《韻鏡》〇。

箋：《廣韻》及以前韻書哿韻無從紐開口字。《集韻》果韻末有齹⿱佐齒二字，才可切。此音可列於本位。然⿱髟差字與齹⿱佐齒形皆不似，本書所列當非齹⿱佐齒之誤字。王一、王三、《廣韻》瑳小韻有⿱髟差字，千我反；『千我反』爲清紐，本書彼位已列瑳字，本位之⿱髟差亦非據此音。《廣韻》『千我切』下⿱髟差字 有『昨何切』之又音，此又音雖爲從紐，然當入平聲歌韻。

按：是本書所列甚無據，當從《韻鏡》刪。

10 上一來　⿰木磊　《韻鏡》列砢。

箋：王一、王三哿韻有⿰木磊小韻，勒可反；《廣韻》來可切。諸書砢字皆在該小韻末。《集韻》則以砢爲小韻首字，朗可切。

按：本書所列合於王韻、《廣韻》，《韻鏡》列砢則與《集韻》同。《說文》有砢無⿰木磊，《韻鏡》或是以此而據《集韻》改歟？

11 去一透　柂　《韻鏡》作拖。

箋：王一、《廣韻》箇韻有拖小韻，吐邏反。未載柂字。《集韻》拖在過韻，他佐切。亦不載柂字。羅常培先生謂此位當從《韻鏡》作拖，是也；然誤將一等作四等則非。又所引『柂（《集韻》余知切）』中『知』乃『支』字之誤，且此音相距甚遠，不如引哿韻拕小韻之柂（待可切）爲宜。又，王三箇韻拖亦誤爲柂，音切則誤爲『別邏反』。

按：此字既訓『牽車』，自當從手作拖。《韻鏡》不誤，當據正。

12 去一影　侉　《韻鏡》（理）同，其他各本〇。

箋：王一、王三箇韻有侉小韻，烏佐反。據切下字當在開口。《廣韻》該小韻安賀切，列於過韻涴（烏卧切）小韻前，當是開口字誤收於合口韻。《集韻》音同《廣韻》而收於開口箇韻，是其證也。

按：本書所列不誤。《韻鏡》不列諸本或是誤脱。

內轉二十八	幫	滂	並	明	端	透	定	泥	見	溪	群	疑
					知	徹	澄	孃				
	羽				徵				角			
平	波	頗	婆	摩	陊	詑	牠	捼	戈	科		吪
										骳		
上	跛	叵	爸	麽	朶	妥	惰	娿	果	顆		硊
去	播	破	縛	磨	剁	唾	墮	懦	過	課		臥
入												

通志二十七 音略卷三 六之二 十四

精 照	清 穿	從 床	心 審	邪 禪	影	曉	匣	喻	來	日	
商					宮				半徵	半商	
侳	遳	矬	蓑		倭	吙	和		臝		戈
									臠		
硰	脞	坐	鏁		腂	火	禍		躶		果
挫	剉	坐	膝		涴	貨	和		臝		過

輕中輕

内轉第二十八　輕中輕

1 平一透　訑　《韻鏡》列詑。

箋：切三歌韻有訑小韻，吐何反（『何』字當是『禾』若『和』之誤）。王一、王三土和反；王二土禾反。諸書該小韻別無詑字。《廣韻》戈韻則以詑爲小韻首字，吐禾切，下載訑字，注『俗』。《集韻》詑、訑、訑同列於小韻首，土禾切。

按：本書所列合於唐五代韻書，《韻鏡》則與《廣韻》等合。

2 平一定　牠　《韻鏡》寶生寺本、（延）、（佐）、（文）、（天）、（元）、（國）、（理）、開奩同，其他各本作陀。

箋：切三歌韻有牠小韻，徒和反（《十韻彙編》從王國維抄誤爲『徒何反』，姜亮夫抄亦誤）；王一、王三字作牠，徒和反，王二字同，徒禾反。諸書該小韻別無牠、陀等字。《廣韻》戈韻則有牠小韻，徒禾切。《集韻》同。

按：本書所列合於《廣韻》《集韻》，《韻鏡》作陀則是牠之誤字。

3 平一泥　挼　《韻鏡》列捼。

箋：切三歌韻有挼小韻，奴和反（《十韻彙編》從王國維抄及姜亮夫抄誤爲奴何反，今據

S. 2071正)；王一、王三同，王二奴禾反。諸書該小韻別無捼字。《廣韻》戈韻乃以捼爲小韻字，奴禾切，且於捼下注曰：『俗作挼。』《集韻》音同，而以捼挼並列小韻首。

按：本書所列合於唐五代韻書，《韻鏡》則與《廣韻》等合。

4 平一清　莝　《韻鏡》嘉吉本、寶生寺本、六地藏寺本、永禄本、(延)、(佐)、(文)、(仙)、(天)、(元)、(國)、(理)同，其他各本列䃎。

箋：唐五代韻書歌韻無莝、䃎字。王一、王三歌韻有脞小韻，倉和反；王二倉禾反。論音此位可列脞字。《廣韻》《集韻》戈韻脞字醋伽切，乃三等字。兩書另有莝小韻，《廣韻》七戈切，《集韻》村戈切。

按：本書及《韻鏡》列莝者合於《廣韻》《集韻》。䃎是麻韻字，不得列於此位。《韻鏡》列䃎者當是後人妄改。

5 平一心　蓑　《韻鏡》列莎。

箋：切三歌韻有莎小韻，蘇禾反(《十韻彙編》抄脱切上字，王國維、姜亮夫抄皆不誤。今據S. 2071補)；王三同，王一蘇和反，王二字作莏。《廣韻》音同切三，在戈韻。諸書蓑字皆在莎小韻。《集韻》乃以衰蓑爲小韻首字，音同《廣韻》。

按：本書列蓑合於《集韻》，《韻鏡》則合於《廣韻》及以前韻書。

6 平一曉　吙　《韻鏡》〇。

箋：《廣韻》及以前韻書歌韻、戈韻無此字，亦無此音。《集韻》戈韻鞾靴小韻有吙字，呼肥切，乃⿰口靴之或體。⿰口靴字注曰：『吐氣，或作吙。』⿰口靴字靴旁加口，吙字火旁加口，皆爲翻譯佛經所造之字。以《集韻》反切論，此字當列於三等位。本書當即據《集韻》而誤入一等。

按：本書誤，當删。《韻鏡》此位無字，而列靴字於三等，是也。

7 平一來　贏　謝刊本、浙江局本、集成本作嬴。《韻鏡》（延）○，嘉吉本、寶生寺本、永祿本、寛永五年本、北大本、寛永五年本、（佐）、（天八）、（正）、（國）、（理）、（享）列羸，（天）作羸，應永本、六地藏寺本及其他各本作蘲。

箋：切三、王一、王二、王三歌韻有羸小韻，落過反（王二洛過反），下無嬴字。《廣韻》羸在戈韻，落戈切；《集韻》盧戈切，並載羸字。

按：本書當是據《廣韻》等而字有轉訛者。《韻鏡》作羸者是，其他亦是誤字。

8 平三見　空格　《韻鏡》（文）列迦，其他各本○。

箋：切三歌韻無此字，王一、王二歌韻收迦小韻，居呿反，注曰：『仙名。』王三音同，注『佛名』。《廣韻》居伽切，注云：『釋迦，出釋典。』

按：本書及《韻鏡》不列者，或所本當是王仁昫『刊謬補缺』以前之韻書歟？《韻鏡》（文）列此字者，當爲日人後增。

9 平三溪　骴　《韻鏡》（文）、（延）作髗，其他各本作骴。

10

箋：唐五代韻書歌韻無此字。《廣韻》戈韻有𩨷小韻，下載𩨷字，去靴切。《集韻》該小韻唯有䯪一字，丘靴切。本書所作，當是䯪字之或體。《韻鏡》作䯪，同《廣韻》，然除（延）、（文）、（仙）、（天八）、（天）、（元）、（正）、（享）外，其他各本在『内轉第二十八合』標目下並有『䯪去靴反』四字，注音用『反』不用『切』，所本當是《廣韻》以前之韻書。

王一、王三歌韻有呿小韻，墟迦反，訓爲『張口』。王二音義同，字作佉。《廣韻》戈韻佉字無訓釋，丘伽切。小韻内亦有呿字訓『張口』。《集韻》同《廣韻》，去伽切。戈韻三等溪紐兩小韻，當是一開一合，則呿、佉或是開口字。

按：本書及《韻鏡》第二十七轉皆未列。

平三群　空格　《韻鏡》六地藏寺本、（正）〇，其他各本列瘸。

箋：唐五代韻書歌韻無此字。《廣韻》戈韻有，巨靴切。《集韻》亦有，衢鞾切。本書不列者，合於唐五代韻書，《韻鏡》亦當本無，後人乃據《廣韻》等書增。

按：切三歌韻有伽小韻，注云：『無反語，噱之平聲。一。』王一則音□迦反（□，《十韻彙編》從劉復《敦煌掇瑣》作『去』；P. 2011 字迹模糊，然斷非『去』字無疑。姜亮夫抄作『求迦反』，似是），注：『法。一。』王三注：『求迦反。一。』王二則有茄小韻，注云：『叵羅反。茄子。二。』另一字爲枷，訓『枷杖』。『叵羅反』之『叵』當是『巨』之誤，切下字則是借用一等字。《廣韻》戈韻亦有伽小韻，注：『伽藍。求迦切。三。』下有茄字，注：『茄子，菜，可食。

又音加。』又有枷，注：『刑具。又音加。』《集韻》同《廣韻》。是知王二之『伽』即當於《廣韻》之『茄』矣。

按：諸書伽小韻亦當是開口字，而本書及《韻鏡》第二十七轉皆未列。《韻鏡》或列於第二十九轉，參彼轉第4條。

11 平三影　空格　《韻鏡》六地藏寺本、（延）〇，其他各本列肥。

箋：唐五代韻書歌韻無此字。《廣韻》戈韻有肥小韻，於靴切。《集韻》同。

按：本書此位無字，合於唐五代韻書。《韻鏡》本當亦無，後人乃據《廣韻》等增。

12 平三曉　空格　《韻鏡》六地藏寺本、（延）〇，其他各本列靴。

箋：切三歌韻有鞾小韻，注：『鞾鞋。無反語。』王一：『鞾，鞾鞋。無反語。胡屩。亦作靴，又作履。火戈反，又希波反。陸無反語，何（李）誣於今古。』王三注：『鞾鞋。無反語。火戈反，又希波反。陸無反語，古今。二。』王二：『鞾，希波反。鞋。俗作靴。』《廣韻》戈韻亦以鞾爲小韻首字，許肥切。下收靴字，注『上同』。《集韻》乃以鞾靴等字並列於小韻首，呼肥切。

按：本書此位不列字，合於唐五代韻書，《韻鏡》本當亦無，後人乃據《集韻》增。

13 平三喻　空格　《韻鏡》〇。

箋：切三、《廣韻》歌韻無此音。王一、王三歌韻有喎小韻，于戈反；王二丁戈反，當是于戈反之訛。『于戈反』當是以一等下字切三等，是此位可據王韻列喎字。

按：本書及《韻鏡》此位無字，合於切三、《廣韻》。

14 平三來　戀　《韻鏡》嘉吉本、寶生寺本、六地藏寺本、永禄本、寛永十八年本、北大本、寛永五年本〇，應永本等有戀。

箋：唐五代韻書歌韻無此字，亦無此音。《廣韻》戈韻有戀小韻，縷肥切。《集韻》驢鞾切。

按：本書所列合於《廣韻》《集韻》，《韻鏡》原無，而應永本等則當是後人所增。

15 平四喻　空格　《韻鏡》〇。

箋：切三、王一、《廣韻》無。論音虵字可列於此位。

按：本書及《韻鏡》不列，與切三、王一、《廣韻》等合。

16 上一明　麼　《韻鏡》永禄本、寛永十八年本、北大本作麽，寛永五年本作麽，六地藏寺本作麽，其他各本並作麽。

箋：切三、王三哿韻有麽，莫可反。王一音同，字訛爲麽。《廣韻》作麽，亡果切；《集韻》母果切。此字《玉篇》在幺部，亡可切。當是從幺，麻聲。正當作麽。

按：本書不誤，《韻鏡》唯寛永五年本不誤，其他或俗或誤，當正。

17 上一定　惰　《韻鏡》列墮。

箋：切三、王一、王三、《廣韻》哿（果）韻有墮小韻，徒果反。各書該小韻無隋字。《集韻》果韻以惰、惰等爲小韻首字，杜果切。下收隋字。

按：然本書誤列墮字於去聲位，因頗疑本位所列爲去聲惰字之訛。惰字王一、王二、王三、《唐韻》、《廣韻》箇(過)韻並徒臥反；《集韻》音同，亦與惰等共爲小韻首字。《韻鏡》所列不誤，當據正。參下第24條。

18
上一泥　⿰女厄　《韻鏡》作⿰女戹。王一、王三哿韻有⿰女戹小韻，奴果反；《集韻》努果切。
箋：《廣韻》音同王韻，字作⿰女厄。《説文》女部有⿰女厄字，隸定作⿰女厄若⿰女戹。
按：本書所作即此字之訛。《韻鏡》不誤，當據正。

19
上一疑　扼　《韻鏡》六地藏寺本列⿰女厄，其他各本作⿰女戹。
箋：切三、王三哿韻有姽(字當作⿰女厄若⿰女戹)小韻，五果反。《廣韻》作⿰女厄，《集韻》作⿰女戹，亦音五果切。《説文》⿰女厄字大徐五果切，《玉篇》乃果、五果二切。唐五代韻書別無扼字，《廣韻》有扼，惟音奴果切。《集韻》作扼，見於努果、五果二切。
按：本書當是據《集韻》五果切而列，以別於泥紐所列之⿰女厄。然其字訛誤，當正。

20
上一心　鏁　《韻鏡》作鎖。
箋：切三、王一、王三哿韻有鎖小韻，蘇果反；《廣韻》音同，字作鎖。諸書並注曰：『俗作鏁。』《集韻》則鎖鏁同字，在貨小韻，損果切。
按：本書作鏁，即是鎖字之俗。

21
上一影　腂　《韻鏡》作婐。

箋：切三、王一（P. 2011）、王三、《廣韻》哿（果）韻有婐小韻，烏果反；《集韻》鄔果切。

按：諸書該小韻並無腂字，本書所列殆即婐字之訛。

22 去一並　縳　大中堂本、仿明刊本同，其他各本作縛。《韻鏡》嘉吉本列惰，其他各本作縛。

箋：唐五代韻書箇韻無並紐。《廣韻》過韻有縛小韻，符卧切。《集韻》同《廣韻》。

按：本書及《韻鏡》作縳，俗書也。《韻鏡》此位原當無字，後人乃據《廣韻》等增，是嘉吉本即誤列惰字矣。

23 去一端　剁　《韻鏡》（延）作挆，其他各本作桗。

箋：王一、王三箇韻有桗小韻，丁過反（《十韻彙編》從《敦煌掇瑣》誤爲丁果反，今據 P. 2011 正。姜亮夫抄不誤）。《廣韻》過韻桗小韻有剁字，都唾切。《集韻》同《廣韻》。

按：本書列剁非小韻首字，《韻鏡》列桗則與諸韻書合，作挆者乃其誤字也。

24 去一定　墮　《韻鏡》（元）列憜，其他各本作惰。

箋：王一、王三、《唐韻》、《廣韻》箇（過）韻並有惰小韻，徒卧反。各書該小韻皆無墮字。《集韻》音同，而以惰憜等並列小韻首，然亦無墮字。《韻鏡》此位列惰合於諸韻書，（元）列憜則恐爲《集韻》憜字之訛。

按：本書此位列墮者，乃將上聲之墮與去聲之惰互倒，是不辨濁上、濁去之證也。參本轉第 17 條。

25 去一泥　懦　《韻鏡》寶生寺本、永禄本、寬永十八年本、北大本、寬永五年本、（延）、（佐）、（文）、（天八）、（天）、（元）、（正）、（國）、（理）、（享）列愞，六地藏寺本作懦，其他各本作懦。

箋：王一、王三、《唐韻》、《廣韻》箇（過）韻並有愞小韻，乃臥反；王二音同，字作懦。《廣韻》愞下注云：『或從需。』《集韻》愞、懦同列於小韻首，奴臥切。

按：本書作懦蓋據《集韻》，《韻鏡》作懦者合於王二，作愞者則合於其他韻書。

26 去一心　臊　《韻鏡》作䐹。

箋：王一、王三、《廣韻》箇（過）韻有䐹小韻，先臥反；《集韻》蘇臥切。小韻内别無臊字。作臊乃俗字，切三、王一、王三、《廣韻》哿（果）韻鎻字並注云：『俗作鏁。』皆其證也。而《集韻》乃以鎻、鏁同字。

按：是要當以《韻鏡》作䐹爲正。

27 去一來　蠃　其他各本作羸。《韻鏡》（天）作𢋰，（國）、（理）作羸，六地藏寺本作𦆽，寬永五年本作𢋰，其他各本作𢋰。

箋：王一、王三箇韻有蠃小韻，郎過反。《廣韻》在過韻，魯過切；《集韻》盧臥切。本書所列，即是此字之誤。羅常培先生謂作羸誤，是也。然將一等作三等，又謂應據《韻鏡》作𢋰則非也。

按：《韻鏡》各本皆誤，當據王一、王三等正作蠃。

外轉二十九

	羽				徵				角			
	幫	滂	並	明	端	透	定	泥	見	溪	群	疑
					知	徹	澄	孃				
平	巴	葩	爬	麻	奓	侘	茶	拏	嘉	齣		牙
上	把		跁	馬	觰	奼	𨁈	䋈	檟	跒		雅
去	霸	怕	杷	禡	吒	詫	蛇	䏧	駕	髂		迓
入												

重中重

精照	清穿	從床	心審	邪禪	影	曉	匣	喻	來	日	
商					宮				半徵商		
											麻
樝	叉	楂	砂		鴉	呀	遐				
遮	車	虵	奢	闍					儸	若	
嗟	䃂	查	些	邪				耶			
											馬
鮓	笅	槎	灑		啞	閜	下		藞		
者	奲		捨	社						若	
姐	且	担	寫	灺				野			
											禡
詐	扠	乍	嗄		亞	嚇	暇				
柘	䞣	射	舍								
唶	笡	褯	蝑	謝				夜			

外轉第二十九　重中重

1 平二滂　葩　《韻鏡》寬永十八年本、北大本作葩，其他各本作葩。

箋：切三、王二、王三、《廣韻》麻韻有葩小韻，普巴反。《集韻》披巴切。

按：本書所列合於諸韻書，《韻鏡》寬永十八年本、北大本誤。

2 平二並　爬　《韻鏡》六地藏寺本、永禄本、寬永十八年本、北大本作爬，其他各本作爬。

箋：切三、王二、王三、《集韻》麻韻此字作爬，蒲巴反。《廣韻》音同，字作爬。《説文》此字在爪部，從爪，巴聲。從瓜者當是俗誤。

按：本書誤，當改。

3 平二澄　茶　《韻鏡》（理）列宊，寶生寺本、六地藏寺本、寬永十八年本、北大本、（佐）、（天）、（元）、（正）、（國）、（享）作茶，（文）作茶而注作茶，其他各本作茶。

箋：切三、王二、王三、《廣韻》麻韻有宊（王三作宊）小韻，宅加反。《切韻》、王韻該小韻有茶、槎等字，《廣韻》則在槎下收茶字，注『俗』。《集韻》秅小韻直加切，其下乃以茶、槎、茶爲同字。

按：本書列茶及《韻鏡》列茶者均非小韻首字，（理）作宊乃與韻書合。

4 平二群　空格　《韻鏡》六地藏寺本別筆補伽，寬永十八年本、北大本、寬永五年本、（享）、（正）、（天八）列伽，其他各本〇。

箋：伽是歌韻字，切三歌韻有伽小韻，注云：『無反語，噱之平聲。一。』王一則音□迦反（□，《十韻彙編》從劉復《敦煌掇瑣》作『去』；姜亮夫抄作『求』。P. 2011 字迹模糊，然斷非『去』字無疑），注：『法。一。』王三注：『求迦反。一。』《廣韻》戈韻亦有伽小韻，注：『伽藍。求迦切。三。』《集韻》同《廣韻》。

按：諸書伽小韻當是開口字，而本書及《韻鏡》二十七轉皆未列。《韻鏡》此位原當無字，有伽之本，或是後人增。此是譯語用字，列位頗難定奪。

5 平二牀　楂　《韻鏡》寬永十八年本、北大本作樝，（國）作楂，其他各本作楂。

箋：切三麻韻有楂小韻，鋤加反；王一、王二鉏加反。王三音同切三，字作楂。《廣韻》字同王三，鉏加切。《集韻》亦作楂，在茬槎查小韻，鋤加切。

按：此字正作楂，字變則爲楂，其他皆誤字也。

6 平二審　砂　《韻鏡》列鯊。

箋：切三、王二、王三麻韻有砂小韻，所加反。小韻内有鯊字。《廣韻》則以鯊爲小韻首字，師加切。《集韻》音同《廣韻》，而以沙砂並列於小韻首。

按：本書列砂合於唐五代韻書，《韻鏡》與《廣韻》合。

7 平二曉　呀　《韻鏡》列煆，（理）誤列煆於三等。

箋：切三、王二、王三、《廣韻》麻韻有煆小韻，許加反。諸書呀字皆在該小韻。《集韻》同，虛加切。

按：《韻鏡》所列合於諸韻書，本書未合。

8 平三牀　虵　《韻鏡》寬永十八年本同，其他各本作蛇。

箋：切三、王一、王二、王三麻韻有虵小韻，食遮反。王三注云：『按文作蛇。』注中『文』指《説文》，《廣韻》即以蛇爲小韻字，亦食遮切。《集韻》音同，而以闍堵爲小韻首字。

按：本書列虵合於唐五代韻書，《韻鏡》列蛇似合於《廣韻》，然寬永五年本列虵，因頗疑作蛇乃日本校讀者據《廣韻》改。

9 平四端　空格　《韻鏡》六地藏寺本、寬永十八年本、北大本、寬永五年本、（延）、（仙）、（天八）、（元）、（正）、（享）〇，其他各本列爹，（文）爹字列在三等位。

箋：唐五代韻書麻韻無爹字。《廣韻》《集韻》爹字陟邪切，當在三等位。

按：麻韻例無四等，《韻鏡》所列定是此書傳入日本後所增。

10 平四清　罝　《韻鏡》〇。

箋：唐五代韻書及《廣韻》麻韻無此字。《集韻》罝小韻七邪切。

按：本書當是據此而列。

11平四從　查　《韻鏡》寶生寺本、(延)、(佐)、(元)、(國)、(和)同，六地藏寺本作査，其他各本作査。

箋：王一、王二、王三、《廣韻》、《集韻》麻韻並有査(《古逸叢書》本、巾箱本《廣韻》作査)小韻，才邪反。

按：本書作查誤，當依《韻鏡》作査者正。

12上二澄　踪　《韻鏡》○。

箋：《廣韻》及以前韻書馬韻二等開口無澄紐。《集韻》乃增踪小韻，宅下切。

按：本書當即據此而訛。

13上二見　檟　《韻鏡》列賈。

箋：切三、王一、王三馬韻有檟小韻，古雅反；《廣韻》古疋切。諸書該小韻有賈字。《集韻》乃以賈爲小韻字，舉下切。

按：本書所列合於《廣韻》及以前韻書，《韻鏡》合於《集韻》者，頗疑後人所改。

14上二穿　笅　《韻鏡》○。

箋：《廣韻》及以前韻書馬韻二等開口無穿紐字。《集韻》乃於韻末收笅字，初雅切。

按：本書當即據《集韻》而列，形訛爲笅。

15上三穿　䩶　《韻鏡》嘉吉本作韗，永禄本、寬永十八年本、北大本、寬永五年本、(仙)、(天八)、(元)、(正)、(亨)作奲，其他各本作奲。

箋：切三、王一馬韻有奲小韻，車者反；王三車下反(以二等爲三等切下字)；《廣韻》昌者切。《集韻》齒者切。

按：本書及《韻鏡》此字作奲者是，作⿰奢軍若奲則是誤字。

16 上四從　担　《韻鏡》抯。

箋：切三、王一、王三馬韻有姐小韻，慈野反。王一、王三該小韻有抯字，注云：『又壯加、才野二反。』『慈野反』之『慈』當作『茲』，否則音同『才野』之又音，非其例也。其平聲麻韻樝小韻(側加反。王一闕)内二書亦載抯字，注『又才野、子野二反』，『子野』與『茲野』正同。《廣韻》《集韻》馬韻姐小韻(茲野切)亦有抯字，注：『又才野切。』然則王韻馬韻不收『抯，才野反』者，編撰之疏失也。

按：本書作担，以其形似抯字而誤也。然此位列不列姐，則非小韻首字也。

17 去二並　把　《韻鏡》(理)列⿰目犬，嘉吉本、寶生寺本、六地藏寺本、(延)、(佐)、(文)、(天八)、(天)、(元)、(正)、(國)、(亨)作耙，其他各本作帊。

箋：王一、《唐韻》、《廣韻》禡韻有⿰目犬小韻，白駕反；該小韻内諸書有杷無把。王三音同，杷字作⿰木色。此字既訓『作田具』，正當從木作。王二則以杷爲小韻首字，琶駕反。《集韻》同王二，步化切。

按：本書所作當是杷之誤字。《韻鏡》作肰者頗疑爲原書之舊，作杷若帊者恐是後人改從《集韻》杷字而轉訛。

18 去二明 禡。武英殿本、浙江局本此位及韻目並誤爲禡，當正。

19 去二娘 𦨶 《韻鏡》作䏧。

箋：王一、王二、王三、《唐韻》、《廣韻》禡韻有䏧小韻，乃亞反。《集韻》字同，乃嫁切。此字訓『膩』，正當從肉作䏧。

按：本書誤，當改。

20 去二穿 扠 《韻鏡》〇。

箋：王一、王三、《唐韻》、《廣韻》禡韻無此字。王二禡韻作杈，楚佳反（佳字誤），訓爲『木理亂』。《集韻》杈在瘥小韻，楚嫁切（述古堂影宋抄本誤爲衩，今依宋刻本、曹本、姚本及《類篇》正）。注云：『木枝欋也。一曰收草具。』依字當作杈。

按：本書即據《集韻》杈字而轉訛。《韻鏡》不列合於其他韻書。

21 去二審 嗄 《韻鏡》同。

箋：王一、王三禡韻有沙小韻，色亞反。該小韻無嗄字。《唐韻》禡韻則有嗄小韻，於介反。『於介反』當入怪韻，禡韻而出此音，其上當奪『某某反又』四字。《老子》：『終日號而不嗄。』《釋文》：『嗄，一賣反，氣逆也。又於介反。』此即《唐韻》『於介反』所本。《廣韻》禡韻：『嗄，所嫁切。又於介切。』是《唐韻》『於介反』上所奪切語，當與《廣韻》『所嫁切』之音同。《集韻》亦有嗄小韻，音同《廣韻》。

按：本書及《韻鏡》所列，合於《廣韻》等。

22
去三日　空格　《韻鏡》列偌。

箋：《廣韻》及以前韻書禡韻無此字此音。《集韻》則有偌小韻，人夜切。

按：本書不列合於《廣韻》等，《韻鏡》當是後人據《集韻》增。

23
去四溪　空格　《韻鏡》（正）○，（延）列歌，（仙）作耿，其他各本列歌。

箋：《廣韻》及以前韻書禡韻三等開口無溪紐字。《集韻》則有歌小韻，企夜切（述古堂影宋抄本誤爲全夜切）。

按：本書不列，合於《廣韻》等。《韻鏡》當是後人據《集韻》增。此字不列三等而列於四等者，其切上字企在《集韻》屬溪紐詰類切上字，該類字一般祇切純四等和重紐四等字。《韻鏡》歌字列位恐與此有關。

24
去四從　褯　《韻鏡》（元）作禘，嘉吉本、（延）作褯，其他各本作褯（或誤從示）。

箋：王一、王三、《唐韻》、《廣韻》、《集韻》禡韻並有褯小韻（《唐韻》字誤從示），慈夜反。王二音同，字作褯。

按：本書不誤。《韻鏡》嘉吉本等作𧝎，當存原書之舊。作褅則是後人所改。作禘則是誤字矣。

25 韻目 平聲麻、上聲馬、去聲禡皆誤列於一等，當改列於二等。

外轉三十

	羽				徵				角			
	幫	滂	並	明	端 知	透 徹	定 澄	泥 孃	見	溪	群	疑
平												
					檛				瓜	誇		攸
上												
						耨			寡	髁		瓦
去												
									坬	跨		瓦
入												

輕中輕 重一作

韻	商 精 照	清 穿	從 床	心 審	邪 禪	宮 影	曉	匣	喻	半徵 來	半商 日
麻											
	髽					窊	華	譁			
馬											
	鮓	磋		葰		掗		踝			
禡											
				誜		窊	化	摦			

外轉第三十　輕中輕一作重

1 平二照　髽　《韻鏡》作髽。

箋：切三、王二、王三、《廣韻》、《集韻》麻韻並有髽小韻，莊華反。

按：小韻内别無髽字，本書即是此字之訛。

2 平二影　窊　《韻鏡》作窊。

箋：切三、王二、王三、《廣韻》、《集韻》麻韻並有窊小韻，烏瓜反。《説文》穴部：『窊，汙衺，下也。從穴，瓜聲。』

按：本書所作乃窊之誤。

3 平二曉　華　《韻鏡》列花。

箋：切三、王一、王二、王三麻韻有花小韻，呼瓜反（王二誤呼爪反）。諸書該小韻無華字。《廣韻》則有兩華小韻，一呼瓜切；一户花切。《集韻》華小韻唯胡瓜切一音。

按：本書所列，當本《廣韻》户瓜切一音。《韻鏡》則與切三、王韻等合。

4 平二匣　譁　《韻鏡》列華。

箋：切三、王一、王二、王三、《廣韻》麻韻有華小韻，户花反（切三花誤化）。諸書該小韻並無諱字。《集韻》華，胡瓜切。該小韻有諱字。

按：本書曉紐位既從《廣韻》列華（呼瓜切），則此位乃列《集韻》之諱以與之相別。

5 上二知　空格　《韻鏡》嘉吉本、寶生寺本、六地藏寺本、永禄本、寬永十八年本、北大本、寬永五年本、（延）、（佐）、（文）、（仙）、（天八）、（天）、（正）、（國）、（理）、（享）列䰩，其他各本列縿。

箋：䰩字切三、王一、王三馬韻都下反；《廣韻》都賈反。皆端知類隔，屬開口。《集韻》展賈切，音和。《韻鏡》䰩字已列於第二十九轉，本轉重出定是後人妄增。縿字切三、王一、王三、《廣韻》、《集韻》馬韻竹下切，論切䰩、縿二字音同，縿字亦非合口。

按：本書空格是。《韻鏡》列此字者亦當後人所增。

6 上二徹　䅊　《韻鏡》作[illegible]。

箋：唐五代韻書馬韻二等合口無徹紐。《廣韻》有[illegible]小韻，丑寡切。《集韻》音同，字作[illegible]。

按：本書及《韻鏡》並誤，當依《廣韻》作[illegible]。

7 上二牀　空格　《韻鏡》永禄本、（仙）、（天）、（元）、（理）列葰，其他各本〇。

按：葰是審紐字，列於此位者誤。參下條。

8 上二審　葰　《韻鏡》永禄本、（仙）、（天）、（元）、（理）〇，其他各本列葰。

箋：王一、王三馬韻有葰小韻，蘇寡反。此音以心切生（審二），類隔。《廣韻》葰音沙瓦切，

《集韻》數瓦切。

按：本書列於此位是也，《韻鏡》則有誤有不誤。

9 上二影　搲　其他各本作搲。《韻鏡》寬永十八年本、北大本作𡋯，六地藏寺本作搲，其他各本作搲。

箋：《廣韻》及以前韻書馬韻合口二等無影紐。《集韻》有搲小韻，烏瓦切。

按：本書及《韻鏡》合於《集韻》，然疑《韻鏡》亦爲後人所增。

10 去二溪　跨。　大中堂本、仿明刊本、于氏刊本、聚珍本同，其他作跨。《韻鏡》作跨。

箋：王一、王二、王三、《廣韻》禡韻並有跨小韻，苦化反。《集韻》枯化切。作跨者乃是字誤也。

按：本書列字是。

11 去二影　窊　《韻鏡》列攨。王一、王三禡韻有窳小韻，烏坬反。小韻內無窊、攨等字。

箋：《廣韻》則有攨小韻，烏吴切。小韻內有窊字。《集韻》乃以窊爲小韻首字，烏化切。

按：本書所列合於《集韻》，《韻鏡》則合於《廣韻》。

12 去二匣　摦　浙江局本、聚珍本作摦，其他各本作摦。《韻鏡》（理）列摦，（元）列吴，其他各本作吴。

箋：王一、王二、王三、《唐韻》、《廣韻》禡韻有摦（王二字形小訛）小韻，胡化反。諸書吴字並在該小韻内。《集韻》㧓、叧等字音同，而以崋華等爲小韻首字。

按：至治本此位列字形訛，當改爲㧓字。本書及《韻鏡》此位列㧓合於王韻、《唐韻》及《廣韻》，《韻鏡》列吳者乃叧字之誤，然叧非小韻首字，亦當是後人據㧓旁所注同音字誤改耳。

13 韻目　平聲麻、上聲馬、去聲禡皆誤列於一等，當改列於二等。

外轉三十一

	幫	滂	並	明	端 知	透 徹	定 澄	泥 孃	見	溪	群	疑
	羽				徵				角			
平					耽	貪	覃	南	弇	龕		譧
					詀			諵	緘	鵮		喦
	砭				霑	覘		黏		煘	箝	𪘲
					𩬊	添	甜	鮎	兼	謙		
上					黕	襑	橝	腩	感	坎		顉
						僴	湛	鹻	㡉			顑
	貶			㚓		諂			撿	預	儉	
					點	忝	簟	淰	孂	歉		顩
去					馾	僋	醰	妠	紺	勘		儑
					䶋		賺	諵	鹻	歉		顑
	窆					覘						驗
					店	㮇	磹	念	趝	傔		
入					答	錔	沓	納	閤	榼		䁁
					劄	盫		箇	夾	恰		㾀
					輒	鍤	牒	聶	[illegible]	𤸁	笈	
					聑	帖		捻	頰	愜		

二了六十五

	日	來	喻	匣	曉	影	邪禪	心審	從床	清穿	精照
	半商	徵	宮				商				
覃		婪		含	嵅	諳		毿	蠶	參	簪
咸				咸	㰹	䅾		攕	讒		
鹽	髯	廉	炎	嫌		淹	蟾	苫		韂	詹
添		鬑			馦						
感		壈		頷	喊	唵		糂	歜	慘	昝
豏		臉		豏		黯		摻	巉	醶	斬
琰		歛			險	奄	剡	陝			颭
忝		稴		鼸						憯	
勘		顲		憾	顑	暗		俕		謲	篸
陷				陷		韽			儳		蘸
豔	染	殮				[illegible]	贍	閃		䠨	占
㮇		稴				酓		[illegible]	[illegible]		僭
合		拉		合	欱	姶		趿	雜	[illegible]	帀
洽				洽	鮯	[illegible]		歃	[illegible]	揷	眨
葉	讘	獵	曄			[illegible]	涉	攝		謵	讋
帖		[illegible]		恊	㛍			燮	雜		浹

重中重

外轉第三十一　重中重

1 平一透　貪　其他各本作貪。《韻鏡》六地藏寺本列栥，其他各本作探。

箋：切三、王二、王三覃韻有貪小韻，他含反。下載探字。《集韻》同。《廣韻》則以探爲小韻首字，音同。

按：本書所列合於切三、王韻、《集韻》等，而字當作貪爲正。《韻鏡》則與《廣韻》合，六地藏寺本作栥乃是誤字，故其天頭別筆校爲探。

2 平一定　覃　大中堂本、仿明刊本、聚珍本作覃，集成本作覃。

箋：本書各本韻目亦如此。《韻鏡》亦作覃若覃。《説文》此字作𠧧，隸定正當作覃。

按：本書及《韻鏡》作覃若覃者，並是俗字。

3 平一曉　峆　謝刊本、于氏刊本同，其他作峆。《韻鏡》亦作峆。

按：此字作峆是，切三、王二、王三、《廣韻》覃韻火含反；《集韻》呼含切。

4 平一匣　含　謝刊本、于刊本同，其他作含。《韻鏡》作含。

箋：此字《説文》作含，從口，今聲。切三、王二、《廣韻》胡男反；王三、《集韻》胡南反。

按：本書列字形訛，當校改爲含。

5 平二溪　鴿　《韻鏡》寬永十八年本、北大本作鵮，永禄本、寬永五年本作鴿，嘉吉本、寶生寺本、應永本、六地藏寺本作䳺。

箋：切三、王三咸韻有該小韻，字作䳺；王一、王二、《廣韻》字作鵮，苦咸反。《集韻》亦作鵮，丘咸切。此字正當作鵮，從鳥，臽聲。

按：本書不誤，《韻鏡》則有誤有不誤。

6 平二影　徻　《韻鏡》作猎。

箋：切三、王一、王二、王三、《廣韻》咸韻並有猎小韻，乙咸反。《集韻》於咸切。各書此字訓『犬吠』，且皆别無徻字。

按：是此字《韻鏡》作猎是，本書作徻誤，當據正。

7 平三澄　空格　《韻鏡》嘉吉本列𤆍，（文）作尖，其他各本作𤆍。

箋：切三、王一、王二、王三鹽韻皆無此字。刊（P. 2014）鹽韻有𤆍字，注文模糊，然切上字尚可辨，當是『直』字（《十韻彙編》反語、注文並闕）。《廣韻》亦有𤆍小韻，直廉切。注引《字林》曰：『小熱也。』《集韻》𤆍，持廉切。《説文》火部有𤆍，段玉裁謂當作炎，可從。

按：本書無此字，合於切三等。《韻鏡》則與刊、《廣韻》等合。

8 平三見　空格　《韻鏡》（延）〇中補兼，永禄本、寬永十八年本、北大本、（享）列兼，嘉吉本、（佐）、（國）、（理）、（和）〇，其他各本列兼。

箋：此字當作兼，王一、王二、王三、《廣韻》並在添韻，古甜反。《集韻》同，堅嫌切。

按：本書列於四等，是也。《韻鏡》列於此位諸本皆誤，嘉吉本等列兼於四等，當是原書舊式。

9 平三溪　⿰火咸　《韻鏡》嘉吉本、寶生寺本、永祿本、寬永五年本、北大本、寬永五年本、（佐）、（天八）、（天）、（正）、（國）、（享）〇，（文）列⿰火咸，（仙）作憾，其他各本作⿰忄咸。

箋：切三、王二、王三、《廣韻》、《集韻》鹽韻並有⿰忄咸小韻，丘廉反。

按：各書該小韻別無⿰火咸字，本書所列即爲⿰忄咸字之誤。《韻鏡》諸本亦當以有⿰忄咸者爲長。

10 平三群　箝　《韻鏡》嘉吉本、（國）、（理）列鉗，（佐）作鉺，其他各本〇而列鉗或鉺於四等位。

箋：切三、王二、王三、《廣韻》鹽韻並有箝小韻，巨淹反。《集韻》其淹切。切三、王二該小韻別無鉗字，而於箝注謂或作鉗。　王三、《廣韻》、《集韻》該小韻有鉗字。

按：本書所列，合於諸韻書。《韻鏡》列鉗，或是字之誤，再誤則爲鉺矣。本或列於四等者，各韻書添韻無群紐，故亦非也。　又《廣韻》《集韻》鹽韻別有鍼小韻，巨鹽切。與箝小韻重。

11 平三照　詹　《韻鏡》六地藏寺本列瞻，其他各本列詹。

箋：切三、刊、王二、王三、《廣韻》鹽韻並有詹小韻，職廉反（P. 2014 切上字左畔模糊）。《集韻》之廉切。　瞻字諸書皆在該小韻內。

按：本書及《韻鏡》此位列詹者是，列瞻者當是後人妄改。

12 平三穿　韂　《韻鏡》（延）作檐，六地藏寺本作擔，（仙）、（理）作襜，其他各本作襜。

箋：切三、王三鹽韻有韂小韻，處詹反；王二處薝反；刊、《廣韻》處占反。小韻内皆載襜字。《集韻》則以襜、韂等同列於小韻首，蚩占切。

按：本書所列合於《廣韻》及以前韻書，《韻鏡》列襜恐是後人據《集韻》改，作檐若擔若襜者則並是襜字之誤。

13 平三禪　蟾　《韻鏡》應永本列探，六地藏寺本作採，其他各本作棎。

箋：切三、刊、王一、王二、王三鹽韻有棎小韻，視詹反。小韻内皆無蟾字。《廣韻》音同，而收蟾字於棎小韻。《集韻》同《廣韻》，時占切。

按：本書列蟾與諸韻書未合。此位《韻鏡》列棎是，作探若採則是誤字。

14 平三曉　空格　《韻鏡》列𡟵。

箋：切三、刊、王三、《廣韻》鹽韻無曉紐。王一、王二則有妗小韻，火尖反。王一且注曰：『新加。出《説文》。』《説文》女部有妗字，大徐火占切。論音妗字可列此位。𡟵字切三未見，刊、王一、王二、王三、《廣韻》丑廉反，在覘小韻。《説文》女部亦有𡟵字，大徐音丑廉反，與諸韻書同。然此音徹紐，不當列在此位。王二、王三、《廣韻》𡟵又有失廉反一音，在苫小韻。而此音爲書紐，亦不得列於此位。《集韻》𡟵字乃有火占切一音，《韻鏡》所列，當即後人據

《集韻》增。

《集韻》㜢字之『火占切』當是誤音，《説文》㜢（丑廉切）與妗（火占切）相次，㜢之反切與妗字奪去，則㜢字下誤紉『火占切』一音，《集韻》據誤本《説文》而未審，遂別添㜢（火占切）小韻矣。

按：本書空位是。

15 平三匣　嫌　《韻鏡》〇。

箋：各韻書鹽韻皆無匣紐。嫌是四等添（沾）韻字，切三、王二、王三、《廣韻》户兼反；《集韻》賢兼切。

按：本書列於此位乃誤，《韻鏡》嫌字列於四等匣紐位，當據正。

16 平三日　髯　《韻鏡》應永本、寬永五年本作髥，其他各本亦作髯。此字作髯是，髥則爲髯字異體。

箋：切三、刊、王三鹽韻有髯小韻，王一、王二省作髯，並汝鹽反（刊切上字模糊，下字作占）。《廣韻》髯字音同，在䫇小韻。《集韻》則䫇髯同字，如占切。

按：本書及《韻鏡》作髯者合於切三等。《韻鏡》作髥者，因日本俗書冉字或作册而有此誤。

17 平四定　甜　《韻鏡》六地藏寺本作甛，其他各本作甜。

按：甛不成字，乃甜字之誤。

18 平四見　兼　《韻鏡》嘉吉本、（延）、（佐）、（國）、（理）、（和）列兼，其他各本此位〇而列兼於三等位。

箋：此位當列兼，王一、王二、王三、《廣韻》添韻古甜反。《集韻》同，堅嫌切。

按：本書列於四等，是也。《韻鏡》列於三等諸本皆誤，嘉吉本等列兼於四等，當是原書舊式。參第８條。

19 平四群　空格　《韻鏡》嘉吉本、（佐）、（延）、（國）、（理）〇，六地藏寺本列鉗，其他各本作鉗。

按：鉗是鉗之誤字，鉗是鹽韻字，本書列於三等，是也。《韻鏡》列於本位者皆誤。參第10條。

20 平四精　空格　《韻鏡》列尖。

箋：切三、刊、王一、王二、王三、《廣韻》鹽韻有尖小韻，子廉反。《集韻》尖在鹽韻笺小韻，將廉切。《韻鏡》於第四十轉（相當於本書第三十二轉）平聲四等精紐位列笺，又列尖於第三十九轉，誤矣。《韻鏡》本當列尖於第四十轉，傳寫而誤入第三十九轉，後人不察，乃據《集韻》列笺於第四十轉而未刪第三十九轉尖字。

按：本書此位無字，是也。而於第三十二轉列蹔亦誤矣。參下轉第13條。

21 平四心　空格　《韻鏡》應永本、六地藏寺本列鬘，其他各本作鬘。

箋：切三、王一、王二、王三鹽韻有銛小韻，息廉反；刊有纖小韻，思廉反。諸書該小韻皆無鬘字。《廣韻》銛小韻則有鬘字，亦息廉切。《集韻》同，思廉切。然此皆鹽韻字，不當列於此位。《集韻》鬘字又見於沾韻，斯兼切。

按：《韻鏡》所列，當是後人據《集韻》沾韻鬘字而增。應永本、六地藏寺本字又轉訛爲鬘矣。

22 平四匣　空格　《韻鏡》列嫌。

箋：嫌是四等添（沾）韻字，《韻鏡》所列是。

按：本書誤列於三等位。當據正。參第15條。

23 上一端　黕　《韻鏡》六地藏寺本作默，（延）作黕，（天）作䵪，其他各本作黕。

箋：切三、王二、王三感（禫）韻此字作黖，王一、《廣韻》、《集韻》作黕，並音都感反。

按：本書不誤，《韻鏡》作默、黕、䵪者皆黕字之訛。

24 上一透　襑　《韻鏡》六地藏寺本作襑，其他各本作襑。

箋：切三、王一、王三、《廣韻》、《集韻》感（禫）韻並有襑小韻，他感反。《説文》衣部曰：『襑，衣博大也。從衣，尋聲。』

按：本書及《韻鏡》作襑者皆襑字之誤，當據《説文》正。

25 上一定　禫　于氏刊本同，浙江局本、集成本作禪，謝氏刊本作禪，其他作禫。《韻鏡》嘉吉本、寶生寺本、永禄本、寬永十八年本、北大本作禫，應永本、寬永五年本作禫，六地藏寺本、（佐）作䄠。

箋：切三、王一、王二、王三、《廣韻》、《集韻》感(䃴)韻此字並作䃴，徒感反。

按：本書及《韻鏡》作䃴、䃴、䃴、䃴若䃴者並䃴字之誤，當據正。

26 上一疑　鎮　《韻鏡》永禄本、寬永十八年本、北大本、寬永五年本、(天八)、(正)、(享)作頷，其他各本作鎮。

箋：王一、王二、王三、《廣韻》感(䃴)韻並有鎮小韻，五感反。諸書該小韻皆無頷字。《集韻》乃以頷頷爲鎮之或體，並列於小韻之首。

按：本書及《韻鏡》作鎮諸本合於王韻、《廣韻》，《韻鏡》列頷諸本，當是後人據《集韻》而改。

27 上一精　昝　大中堂本、仿明刊本、于氏刊本同，其他各本作昝。《韻鏡》列寁。

箋：切三、王一、王二、王三、《廣韻》感(䃴)韻並有昝小韻(《十韻彙編》切三從王國維抄字作昝，姜亮夫抄亦作昝。S. 2071作昝，今據正)，子感反。諸書該小韻有寁字。《集韻》音同，而以寁爲小韻首字。

按：本書列昝合於唐五代韻書及《廣韻》，《韻鏡》列寁當是後人據《集韻》而改。

28 上一心　糂　《韻鏡》六地藏寺本作揕，其他各本作糂。

箋：切三、王三感韻有糂小韻，素感反；王二蘇感反；《廣韻》《集韻》桑感切。

按：此位列糂是，揕乃糂之誤字。

29 上一影　晻　《韻鏡》(佐)作晻，六地藏寺本作䤶，其他各本作晻。

箋：切三、王一、王二、王三、《廣韻》感（禫）韻並有晻小韻（王三字誤爲腌），烏感反。《集韻》鄔感切。諸書該小韻有晻而無晻、䶩。

按：然本書作唵當是晻字之形訛，《韻鏡》作晻者是，作晻若䶩者亦是誤字。

30 上一曉　喊　《韻鏡》（文）作喊，（元）作顲，其他各本作顲。

箋：王一、王二、王三感韻有顲小韻，呼感反；《廣韻》呼唵切。諸書該小韻皆無喊字。《集韻》顲小韻則有喊字，虎感切。

按：本書列喊與諸韻書未合。《韻鏡》作顲者合於唐五代韻書及《廣韻》，作顲者當是後人據《集韻》妄改。

31 上一匣　頷　謝刊本、于氏刊本同，其他各本作頷。《韻鏡》寶生寺本列壈，其他各本列頷。

箋：此字當作頷，切三、王一、王二、王三、《廣韻》感（禫）韻胡感反；《集韻》户感切。

按：至治本等字訛，當據正。《韻鏡》寶生寺本列壈亦誤。

32 上二徹　僋　于氏刊本同，其他各本作僋。《韻鏡》（元）作闇，其他各本作僋。

箋：作僋是。王一豏韻此字損泐，王二、王三誤爲僋；《廣韻》《集韻》正作僋，各書並音丑減反。

按：本書作僋者當從《廣韻》正。《韻鏡》作闇者亦誤。

33 上二娘　空格　《韻鏡》列䛏。

箋：王一豏韻有囚(《十韻彙編》誤爲囚，今據P. 2011)字，王二減韻作内，王三作囡，《廣韻》作囡，並女減反。《集韻》囡字音同，在囡小韻。

按：本書此位無字，恐是誤脱。《韻鏡》則與《廣韻》合。

34 上二見　鹻　《韻鏡》列鹼。

箋：切三豏韻有鹻小韻，苦斬反(當作古斬反)；王一、王三古斬反。王二、《集韻》音同，在減小韻；《廣韻》音亦同，在鹼小韻。

按：本書列鹻者，乃爲鹼字之誤也。《韻鏡》所列則合於《廣韻》。

35 上二穿　醶　《韻鏡》嘉吉本、寶生寺本、六地藏寺本、(延)、(佐)、(文)、(仙)、(天)、(元)、(國)作醶，其他各本作𦢊。

箋：切三、王一、王二、王三豏(減)韻有醶小韻，初減反。小韻内有𦢊字。《廣韻》音同，而以𦢊爲小韻字。《集韻》同《廣韻》，楚減切。

按：本書所列合於唐五代韻書。《韻鏡》當本列醶，後人乃據《廣韻》《集韻》改爲𦢊。

36 上二牀　巉　《韻鏡》應永本列浼，寬永五年本作浼，其他各本作瀺。

箋：切三、王一、王二、王三、《廣韻》豏(減)韻有瀺小韻，士減反。諸書該小韻皆無巉字。《集韻》瀺小韻音同，有巉字。

按：本書列巉不合諸韻書，《韻鏡》列瀺則合，列浼若浼者乃是字誤。

37 上二審　摻　《韻鏡》永禄本、寬永十八年本、北大本、寬永五年本、（天八）、（元）、（正）、（享）作摻，其他各本作攙。

箋：切三、王一、王二、王三、《廣韻》、《集韻》豏（減）韻有摻小韻，所斬反。各書該小韻皆無攙字。

按：此位列摻是，《韻鏡》列攙者當是字誤。

38 上二曉　空格　《韻鏡》（天）列減，其他各本列喊。

箋：切三、王一、王二、王三、《廣韻》豏（減）韻有曉紐闞小韻，火斬反。各韻書該小韻内無減字。《廣韻》豏韻別有喊小韻，呼豏切（王一、王二、王三喊小韻『子減反』，以喊字形聲而論，不當有精紐一讀，是此切上字恐有訛誤。龍宇純疑王三『子』字或是『乎』字之誤，可參）。《集韻》豏韻曉紐惟有欿小韻，火斬切，下收喊、誠二字。

按：本書此位無字，與各韻書未合，《韻鏡》列喊合於《廣韻》，作減則是喊之誤字。

39 上三明　𢀦　《韻鏡》〇。

箋：王一（P. 2011）、王三忝韻有㚇小韻，王二作㚇，《廣韻》作𢀦，並音明忝反。《集韻》𢀦、㚇同字，美忝切。

按：本書字同《廣韻》而誤列於三等，《韻鏡》列四等是，當據正。

40 上三徹　諂　《韻鏡》寶生寺本、永禄本、寬永十八年本、北大本、寬永五年本作諂，嘉吉本、應永本、六地藏寺本等作謟。

箋：王二、《廣韻》琰韻有諂小韻，丑琰反；王一、王三音同，字訛爲謟。《集韻》以讇、諂同字，音亦丑琰切。

按：本書及《韻鏡》作謟者誤，當正作諂。

41 上三溪 預 《韻鏡》寬永十八年本、北大本、(元)、(文)、(天)作預，其他各本作頳。

箋：切三琰韻有頳小韻，丘撿反；王一、王三、《廣韻》丘檢反。《集韻》音同，而與顩、頗同列於小韻首。各韻書此字皆訓『面不平』，殆是從平、從頁會意。

按：本書及《韻鏡》作預者並誤，當正爲頳。

42 上三疑 空格 《韻鏡》列顩。

箋：王一顩在琰韻儼小韻，魚儉反。王三儼小韻魚檢反，無顩字。《廣韻》音同王三，而以顩爲小韻首字。《集韻》顩亦在儼小韻，音同《廣韻》。

按：本書當是據《廣韻》而誤列於四等，當據《韻鏡》列於三等。參第46條。

43 上三匣 空格 《韻鏡》寬永十八年本、北大本、寬永五年本、(正)、(理)、(享)〇，其他各本列鼸。

箋：切三、王一、王二、王三、《廣韻》、《集韻》忝韻並有鼸小韻，下忝反。

按：本書鼸字列於四等，是也。《韻鏡》列於此位諸本皆誤。

44 上三日　空格　《韻鏡》嘉吉本、寶生寺本、永禄本、寬永十八年本、北大本、(延)、(佐)、(文)、(仙)、(天)、(正)、(國)、(理)、(享)列冉，六地藏寺本字作冄，其他各本作冊。

箋：切三琰韻有冄小韻(《十韻彙編》冄誤爲舟，今據 S. 2071。王國維、姜亮夫抄均不誤。冄是冉之俗字)，而琰反；王一、王二、王三音同，字作冉。《廣韻》音亦同，字作冉。《集韻》冄冉同字，亦而琰切。

按：本書此位無字，與諸韻書未合。《韻鏡》則當以作冉者爲正，其他則或俗或誤。

45 上四明　空格　《韻鏡》列丆。

箋：《廣韻》忝韻有丆小韻，明忝切。《集韻》美忝切。正當列於此位。

按：本書誤列於三等，當依《韻鏡》正。參第 39 條。

46 上四疑　顩　《韻鏡》〇。

按：《廣韻》琰韻顩小韻魚檢反，本書列於四等誤，當從《韻鏡》列於三等。參第 42 條。

47 上四影　空格　《韻鏡》六地藏寺本列韽，其他各本〇。

箋：六地藏寺本所列韽字，王一、王二、王三、《唐韻》、《廣韻》、《集韻》皆在陷韻，於陷反。本書及《韻鏡》諸本皆列於去聲二等位，而六地藏寺本重見於此位者誤矣。

切三、王一、王三、《廣韻》、《集韻》琰韻影紐有二小韻，一爲黶，於琰反；一爲奄，應儉反(《廣韻》《集韻》衣儉切)。王二黶在琰韻，於琰反；奄在广韻，應險反。本書及《韻鏡》奄字列於本轉（《韻鏡》第三十九轉）三等，黶列於第三十二轉（《韻鏡》第四十轉）四等（本書第三十二轉二、四等列字互倒，參彼轉第 23 條、第 30 條），是也。

按：各韻書忝韻無此音，本書及《韻鏡》無字者是。

48 上四匣　鰜　《韻鏡》寬永十八年本、北大本、寬永五年本、（正）、（理）、（享）亦列鰜，其他各本〇。

箋：切三、王一、王二、王三、《廣韻》、《集韻》忝韻並有鰜小韻，下忝反。

按：本書所列不誤，《韻鏡》列於三等者誤。參第 43 條。

49 上四日　空格　《韻鏡》嘉吉本、寶生寺本、六地藏寺本、永祿本、寬永十八年本、北大本、寬永五年本、（延）、（佐）、（文）、（仙）、（天）、（正）、（國）、（理）、（享）列苒，應永本等作苒。

箋：苒是冉之同音字，切三、王一、王二、王三、《廣韻》、《集韻》並在琰韻冉小韻，而琰反。《韻鏡》既列冉於三等，又列苒字於四等者，當是日本校讀者於冉下所施其同音之苒字，傳抄而誤入圖中矣。參第 44 條。

按：本書空格是。

50 去一透　僋　《韻鏡》亦作僋。

箋：王一、王二、王三、《唐韻》、《廣韻》、《集韻》勘（醰）韻並有僋小韻，他紺反。

按：本書及《韻鏡》作僋皆訛，當正作僋。

51 去一見　紺　《韻鏡》六地藏寺本作紐，永禄本作絆。

箋：王一、王二、王三、《廣韻》、《集韻》勘(醰)韻有紺小韻，古暗反。

按：本書及《韻鏡》作紺者是，作紐若絆者乃是日本俗字轉訛也。

52 去一精　篸　《韻鏡》(元)作笗，寬永五年本作蔘，其他各本作篸。

箋：王二、《唐韻》、《廣韻》、《集韻》勘(醰)韻有篸小韻，作紺反。

按：本書及《韻鏡》作篸者不誤。王一、王三勘韻精紐有揝小韻，祖紺反。無篸字。

53 去一從　空格　《韻鏡》寬永十八年本、北大本、寬永五年本、(文)、(享)列暫，(元)作擊，六地藏寺本作蹔，其他各本作蹔。

箋：《廣韻》及以前韻書勘(醰)韻無從紐。《集韻》勘韻從紐唯蹔一字，徂紺切。

按：本書此位無字，合於《廣韻》等。《韻鏡》列蹔者，當是據《集韻》增，作暫、作擊若蹔者，則又轉寫致誤矣。

54 去一曉　空格　《韻鏡》嘉吉本、六地藏寺本列顑，(延)作感，其他各本作顑。

箋：王三、《廣韻》勘(醰)韻有顑小韻，呼紺反；王一字作顑，音同。《集韻》則以顑顑並列於小韻首，音亦同。

按：本書此位無字，蓋有脱誤。

55 去一來　顲　《韻鏡》作顲。

箋：王一、王三勘韻有儉小韻，郎紺反。内無顲、顲字。《廣韻》《集韻》音同，而以顲爲小韻字。本書據顲而字又轉訛。《説文》頁部有顲字，從頁，㐭聲。《韻鏡》作顲合於《廣韻》《集韻》，然亦誤字也，當依《説文》作顲。

按：本書列字誤，當改。

56 去二知　𪘲　《韻鏡》嘉吉本、應永本、六地藏寺本作點，其他各本作𪘲。

箋：王一、王二、王三、《唐韻》陷韻有𪘲小韻，都陷反。以端切知，類隔。《廣韻》《集韻》陟陷切。

按：本書及《韻鏡》作𪘲者是，作點則是𪘲字之誤也。

57 去二澄　賺　《韻鏡》嘉吉本、寶生寺本、六地藏寺本、永禄本、寬永十八年本、北大本、寬永五年本、(延)、(佐)、(仙)、(天八)、(天)、(元)、(正)、(國)、(享)○，應永本等列賺。

箋：王一、王二、王三、《唐韻》、《廣韻》陷韻有賺小韻，佇陷反。義爲『重賣』(《廣韻》作『重買』)，小韻内別無賺字。《集韻》此字作賺，直陷切，注曰：『《廣雅》買也。』

按：本書此位列賺合於《集韻》，《韻鏡》無字者似誤脱，當以應永本等列賺字者爲長。

58 去二見　䫡　《韻鏡》應永本列鵮，六地藏寺本、(元)作鷂，其他各本作鵮。

箋：王三、《廣韻》陷韻有鵮小韻，公陷反。《廣韻》該小韻有䫡字。《集韻》則有䫡小韻，公陷切。小韻内無鵮字。王一陷韻見紐爲鬫小韻，公陷反；鵮小韻則仕陷反。因頗疑王三、《廣韻》𪘁音『公陷反』之『公』字有誤。隸書『士』字或作『圡』，上部壞損則似『公』，則王三、《廣韻》所據之『公陷反』或即『士陷反』之誤歟？

按：本書所列合於《集韻》，《韻鏡》則與王三、《廣韻》合。

59 去二疑　顑　《韻鏡》作顩。

箋：唐五代韻書陷韻無疑紐。《廣韻》有顩小韻，玉陷切。《集韻》顩音同，在𪘃小韻。

按：本書乃據《廣韻》而轉訛，《韻鏡》不誤，當據正。《集韻》又另有一疑紐獑小韻，五陷切。

60 去二牀　儳　《韻鏡》（文）、（理）有儳，其他各本〇。

箋：王一陷韻有𪘁小韻，仕陷反（𪘁字王三、《廣韻》公陷反），下有讒、儳二字。王三讒小韻有儳字，士陷反。《廣韻》乃以儳爲小韻字，仕陷切。《集韻》陷韻則無崇（牀二）紐。

按：本書此位列儳者，合於《廣韻》，《韻鏡》（文）、（理）二本則蓋據《廣韻》補。

61 去二影　韽　其他各本作韽。

箋：此字當作韽，王一、王二、《唐韻》、《廣韻》、《集韻》陷韻有韽小韻，並於陷反。王三音同，字誤爲韽。《韻鏡》（延）列顑，其他各本列韽（本亦誤爲韽）。《韻鏡》列顑者大誤。

按：本書字形訛誤，當改。

62 去二曉　空格　《韻鏡》列闞。

箋：王一、王二、《唐韻》、《廣韻》、《集韻》陷韻皆無曉紐字。王三則有闞小韻，火陷反。此

《韻鏡》列字本於唐代韻書之證也。

按：本書此位無字，合於其他韻書。

63 去二匣 ⿰阝舀 其他各本作陷。《韻鏡》嘉吉本、應永本作陥，寶生寺本、永禄本、寬永十八年本、北大本作⿰阝舀，寬永五年本等作陷。

箋：此是韻目字，王一、王二、王三、《廣韻》作陷，户韽反（《十韻彙編》王二誤爲尸韽反，今依蔣斧印本）。《集韻》字同，乎韽切。《唐韻》此字上部損泐，然以其他從臽之字皆誤從舀而論，此字恐當亦誤爲⿰阝舀。

按：本書及《韻鏡》作⿰阝舀若陥者，並當正爲陷。又本書韻目處各本仿此。《韻鏡》韻目處應永本作陥，其他各本所作與此位同。

64 去三穿 ⿰𧾷詹 《韻鏡》永禄本、寬永十八年本、北大本、（延）、（天八）、（天）、（正）、（享）作⿰𧾷⿱⺈詹，其他各本作⿰𧾷詹。

箋：王一、王三豔韻韂小韻皆一字，充豔反。《唐韻》《廣韻》則有⿰𧾷詹小韻，昌豔反。《集韻》韂、⿰𧾷詹音同《唐韻》《廣韻》，而字在襜小韻。

按：本書及《韻鏡》合於《唐韻》《廣韻》，作⿰𧾷⿱⺈詹者乃⿰𧾷詹之誤字。

65 去三禪 贍 《韻鏡》六地藏寺本作瞻，其他各本作贍。

箋：王一、王二、王三豔韻有贍小韻，市豔反；《唐韻》《廣韻》《集韻》時豔反。

按：諸書該小韻別無瞻若聸字，知《韻鏡》六地藏寺本所作即瞻字之誤。

66 去四透　㮇　《韻鏡》(延)、(天)、(仙)作掭，六地藏寺本作掭，寶生寺本作㮇，嘉吉本作㮇，其他各本作㮇。

箋：此爲韻目字，王一、王二、王三、《廣韻》並作㮇，他念反。《唐韻》音同，字作㮇，當是俗省。《集韻》音亦同，而以栝、柄、㮇同列於小韻首。

按：本書此位及韻目皆不誤，《韻鏡》此位及韻目處則有誤有不誤。

67 去四心　䃸　《韻鏡》應永本作䃸，永禄本、寬永十八年本、北大本作䃸，其他各本作䃸。

箋：王一、王二、王三、《唐韻》㮇韻有䃸小韻，《廣韻》《集韻》字作䃸，皆先念反。

按：此字正當作䃸，俗省作䃸。作䃸或䃸乃誤矣。

68 去四影　酓　《韻鏡》嘉吉本、寶生寺本作酓，六地藏寺本作會，其他各本作酓。

箋：王一、王三、《唐韻》㮇韻有酓小韻，於念反。酓字作酓，當是唐代俗書如此。王二、《廣韻》音同，字作酓。《集韻》音亦同，而以醃酓同字。

按：本書及《韻鏡》作酓若會皆誤，當正。

69 入一透　錔　大中堂本、仿明刊本、聚珍本作鎝。《韻鏡》作錔。

箋：切三、王二、《廣韻》合韻有錔小韻，他合反；王三他合反。《集韻》託合切（宋刻本、楝亭本誤爲『託合切』，述古堂影宋抄本誤爲『記合切』，今依《類篇》正）。

按：本書治至本誤，當正作錔。

70 入一定　沓　《韻鏡》六地藏寺本作沓，其他各本作沓。

箋：切三、王二、王三、《唐韻》、《廣韻》合韻有沓小韻，徒合反（《十韻彙編》切三誤爲『從合反』，王國維、姜亮夫抄『徒』並作『從』，S. 2071 作『徒』，今據正）。《集韻》達合切。

按：本書列字是，《韻鏡》作沓乃是俗誤，當正。

71 入一溪　榼　《韻鏡》作溘。

箋：切三、王二、王三、《廣韻》合韻有溘小韻，口荅反；《唐韻》口答反。諸書該小韻別無榼字。《集韻》則溪紐下榼、溘皆無。榼是盍韻字，切三、王二、《唐韻》字作榼，苦盍反。刊、王三、《廣韻》音同，字作榼；《集韻》同，克盍切。

按：本書榼已列於第三十二轉，再列本轉非也。當依《韻鏡》列溘。

72 入一疑　㭲　《韻鏡》列𡚾。

箋：刊、《唐韻》、《廣韻》㭲字並在洽韻，五夾反；《集韻》仡甲切。《韻鏡》列㭲於二等，是也。又《廣韻》合韻有𡚾小韻，五合切；《集韻》鄂合切。

按：此位當列𡚾字，《韻鏡》不誤，當據正。

73 入一精　匝　《韻鏡》列帀。

箋：切三、王二合韻有帀小韻，子荅反；《唐韻》《廣韻》子合反。《廣韻》帀下有迊字，注『上同』。《集韻》乃以帀、迊同列於小韻首，作苔切。

按：《説文》帀部：『帀，周也。』大徐子荅切。無匝、迊字。匝即迊字，今傳唐寫本韻書從匚之字每從辶，或於辶上加一短横，知當時俗恒書如此。

按：本書列匝近於《集韻》，《韻鏡》列帀則合於切三等。

74 入一從　雜　《韻鏡》寬永五年本作雜，其他各本作雜。

箋：切三、王二合韻有雜小韻，王三、《唐韻》、《廣韻》作雜，並音徂合反。《集韻》同《廣韻》，昨合切。

按：本書作雜合於王三等，《韻鏡》則與切三、王二合。雜、雜字同，而有正俗之别也。

75 入一喻　空格　《韻鏡》六地藏寺本、寬永十八年本、北大本、寬永五年本、（正）、（天八）、（享）列邌，其他各本〇。

箋：各韻書合韻無喻紐。諸韻書唯《廣韻》合韻有邌字，澤存堂本、巾箱本、《古逸叢書》本、覆元泰定本士合切，楝亭本、元本、顧繙明經廠本于合切。陳澧《切韻考》卷五・二十七合：『此韻末有邌字，張本士合切，明本、顧本、曹本于合切皆誤。《玉篇》千合切，《五音集韻》七合切。于字即千字之誤，士字即七字之誤。皆與趁字七合切音同，乃增加字也。』周祖謨、龍宇純、余迺永説略同。《篆隸萬象名義》有趁無邌，且含反。是《玉篇》『千合切』當亦『千含切』之誤，《廣韻》乃據誤本《玉篇》收趁字於合韻矣。《韻鏡》此位本無字，六地藏寺本乃別筆補寫，寬永十八年本、北大本亦顯係補刻，知此字係日人據誤本《廣韻》『于合切』一音而增，當刪。

按：一等韻例無喻紐，本書此位無字，是也。

76 入二徹　盧　《韻鏡》列盧（六地藏寺本、寬永五年本字形小誤）。

箋：唐五代韻書洽韻無徹紐。《廣韻》洽韻末則有盧小韻，丑囟切。注：『五味調肉菜。出《文字音義》。』此字作盧誤，《集韻》作盧是也，敕洽切。

按：本書乃據《廣韻》而轉訛。《韻鏡》作盧字不誤，然頗疑此字爲後人所增。

77 入二澄　空格　《韻鏡》嘉吉本列毷，（延）作野，（天）作毷，（文）作野，六地藏寺本作毷，寬永五年本作毷，其他各本作毷。

箋：《廣韻》及以前韻書洽韻無澄紐。《集韻》洽韻末有毷（字誤爲毷，《類篇》作毷不誤）小韻，徒洽切（以定切澄，類隔）。義爲『毛布也』。

按：本書不列合於《廣韻》等，《韻鏡》則當是後人據《集韻》增。諸本作毷、野、毷、野、毷者，皆毷之訛字。

68 入二娘　図　《韻鏡》列図。

箋：切三、王一、王二、王三、《唐韻》洽韻並有囲小韻，女洽反；刊（P. 2015）音同，字作囚。注云：『又（？）作囲，囲、図……』《廣韻》音亦同，字作図，注曰：『俗作囲。』《集韻》則始收図於囨囲小韻，昵洽切（述古堂影宋抄本昵誤爲昵，今依宋刻本、楝亭本及《類篇》正）。

按：本書或是據《集韻》列筃字，《韻鏡》則合於《廣韻》。

79 入二溪　恰　《韻鏡》六地藏寺本列拾，其他各本作恰。

箋：切三、王一、王二、王三、《唐韻》、《廣韻》洽韻有恰小韻，並音苦洽反；刊（P. 2014）口洽反。《集韻》乞洽切。

按：《韻鏡》六地藏寺本作拾乃誤。

80 入二疑　㾕　《韻鏡》列眰。

箋：本書所列之㾕字，切三（S. 2071）、刊（P. 2015）、王二、《唐韻》、《廣韻》、《集韻》並在葉韻（唯字有正俗小異也），去涉反。王三音同，字訛爲㾕。則㾕字當列於三等溪紐位。本書三等溪紐所列之瘱字，即是㾕之誤字。

按：此位當以《韻鏡》列眰爲是，辨見本轉第 72 條。

81 入二牀　𧼮　其他各本作麪。《韻鏡》（文）列遻，永禄本列篷，其他各本作篷。

箋：刊（P. 2014）洽韻有箑小韻，仕洽反；王一、《唐韻》作箑，王二作篷，《廣韻》作篷，並音士洽反。諸書皆注云：『行書。』《集韻》箑小韻箑（箑當作篷）箑同字，實洽切。注云：『行書也。……從筆，從辵。或作箑。』今謂箑字並非篷（或作箑、箑、篷、箑）之或體，《說文》竹部有箑字，從竹，疌聲。疌下從止，行書與辶似，箑乃有箑、箑、篷、篷諸形，觀切三（S. 2071）、刊

（P. 2015）、王一、《唐韻》等唐五代韻書葉韻疌、睫、婕、捷、萐等字之書體，即可見此字嬗變之迹也。《説文》箑字訓『扇也』，與『從筆，從疌』之箑本非一字。二形相近遂致淆亂。又《廣韻》《集韻》該小韻有𧾩字，本書或以箑爲俗字而换用𧾩歟？

按：至治本作𧾩者，本轉臿聲之字臿旁皆作臿（後仿此）。《韻鏡》（文）列遝誤，列箑若箑者合於韻書。

82 入二審　歃　《韻鏡》列霎。

箋：切三、王一、王二、王三、《唐韻》、《廣韻》洽韻有霎小韻，山洽反；刊（P. 2014）山浹反。諸書歃字皆在該小韻。《集韻》乃以歃爲小韻首字，色洽切。

按：本書列歃當是據《集韻》，而《韻鏡》則與其他韻書合。

83 入三知　輒　《韻鏡》嘉吉本、寶生寺本、六地藏寺本、永祿本、寬永十八年本、北大本、寬永五年本、（延）、（仙）、（天八）、（元）、（正）、（國）、（享）作輒，其他各本作輙。

箋：此字切三、刊、王二、《唐韻》葉韻作輙（王一葉韻殘缺，不存此字及其音切，然以同聲符之踂、䩚等字並從取作而論，此字當是作輙），陟葉反；王三、《廣韻》則作輒。王三陟涉反，《廣韻》陟葉切。《集韻》字、音皆同王三。

按：此字作輒爲正，作輙則沿唐五代韻書之俗字也。

84 入三徹　鍤　《韻鏡》永祿本、寬永十八年本、北大本作鍤，六地藏寺本作鍤，其他各本作鍤。

箋：切三、刊、王二、王三、《唐韻》、《廣韻》葉韻並有鍤小韻，丑輒反。此字切三作鍤，王二作銛，刊、王三、《唐韻》作鍤。刊注曰：『正作鍤。』《廣韻》即作鍤。《集韻》臿鍤函同字，磣歃切。

按：本書及《韻鏡》作鍤者不誤，其他則是誤字。

85 入三溪　痃　《韻鏡》嘉吉本、寶生寺本、（延）、（佐）、（文）、（天）、（元）、（國）、（理）作㥦，六地藏寺本作疾，應永本等作痃。

按：此字當作痃，辨見第80條。

86 入三曉　空格　《韻鏡》列偞。

箋：《廣韻》及以前韻書葉韻無曉紐。《集韻》乃有偞小韻，虛涉切。

按：本書不列，合於《廣韻》等，《韻鏡》此字恐是後人據《集韻》增。

87 入四端　聑　《韻鏡》六地藏寺本作射，其他各本作聑。

箋：切三怗韻有聑小韻（右半作取），丁篋反。王二、王三、《唐韻》、《廣韻》、《集韻》音並同，字作聑。

按：本書及《韻鏡》作聑者是也，六地藏寺本作射大誤。

88 入四透　帖　《韻鏡》作怗。

箋：怗是韻目字，切三、刊、王二、王三、《唐韻》、《廣韻》他協反。諸書該小韻有帖字。《集韻》乃以帖爲小韻首字，託協切。

按：此字本書韻目亦作帖，合於《集韻》。《韻鏡》嘉吉本、六地藏寺本、（文）、（仙）韻目作怗，其他各本韻目則作帖。作怗者與《集韻》以前韻書合，作帖者當是因形近而誤矣。

89 入四定　空格　《韻鏡》列牒。

箋：切三、《廣韻》怗韻有牒小韻，王二、王三、《唐韻》字作牃，並音徒協反。《集韻》帖韻同，達協切。

按：本書未列，恐有脱誤。《韻鏡》則合於切三、《廣韻》。

90 入四溪　愜　《韻鏡》六地藏寺本作𢴤，其他各本作愜。

箋：切三、王二、王三、《唐韻》、《廣韻》怗韻有愜（王二作俗字）小韻，苦協反（《唐韻》切上字闕）。《集韻》㥦愜同字，在匧篋小韻，詰叶切。

按：諸書該小韻別無𢴤字，《韻鏡》六地藏寺本之𢴤，即是愜字之誤。

91 入四清　空格　《韻鏡》嘉吉本、（天）列妾，（延）於○中補妾，其他各本列妾。

箋：妾是葉韻字，切三、刊、王二、王三、《唐韻》、《廣韻》、《集韻》皆有該小韻，七接反。

按：本書此字列於第三十二轉，是也。《韻鏡》妾字既列於四十轉，再列於本轉當是後人妄增。

92 入四從　蕐　浙江局本、謝氏刊本、集成本作蕐。《韻鏡》寬永五年本作蕐，其他各本作蕐。

箋：切三、王三怗韻有⿱艹雜小韻，王二、《唐韻》、《廣韻》字作⿱艹雜，並在協反。《集韻》字同，疾協切。

按：⿱艹雜、⿱艹雜爲一字異體，然當以作⿱艹雜爲正。

93 入四心　燮　《韻鏡》應永本、六地藏寺本、永禄本字形小異，寬永五年本作爕，其他各本作燮。

箋：王二怗韻有燮小韻，蘇協反；王三、《唐韻》、《廣韻》音同，字作燮。《集韻》亦作燮，息協切。

按：本書作燮是，《韻鏡》本或誤也。

94 入四來　⿰夾瓦　《韻鏡》寶生寺本、寬永十八年本、北大本、（國）、（佐）作⿰夾瓦，六地藏寺本、（文）、（仙）、（延）、（天八）、（元）、（正）、（理）、（亨）作甀，嘉吉本作甀，（天）作甄，永禄本作⿰歹瓦。其他各本作甀。

箋：切三、《唐韻》、《廣韻》、《集韻》怗（帖）韻有⿰夾瓦小韻，王二作⿰票瓦，王三作⿰夾瓦，盧協反（《集韻》力協切）。

按：本書及《韻鏡》作⿰夾瓦者是，其他則是誤字。

外轉三十二

	幫	滂	並	明	端	透	定	泥	見	溪	群	疑
					知	徹	澄	孃				
	羽				徵				角			
				甜	擔	蚺	談		甘	坩		
平			[illegible]						監	嵌		巖
												嚴
											鍼	
上				喘	膽	菼	噉			敢		
										顩		
										欿		儼
										脥		
去					擔	賧	憺		[illegible]	闞		
			埿						鑑			
										[illegible]		釅
入					[illegible]	榻	蹋	魶	[illegible]	榼		[illegible]
							霅		甲			
									劫	怯		業

去四精位字原略有缺損，今據中華再造善本《通志·七音略》描補完整。

精	清	從	心	邪	影	曉	匣	喻	來	日	
照	穿	床	審	禪							
商					宮				半徵	半商	
		慙	三			蚶	酣		藍		談
	攙	巉	衫				銜				銜
					醃	[illegible]					嚴
鏨	僉	潛	銛	燖	懕			鹽			鹽
	黲	[illegible]			埯	喊			覽		敢
	醶	嵁	摲		黤	[illegible]	檻				檻
					埯						儼
[illegible]	槧	漸	憸		黬			琰			琰
		暫	三			[illegible]	憨		濫		闞
[illegible]	懺	鑱	釤		黬	[illegible]	[illegible]				鑑
											釅
[illegible]	壍	潛			厭			豔			豔
	囃	[illegible]	[illegible]		鰪	[illegible]	盍		臘		盍
	囃	渫	翣		鴨	呷	狎				狎
譛					腌	脅					業
接	妾	捷			魘			葉			葉

重中輕

外轉第三十二 重中輕

1 平一明 姏 《韻鏡》(佐)〇，六地藏寺本作姩，其他各本作姏。

箋：切三、王二、王三、《廣韻》談韻有姏小韻，武酣反。《集韻》謨甘切。

按：是此位當有姏。《韻鏡》無者蓋脱，六地藏寺本凡甘聲之字皆誤，殆不習漢字結體所致。

2 平一端 擔 《韻鏡》(文)作檐，其他各本作擔。

箋：切三、王二、王三、《廣韻》談韻有擔小韻，都甘反。《集韻》音同，而以儋、擔同列於小韻首。

按：諸書該小韻無檐字，是此位正當列擔，《韻鏡》(文)作檐乃是誤字。

3 平一透 蚺 《韻鏡》作舑(應永本等寫本或作𦧇，日本書體如此也)。

箋：切三談韻有舑小韻，王二、王三書作𦧇，《廣韻》作舑，並他酣反。《集韻》亦作𦧇，他甘切。諸書該小韻別無蚺字。

按：本書所作，當即《廣韻》舑字之訛。《韻鏡》不誤，當據正。

4 平一見 甘 《韻鏡》六地藏寺本作甘，其他各本作甘。

箋：切三、王一、王二、王三、《廣韻》談韻並有甘小韻，古三反。《集韻》沽三切。

按：是本位正當列甘。《韻鏡》六地藏寺本作耳者，該本從甘之字悉如此。

5 平一溪　坩　《韻鏡》六地藏寺本作坩，其他各本作坩。

箋：切三、王二、王三、《廣韻》談韻有坩小韻，苦甘反（切三奪切下字）。《集韻》枯甘切（述古堂影宋抄本誤枯材切，今據宋刻本、楝亭本及《類篇》正）。

按：此位列坩是，《韻鏡》六地藏寺本乃誤。

6 平一影　空格　《韻鏡》嘉吉本無字亦無○，應永本列黤，其他各本作黯。

箋：《廣韻》及以前韻書談韻無影紐。《集韻》乃收黤小韻，鄔甘切。

按：本書此位無字，合於《廣韻》等，《韻鏡》則當是後人據《集韻》增。

7 平一曉　蚶　《韻鏡》六地藏寺本作蚶，其他各本作蚶。

箋：切三、王二談韻有蚶小韻，大談反（『大』當作『火』，字之誤也）；王三火談反，《廣韻》呼談切。《集韻》呼甘切。

按：此位正當列蚶，《韻鏡》六地藏寺本誤。

8 平一匣　酣　《韻鏡》六地藏寺本作酣，其他各本作酣。

箋：切三、王一、王二、王三、《廣韻》談韻酣小韻並音胡甘反。《集韻》同此位列酣是。

按：《韻鏡》六地藏寺本所作不成字矣。

9 平三溪　空格　《韻鏡》(文)列歛,六地藏寺本作⿱⺮欠,應永本作⿱⺮欠,其他各本作⿱⺮欠。
箋:切三、王一、王二、王三、《廣韻》嚴韻有⿱⺮欠(《十韻彙編》切三從王國維抄字誤爲欦,姜亮夫抄亦誤。今據 S. 2071 正)小韻,丘嚴反。《集韻》同。
按:本書此位無字蓋有脱誤。《韻鏡》列⿱⺮欠之本是,其他則有訛誤。切三、王一、王三⿱⺮欠字又音丘凡反,然凡韻無此字。王二、《廣韻》則又音丘广反,無丘凡反一音。

10 平三群　空格　《韻鏡》(延)〇,其他各本列黔。
箋:切三、王一、王二、王三、《廣韻》嚴韻凡四小韻:嚴,語⿰音僉反;⿰音僉,虛言反(《十韻彙編》切三誤爲虛虛反,今據 S. 2071 正。按王國維、姜亮夫抄不誤);醃,於嚴反;⿱⺮欠,丘嚴反。《集韻》乃增至九小韻,共多出氾,扶嚴切;諵,直嚴切;黔,居嚴切;黔,其嚴切;产,之嚴切等五小韻。本書僅列嚴(疑紐)、醃(影紐)、⿰音僉(曉紐)三字;較切三、王韻、《廣韻》少⿱⺮欠(溪紐)一字。《韻鏡》則較本書多出⿱⺮欠(溪紐)、黔(群紐)、剡(禪紐,當是據《集韻》談韻『市甘切』一音增,參第 11 條)三字。《廣韻》及以前韻書嚴韻無群紐。《集韻》黔有其嚴切一音,可列於此位。
按:本書無字合於其他韻書。《韻鏡》此字當即據《集韻》所增,(延)無字者則是舊式也。

11 平三禪　空格　《韻鏡》列剡。
箋:《廣韻》及以前韻書嚴韻無禪紐。《集韻》同。剡字見於《集韻》談韻,市甘切。市,禪紐，甘，一等談韻。一等韻例無禪紐。

按：本書此位無字與諸韻書合。《韻鏡》列於此位者，蓋後人據『門法』以劉字韻當爲三等而增入也。

12 平四群　鍼　《韻鏡》嘉吉本、寶生寺本、六地藏寺本、永禄本、寬永十八年本、北大本、寬永五年本、(延)、(佐)、(仙)、(天)、(正)、(國)、(享)〇，應永本等列鍼。

箋：切三、王二、王三鹽韻群紐惟有箝小韻，巨淹反。《廣韻》《集韻》鹽韻群紐始有重紐。一爲箝，巨淹切(《集韻》其淹切)；一爲鍼，巨鹽切(《集韻》同)。本書箝字列於第三十一轉(當《韻鏡》第三十九轉)三等群紐位，則鍼字列於本轉四等，正與《廣韻》《集韻》合。《韻鏡》列箝之同音字鉗於第三十九轉(當本書第三十一轉)三等群紐位(本或誤列於四等，參前轉第10條)，而本轉無字者，合於唐五代韻書。應永本等本轉所列鍼字，殆爲後人增。

按：本書列字無誤。

13 平四精　鏨　《韻鏡》(文)列箋，嘉吉本、寶生寺本、(延)、(佐)、(天)、(天八)、(元)、(正)、(國)、(理)、(享)列笺，其他各本作笺。

箋：鏨是敢韻從紐字，《廣韻》在槧小韻，才敢切；《集韻》在敢切。當列上聲一等從紐位。切三、王一、王二、王三鹽韻有尖小韻，子廉反。正可入於本位。《廣韻》尖字音同而小韻内有笺字，《集韻》則以笺爲小韻首字，將廉切。《韻鏡》此位列笺，或是後人據《集韻》改(諸本異文皆是誤字）。

按：本書此位脱尖而誤列上聲一等之槧，當正。參第18條。

14 平四清　僉　《韻鏡》列籤（本或作籖）。

箋：切三、刊、王二、王三、《廣韻》僉字皆在鹽韻籤小韻（切三字誤爲籖），七廉反。《集韻》同，千廉切。

按：本書列僉與諸韻書音合字不合，《韻鏡》所列較長。

15 上一端　膽　《韻鏡》嘉吉本、寶生寺本、（延）、（佐）、（仙）、（天）、（元）、（國）、（理）亦作膽，永禄本作瞻，六地藏寺本作瞺，應永本等作膸。

箋：切三、王一、王二、王三、《廣韻》敢（淡）韻並有膽小韻，都敢反。《集韻》覩敢切。

按：本書及《韻鏡》作膽者是。《韻鏡》作瞻者顯爲膽之誤字；作膸若瞺者，本書及《韻鏡》明紐位皆列有婄字，轉寫乃涉其岩旁而致誤矣。

16 上一透　葪　《韻鏡》列菼。

箋：切三、王一、王二、王三、敢韻並有菼小韻，吐敢反。小韻内無葪字。《廣韻》音同，而以葪爲小韻字。《集韻》則以葪、菼同列於小韻首，音亦同。

按：本書列葪同於《廣韻》《集韻》，《韻鏡》列菼則合於切三、王韻。

17 上一見　空格　《韻鏡》列敢。

箋：切三、王一、王二、王三、《廣韻》、《集韻》敢（淡）韻敢字並音古覽反。當列此位。

按：本書韻目處有敢字而本位誤脱，當依《韻鏡》補。

18 上一精　空格　《韻鏡》列𩛂。

箋：切三、王一、王二、王三、《廣韻》、《集韻》敢（淡）韻並有𩛂小韻，子敢反。《韻鏡》所列合於諸韻書。

按：本書此位無字，而將𩛂字誤列入從紐位，又誤列從紐之鏨於平聲精紐四等位。是當依《韻鏡》正。參第13條、第19條。

19 上一從　𩛂　《韻鏡》列槧。

箋：切三、王二、王三、《廣韻》敢（淡）韻從紐並有槧小韻，才敢反。《集韻》在敢切。《廣韻》《集韻》該小韻皆有鏨字。

按：本書將鏨字列於平聲四等精紐位既誤也，又將精紐之𩛂誤列於此位。《韻鏡》列槧正與諸韻書相合，當據正。參第18條。

20 上一匣　空格　《韻鏡》嘉吉本、寶生寺本、六地藏寺本、永禄本、寛永十八年本、北大本、寛永五年本、（佐）、（仙）、（天八）、（天）、（元）、（正）、（國）、（理）、（享）〇，應永本列憨。

箋：切三、王二、王三、《廣韻》敢（淡）韻無匣紐。《集韻》敢韻乃有澉小韻，胡敢切（述古堂影宋抄本誤爲胡歌切，今依宋刻本、楝亭本及《類篇》正）。然應永本所列憨字非此字之誤，乃是誤列去聲之憨於此位。王一、王二、王三、《廣韻》、《集韻》闞韻有憨小韻，下瞰反。本書及《韻鏡》皆列於去聲匣紐位，應永本既列於彼位，再列於本位大誤，當删。

按：本書及《韻鏡》無字者合於諸韻書也。

21 上二溪　顜　《韻鏡》六地藏寺本作顩，其他各本亦作顜。

箋：切三、王一、王二檻韻有顜小韻，丘檻反。王三、《集韻》檻韻無溪紐。

按：本書及《韻鏡》作顜者與此合，六地藏寺本則是誤字。

22 上二牀　嵁　《韻鏡》(元)、(文)、(理)列巉，寶生寺本、(佐)○内列巉，其他各本○。

箋：王一、王二、王三檻韻崇(牀二)紐有巉小韻，士檻反。下有嵁字。《廣韻》巉小韻僅一字，仕檻切。《集韻》音同《廣韻》，而以嵁爲小韻首字。

按：本書列嵁合於《集韻》。《韻鏡》此位原當無字，巉字乃是後人所補。

23 上二影　黶　其他各本作黶。《韻鏡》列黤。

箋：切三、王一、王二、王三、《廣韻》檻韻有黤小韻，於檻反；《集韻》倚檻切。諸書該小韻無黶字。黶是琰韻字，切三、王一、王二、王三、《廣韻》、《集韻》並於琰反，《韻鏡》列於四等，是也。

按：本書四等所列之揞，諸書在黤小韻，當列於二等。本書二、四等所列之字錯位，當乙正。參本轉第 30 條。

24 上三溪　欦　《韻鏡》嘉吉本、寶生寺本、永禄本、(天)○,(佐)、(國)於○中補欦,六地藏寺本、寬永十八年本、北大本、寬永五年本作欦,(天八)作領,應永本等作欦。

箋:王一、王二广韻有笈小韻,丘广反。《廣韻》音同,字作欦。諸書此字訓『欠崖』。『欠崖』義未聞,疑是『笈崖』而『笈』字先訛爲『欦』,其後『欦』字壞去右畔轉抄又誤爲『欠』。王三笈音同,注無『欠』而『崖』上空缺一字,當是所據本『崖』上之字損泐或模糊難辨,抄寫時留出字位而其後未補。『笈崖』者,連語以狀『不齊』之貌也。王二、《廣韻》嚴韻此字即作笈,丘嚴反。《廣韻》注云:『笈歁,不齊。又丘广反。』王二則注云:『笈歆,下齊(『下』當作『不』),字之誤也)。』據此則《廣韻》儼韻丘广切之欦當爲笈字之誤。周祖謨先生謂當從王三、王一正爲笈,是也。《集韻》儼韻則有欦小韻,口广切,注曰:『笑也。』《集韻》此字與王韻、《廣韻》『欠崖』之笈非一字。《説文》欠部:『欦,含笑也。』二徐並音丘嚴切。《集韻》嚴韻欦音丘嚴切,注云:『《説文》含笑也。』同韻黔小韻又有笈字,其嚴切,注云:『笈歁,不齊。』是可證『笈歁,不齊』之『笈』與『含笑也』之『欦』形異義别,初非一字。余迺永欲改《廣韻》儼韻丘广切欦字之注爲『含笑也』,則以二字爲一字,非是。

按:本書作欦合於誤本《廣韻》及《集韻》,《韻鏡》作領若欦者則字又轉訛也。

25 上三審　空格　《韻鏡》列潤。

箋:王一、王二、王三、《廣韻》琰韻有陝小韻,失冉反。諸書唯《廣韻》該小韻有潤字。《集韻》潤字則在閃小韻，亦音失冉切。

按：此位當列陝字，本書蓋誤脱。《韻鏡》列潤，非小韻首字，或亦是後人以陝旁所施之同音字而誤改者。

26 上四溪　脥　《韻鏡》○。

箋：王一、王二、王三琰韻有脥小韻，苦斂反；《廣韻》謙琰切。王一、王三、《廣韻》同韻又有頼小韻，丘檢反。則脥與頼爲重紐。切三、《集韻》儼韻有頼（丘檢反）無脥，王二則有脥無頼。

按：本書頼字列在第三十一轉三等，脥字列在本轉四等正合。《韻鏡》第三十九轉（當本書第三十一轉）溪紐三等列頼而第四十轉（當本書第三十二轉）四等無字者，乃與切三合。參第三十一轉第41條。

27 上四精　潛　《韻鏡》（天）列朁，其他各本○。

箋：王一、王三琰韻有朁小韻，子冉反。小韻内無潛字。《廣韻》則有潛小韻，亦子冉切。《集韻》音同，而以朁潛並列於小韻首。

按：本書列潛合於《廣韻》。《韻鏡》此位本無字，（天）乃是後人所增而字又轉訛矣。

28 上四清　槧　《韻鏡》六地藏寺本列撿，其他各本作憸。

箋：王一、王二、王三、《廣韻》琰韻有憸小韻，七漸反。《集韻》憸音同，在孅小韻。本書此位所列槧字，不見於王韻琰韻。《廣韻》始收槧字於漸小韻，慈染切。《集韻》同，疾染切。

按：本書列漸於從紐，是也。而列其同音之槧於本位則誤矣。此位當删槧字而列憸字。《韻鏡》列憸正合於王韻、《廣韻》，作撿者乃是誤字。

29 上四心 憸 《韻鏡》(延)列塹，其他各本〇。

箋：王一、王二、王三、《廣韻》琰韻憸小韻並七漸反。《集韻》音同，在孅小韻。《韻鏡》(延)外各本憸字正列於清紐，當據正。《廣韻》及以前韻書琰韻無心紐。《集韻》乃增孅小韻，纖琰切。若據《集韻》，此位可列孅字。《韻鏡》此位本無字，合於王韻、《廣韻》；(延)列塹者，當是後人據本書妄補而字又誤矣。

按：本書則當删清紐之槧而列憸字。參第28條。

30 上四影 黶 《韻鏡》列黶。

箋：黶字切三、王一、王二、王三、《廣韻》、《集韻》並在檻韻黤小韻，於檻反。是此字當列在二等位。諸韻書琰韻並有黶小韻，於琰反。

按：本書誤，《韻鏡》所列是，當據正。

31 上四喻 琰 浙江局本、集成本作玫。《韻鏡》(元)〇，六地藏寺本作琰，其他各本作琰。

箋：此是韻目字，切三、王一、王二、王三、《廣韻》、《集韻》並作琰，以冉反。

按：本書作玫及《韻鏡》作琰者皆是誤字。又本書浙江局本、集成本韻目誤同此。《韻鏡》各本韻目不誤。

32 去一定　憺　《韻鏡》六地藏寺本、(元)作憺，其他各本作擔。

箋：王一、王二、王三、《唐韻》、《廣韻》、《集韻》闞韻並有憺小韻，徒濫反。

按：本書及《韻鏡》此位列憺者是也。擔是端紐字，王韻、《廣韻》、《集韻》都濫反(王一切下字不甚清晰)；《唐韻》覩濫反。《韻鏡》既列擔於端紐，則此位之擔定是憺字之誤無疑。

33 去一見　䆲　《韻鏡》應永本作䑠，其他各本作䈍。

箋：王一、王三闞韻有䈍小韻(王三字訛爲謟)，公蹔反；王二公暫反。《廣韻》《集韻》字亦同，古蹔切。

按：本書之䆲乃䈍字之誤，《韻鏡》應永本亦誤。

34 去二照　覱　《韻鏡》寬永五年本作覽，其他各本亦作覱。

箋：王一、王二、王三、《唐韻》、《廣韻》、《集韻》鑑(𩐳)韻並有覱小韻，子鑑反。此係以精切莊(照二)，類隔切。論音正在此位。王二覽韻又有一與覱同音之䨲小韻，亦子鑑反。訓『内物水中』。王一、王三鑑韻無䨲字。《唐韻》乃將此字併入覱小韻，注云：『以物内水。出《音譜》。加。』

按：本書及《韻鏡》作覱者是，寬永五年本字誤。

35 去二影　黯　《韻鏡》(延)此位○而誤列黯字於三等位，其他各本此位列黯。

箋：唐五代韻書鑑韻無此字且無影紐。《廣韻》有黶，無反切，注：『音黯去聲。』《集韻》亦有黶小韻，乙鑑切。切三檻韻有黤小韻，於檻反。小韻内無黯字。《廣韻》同。王一、王二、王三黤小韻音同，有黯字。是《廣韻》黶『音黯去聲』者，正在此位。而《廣韻》上聲無黯字，則是抄寫之失。

按：本書及《韻鏡》此位所列，合於《廣韻》。

36 去二匣　⿱𦣞瓦　《韻鏡》嘉吉本作覧，寶生寺本作⿸广⿱𦣞瓦，永禄本、寬永十八年本、北大本、寬永五年本作⿱𦣞瓦，六地藏寺本作覽且於下欄别筆校作⿱𦣞瓦，應永本等作⿱𦣞瓦。

箋：王一、王三、《廣韻》鑑韻有⿱𦣞瓦小韻，《唐韻》字作⿱𦣞瓦，並音胡懺反。王二則以此字爲韻目，音同王韻等，而字誤爲覽。《集韻》⿱𦣞瓦鑑音亦同，亦爲韻目。

按：本書此位所列合於王韻等，《韻鏡》字或有誤。

37 去三溪　⿰⿱𠂉工支　《韻鏡》作⿰丘支。

箋：王一去聲嚴韻有⿰丘支小韻，丘嚴反，訓爲『欠崖』；《廣韻》釅韻丘釅切，訓爲『崖下也』。若據此則當列⿰丘支字。《集韻》欠小韻有欦字去劍切，訓『屋間也』，與王一、《廣韻》之⿰丘支異。

按：本書之⿰⿱𠂉工支乃是⿰丘支字之誤，當正。

38 去三曉　空格　《韻鏡》寶生寺本、永禄本、寬永十八年本、北大本、寬永五年本、（佐）、（文）、（理）、（國）列脅，（延）、（仙）、（正）、（享）作脅，（天八）作脅，（元）作胶，六地藏寺本作脋，嘉吉本、應永本等作脅。

箋：王一去聲嚴韻有脅小韻，盱淹反；《廣韻》釅韻許欠切。《集韻》驗韻虚欠切。

按：本書此位無字，與王一、《廣韻》等未合。《韻鏡》所列脅爲正，脅爲俗，其他則是誤字。

39 去三來　空格　《韻鏡》嘉吉本列儉，寶生寺本作撿，其他各本作獫。

箋：《廣韻》及以前韻書嚴（釅）韻無來紐。《集韻》驗韻有兩來紐，一爲斂小韻，力驗切（述古堂影宋抄本誤爲『刀驗切』，今依宋刻本、楝亭本正）；一爲獫小韻，力劒切。

按：本書此位無字，合於《廣韻》及以前韻書，《韻鏡》當是後人據《集韻》增。

40 去四疑　空格　《韻鏡》六地藏寺本、（延）〇，其他各本列驗。

箋：王一、王三豔韻有驗小韻，語窆反；王二音同，在㶕小韻。《唐韻》《廣韻》驗小韻魚窆反。《集韻》豔韻無疑紐。

按：疑母例無重紐，本書此字列於第三十一轉三等位，是也。《韻鏡》既列此字於第三十九轉（當本書第三十一轉）三等，再列於本轉四等者，當是後人妄增。

41 去四心　空格　浙江局本、謝氏刊本、集成本列僉。《韻鏡》〇。

箋：王二僉字在蹋韻，王三、《廣韻》僉字在㮇韻，私㮇反。《集韻》㮇韻悉㮇切。

按：至治本等及《韻鏡》此字列在入聲一等位，是也。浙江局本等列於此位乃誤，當下移一格。參第48條。

42 去四喻　豔　其他各本作豔。《韻鏡》嘉吉本、寶生寺本、六地藏寺本作豔，其他各本作艷。

箋：王一、王三豔韻此字作豔，王二作艷，注：『《説文》從豐。』《唐韻》作豔，注云：『亦作艷。』《廣韻》豔下有艷字，注云：『俗。』《集韻》乃以豔艷並列於小韻首。諸書皆音以贍反。《説文》豐部此字作豔，轉作豔，俗間又作豔、艷諸形矣。

按：本書列字爲俗體。

43 去四來　空格　《韻鏡》列殮。

箋：王一、王二、王三、《唐韻》、《廣韻》豔韻有殮小韻，力驗反。《集韻》豔韻無來紐。此字本書列於第三十一轉三等，是也。

按：本書空格是。《韻鏡》既列殮於第三十九轉（當本書第三十一轉）三等，再列於本轉者，當是後人誤增。

44 去四日　空格　《韻鏡》寶生寺本、（正）〇，六地藏寺本別筆補染，其他各本列染。

箋：王一、王二、王三、《唐韻》豔韻有染小韻，而贍反；《廣韻》《集韻》而豔切。

按：本書染字列於第三十一轉三等位，是也。《韻鏡》既列於第三十九轉（當本書第三十一轉），再於本轉四等重出，乃後人妄增也，當删。

45 入一端　皶　《韻鏡》寶生寺本作歁，六地藏寺本作皶，（佐）作歁，（天）、（國）作皶，（仙）作皶，永禄本作皶，其他各本作皶。

箋：切三、王三、《唐韻》耆韻，王二蹋韻並有皶小韻，都耆反（切三壞缺切下字）；《廣韻》都榼切，《集韻》德耆切。

按：本書所作是，《韻鏡》作歓、作皶、作歖、作皶、作皶若皶者並是誤字。

46 入一定　蹋　《韻鏡》開龕、（仙）、（元）、（理）作蹋，其他各本作踏。

箋：切三、王一、王二、王三、《唐韻》、《廣韻》耆（蹋）韻並有蹋小韻，徒耆反。《集韻》敵耆切。諸書該小韻別無踏字，《韻鏡》列踏諸本甚無據。此位作踏者，蓋日本校讀者誤以爲踏與蹋同，而不知踏在合韻透紐錔小韻（切三、王二、《唐韻》、《廣韻》他合反；王三他閤反。《集韻》託合切。），遂施於蹋字旁，傳抄又改蹋爲踏，此亦爲日人妄改《韻鏡》之明證也。

按：本書此位列蹋是。

47 入一疑　𥈈　《韻鏡》列傝。

箋：刊、王二、王三、《廣韻》耆韻有傝小韻，五耆反。《廣韻》該小韻有𥈈字。《集韻》𥈈𥈈小韻玉耆切，内有傝、𥈈字。二書𥈈字訓爲『睡』，是當從目作。

按：又各韻書𥈈字皆無此音，本書之𥈈即爲𥈈之形訛。

48 入一心　僋　浙江局本、謝氏刊本、集成本列翣。《韻鏡》列僋。

箋：王二蹋韻，王三、《廣韻》耆韻有僋小韻，私耆反。《集韻》耆韻悉耆切。當在此位。翣字切三、王一、王二、王三、刊、《唐韻》、《廣韻》並在狎韻，所甲反。《集韻》同，色甲切。當列於二等審紐位。

按：至治本列字是。浙江局本等既誤列傿字於去聲四等，又誤列㛂字於此位，當移正。參第41條。

49 入一曉　頡　《韻鏡》列歃。

箋：頡爲見紐字，王一、王二、王三、《唐韻》、《廣韻》盍韻古盍反，《集韻》穀盍切。本書已列於見紐，不當再列於此。切三、王一、王二、王三、《唐韻》、《廣韻》盍韻並有歃小韻，呼盍反，《集韻》黑盍切。《韻鏡》此位列歃字，是也。

按：本書作歃者，乃因行書欠與頁相似而誤也，當據正。

50 入二澄　霅　《韻鏡》(元)列惵，(文)作揲，(延)○而於徹紐位誤列渫，寶生寺本、(佐)、(天)、(理)作渫，其他各本作渫。

箋：切三狎韻有渫小韻，丈甲反；刊、王一、王三、《廣韻》字作渫，亦丈甲反。王二字作渫，大甲反(以定切澄，類隔)。《唐韻》則作渫，文(當作丈)甲反。王一、王三、《唐韻》該小韻無霅字，然於狎小韻霅字下注曰：『又杜甲反。』王二狎韻末別有霅小韻，杜甲反(此亦以定切澄，類隔)。《廣韻》霅字在渫小韻。《集韻》則以霅爲小韻字，直甲切。小韻内渫、渫同字。

按：本書所列合於《集韻》，《韻鏡》則合於切三、刊、王韻等。作惵若揲者則是誤字。

51 入二穿　㖿　其他各本作㖿。《韻鏡》○。

箋：《廣韻》《集韻》狎韻無初紐。切三、王一、王二、王三、《唐韻》有䶪小韻，初甲反，可列此位。㘥是盍韻字，王一、王三倉臘（王三『倉』訛爲『食』）反，《廣韻》倉雜切，《集韻》七盍切，刊（P. 2015）切語模糊。

按：本書㘥字既列於一等清紐，不得再列於此。《韻鏡》此位即無字，當據刪。

52 入二牀　渫　《韻鏡》〇。

箋：刊、王一、王三狎韻有淶小韻，士甲反（刊切下字缺）。淶乃渫之異，本書所列與此合。

按：切三、王二、《廣韻》狎韻無崇（牀二）紐小韻，然切三霅下注『又狀甲反』（《集韻》斬甲切，則讀莊紐）。刊又别有䀹小韻，狀甲反。是《韻鏡》此位無字，則與切三、王二、《廣韻》等合。

53 入二審　翣　浙江局本、謝氏刊本、集成本空格。《韻鏡》列翣。

箋：切三、王一、王二、王三、刊、《唐韻》、《廣韻》狎韻有翣小韻，所甲反。《集韻》色甲切。

按：此位列翣正合諸韻書。浙江局本等此字誤列於一等心紐位，參第 48 條。

54 入三澄　空格　《韻鏡》列𡒄。

箋：《廣韻》及以前韻書業韻無澄紐。《集韻》業韻有𡒄小韻，直業切。

按：本書不列合於《廣韻》等，《韻鏡》所列或是後人據《集韻》增。

55 入三見　刼　《韻鏡》作刼。

箋：王二業韻有刧小韻，居怯反。注云：『强取以力脅止曰刧，刀（當作从）刀通。』王三、《廣韻》音同，字作劫。《廣韻》注云：『强取也。《説文》曰：人欲去，以力脅止曰劫。或曰以力止去曰劫。俗作刧。』《集韻》字同，訖業切。此字《説文》在力部，從力從去會意。古代力、刀每淆，故俗作刧。

按：《韻鏡》所作爲俗字，本書作刧則又轉誤矣，當正。

56 入三群　空格　《韻鏡》各本列跲，（元）此位○而誤列跲字於二等。

箋：切三業韻刧小韻（居怯反）有跲字，注：『又渠業反。』然韻内無群紐小韻。王二、王三、《唐韻》業韻亦無群紐。《廣韻》乃有跲小韻，巨業切。《集韻》亦有，極業切。

按：本書此位不列，合於唐五代韻書。《韻鏡》則合於《廣韻》等。

57 入三疑　業　《韻鏡》寶生寺本、六地藏寺本作業，嘉吉本、永禄本、寬永五年本、北大本作茉，（仙）、（文）作茉，應永本等作茉。

箋：業是韻目字，王二、王三、《廣韻》皆作業，魚怯反。《集韻》逆怯切。《唐韻》此字殘壞。

按：本書列字是。《韻鏡》此字作茉若茉若茉若業者並訛。

58 入三照　譫　《韻鏡》○。

箋：唐五代韻書及《廣韻》《集韻》業韻無章（照三）紐字。譫字見於《廣韻》盍韻韻末，章盍切。《集韻》同。

按：本書此位列譫，當是據《廣韻》《集韻》而以爲此字當依切上字入於業韻。《韻鏡》不列，合於唐五代韻書。

59 入三審　空格　《韻鏡》列䟴。

箋：諸韻書業韻無書（審三）紐字，《廣韻》怗韻末乃收䟴小韻，先頰切。《廣韻》此音心紐，而與燮小韻（蘇協切）相重。王二、王三、《唐韻》業韻心紐惟有燮小韻，蘇協反。《集韻》則將䟴字併入燮小韻，悉協切。據此知《廣韻》之䟴爲增加字，當併入燮小韻而未併者也。

按：本書此位無字，是也。《韻鏡》當是後人據《廣韻》怗韻之䟴所增而終爲誤列也，當據本書刪。

60 入三曉　脅　《韻鏡》六地藏寺本作㬶，（延）作𧶘，永禄本、寬永十八年本、北大本作脅，其他各本作脋。

箋：王二、王三、《唐韻》、《廣韻》業韻有脅小韻，虛業反。《集韻》字同，迄業切。

按：本書及《韻鏡》作脅者正，作脋者俗，作㬶若𧶘者則是誤字。

61 入三喻　空格　《韻鏡》列殜。

箋：唐五代韻書業韻無以（喻四）紐字。《廣韻》業韻末乃有殜小韻，余業切。《集韻》音同。以紐字例當列於四等位，本轉四等則是葉韻葉字（切三与涉反；刊、王一、王二、王三、《廣韻》與涉反；《唐韻》葉小韻奪反語，攝小韻葉字下注：『縣名。又余涉反。加。』《集韻》弋涉切）之正位。

按：本書不列此字，是也。頗疑《韻鏡》原無此字，後人乃據《廣韻》或《集韻》增。當删。

62

入四心　空格　《韻鏡》應永本、北大本列蓮，（天八）作蓮，其他各本〇。

箋：蓮是生（審二）紐字，切三（S. 2071）、刊（P. 2015）、《唐韻》字並俗（參第三十一轉第81條），王二、王三、《廣韻》則作蓮，諸書皆音山輒反（切三、刊、王二、《唐韻》『輒』作『輙』），並俗）。

三等韻之正齒音莊（照二）組字屬内轉者依例寄入二等位，屬外轉者則與獨立二等韻之字衝突，依例不列。否則既無以辨别二等齒音字究屬二等抑或三等，又無以拼讀所列之字，且盡失按尋韻書之功效，大悖於製作韻圖之初衷。此當是早期韻圖之正例，違此者皆後人不明體例之所爲作也。

本轉（當《韻鏡》第四十轉）二等生紐位已列狎韻之翜字（切三、刊、王一、王二、王三、《唐韻》、《廣韻》所甲反；《集韻》色甲切）；第三十一轉（當《韻鏡》第三十九轉）又列洽韻之霎字（切三、王一、王二、王三、《唐韻》、《廣韻》山洽反；刊山浹反；《集韻》色洽切）。是韻書葉韻山輒反之蓮字無位可列，自當溢出韻圖。校讀者見韻書此字，施注於旁或地腳處（日人寫本往往有之），淺人不察，轉抄遂誤入圖中矣。《韻鏡》此位原無字，有者乃後人所增也。又《集韻》葉韻生紐蓮字色輒切，在歐小韻。

按：《廣韻》及以前韻書葉韻無心紐。《集韻》則於該韻末收徙小韻，息葉切。然該小韻並無蓮字。

按：本書此位無字，合於唐五代韻書及《廣韻》。

63 入四影　魘　《韻鏡》（元）列黶，其他各本作魘。

箋：切三、《唐韻》葉韻有厭小韻，於葉反，義爲『惡夢』。王三字作厭，王二作㱘，音義並同。刊此字作壓，音、注殘爲『於……夢』。《廣韻》字作魘，音義同切三等。《集韻》則以魘壓同字，益涉切。注云：『眠不祥也。或從止。』諸韻書此字形體雖殊而音義並同，且皆與本韻之敂字爲重紐。敂字切三、刊、王二、王三、《唐韻》、《廣韻》於輒反（刊、王二、《唐韻》『輒』作『輙』，並俗字）；《集韻》憶笈切。

按：本書第三十一轉及《韻鏡》第三十九轉影紐三等位列敂，而本轉（當《韻鏡》第四十轉）四等列魘，並與《廣韻》合。

64 入四匣　空格　《韻鏡》（仙）朱筆寫挾，其他各本列挾。

箋：挾字切三、王二、王三、《唐韻》、《廣韻》並在怗韻協小韻內，胡頰反。《韻鏡》既於第三十九轉（當本書第三十一轉）四等位列協，則不得析其同音之挾列於本轉。

按：《集韻》怗韻挾字有二音，一在劦小韻，檄頰切；又於韻末別立挾小韻，尸牒切。義爲『持也』。然『尸』爲書（審三）紐字，例不得與純四等韻相拼，因謂此音當是『户牒切』之誤。

考此音出自《釋文》，如《周禮·夏官·繕人》『挾矢』、《左傳·宣公十二年》『如挾』、《穀梁傳·定公四年》『挾弓』、《爾雅·釋言》『挾』，以及《莊子·齊物論》『挾』、《人間世》『挾三』、《列禦寇》『若挾』諸條，《釋文》皆有『户牒反』一音。此足證《集韻》怗韻『尸牒切』之挾字，乃是據《釋文》『户牒反』所收而未併於協小韻也。是《韻鏡》此位所列挾字，乃是日本校讀者據《集韻》未誤之本『户牒切』一音妄增，當删。

按：唐五代韻書及《廣韻》《集韻》葉韻無匣紐。本書此位無字，合於諸韻書。

外轉三十三

	幫非	滂敷	並奉	明微	端知	透徹	定澄	泥孃	見	溪	群	疑
	羽				徵				角			
平												
		芝	凡									
上												
	膠	釩	范	鋄		僴			扎	凵		
去												
		汎	梵	菱					劒	欠		
入												
	法	鉣	乏			揷		擫		猲		

		日	來	喻	匣	曉	影	邪	心	從	清	精
								禪	審	床	穿	照
		半商	徵		宮					商		
輕中輕	凡											
	范											
	梵											
							俺					
	乏											

外轉第三十三　輕中輕

1 平三非　空格　《韻鏡》列䛁。

箋：《廣韻》及以前韻書凡韻無非紐，亦無此字。《集韻》凡韻有䛁字，在𦬒小韻，甫凡切。切三𦬒小韻疋凡反，王韻、《廣韻》匹凡反。並爲敷紐。《韻鏡》既據他書於敷紐位列𦬒字，又據《集韻》甫凡切列䛁者，《集韻》凡韻有非紐而無敷紐，其他韻書則有敷紐而無非紐，既無對立，固不可非、敷位置皆列字。

按：本書此位無字，正與諸韻書合。是《韻鏡》所列䛁字，乃後人據《集韻》妄增。不列𦬒而列其同音之䛁字者，蓋不欲非、敷所列二字同形也。當删。

2 平三敷　芝　《韻鏡》作𦬒。

箋：切三、王一、王二、王三、《廣韻》凡韻有𦬒小韻，匹凡反。

按：本書作芝即是𦬒字之誤。《集韻》𦬒小韻甫凡切，非紐。參第1條。

3 平三微　空格　《韻鏡》寶生寺本、(佐)、(國)列瑖，六地藏寺本作瑖而上欄别筆校爲瓊，嘉吉本作珍，(延)作瑹，(文)作瓊，(仙)作瑹，(天八)作瓊，(天)作琰，(元)作瑹，(正)作瓊，(理)作瓊，永禄本、寬永十八年本、北大本、寬永五年本、(享)作瓊，(和)作瑹，應永本等作瑹。

箋：《廣韻》及以前韻書凡韻無微(明)紐。

按：本書此位無字，是也。《集韻》凡韻則有䢾小韻，亡凡切。《韻鏡》列䢾當即後人據《集韻》增，輾轉抄寫則字又訛變矣。

4 上三非　朘　于氏刊本作朘，大中堂本作腹。《韻鏡》(元)作朘，(天)作朘，六地藏寺本作腹，寬永五年本作朘，其他各本作腹。

箋：唐五代韻書范韻無非紐。《廣韻》范韻乃有腹小韻，府犯切。《集韻》補犯切。

按：此字正當作腹，其他並誤。

5 上三敷　釩　《韻鏡》同。

箋：唐五代韻書范韻無敷紐。《廣韻》《集韻》范韻並有釩小韻，峯范切。

按：本書當是據此。

6 上三微　鋄　《韻鏡》(延)、(文)作鋑，(天)作鋟，(元)作鋑，(正)作錗，其他各本作鋄。

箋：王一范韻微紐有叜小韻，王二作㛐，王三作叟，並明范反。《廣韻》《集韻》則有鋄小韻，亡范切。二書鋄下並有𡕍字，《廣韻》注：『腦蓋。俗作叜。』

按：本書列鋄，與《廣韻》《集韻》合。《韻鏡》所作或正或訛。王韻所作，則𡕍之俗字而又轉誤也。

7 上三徹　僴　大中堂本作僩。《韻鏡》嘉吉本、(元)字迹不清，六地藏寺本作僩，寬永五年本作僩，其他各本作僩(右半門内作舌或乖，小有異同)。

箋：唐五代韻書范韻無徹紐。《廣韻》有僩小韻，訓爲『行』；《集韻》有僩小韻，訓『癡也』。二字形義雖殊，而皆音丑犯切。

按：本書作僩，當是僩字之誤。 作僩則當是據《廣韻》改也。

8 上三見　⿰扌凵　其他各本作⿰扌丩。《韻鏡》嘉吉本、永禄本、寬永十八年本、北大本、寬永五年本、(天八)、(天)、(元)、(正)、(理)作拑，(延)、(文)作柑，(仙)朱筆作柑，其他各本作⿰扌丩。

箋：唐五代韻書范韻無見紐。《廣韻》范韻凵小韻有⿰扌凵字，丘犯切；《集韻》同，口犯切。是乃溪紐字。

按：本書既列凵字於溪紐，見紐不得再列⿰扌凵字。 當删。《韻鏡》所列亦多異，以(仙)朱筆補寫論，殆是日人誤將溪紐凵字旁所注之同音字羼入正圖，亦當删。

9 上三溪　丩　大中堂本作凵。《韻鏡》作凵(本亦誤爲丩)。

箋：切三、王一、王二、王三、《廣韻》范韻並有凵小韻，丘范反。《集韻》口范切。 此字出《説文》，訓爲『張口也』，象張口之形，隸定作凵。

按：本書作丩及《韻鏡》作丩者皆誤。

10 上三疑　空格　《韻鏡》嘉吉本列顉，其他各本作顩。

箋：《廣韻》及以前韻書范韻無疑紐。《集韻》范韻疑紐惟有一冂字，五犯切。《韻鏡》所列顩字而讀上聲三等疑紐者，《廣韻》惟有琰韻魚檢切一音，《集韻》則有丘檢切一音，皆不當列於此位。頗疑此字爲後人妄增，然不知據何而誤也。

按：本書不列，合於《廣韻》等。

11 上三影　空格　《韻鏡》(延)列俺，其他各本○。

箋：各韻書范韻無影紐。俺是去聲字，王二去聲嚴韻於欠反。王一、王三、《唐韻》、《廣韻》梵韻於劒反；《集韻》梵、驗兩韻皆無俺，而收於豔韻蜆小韻內，於贍切。

按：本書此字列在去聲，是也。《韻鏡》衆本亦在去聲，(延)列於此位乃誤。參第16條。

12 上三匣　空格　《韻鏡》六地藏寺本列俺，其他各本○。

按：俺是去聲影紐字，本書即列於彼位，是也。《韻鏡》他本同，六地藏寺本此字既列於去聲影紐位，又於此處重出者，乃後人妄增而誤也。參第11條。

13 去三敷　汎　《韻鏡》永禄本、寬永十八年本、北大本、寬永五年本列汎，寶生寺本、六地藏寺本、(佐)、(文)、(仙)列仉，其他各本作仇。

箋：王二、王三、《集韻》梵韻泛小韻有汎、仉字，敷梵反。《唐韻》同，孚梵反。《廣韻》則以汎爲小韻首字，音同《唐韻》。

按：本書列汎合於《廣韻》。《韻鏡》列仉若仇者，當是後人據校讀者所施同音字誤改也。

14 去三微　菱　《韻鏡》嘉吉本、永禄本、(延)、(文)、(天八)、(元)作菱，寶生寺本、六地藏寺本、寬永十八年本、北大本、寬永五年本作菱，（佐）、（仙）、（正）、（國）、（理）作𦱊，應永本等○。

箋：王一、王三梵韻有蔆小韻，妄泛反。 蔆即菱字之俗，《廣韻》菱在釅韻，亡劍切；《集韻》梵韻亡梵切。

按：本書字訛，當正作菱。《韻鏡》有誤有不誤，應永本當是誤脱。

15 去三見　劒　《韻鏡》嘉吉本作釼，六地藏寺本作劎，（延）○而誤列劒於溪紐位，（文）○而誤列劒於四等，其他各本列劒（或作劎）。

箋：王一、王三、《唐韻》梵韻有劒小韻，舉欠反（《唐韻》反語闕）；《廣韻》居欠切。 王二在去聲嚴韻，覺欠反。《集韻》在驗韻，音同《廣韻》。

按：本書所列不誤，《韻鏡》則有誤有不誤。

16 去三影　俺　《韻鏡》永禄本、開奩、（延）○，寶生寺本乃以朱筆於○中寫俺，其他各本列俺。

箋：王一、王三、《唐韻》、《廣韻》梵韻有俺小韻，於劒反； 王二字在去聲嚴韻，於欠反。《集韻》梵、驗兩韻皆無俺字，而收於豔韻裺小韻內，於贍切。

按：本書及《韻鏡》此位列俺者，乃與王韻、《廣韻》合。

17 入三知　空格　《韻鏡》（天）、（理）○，其他各本列貓。

箋：唐五代韻書乏韻無徹紐。《廣韻》乏韻乃有⿰犭臿小韻，丑乏切。

按：本書此字列於徹紐位，是也。《韻鏡》當是據《廣韻》增補時誤入知紐位也。

18 入三徹　⿰犭臿　《韻鏡》（理）列⿰犭臿，其他各本○。

按：本書此位列⿰犭臿合於《廣韻》。參第 17 條。

19 入三娘　⿰犭取　《韻鏡》作⿰犭耴。

箋：唐五代韻書乏韻無娘紐。《廣韻》有⿰犭耴小韻，女法切；《集韻》昵法切（據《類篇》）。

按：本書作⿰犭取俗，當依《韻鏡》正作⿰犭耴。

20 入三溪　猲　《韻鏡》六地藏寺本作猲，其他各本作猲。

箋：王二、王三、《唐韻》、《廣韻》乏韻並有猲小韻，起乏反。《集韻》气法切。

按：《韻鏡》六地藏寺本所作乃誤。

21 韻目　平聲凡、上聲范、去聲梵、入聲乏並誤入一等，當改列於三等。

內轉三十四

	幫非	滂敷	並奉	明微	端知	透徹	定澄	泥孃	見	溪	群	疑
	羽				徵				角			
平	幫	滂	旁	茫	當	湯	棠	囊	岡	穅		昂
	方	芳	房	亡	張	倀	長	孃	薑	羌	彊	
上	榜	髈		莽	黨	矘	蕩	曩	骯	慷		䭹
	昉	髣		罔	長	昶	丈	蘘	繈	𥒰	強	仰
			驃									
去	螃	䀣	傍	漭	譡	儻	宕	儾	鋼	抗		枊
	放	訪	防	妄	帳	悵	仗	釀	彊	唴	弶	軮
入	愽	䪗	泊	莫	沰	託	鐸	諾	各	恪		
	𩋻	䨚	縛		芍	辵	着	逽	腳	却	噱	虐

三百四十九　通志七音略二　四

重中重

精	清	從	心	邪	影	曉	匣	喻	來	日	
照	穿	牀	審	禪							
商					宮				半徵半商		
臧	倉	藏	桑		鴦	蚢	航		郎		唐
莊	創	牀	霜								陽
章	昌		商	常	央	香			良	穰	
蔣	鏘	牆	襄	詳				陽			
駔	蒼	奘	顙		坱	汻	沆		朗		蕩
	磢		爽								養
掌	敞		賞	上	鞅	響			兩	壤	
蔣	搶		想	象				養			
葬	槍	藏	喪		盎		吭		浪		宕
壯	剏	狀	灀								漾
障	唱		餉	尚	怏	向			亮	讓	
醬	蹡	匠	相					漾			
作	錯	昨	索		惡	臛	涸		落		鐸
斮		戠									藥
灼	綽	杓	爍	妁	約	謔			略	弱	
爵	鵲	嚼	削					藥			

内轉第三十四　重中重

1 平一並　旁　《韻鏡》列傍。

箋：切三唐韻傍小韻步光反，不載旁字。王一、王二、王三、《廣韻》傍小韻音同，有旁字。《集韻》乃以旁爲小韻首字，蒲光切。

按：是本書列旁合於《集韻》，《韻鏡》則合於切三、王韻、《廣韻》等。

2 平一定　棠　《韻鏡》(理)列唐，應永本列堂而施唐字於右下側，其他各本列堂。

箋：切三、王一、王二、王三、《廣韻》、《集韻》皆以唐爲韻目，徒郎反。諸書棠、堂皆在該小韻内。

按：本書列棠及《韻鏡》列堂者未合於韻書，唯(理)列唐乃合。

3 平一疑　昂　《韻鏡》應永本誤卯，(元)作邛，其他各本作卬。

箋：各韻書唐韻有卬小韻，切三、王三五崗反；王一五岡反；王二五剛反，《廣韻》五剛切。《集韻》魚剛切。

按：諸書昂字皆在該小韻，本書所列未合，當以《韻鏡》列卬者爲長。

4 平一曉　蚢　《韻鏡》(延)列坑，(正)列忼，嘉吉本、六地藏寺本、永禄本、寬永十八年本、北大本、寬永五年本列忼，其他各本列炕。
箋：切三、王二、王三、《唐韻》、《廣韻》唐韻有炕小韻，呼郎反；《集韻》虚郎切。諸書該小韻唯《廣韻》《集韻》收忼字，而均無蚢字。
按：本書之蚢，乃爲炕字之誤，當從《韻鏡》不誤之本正。
5 平二穿　創　《韻鏡》列瘡。
箋：切三陽韻瘡小韻僅一字，楚良反。王一、王二、王三音同，另載一刅字（王一瘡下殘泐，未見刅字），注曰：『刀傷。』《廣韻》乃以創爲小韻首字，初良切。《集韻》音同《廣韻》，而以刅創等字並列於小韻首。
按：本書列創合於《廣韻》《集韻》，《韻鏡》則合於唐五代韻書。
6 平三溪　羌　《韻鏡》永禄本作羗，（延）、（天八）、（元）誤爲差，其他各本作羌。
箋：切三、王二、王三、《廣韻》陽韻此字並作羌，去良反。《集韻》同，墟羊切。
按：本書所作不誤，《韻鏡》則有俗有誤。
7 平三群　彊　《韻鏡》列强（應永本誤爲⿸㫃虽）。
箋：切三、王一、王二、王三、《廣韻》陽韻並有强小韻，巨良反。《集韻》同，渠良切。
按：諸書該小韻無彊字，本書所列不知何據。《韻鏡》則與諸韻書合。
8 平三審　商　《韻鏡》嘉吉本、寶生寺本、六地藏寺本、寬永五年本作商，其他各本作商。

箋：切三、王一、王二、王三陽韻商小韻書羊反；《廣韻》式羊切。《集韻》尸羊切。

按：本書不誤，《韻鏡》作商者當正作商。

9 平三喻　空格　《韻鏡》（理）列陽而四等位〇，其他各本此位列羊而四等列陽。

箋：切三、王一、王二、王三羊字並在陽小韻，与章反；《廣韻》與章切，《集韻》余章切。以（喻四）紐字依例當列四等。《韻鏡》四等列陽而以同音之羊字列於本位誤，（理）無羊字是，然以陽列三等亦誤。《韻鏡》原當同於本書，日本校讀者以同音之羊字施於四等陽字上，傳寫者不察，乃誤入圖中矣。當刪。

按：本書陽字列於四等而此位無字，是也。

10 平三日　禳　謝刊本、浙江局本作禳。《韻鏡》作穰。

箋：切三、王三、《廣韻》陽韻並有穰小韻，汝羊反；《集韻》如陽切。並訓『禾莖』。諸書該小韻皆有禳、攘而無禳，王二以攘爲小韻首字，汝羊反。亦有穰、禳無禳。

按：本書作禳若禳皆當是穰字之誤。《韻鏡》此位列穰，是也。當據正。

11 平四精　蔣　《韻鏡》列將。

箋：切三、王一、王二、王三、《廣韻》陽韻並有將小韻，即良反。《集韻》同，資良切。蔣字諸書皆在該小韻。

按：本書所列與諸韻書未合，當以《韻鏡》列將爲長。

12 平四心　襄　《韻鏡》(理)列襄，其他各本列相。

箋：切三、王一、王二、王三、《廣韻》陽韻相字皆在襄小韻，息良反。《集韻》同，思將切。

按：本書所列合於諸韻書。《韻鏡》當是原列襄字，(理)即如此也。他本列相者，當是傳抄時將校讀者施於襄字旁之同音字誤改原字。

13 平四喻　陽　他本作陽。《韻鏡》(理)〇，寶生寺本作陽，寬永五年本作陽，其他各本作陽。

箋：此字正當作陽，《説文》從阜，昜聲。切三、《廣韻》、《集韻》正作陽，王二、王三作陽乃俗字。

按：本書所列爲俗字。《韻鏡》作陽者則是誤字。

14 上一透　曭　《韻鏡》列儻。

箋：切三、王二、王三、《廣韻》儻字並在蕩韻曭小韻，他朗反。《集韻》坦朗切(《廣韻》《集韻》『朗』字皆缺末筆作『朗』，後仿此)。

按：本書所列與此合。《韻鏡》列儻者，王一乃以儻爲小韻首字，亦他朗反。

16 上一疑　駵　《韻鏡》寶生寺本、六地藏寺本、寬永五年本作駠，(元)作⿰甚卯，(仙)作⿱艹駠，其他各本作駠。

箋：唐五代韻書蕩韻未見疑紐開口字。《廣韻》則有駵小韻，五朗切。《集韻》魚朗切。

按：本書所列是。《韻鏡》作駠者誤從卯，而(元)卯旁著甚、(仙)駠上安艸亦是訛字。

16 上一從　奘　《韻鏡》嘉吉本、寶生寺本、六地藏寺本、永禄本、寬永十八年本、北大本、寬永五年本、(延)、(佐)、(天八)、(天)、(元)、(正)、(國)、(享)〇，(仙)列奘，應永本等作弉。

箋：切三、《廣韻》蕩韻有奘小韻，徂朗反； 王三字同，在朗反。 王二音同，字訛爲妛。 《集韻》音亦同，字則從犬作奘。 此字切三注曰：『秦晋間謂爲大奘。』王二、王三並訓『大』，《廣韻》訓『大也』。《方言》卷一：『奘，大也。』郭注『在朗反』。 又云：『秦晋之間凡人之大謂之奘，或謂之壯。』

按：此其韻書所本，字正當作奘，本書不誤。《韻鏡》所列殆即奘字之訛，無字者恐誤脱。又《集韻》從犬之奘出《説文》，與此奘别是一字。

17 上一影　坱　《韻鏡》(理)列坱，其他各本作泱。

箋：切三、王二、王三、《廣韻》蕩韻有坱小韻，烏朗反。《集韻》倚朗切。

按：泱字諸書並在坱小韻内，是此位當以列坱爲長。

18 上一來　即　謝氏刊本作即，他本作郎。《韻鏡》列朗。

箋：各韻書蕩韻皆有朗無即，切三、王二、王三、《廣韻》盧黨反。《集韻》里黨切。

按：本書作即，乃是朗字避宋諱缺末二筆，傳寫遂誤爲即，再誤則爲郎矣。《韻鏡》不誤，當據正。

19 上三娘　穰　《韻鏡》六地藏寺本、寬永十八年本、北大本、寬永五年本、(正)、(天八)、(享)

列壞，其他各本○。

箋：唐五代韻書及《廣韻》《集韻》養韻無娘紐。切三、王二、王三、《廣韻》養韻日紐壤小韻（如兩反）亦無孃字。孃字見於《集韻》壤小韻，汝兩切。

按：本書既列壤於日紐，又列孃於娘紐者，誤矣。《韻鏡》此位無字者是，當據删。

20 上三溪　硗　《韻鏡》○。

箋：《廣韻》及以前韻書養韻開口無溪紐字。《集韻》乃於韻末收硗小韻，丘仰切（述古堂影宋抄本『硗』字右半壞缺，切下字『仰』誤爲『作』。今依宋刻本、楝亭本正）。

按：本書列硗當即據《集韻》，《韻鏡》無字合於其他韻書。

21 上三群　强　《韻鏡》（仙）所作不成字，而在四等位○中作勥；（天）此位所列不成字而又於四等位列勥，（和）列彊，其他各本則列勥。

箋：切三、王一、王三養韻有勥小韻，其兩反；小韻中無强字。王二字、音並同，有强字。《廣韻》勥小韻音同，下有彊字，注曰：『或作强。』《集韻》乃以强彊並列於小韻首，巨兩切。

按：本書列强合於《集韻》，《韻鏡》則合於其他韻書，而（仙）、（天）二本乃是校字誤入四等耳。

22 上三日　壤　《韻鏡》嘉吉本、永禄本、寬永十八年本、北大本、寬永五年本、（正）、（天八）、（享）列攘，其他各本列壤。

箋：切三養韻壤小韻無攘字，如兩反；王二、王三、《廣韻》壤小韻音同，有攘字（王一有攘字，然小韻字壞缺）。《集韻》同於王韻、《廣韻》，汝兩切。

按：是此位列壤乃合於韻書，《韻鏡》作攘者當是壤字之形訛。

23 上四並　驃　《韻鏡》（文）列驃，其他各本〇。

箋：唐五代韻書及《集韻》養韻無並紐。《廣韻》養韻有此字，毗養切。注云：『姓也。』按：《玉篇》馬部亦有驃字，注云：『毗兩切。人姓也。』驃字僅見於《玉篇》《廣韻》，《篆隸萬象名義》《集韻》《類篇》皆無，《經典釋文》《一切經音義》等亦無。陳澧《切韻考》卷五『濁聲』以房（陽）、驃（養）、防（漾）、縛（藥）並列一圖。今謂此字讀養韻則盡失形聲、會意之旨，且陽韻系字皆屬三等，向無四等脣音字，而其他脣音字後世皆變輕脣。因頗疑今本《玉篇》切下字有誤，《廣韻》乃據誤本《玉篇》收此字及毗養切一音矣。以書闕有間，姑存疑待考。

按：本書所列當本諸《廣韻》，《韻鏡》不列則與其他韻書合，（文）當是後人所增。

24 上四精　蔣　《韻鏡》（仙）、（天）作奨，其他各本作奬。

箋：切三、王二、王三、《廣韻》養韻有弉小韻，即兩反。《廣韻》弉下有奬字，注曰：『上同。』王一音同，字作將。《集韻》則以奬、將同列於小韻首，子兩切。

按：本書所列蔣字，韻書皆不作小韻字，是當以《韻鏡》列奬較長。

25 去一滂　瞰　《韻鏡》〇。

箋：《廣韻》及以前韻書宕韻無滂紐。《集韻》於韻末增膀小韻，滂謗切。此字訓『脹也』，則正當從肉。

按：本書當是據《集韻》膀字而轉訛也。《韻鏡》此位無字，合於其他韻書。

26 去一疑　枊　浙江局本、集成本作柳。寶生寺本、六地藏寺本、永禄本、寬永十八年本、北大本、寬永五年本、(延)、(佐)、(仙)、(天八)、(天)、(正)、(國)、(理)、(享)作枊，嘉吉本、應永本等作柳。

箋：王二、王三、《唐韻》、《廣韻》宕韻有枊小韻，五浪反。《集韻》魚浪切。

按：至治本列字是，浙江局本、集成本作柳顯誤，當正。

27 去一清　槍　《韻鏡》(天)列槍，其他各本作槍。

箋：《廣韻》及以前韻書宕韻開口無清紐。《集韻》有槍小韻，七浪切。然此小韻並無槍字。

按：本書所列，即是據《集韻》槍字而轉訛也。《韻鏡》亦或後人據《集韻》增而字亦有訛者。

28 去二審　灀　《韻鏡》〇。

箋：《廣韻》及以前韻書漾韻無此音。《集韻》灀字在霜小韻，色壯切。

按：本書所列當即據此。《韻鏡》無字則合於其他韻書。

29 去三知　悵　《韻鏡》作帳。

箋：悵是徹紐字，王一、王二、王三、《唐韻》、《廣韻》、《集韻》並丑亮反。帳乃知紐字，王二、王三、《集韻》陟亮反；《廣韻》知亮切。

按：本書帳、悵錯位，當乙正。

30 去三徹　帳　《韻鏡》（理）作悵，（天八）列暢，其他各本作暢（本或暢字誤從易）。

箋：帳是知紐字，當與知紐所列之悵互易。參上第 30 條。

按：《韻鏡》（理）列悵當是舊式，其他各本作暢殆以悵字與帳字形似易誤而改也。然此位自當以列悵爲是。

31 去三見　疆　《韻鏡》列彊。

箋：王三漾韻有疆小韻，居亮反。無彊字。《廣韻》則有彊小韻，音同王三，無疆字。《集韻》音同，而以畺彊並列於小韻首，無疆字。

按：本書列疆合於王三，《韻鏡》則合於《廣韻》。

32 去三溪　唴　其他各本作唴。《韻鏡》永禄本作唴，（元）、（正）誤爲嗟，其他各本作唴。

箋：王二樣韻有唴小韻，丘向反；王三、《廣韻》、《集韻》丘亮反。

按：本書至治本及《韻鏡》作唴者是而其他並誤。

33 去三群　弶　《韻鏡》嘉吉本作旍，永禄本作强，其他各本作弶。

箋：王二、王三、《唐韻》、《廣韻》、《集韻》漾（樣）韻並有弶小韻（王二、《唐韻》作俗字），其亮反。諸書該小韻皆無强字。

按：本書所作不誤，《韻鏡》永禄本作强誤，嘉吉本則不成字也。

34 去三疑　軻　《韻鏡》寶生寺本、六地藏寺本、永禄本、寬永十八年本、北大本作軻，其他各本作軻。

箋：此字作軻是，王二、王三漾（樣）韻有軻小韻，語向反；《唐韻》《廣韻》《集韻》魚向反。

按：本書所作不誤，《韻鏡》作軻者當正。

35 入一端　沰　《韻鏡》〇。

箋：《廣韻》及以前韻書鐸韻無端紐。《集韻》有沰小韻，當各切。

按：本書當即據《集韻》列此字。

36 入一疑　空格　《韻鏡》六地藏寺本列愕，（理）列咢，其他各本列愕。

箋：王二、王三、《唐韻》鐸韻有愕小韻（王二從《説文》作㦍），五各反。《廣韻》音同，而以咢爲小韻首字。《集韻》音亦同，而以咢咢並列於小韻首。諸書該小韻無愕字。

按：本書此位無字，頗疑有脱誤。《韻鏡》六地藏寺本作愕乃誤，（理）列咢者，當是後人據《廣韻》改。

37 入二照　斮　《韻鏡》（天）列斮，六地藏寺本作斮，其他各本作斮。

箋：王二、王三、《唐韻》、《廣韻》藥韻有斮小韻（王二字作斵，同），側略反。《集韻》音同，而以斮（斵）斮並列於小韻首。

按：本書及《韻鏡》列斮者是，作剒若⿰米斮者乃誤。

38 入二牀　戠　《韻鏡》○。

箋：《廣韻》及以前韻書藥韻無崇（牀二）紐。《集韻》藥韻末有齗（斮）戠小韻，士略切。

按：本書當即據《集韻》此音列戠，其所以不列斮者，乃因斮字已列於莊（照二）紐之故也。參第38條。《韻鏡》無字合於其他韻書。

39 入三知　芍　《韻鏡》永禄本、（天八）作苟，（正）作芶，其他各本作芍。

箋：王二、王三芍字無此音，《唐韻》《廣韻》藥韻有芍小韻，張略反。《集韻》陟略切。

按：是此位正當列芍，《韻鏡》作苟若芶者誤。

40 入三徹　𤴓　《韻鏡》永禄本作𤴓，嘉吉本、寶生寺本、六地藏寺本、寬永十八年本、北大本、寬永五年本、（佐）、（文）、（仙）、（天八）、（正）、（國）、（理）、（享）列⿱⺈巴，（延）、（天）作⿱⺈巳，（元）作⿰飠⿱⺈巴，應永本作㲋。

箋：王二、《廣韻》藥韻有⿱⺈巴小韻，丑略反。王三字作⿱⺈大，俗；《唐韻》作⿱⺈大，誤。二書亦音丑略反。諸書該小韻並載𤴓字。《集韻》則以𤴓爲小韻首字，敕略切。

按：本書乃據《集韻》而轉訛，當正作𤴓。《韻鏡》此位列⿱⺈巴者合於王二、《廣韻》，蓋爲原書舊式；（延）、（天）作⿱⺈巳爲⿱⺈巴字之異體，（元）及應永本所作乃⿱⺈巴之誤字；永禄本亦作𤴓者，當是後人據《集韻》或本書所改。

41 入三澄　着　大中堂本、仿明刊本、于氏刊本、謝氏刊本作著。《韻鏡》作著。

箋：王二藥韻著小韻張略反，又治略反。《唐韻》著在芍小韻（張略反），又直略反。此兩又音合在此位。王三、《廣韻》、《集韻》著字别立一小韻，並直略反。

按：此字作著爲正，作着乃俗字也。

42 入三見　脚　集成本作腳，其他各本作脚。

箋：此字切三藥韻作腳，王三作腳，居灼反。字並俗誤。《唐韻》作腳亦誤，居勺反。《廣韻》音同，字正作腳，下有脚字，注『俗』。《集韻》則腳脚並列小韻首，訖約切。

按：是此字正作腳，俗作脚，作脚則誤也。

43 入三溪　却　大中堂本、仿明刊本、于氏刊本、謝氏刊本同，他本作卻。《韻鏡》寬永五年本、（元）作卻，應永本作卻，其他各本作郤。

箋：此字王二、王三藥韻作却，去約反。《廣韻》音同，字作卻。下載却字，注曰：『俗。』《集韻》乃以卻却並列於小韻首，訖約切。

按：是此字正作卻，俗作却，作郤若郤乃誤。

44 入三疑　虐　于氏刊本同，他本作虐。《韻鏡》寶生寺本、（天八）作虐，（佐）、（天）作虐，六地藏寺本訛爲虎，其他各本作虐（字形小異）。

箋：此字王二、王三藥韻作虐，《廣韻》作虐，並音魚約反。《集韻》同《廣韻》，逆約切。

按：《説文》虍部此字從虍、爪、人會意，正當作虐，隸定或簡作虐，王韻乃俗省，其他則是誤字。

45　入三牀　杓　《韻鏡》此位無字。

按：杓在禪紐，當據删。詳見第47條。

46　入三禪　妁　《韻鏡》列杓。

箋：王二、王三、《唐韻》、《廣韻》藥韻有妁小韻，市若反。各書杓字皆在該小韻。《集韻》則以杓爲小韻字，下載妁，實若切。諸書杓、妁同音，依《集韻》則藥韻有船（牀三）無禪；依《廣韻》及以前韻書則有禪無船。

按：本書當是據《廣韻》等書於禪紐列妁字，而淺人又據《集韻》於船紐列杓字，而不知各韻書藥韻船、禪並無對立，其妄甚矣。

47　入三曉　謔　《韻鏡》六地藏寺本作謔，其他各本作謔。此字王二、王三藥韻作謔，當是俗省。

按：《廣韻》作謔，並音虚約反。《集韻》則以謔謔並列於小韻首，迄約切。作謔乃從《説文》，隸定則作謔。

48　韻目　平聲陽、上聲養、去聲漾、入聲藥皆誤列於二等，當改列於三等。

內轉三十五

	幫	滂	並	明	端 知	透 徹	定 澄	泥 孃	見	溪	群	疑
	羽				徵				角			
平									光	觥		
									恇	匡	狂	
上									廣	懬		
									臩	忻	俇	
去									桄	曠		
									誑	眖	狂	
入									郭	廓		瓁
									玃	躩	戄	

精	清	從	心	邪	影	曉	匣	喻	來	日	
照	穿	床	審	禪							
商					宮				半徵	半商	
					汪	荒	黃				唐
											陽
						妅		王			
					㳹	慌	愰				蕩
											養
					枉	怳		往			
					汪	荒	攩				宕
											漾
						況		迋			
㬻											
					臒	霍	穫		矿		鐸
											藥
					嬳	矆		籰			

輕中輕

内轉第三十五　輕中輕

1 平一曉　[氵荒]　大中堂本、仿明刊本、于氏刊本同，他本作[氵荒]。《韻鏡》永禄本、寬永十八年本、北大本、寬永五年本列荒，其他各本作荒。

箋：切三、王一、王二、王三、《廣韻》唐韻有荒小韻，呼光反。諸書除切三外，皆有[氵荒]字。《集韻》音同，而以巟[氵荒]爲小韻首字。

按：是本書當據《集韻》列[氵荒]而字或又轉訛也。《韻鏡》則與其他韻書合。

2 平三見　恇　《韻鏡》○。

箋：恇是溪紐字，切三、王一、王二、王三、《廣韻》皆在陽韻匡小韻，去王反；《集韻》同，曲王切。《廣韻》及以前韻書陽韻合口無見紐。《集韻》韻末增恇小韻，俱王切。

按：本書當是據《集韻》恇字而轉訛。

3 平三溪　匡　《韻鏡》(仙)、(天八)、(正)作匡，寶生寺本、永禄本、(延)、(佐)、(文)、(天)、(元)、(國)、(理)、(和)作匡，六地藏寺本作匡，(享)、寬永十八年本、北大本、寬永五年本作㤮，應永本等作[匡灬]。

箋：切三、王二陽韻有[匚圭]小韻，乃匡之俗字，去王反；王一、王三音同，字即作匡。《廣韻》音亦同，字因避宋諱而缺末筆作匡。《集韻》此字亦缺筆，曲王切。

按：宋太祖諱匡，本書匡字及從匡之字或避或不避，當是鄭樵時回改未盡所致。《韻鏡》亦有因匡字避諱缺筆而誤之本。

4 平三曉　衁　《韻鏡》○。

箋：此字唐五代韻書及《廣韻》《集韻》陽韻皆無，且不見於其他字書、音義書等。《中華大字典》載有此字，曰：『呼榮切，見《川篇》。』此音不在本位。

按：本書所列不知何據，存疑。

5 上一曉　慌　大中堂本、仿明刊本、于氏刊本同，他本作慌。《韻鏡》永禄本、寬永十八年本、北大本、寬永五年本等作慌，其他各本作慌。

箋：切三、王二、王三養韻有慌小韻，虎晃反。《集韻》同。《廣韻》呼晃切。

按：本書及《韻鏡》作慌者皆訛。

6 上一溪　廣　他本作廣。《韻鏡》（天）○，（天八）作廣，永禄本、寬永十八年本、北大本作廣，其他各本作廣。

箋：王二、王三蕩韻慷小韻有廣字，苦朗反，注曰：『大。又口廣切。』《集韻》字同，苦晃切。《廣韻》字作廣，丘晃切。

按：此字正當作廣，省則作廣。

7 上一匣　幌　《韻鏡》列晃。

箋：幌字切三、王二、王三、《廣韻》並在晃小韻，胡廣反。《集韻》在晄小韻，户廣切。

按：本書此位所列，亦非小韻首字。《韻鏡》則與韻書合。

8 上二見　空格　《韻鏡》(和)○，寬永五年本、開奩、(延)、(文)、(理)○而列⿱⿰目目介於三等位，六地藏寺本、永禄本、寬永十八年本、北大本、(仙)、(天八)、(天)、(享)作⿱⿰目目介，嘉吉本作⿱⿰目目介，寶生寺本、(國)作⿱⿰目目介，(佐)、(正)作⿱⿰目目介，(元)作臩，其他各本作臩。

箋：唐五代韻書養韻無合口見紐字。《廣韻》則有臩，俱往切；獷，居往切兩見紐小韻。《集韻》乃併獷於臩小韻，亦音俱往切。此字正當作臩，《説文》夰部有臩字，從夰，臦聲。大徐俱往切，見紐；小徐具往反，群紐。《廣韻》《集韻》音同大徐。然陽韻系乃三等，三等牙音字斷不得列於二等。

按：本書此字即列於三等，是也。《韻鏡》此位無字者除(和)外皆列於三等。《韻鏡》二、三等原本皆當無字，(和)即如此也。後人據《廣韻》或《集韻》所增而多誤入二等位矣。參第10條。

9 上二群　空格　《韻鏡》(和)○，寬永五年本、開奩、(延)、(理)○而列彺於三等位，其他各本列彺。

箋：彺字王二、王三並在臩(二書字皆訛)小韻，渠往反。臩字《廣韻》《集韻》俱往切，大徐音同。小徐槼字具往反，王韻即同小徐。《廣韻》《集韻》養韻群紐乃有俇小韻，求往切。

按：本書列於三等，合於《廣韻》《集韻》。《韻鏡》所列當即此字而誤入於二等位。參第二條。

10 上三見　畀　他本作槼。《韻鏡》寬永五年本、開奩、（延）、（文）、（理）列畀，（仙）於〇中補獷，（元）列獷，（和）〇，其他各本〇而列於二等位。

箋：本書所列本諸《廣韻》或《集韻》，其字當從他本作槼。

按：《韻鏡》本多列於二等位，又有二等列槼，三等列獷如（仙）、（元）者，乃後人據《廣韻》妄增。今謂《韻鏡》二、三等皆無字如（和）者當是原書舊式。參第8條。

11 上三群　俇　《韻鏡》（和）〇，寬永五年本、開奩、（延）、（理）列俇，其他各本〇而列於二等位。

箋：本書所列俇字合於《廣韻》《集韻》。

按：《韻鏡》二、三等皆無字者當是原書舊式，（和）即如此也。其他各本有字者，當是後人據《廣韻》或《集韻》增而又有誤入於二等者。參第9條。

12 上三溪　恇　大中堂本作恇，仿明刊本作恇，于氏刊本作恇，其他作恇。《韻鏡》〇。

箋：《廣韻》及以前韻書養韻合口無溪紐，《集韻》有恇小韻，丘往切。

按：恇即是恇字避宋諱而缺末筆，大中堂本回改，是也。至治本多缺一筆，他本則因而致訛也。《韻鏡》此位無字，合於唐五代韻書及《廣韻》。

13 上三喻　往　《韻鏡》嘉吉本、六地藏寺本、寬永五年本作徃，其他各本作往。

箋：切三、王一、王三養韻有往小韻，王兩反；《廣韻》字同，于兩切。《集韻》字作徃，羽兩切。

按：本書作往合於切三、王韻及《廣韻》，《韻鏡》作徃者則是俗書。

14 去一曉　荒　于氏刊本同，他本作荒（大中堂本作茺同）。《韻鏡》作荒。

箋：王三、《廣韻》宕韻有荒小韻，呼浪反。《集韻》同。

按：本書及《韻鏡》作荒者乃是誤字。

15 去一匣　攩　《韻鏡》列潢。

箋：王三宕韻有潢小韻，胡浪反。王二亦以潢爲小韻字，而音呼浪反，此『呼』當是『乎』字之誤。《集韻》同，胡曠切。《韻鏡》此位列潢合於王韻等。

本書列攩者，《唐韻》有櫎小韻，亦擴反（當爲乎曠反），注云：『《廣雅》云，槌打也。』《廣韻》亦以櫎爲小韻首字，乎曠切。

按：本書之攩當即櫎之誤字。

16 去三見　誑　《韻鏡》永禄本、寬永十八年本、北大本、寬永五年本、（享）、（天八）〇，（天）列誆，其他各本列誑。

箋：王二、王三漾(樣)韻有誑小韻，九妄反；《唐韻》《廣韻》居況反。《集韻》古況切。

按：本書所列合於韻書，《韻鏡》無字者乃誤脱，作誆則是誤字。

17 去三溪　盺　大中堂本作眶，其他各本作盺。《韻鏡》〇。

箋：《廣韻》及以前韻書漾韻無合口溪紐。《集韻》有⿰月匡，區旺切，即⿰月匡字諱缺末筆。此字訓爲『腹中寬』，正當從肉作⿰月匡。

按：《韻鏡》此位無字，合於唐五代韻書及《廣韻》。

18 去三群　狂　《韻鏡》嘉吉本、永禄本、寛永十八年本、北大本、寛永五年本、(天八)、(享)列誑，六地藏寺本、(延)、(文)、(元)、(和)列誆，(正)、(仙)誤爲誰，其他各本列狂。

箋：王二樣韻相小韻(息亮反)有誆字，注『又其放反』，然未見有群紐合口小韻。王三漾韻末有狂小韻，渠放反；《廣韻》同。《集韻》具放切。後二書該小韻有誆(即『誆』字缺筆)而無誑。

按：本書及《韻鏡》列狂者不誤，列誆者當是後人所改，列誑及誰者又誆字之誤也。

19 去三喻　迋　《韻鏡》列旺。

箋：王三、《唐韻》、《廣韻》漾韻有迋小韻，于放反。旺字諸書皆在迋小韻，《集韻》則以暀旺並列於小韻首，音同《廣韻》等。

按：本書所列即此字之誤。《韻鏡》列旺恐即後人據此而改。

20 去四精　噪　《韻鏡》〇。

箋：唐五代韻書鐸韻無此字。《廣韻》《集韻》祖郭切，當列於入聲一等位。

按：本書當即據此而誤上列一格，當乙至入聲一等位。《韻鏡》本轉入聲一等位不列噪字，合於唐五代韻書。

21 入一影　臒　《韻鏡》作臒。

箋：切三、《廣韻》鐸韻有臒小韻，烏郭反；《集韻》屋郭切。王三此字作臒，《唐韻》作臒，音同切三。諸書此字訓『善丹』，《説文》云：『臒，善丹也。從丹，蒦聲。』

按：本書及《韻鏡》並誤，當正作臒。

22 入一匣　穫　其他各本作獲。《韻鏡》(延)、(仙)、(天八)、(天)、(正)、(享)作樓，(理)作穫，六地藏寺本作獲，其他各本作擭。

箋：切三、王三、《唐韻》、《廣韻》鐸韻有穫小韻，胡郭反；《集韻》黄郭切。諸書該小韻别無獲字而有樓字。

按：是本書唯至治本不誤。《韻鏡》則(理)作穫是，其他皆此字之形訛。

23 入一來　硦　《韻鏡》嘉吉本、寶生寺本、六地藏寺本、永禄本、寬永十八年本、北大本、寬永五年本、(延)、(文)、(仙)、(天八)、(天)、(元)、(正)、(理)、(享)〇，(佐)、(國)乃於〇中補硦，應永本等列硦。

箋：唐五代韻書鐸韻無合口來紐字。《廣韻》《集韻》則有硦小韻，盧矱反。

按：本書當即據《廣韻》或《集韻》列此字。《韻鏡》此位無字，合於唐五代韻書，有此字者顯爲後人所增。

24 入三影 嬳 他本作嬳。《韻鏡》六地藏寺本、永禄本、寬永十八年本、北大本作嬳，其他各本作嬳。

箋：王二、王三、《唐韻》、《廣韻》藥韻有嬳小韻，憂縛反。《集韻》嬳字在䨼小韻，䨼縛切。

按：是至治本及《韻鏡》字皆誤，當正作嬳。

25 入三曉 矆 《韻鏡》列矆。

箋：王二、王三藥韻有矆小韻，許縛反。小韻内無矆字。《唐韻》則有矆小韻，亦許縛反，矆下注曰：『或作矆。』《廣韻》字、音並同《唐韻》，而於矆下收矆字，注曰：『上同。』《集韻》則以矆矆同居小韻首，怳縛切。

按：本書此位列矆合於《唐韻》《廣韻》，《韻鏡》則與王韻等合。

26 韻目 平聲陽、上聲養、去聲漾、入聲藥皆誤列於二等，當改列於三等。

外轉三十六	幫	滂	並	明	端	透	定	泥	見	溪	群	疑
					知	徹	澄	孃				
	羽				徵				角			
平												
	繃	搒	彭	盲	趟	瞠	棖	鬡	庚	坑		
	兵		平	明					京	卿	擎	迎
	并	娉		名						輕		
上	浜		鮩	猛	打	盯	瑒	檸	梗	沆		
	丙			皿					警			
	餅			眳		徎			頸			痙
去	榜		膨	命	倀	牚	鎊		更			
	柄		病	孟					敬	慶	競	迎
	摒	聘	偋	詺					勁	輕		
入	伯	柏	白	陌	磔	坼	宅	蹃	格	客		額
			欂						戟	隙	劇	逆
	辟	僻	擗									

重中輕

韻	精照	清穿	從床	心審	邪禪	影	曉	匣	喻	來	日
	商					宮				半徵	半商
庚											
		鎗	傖	生			亨	行			
清	精	清	情		餳	嬰			盈	冷	
梗											
				省				杏		冷	
						影				令	
靜	井	請	靜	省		癭				領	
敬											
		瀙		土		瀴	諱	行			
						映					
勁	精	倩	淨	性		纓					
陌											
	迮	柵	齰	索		啞	赫	垎			礐
昔	積	皵	籍	昔	席	益			繹		

外轉第三十六　重中輕

1 平二幫　繃　《韻鏡》列閍。

箋：切三、王一、王二、王三庚韻有閍小韻，甫盲反（王二逋盲反）。諸書該小韻皆有祊無繃。《廣韻》閍小韻音同，祊下有繃，注曰：『上同。』《集韻》乃以繃爲小韻首字，晡橫切。

按：本書列繃合於《集韻》，《韻鏡》列閍則合於其他韻書。

2 平二滂　榜　《韻鏡》列磅。

箋：切三、王一、王二、王三、《廣韻》庚韻有磅小韻，撫庚反（切三撫誤蕪）；《集韻》披庚切。

按：各書該小韻無榜字，本書誤作，當正。

3 平二明　盲　《韻鏡》北大本作音，其他各本作盲。

按：本書列字是。《韻鏡》北大本音字顯誤，當正爲盲。

4 平二娘　鬡　《韻鏡》寶生寺本、（延）、（佐）、（文）、（仙）、（天八）、（元）、（國）列獰，（天）列儜，（理）列鬡，永禄本列儖，其他各本作儜。

箋：切三、王三庚韻有鬤小韻，乃庚反；二書該小韻並無鬡、儜、獰、儜等字。王一庚韻殘，未見鬤小韻，然該字下存注曰：『鬤，髮亂。鬤字乃庚切。』是王一當有鬤小韻。王二鬤小韻音同，下有儜字；《廣韻》鬤小韻音亦同，下有獰字。《集韻》則以鬡鬤並列於小韻首，尼庚切。

按：本書列鬡與《集韻》合。《韻鏡》列儜（儜同）者，切三、王二、王三、《廣韻》耕韻有儜小韻，女耕反。《集韻》耕韻亦有儜小韻，尼耕切。是知《韻鏡》乃以耕韻之儜誤列於此位，本或作獰若儜者，則並儜之誤字，列鬡者乃後人見韻書庚韻無此小韻而據本書或《集韻》改也。

5 平三溪　卿　《韻鏡》（元）列響，六地藏寺本作鄉，永禄本、寬永十八年本、北大本、寬永五年本作卿，其他各本作卿。

箋：切三、王二、王三、《廣韻》、《集韻》庚韻並有卿小韻，去京反。

按：本書字不誤，《韻鏡》作卿、鄉者並卿字之誤，本又誤爲響矣。

6 平三疑　迎　《韻鏡》寬永五年本、（延）、（文）、（仙）、（天八）、（元）、（正）、（國）、（理）、（享）列迎，六地藏寺本列迎於四等而乙入本位，其他各本〇而列迎於四等。

箋：切三、王二、王三、《廣韻》庚韻並有迎小韻，語京反。《集韻》魚京切。

按：正當列於此位。《韻鏡》列於四等者皆誤。

7 平三影　空格　《韻鏡》列英。

箋：英字切三、王一、王二、《廣韻》並在庚韻霙小韻，於驚反；王三同，於京反。《集韻》則以英爲小韻首字，於驚切。

按：本書此位無字蓋誤脱，《韻鏡》列英則合於《集韻》。

8 平四滂　娉　《韻鏡》〇。

箋：《廣韻》及以前韻書清韻無此音。《集韻》乃於清韻末增聘小韻，匹名切。

按：本書當是據此而轉訛。

9 平四端　空格　《韻鏡》嘉吉本、永禄本、(延)、(天)、(國)〇，六地藏寺本、北大本、别筆補貞，寶生寺本、(佐)於〇中補貞，開奩〇而列貞字於三等，其他各本此位並有貞。

箋：貞字王二、王三、《廣韻》清韻陟盈反，《集韻》知盈切(在禎小韻)。

按：本書空格是。本書列楨(與貞音同)於第三十八轉(當《韻鏡》第三十五轉)知紐三等位(本書第三十八轉二、三、四等誤爲一、二、三等，均上移一格。下同)，是也。《韻鏡》第三十五轉或有或無，而本又列於本轉者，當是原書誤脱，日本校讀者增補時誤入此位。參第 11 條、第 12 條及第三十八轉第 7 條。

10 平四透　空格　《韻鏡》嘉吉本、永禄本、(延)、(天)、(國)〇，六地藏寺本、北大本别筆補檉，寶生寺本、(佐)、(仙)於〇中補檉，開奩〇而列檉字於三等，其他各本此位並有檉。

箋：檉字王二、王三清韻勑貞反；《廣韻》抽丑貞切，《集韻》癡貞切。

按：本書空格是。本書列檉於第三十八轉徹紐三等位，是也。《韻鏡》亦當分列於第三十五轉三等徹紐位，列於本轉大誤。參第 9 條、第 11 條及第三十八轉第 8 條。

11 平四定　空格　《韻鏡》嘉吉本、永禄本、(延)、(天)、(國)○,六地藏寺本、北大本别筆補呈,寶生寺本、(佐)、(仙)於○中補呈,開奩○而列呈字於三等,(天八)、(正)、(享)列程,其他各本列呈。

箋:王二、王三、《廣韻》、《集韻》清韻並有呈小韻,直貞反,下收程字。論音當列於第三十五轉澄紐三等,不當列於此位。本書呈字列於第三十八轉澄紐三等位,是也。《韻鏡》本轉四等端、透、定三紐所列貞、檉、呈,皆是誤列。龍宇純、李新魁以爲此三字當列於本轉三等位,非也。考貞、檉、呈三字,《韻鏡》第三十三轉原無,嘉吉本等五種尚存其舊式。其他各本列於本轉者,或係補寫,或爲補刻,皆當流傳於日本時所增。寶生寺本第三十五轉知紐貞字缺末筆,當是避宋仁宗趙禎(1023—1063 在位)之諱。佐藤本、天文本蓋又因諱缺而誤爲卓。三本徹紐檉字並脱而有呈字。是《韻鏡》第三十五轉原當有此三字,乃與本書合,不列諸本,當係誤脱。參第 9 條、第 10 條及第三十八轉第 9 條。

按:本書空格是。

12 平四群　空格　《韻鏡》列頸。

箋:切三、王二、王三、《廣韻》清韻有頸小韻,巨成反(切三巨訛爲臣)。《集韻》渠成切。

按:《韻鏡》所列合於諸韻書,本書蓋誤脱。

13 平四疑　空格　《韻鏡》寬永五年本、(延)、(文)、(仙)、(天八)、(元)、(正)、(國)、(理)、(享)

〇而列迎於三等，六地藏寺本列迎而乙入三等，其他各本列迎。

按：迎字當列三等，本書及《韻鏡》此位無字者是，列迎者誤。參第6條。

14

平四心　空格　《韻鏡》（延）列騂，其他各本作騂。

箋：王二、王三、《廣韻》清韻並有騂小韻，息營反。《集韻》清韻心紐乃以觲觪爲小韻字，思營切。騂小韻則音許營切（曉紐），與諸書音異。以王韻、《廣韻》切下字論，騂字似當列於合口圖。本書第三十七轉亦無，當是誤脱。《韻鏡》第三十四轉（當本書第三十七轉）四等心紐（延）〇，（理）列騂，其他各本列有觪字，觪字王二、王三、《廣韻》皆在騂小韻内。據此，可知《韻鏡》本或誤將第三十四轉之騂字列於本轉，或誤列騂字於兩轉，校者乃據《集韻》改騂爲觪，而使原書舊式幾無可考矣。要當删《韻鏡》此位騂字而據（理）將第三十四轉之觪字改爲騂字。參第三十七轉第7條。

按：本書空格是。

15

平四邪　餳　浙江局本、集成本作餳。《韻鏡》（元）作餳，寬永五年本作餳，其他各本作餳。

箋：王二、王三、《廣韻》、《集韻》清韻有餳小韻，徐盈反。

按：此字當作餳，而今本《説文》已有誤作餳者。段氏改爲『從食，昜聲』，是也。《類篇》食部此字即作餳，可據正。

16

平四來　冷　《韻鏡》〇。

箋：王二、王三、《廣韻》清韻有跉小韻，吕貞反；《集韻》離貞切。諸書該小韻並無冷字。

按：本書所列甚無據。《韻鏡》於第三十五轉三等位列跉字，則本書當删此冷字而補列跉字於第三十八轉來紐三等位。參第三十八轉第10條。

17

上二並　⿰魚丙　《韻鏡》列鮩。

箋：王三梗韻有鮩字，蒲杏反；《廣韻》蒲猛切。二書該小韻僅此一字。《集韻》則有⿰魚丙字，白猛切。小韻内亦僅此字。

按：本書所列合於《集韻》，《韻鏡》則合於王三、《廣韻》。

18

上二知　打　《韻鏡》應永本列打，其他各本列盯。

箋：切三、王三、《廣韻》梗韻皆有盯、打二小韻，盯字德冷反，爲端知類隔切；打字張梗反，爲音和切。《集韻》盯，都冷切；打作朾（《類篇》同，此字既訓爲『擊也』，則當以從手作『打』爲正），亦張梗切。盯、打二字切語雖殊而讀音實同，蓋切韻打字後增，一時偶疏而未併於盯小韻。後起韻書輾轉相因，終非正例也。

按：是此位當以《韻鏡》列盯爲長。應永本作打者，蓋後人據本書所改也。

19

上二澄　瑒　浙江局本、謝刊本、集成本作瑒。《韻鏡》寶生寺本、永禄本、寬永五年本、北大本、寬永十八年本作瑒，其他各本作瑒。

箋：切三、王三、《廣韻》梗韻有瑒小韻，徒杏反。此以定切澄，類隔。《集韻》改爲丈梗切

（述古堂影宋抄本丈誤爲之），音和。

按：本書浙江局本等及《韻鏡》作瑒諸本皆誤，當正爲瑒。

20 上二溪 沆 《韻鏡》○。

箋：《廣韻》及以前韻書梗韻無二等開口溪紐字。《集韻》有伉小韻，苦杏切。《公羊傳・宣公十五年》『伉健』《釋文》云：『苦浪反。一音苦杏反。』《集韻》當即據《釋文》『苦杏反』之音而增。

按：本書乃據《集韻》而轉訛矣。

21 上二影 空格 《韻鏡》列瞥（應永本瞥下之目誤爲自）。

箋：切三、王三、《廣韻》梗韻有瞥小韻，烏猛反。《集韻》字、音並同。

按：本書此字列於第三十七轉合口圖，是也。《韻鏡》乃誤列於此位，當改列於第三十四轉。

22 上二來 冷 《韻鏡》作冷。

箋：切三、王三、《廣韻》、《集韻》梗韻有冷小韻，魯打反。

按：該小韻並無冷字，本書誤，當正作冷。

23 上三見 警 《韻鏡》嘉吉本、寶生寺本、六地藏寺本、永禄本、寛永十八年本、北大本、寛永五年本、（佐）、（天八）、（天）、（元）、（正）、（享）、（仙）○，應永本等列警。

箋：警字切三、王三梗韻几影反；《廣韻》居影切。《集韻》舉影切，在景小韻。

按：本書及《韻鏡》列警字是，《韻鏡》此位無字者乃誤列於第三十四轉（當本書第三十七轉）。參第三十七轉第10條。

24 上三來　令　《韻鏡》○。

箋：《廣韻》及以前韻書梗韻三等無來紐。《集韻》乃有令小韻，魯景切。

按：本書當是據《集韻》列令字。

25 上四透　侱　《韻鏡》○。

箋：侱字列此大誤。王三、《廣韻》、《集韻》靜韻有侱小韻，丈井反。當列於第三十八轉三等澄紐位。切三、王三、《廣韻》又有逞小韻，丑郢反，而小韻內並無侱字。《集韻》音同，下有侱。本書已於第三十八轉三等徹紐位列逞，自不得列侱於此。又《廣韻》迥有珽小韻，他鼎切；《集韻》亦有壬小韻，他鼎切。二書該小韻並有侱字，而本書第三十八轉四等透紐已列挺字（《集韻》壬小韻有），亦不當列侱於本轉。

按：本書此處列侱甚無據，當據《韻鏡》删。

26 上四疑　痙　《韻鏡》○。

箋：各韻書靜韻均無疑紐。切三、王三有痙小韻，其郢反；《廣韻》巨郢切；《集韻》巨井切。痙字《韻鏡》列於第三十五轉（當本書第三十八轉）三等群紐位，是也。

按：本書第三十八轉不列而誤列於此，當依《韻鏡》正。參第三十八轉第23條。

27 上四喻　空格　《韻鏡》永禄本、開奩、（元）、（理）〇，其他各本列郢。

箋：切三、王三、《廣韻》靜韻有郢小韻，以整反。《集韻》以井切。

按：本書及《韻鏡》此位無字者蓋誤脱。

28 上四來　領　《韻鏡》〇。

箋：切三、王三靜韻有領小韻，李郢反；《廣韻》良郢切；《集韻》里郢切。

按：本書列此誤，當列於第三十八轉三等位。《韻鏡》列於第三十五轉三等位，是也。

29 去二滂　空格　《韻鏡》寶生寺本、六地藏寺本、（延）、（文）、（理）、（和）列亨（各本字形小異，本或訛），（天）烹下之火訛爲皿，其他各本列烹（各本字形亦有小異）。

箋：《廣韻》及以前韻書敬（更、映）韻無二等滂紐字。《集韻》乃於映韻增亨享小韻，普孟切。亨同烹，經典習見。《詩經·召南·采蘋》『亨也』《釋文》：『本又作烹，同。』作去聲者，多見於東晋時期南方經師劉昌宗、徐邈音讀。如《周禮·天官·叙官》『割亨』、《太宰》『納亨』、《小宗伯》『視亨』、《秋官·大司寇》『納亨』、《掌客》『亨』諸條《釋文》並云：『劉普孟反。』《禮記·祭統》『亨』《釋文》則曰：『徐普孟反。』是皆其例也。切韻不收此音者，蓋以劉、徐所用皆南方讀書音而非『精切』歟？

按：本書不列此字，合於《廣韻》及以前韻書，《韻鏡》蓋後人據《集韻》增補而有此參差也。

30 去二明　命　《韻鏡》列孟。

箋：王二更韻、王三敬韻命小韻眉映反（王二映誤爲姎）；《唐韻》敬韻，《廣韻》《集韻》映韻眉病反。命乃三等字，《韻鏡》列於三等位，是也。孟字王二、王三莫鞕反；《唐韻》《廣韻》《集韻》莫更反。正爲二等字，《韻鏡》此位列孟亦是也。

按：本書命列二等、孟列三等，乃將二字誤倒，當據《韻鏡》改正。參第36條。

31 去二澄　鎊　《韻鏡》作鋥。

箋：王一、王三敬韻有鋥小韻，宅鞕反；王二更韻宅硬反；《廣韻》《集韻》映韻除更切。論音正當列鋥於此位。諸書該小韻無鎊字。

按：本書所作當是鋥字之訛也。《韻鏡》不誤，當據正。

32 去二疑　空格　《韻鏡》北大本〇，其他各本列硬。

箋：王一、王三、《唐韻》敬韻，王二更韻並有鞕小韻，五孟反（王三五勁反，以三等切二等）。王二注：『俗（作）硬。』王三、《唐韻》注：『亦作硬。』《廣韻》鞕、硬二字誤入於諍韻，五爭切。《集韻》映韻則以鞕、硬同列於小韻首，魚孟切。

按：本書此位無字，合於《廣韻》；《韻鏡》列位合於其他韻書而作硬則俗也。北大本無字當是誤脱。

33 去二穿　瀞　《韻鏡》（文）列瀞，（仙）於〇中補瀞，寶生寺本、（佐）、（國）此位無字而補寫瀞字於三等○中，（理）此位無字而補㶒於三等位，其他各本二、三等皆作○。

箋：王一敬韻有㶒字，然反語壞闕。王二、王三、《廣韻》敬（映）韻亦有㶒小韻，楚敬反。《集韻》楚慶切。此字切下字敬（或慶）爲三等，被切字㶒爲二等，屬二三等混切。

按：本書有所列合於韻書。《韻鏡》或有或無，有者各本參差，當是原無而後人所增。

34 去二影　瀴　《韻鏡》寶生寺本、（佐）、（國）於○中補寫瀴字，（元）、（天八）、（文）、（理）列瀴，其他各本○。

箋：唐五代韻書敬（更）韻無此音。《廣韻》《集韻》映韻有瀴小韻，於孟切。

按：本書所列合於《廣韻》《集韻》。《韻鏡》此位無字者當存原書舊式，列瀴諸本顯爲好事者妄增。

35 去二曉　諱　《韻鏡》（元）、（天八）列諱，（文）作諱，寶生寺本、（佐）、（國）於○中補寫諱字，其他各本○。

箋：王二、王三、《唐韻》、《廣韻》更（敬、映）韻並有此小韻，王二、《唐韻》字作諱，同《説文》；王三作諱，《廣韻》則訛爲諱。王韻此字許孟反；《唐韻》誤爲語孟反；《廣韻》許更切。

按：本書諱字列於此位，合於諸韻書（《集韻》諱字在惸小韻，亨孟切）。《韻鏡》原書蓋脱此字，校者補於二等曉紐空圈○下而遂有誤入三等位者矣。參第37條。

36 去三明　孟　《韻鏡》列命。

37
按：此位列命是，本書誤。辨見第30條。

去三曉　空格　《韻鏡》嘉吉本、寶生寺本、（延）、（佐）、（天八）、（天）、（元）、（正）、（理）、（享）○，（文）列詳，（仙）於○中補詳，（國）於○中補詳，應永本等列辞。

按：本書辞字列於二等位，是也。《韻鏡》列於此位者，皆校讀者誤入。辨見第35條。

38
去四幫　摒　《韻鏡》永禄本作栟，（天八）作⿰木屏，（天）作枰，其他各本作摒。

箋：王一、王三勁韻有摒小韻，卑政反；王二清韻畢政反。《廣韻》勁韻畀政切。《集韻》乃以摒、拼同列於小韻首，卑政切。

按：本書及《韻鏡》作摒者合於王韻、《廣韻》，《韻鏡》作⿰木屏者顯係摒字之誤，作栟及枰者或是後人據《集韻》拼字妄改而又轉訛也。

39
去四見　勁　《韻鏡》（延）○，（正）列頸，六地藏寺本列鏡，其他各本列勁（應永本勁字旁注『鏡同位』）。

箋：勁爲韻目字（唯王二以清爲韻目），王一、《唐韻》、《廣韻》居正反；王二、王三居盛反（王二字從刀作刭，注曰：『俗力。』謂俗作從力。《說文》力部：『勁，彊力也。從力，巠聲。』王二此字或本從力作勁，注作『俗刀』，轉寫乃誤歟？存疑）。《集韻》堅正切。六地藏寺本列鏡字者，鏡是敬（更、映）韻敬小韻字，王二居命反；王三、《唐韻》、《廣韻》、《集韻》皆居慶反。與勁字音不同。《韻鏡》流傳東土時，日本校讀者以爲二字同音，乃施鏡字於勁旁（應永本即如是），淺人不察而妄改致誤矣。

按：本書及《韻鏡》此位列勁者是，《韻鏡》列頸者乃其誤字，無字則是誤脱。

40 去四溪　輕　《韻鏡》〇。

箋：王一、王三勁韻無此音。王二清韻有甖小韻，起政反；《唐韻》《廣韻》則有輕小韻，墟政反。《集韻》同，牽正切。

按：本書列輕合於《唐韻》《廣韻》等，《韻鏡》無字則與王一、王三合。

41 去四影　纓　《韻鏡》〇。

箋：《廣韻》及以前韻書勁（清）韻無此音。《集韻》乃增纓小韻，於政切。

按：本書當即據《集韻》此音而列。

42 入二滂　柏　《韻鏡》六地藏寺本、（天）作柏，其他各本作拍。

箋：柏是幫紐字，唐五代韻書陌（格）韻無。《廣韻》在伯小韻，博陌切。《集韻》音同，在百小韻。本書列柏誤。切三、王三陌韻有拍小韻，義爲『打』；王二、《唐韻》、《廣韻》義同，字作拍，並音普伯反。《集韻》拍拍同字，匹陌切。

按：本書柏字當即拍之訛也，當據《韻鏡》作拍者正。

43 入二知　磔　《韻鏡》六地藏寺本磔旁桀下無木乃不成字，其他各本作磔（本或字形小異）。

箋：切三陌韻有磔小韻，即磔之俗字，注曰：『防，張格反。』王二字作磔，注：『陟格反。張。

享(祐)也；襪也。』《唐韻》字作磔，注曰：『張也。陟格反。』王一亦作磔，注壞爲『哆□反張』(哆當是陟字壞缺左半之阝，而劉復刻及姜亮夫抄並誤爲『涉』)。王三字同，注則爲『防格反。張』。以上各韻書以《切韻》爲早，《切韻》子注例先義訓、後音切。其本爲『防張格反』四字，其訓爲防者，《史記・秦本紀》：『磔狗邑四門以禦蠱災。』『防』即『禦』也。王韻則改注例爲先音切，後義訓。改例時誤將『張』字爲其義，遂成『防格反張』，王三即如是也。然以『防』字無以當磔字之聲，則又改『防』爲『陟』，王一、王二即其例也(王二雖增義訓，前四字全因王一初改時之舊。而注中『張』後無也字，與其義例相違，亦可見『張』字非磔之義也)。至《唐韻》回改注例，乃作『張也。陟格反』。則與陸書舊式大乖。《廣韻》因之而不察，乃於磔字增『張矣』『開矣』之義，亦陟格切。《集韻》音同，義訓則僅爲『《説文》辜也』。是磔無『張』及『開』之義，明矣。

按：本書及《韻鏡》此位列磔，與諸韻書合。

44

入二徹　坼　《韻鏡》寛永十八年本、北大本、寛永五年本、(享)、(正)、(天八)作𡍮，六地藏寺本作折而於下欄校爲𡍮，寶生寺本、(佐)作坼，(理)作折，(延)作柝，其他各本作坼。

箋：切三、王二、王三陌(格)韻有坼小韻，丑格反。《唐韻》《廣韻》音義同，字作𡍮(《唐韻》作𡍮乃省)。《廣韻》注曰：『亦作坼，餘仿此。』《集韻》則以𡍮坼拆並列於小韻首，恥格切。

按：本書列坼合於切三、王韻，《韻鏡》列𡍮則合於《唐韻》《廣韻》《集韻》。

45 入二來　空格　《韻鏡》(延)○,其他各本列礐。

箋:《廣韻》及以前韻書陌(格)韻無來紐二等字。《集韻》有礐,離宅切。

按:本書空格誤。本書據《集韻》列礐而誤入日紐,《韻鏡》(延)此位無字當存原書之舊,其他各本則是據《集韻》增。

46 入二日　礐　《韻鏡》○。

按:此字見《集韻》,當列於來紐。參第45條。

47 入三並　擗　《韻鏡》作欂。

箋:切三、王韻陌(格)韻三等無並紐。《唐韻》《廣韻》有欂小韻,弼戟切。二書並注云:『欂櫨,户上木。』是此字正從木作欂。

按:本書誤,當正。《韻鏡》所列之欂見《集韻》,與《廣韻》音同。又本書第三十八轉亦有欂字,當是據《集韻》平碧切之欂所列,與本轉此字不同也。

48 入三知　空格　《韻鏡》永禄本、寬永十八年本、北大本列𥢶,其他各本作𥢶。

箋:此字當作𥢶,王三、《廣韻》陌韻磔小韻有𥢶字,《廣韻》陟格切(參第43條)。

按:本書及《韻鏡》已於二等位列磔字,故不當以其同音字重出於三等。王一、王三、《廣韻》昔韻亦有𥢶字,竹益反。竹益反之𥢶本書列於第三十八轉(當《韻鏡》第三十五轉),《韻鏡》同,並是也。故頗疑《韻鏡》此位所列𥢶字,乃校讀者施於二等磔字下之同音字而羼入正位者，當删。

49 入四透　空格　《韻鏡》列剔。

箋：《廣韻》及以前韻書昔韻無透紐。《集韻》乃於昔韻末增剔小韻，土益切。《集韻》昔韻末尚有定紐悌，待亦切；泥紐鑈，奴亦切等。《韻鏡》定四、泥四皆無者，足證原書非據《集韻》列字也。

按：本書此位無字，合於其他韻書。《韻鏡》所列之剔，當係後人據《集韻》增。

50 入四清　皵　《韻鏡》列刺。

箋：切三、王一、王二、王三、《唐韻》、《廣韻》、《集韻》昔韻皆有皵小韻，七迹反（切三迹作迹，《唐韻》七亦反，音並同）。切三、王二、《唐韻》該小韻有刺字，注『又作刺』（《唐韻》注文闕）；王一、王三、《廣韻》、《集韻》則作刺，王一注『俗作刾』。

按：本書此位列皵合於諸韻書，《韻鏡》所列之刺韻書無以爲小韻字者，因頗疑此字亦日本校讀者以同音字施於皵旁，抄胥不察遂以刺改皵也。

51 韻目　平聲庚、上聲梗、去聲敬、入聲陌皆誤列於一等，當改入二等。

內轉三十七

	幫	滂	並	明	端 知	透 徹	定 澄	泥 孃	見	溪	群	疑
	羽				徵				角			
平												
									觥	砮		
										傾	瓊	
上									礦	褧		
									璟			
										頃	痙	
去												
入												
									虢	䠨		
									瞁	䠐		

李五

輕中輕

	日	來	喻	匣	曉	影	邪禪	心審	從床	清穿	精照
	半徵商		宮				商				
	日	來	喻	匣	曉	影	邪	心	從	清	精
							禪	審	床	穿	照
庚											
				橫	湟						
			榮		兄	罃					
清			營		眴	縈					
梗											
			永	卝		䁝					
靜			潁		𦬓						
敬											
				蝗		宖					
			詠								
勁					夐						
陌											
			[illegible]	嚄	砉	韄					
昔			役		瞁						

外轉第三十七　輕中輕

（『外』原書誤作『内』，案本攝凡四圖，第三十六、三十八、三十九圖皆作『外』，是也。同攝『内』『外』同，今據正。）

1 平二溪　𡒃　《韻鏡》○。

箋：《廣韻》及以前韻書庚韻無溪紐合口字。《集韻》乃於韻末增𡒃小韻，口觥切。

按：本書當即據此而列。

2 平二曉　湟　《韻鏡》作諻。

箋：切三、王一、王二、王三、《廣韻》庚韻有諻小韻，虎横反；《集韻》呼横切。諸書該小韻皆無湟字。

按：本書當是因諻字言旁行書似水而遂誤也。

3 平三影　𦋐　《韻鏡》○。

箋：《廣韻》及以前韻書庚韻無三等合口影紐字。《集韻》乃增𦋐小韻，乙榮切。

按：本書當是據《集韻》列此字。

4 平三喻　榮　《韻鏡》嘉吉本、寶生寺本、（延）、（佐）、（文）、（正）、（國）、（理）列榮，其他各本列營。

箋：切三庚韻有榮小韻，反語壞闕。王一、王二、王三、《廣韻》永兵反。《集韻》于平切。

按：榮字正當列於此位。營乃清韻字，當列四等。參第9條。

5 平四端　空格　《韻鏡》六地藏寺本、寛永十八年本、北大本、寛永五年本、（享）、（正）、（天八）列貞，其他各本〇。

箋：貞字切三、王二、王三、《廣韻》清韻陟盈反，《集韻》知盈切。不當列於此位。《韻鏡》列貞諸本有二誤：陟盈反爲開口而本轉屬合口；三等知紐字不得列於四等位。是列此自非原書之舊而係淺者之爲。參第三十六轉第9條。

按：本書空格是。

6 平四溪　傾　《韻鏡》寛永五年本同，其他各本作傾。

箋：王三、《廣韻》清韻有傾小韻，去營反。《集韻》字同，窺營切。王二字作傾，音去盈反（盈乃營之音誤）。

按：本書作傾是，《韻鏡》作傾者，其字唐代已誤矣。

7 平四心　空格　《韻鏡》（延）〇，（理）列騂，其他各本作觪。

箋：切三清韻有觪字，然所屬小韻及音切皆壞缺。王二、王三、《廣韻》清韻有騂小韻，息營反。諸書觪字即在該小韻内。《集韻》乃以觲觪爲小韻首字，思營切。

按：本書此位無字蓋脱。《韻鏡》（理）列騂合於《廣韻》及以前韻書；作解者當是後人據《集韻》改，無字者則誤入三十六轉。參第三十六轉第 14 條。

8 平四曉　眴　《韻鏡》列眴。

箋：唐五代韻書清韻無曉紐合口字。《廣韻》乃有眴小韻，火營切。《集韻》翾營切。

按：本書所列當即眴字之訛，《韻鏡》不誤，當據正。

9 平四喻　營　《韻鏡》嘉吉本、寶生寺本、（延）、（佐）、（文）、（正）、（國）、（理）列營，其他各本列榮。

箋：切三、王二、王三、《廣韻》清韻有營小韻，余傾反。《集韻》維傾切。

按：本書及《韻鏡》此位列營者是也。《韻鏡》此位列榮諸本，乃手民抄胥而將營、榮二字誤倒。參第 4 條。

10 上一見　礦　《韻鏡》六地藏寺本、寬永五年本、（文）、（仙）、（天八）、（天）、（元）、（正）、（享）列警，其他各本〇。

箋：切三、王三、《廣韻》梗韻有礦小韻，古猛反。《集韻》同。此字當列二等位，本書誤。警字切三、王三梗韻几影反；《廣韻》居影切。《集韻》舉影切，在景小韻。然此字爲開口，本轉爲合口，《韻鏡》列警於此位者亦誤。參第三十六轉第 23 條。

按：本書誤，當改。

11 上一溪　界　《韻鏡》〇。

箋：唐五代韻書梗韻二等無溪紐合口字。《廣韻》《集韻》則有界小韻，苦礦切。當列於二等位。

按：本書當即據此音而誤入一等位。《韻鏡》此字在二等，當據正。參第13條。

12 上二見　璟　《韻鏡》列礦。

箋：璟字韻書無此音，《廣韻》在影小韻，於丙切。《集韻》同，於境切。此音影紐開口，不得列於此位。切三、王三梗韻有憬小韻，舉永反；《廣韻》《集韻》俱永切。是憬字可列於三等位。

按：本書所作當即憬字之誤而又誤列於二等矣。《韻鏡》此位列礦是，當據正。參第10條。

13 上二溪　空格　《韻鏡》列界。

箋：唐五代韻書梗韻二等無溪紐合口字。《廣韻》《集韻》則有界小韻，苦礦切。

按：本書誤，當補。《韻鏡》所列與此合，本書誤入一等位。參第11條。

14 上二匣　空格　《韻鏡》(元)〇，嘉吉本、寶生寺本、(佐)、(文)、(仙)、(國)、(理)、(和)列卝，永禄本、寬永十八年本、北大本、寬永五年本、(天八)、(天)、(正)、(享)作廾，(延)作丱，六地藏寺本作卝，應永本作忭。

箋：唐五代韻書梗韻無匣紐合口二等字。《廣韻》有卝小韻，乎管切。《集韻》字作廾，呼猛切。論音正當列於此位。

按：本書空格誤，《韻鏡》不誤而本書誤列於三等，當據正。參第 20 條。

15 上三見 空格 《韻鏡》列璟。

箋：璟字韻書無此音，《廣韻》在影小韻，於丙切。《集韻》同，於境切。此音乃影紐開口，不得列於本轉。切三、王三梗韻有憬小韻，舉永反；《廣韻》《集韻》俱永切。是憬字可列於三等位。

按：本書空格誤，此字誤列於二等而字又訛爲璟。《韻鏡》本位之璟亦當是憬之誤字。參下條。

16 上三溪 頃 《韻鏡》六地藏寺本列幜，寬永十八年本、北大本、（元）作憬，其他各本作憬。

箋：切三、王三、《廣韻》靜韻有頃小韻，去潁反。《集韻》犬穎切。本位屬梗韻，頃字當列於四等位，本書誤。《韻鏡》所列之憬（幜、憬並憬之誤）爲見紐字，切三、王三舉永反；《廣韻》《集韻》俱永切。《韻鏡》見紐位字既誤爲璟，日本校讀者乃施憬字於旁，傳抄不察，乃羼入溪紐位矣。參上條。

按：本書列字誤，當刪。

17 上三群 痙 《韻鏡》〇。

箋：切三、王三靜韻有痙小韻，其郢反；《廣韻》巨郢切，《集韻》巨井切。據此當列於開口三等位。

按：本書既誤列此字於第三十六轉疑紐四等，又誤入本轉，當列於第三十八轉群紐三等，《韻鏡》不誤。

18　上三曉　空格　《韻鏡》列⿱艹兄。

箋：《廣韻》及以前韻書梗韻無此字，亦無三等合口曉紐字。《集韻》乃收⿱艹兄小韻，況永切。

按：本書據此而誤列於四等。《韻鏡》雖合於《集韻》，然頗疑此字亦後人所增也。參第22條。

19　上三影　眢　《韻鏡》○。

箋：切三、王三、《廣韻》、《集韻》梗韻有眢小韻，烏猛反。此字二等，列於三等當是抄胥之誤。

按：本書列字誤，當删。

20　上三匣　廾。大中堂本、仿明刊本作卝。《韻鏡》○。

箋：唐五代韻書梗韻無匣紐合口二等字。《廣韻》有卝小韻，乎眢切。《集韻》字作廾，呼猛切。論音當列於二等位。

按：本書列字誤。《韻鏡》此字正列於二等，當據正。參第14條。

21　上四溪　空格　《韻鏡》六地藏寺本列頃，其他各本作頃。

箋：此字當作頃，切三、王三、《廣韻》靜韻去潁反；《集韻》犬潁切。《韻鏡》字誤而列位不誤。

按：本書列於三等則誤矣。參第16條。

22 上四曉　⿱艹兄　《韻鏡》○。

按：本書此字乃據《集韻》而誤列於此位，當列三等位。參第18條。

23 上四喻　穎　大中堂本、仿明刊本、于氏刊本作頴，謝氏刊本作頛，其他各本作頛。《韻鏡》應永本、六地藏寺本作頛，其他各本作穎。

箋：切三、王三、《廣韻》靜韻並有穎小韻，餘頃反。《集韻》庾頃切。

按：諸書穎字皆在該小韻，因頗疑本書及《韻鏡》所列皆爲穎字之誤。

24 去二影　窢　《韻鏡》寬永十八年本、北大本、寬永五年本、(享)○，其他各本列窢。

箋：唐五代韻書敬韻無此字，亦無此音。《廣韻》映韻乃有窢小韻，烏橫切。《集韻》音同，字作𥥓。

按：本書所列合於《廣韻》。《韻鏡》如此參差者，蓋此位原無字，後人乃據《廣韻》或本書增也。參第三十九轉第7條。

25 去三曉　空格　《韻鏡》永禄本、(理)○，六地藏寺本列夐，應永本作叜，寬永十八年本、北大本作夐，其他各本作夐。

箋：王一、王二勁(清)韻有夐小韻，王三作夐，並音虛政反；《唐韻》《廣韻》字作夐，休政反。《集韻》作夐，音同王韻。《說文》有此字，隸定當作夐若夐，否者皆誤。

按：此字本書列於四等位，正與諸韻書合。《韻鏡》列於三等乃誤。

26 去四曉　夐　其他各本作夐。《韻鏡》〇。

按：此字作夐是，詳見上條。

27 去四匣　空格　《韻鏡》永祿本列夐，其他各本〇。

按：此是曉紐字，《韻鏡》永祿本列等是而列於匣紐位誤矣，其他各本誤列於三等，當依本書列於曉紐四等位。參第25條、第26條。

28 入二溪　蝍　《韻鏡》(文)同，其他各本〇。

箋：唐五代韻書陌(格)韻無合口二等溪紐字。《廣韻》乃有蝍小韻，丘擭切。《集韻》此字在劇小韻，廓擭切。

按：本書此位列蝍合於《廣韻》，《韻鏡》原本無此字，(文)有者顯爲後人所增。

29 入二影　韄　他本作韄。《韻鏡》列擭(或書作擭)。

箋：切三、王二、王三、《唐韻》、《廣韻》陌(格)韻影紐有韄、擭兩小韻。韄音乙白反(王三乙百反)；擭音一虢反。若以反切論，兩小韻音當同。然韻書未併者，唐代二音實有別，擭爲二等、韄爲三等。韄音乙白反者，乃以二等字爲切下字。唐五代韻書以二等切三等者例不希見，如敬韻『敬』字三等而王三『居更反』，『更』字爲二等；馬韻『䩭』字三等而王三『車下反』，『下』字亦二等，是皆其例也。《韻鏡》此位列擭，三等列韄，合於諸韻書。

按：本書此位列者韄，《集韻》乃併擭於韄小韻，屋虢反。蓋宋代兩字讀音已同（或因二字此音不常用，聲符相同而致類化），《廣韻》未合併者，所謂『沿古』是也。是本書若據《集韻》合併二音而列韄字則不誤，若據《廣韻》先韄（三等）後擭（二等）則誤矣。

30 入二匣　嚄　他本作嚄。《韻鏡》作嚄（字形或小訛）。

箋：此字當作嚄，切三、王三、《唐韻》、《廣韻》陌韻胡伯反；王二格韻胡百反。《集韻》此字在獲小韻，胡陌切。

按：是當正作嚄。

31 入三影　空格　《韻鏡》列韄（或作韄）。

箋：唐五代韻書及《廣韻》韄字乙白反（王三乙百反），當列此位。

按：《韻鏡》所列合於諸韻書。參第 29 條。

32 入四精　空格　《韻鏡》（延）〇，六地藏寺本列菓，寬永五年本作菒，其他各本作菒。

箋：唐五代韻書昔韻無此字，亦無精紐、章紐合口字。《集韻》同。唯《廣韻》昔韻有菒小韻，之役切。論音此字當列於第三十六轉（當本書第三十九轉）三等章紐（照三）位。

按：本書此位及第三十九轉皆無，當是所據如此。《韻鏡》則當是後人據《廣韻》而誤列於此位，（延）無此字乃存其舊式。

33 入四清　空格　《韻鏡》（延）○，寶生寺本、永禄本、寬永十八年本、北大本列旻，六地藏寺本作旻，其他各本作旻。

箋：唐五代韻書昔韻合口無清紐。《廣韻》《集韻》則有旻小韻，七役切。

按：本書無字合於唐五代韻書，《韻鏡》合於《廣韻》《集韻》者，頗疑後人所增，（延）無此字是其證也。

34 入四曉　瞁　大中堂本、仿明刊本作瞙，浙江局本、集成本作瞁，聚珍本作瞙。《韻鏡》六地藏寺本作獡，寬永五年本作瞁，其他各本作瞁。

箋：切三、王一、王二、王三、《廣韻》昔韻有瞁小韻（切三訛爲瞙），許役反；《集韻》呼役切。

此字當從目，旻聲。

按：本書各本皆誤，《韻鏡》則有誤有不誤。

35 入四喻　役　《韻鏡》（延）○，六地藏寺本作彶，應永本作役，其他各本作役。

箋：切三昔韻有役小韻，營隻反，注曰：『《文》（即《説文》）作役。』王一音同，字即作役，注曰：『正作役。』王二、王三、《廣韻》、《集韻》音亦同，字並作役。

按：本書不誤，《韻鏡》六地藏寺本則誤。

36 韻目　平聲庚、上聲梗、去聲敬、入聲陌皆誤列於一等，當改入二等。

外轉三十八

	幫	滂	並	明	端	透	定	泥	見	溪	群	疑
					知	徹	澄	孃				
	羽				徵				角			
平	浜	怦	棚	甍	朾		橙	獰	耕	鏗		娙
					楨	檉	呈					
		竮	瓶	冥	丁	聽	庭	寧	經			
上	迸	餅	併	黽					耿			
					𦖩	逞	裎					
	鞞	頩	並	茗	頂	挺		顊	頸	剄	謦	矃
去	迸	軿	偋	䁠			碠					
						遉	鄭	𩐤				
	跰	𤼶	屛	䁧	叮	聽	定	甯	徑	罄		
入	檗	𢴧	擗	麥	摘	蹢	䵂		隔			
	碧	鈹	擗		𥢿							
	璧	劈	甓	覓	的	逖	擲	惄	激	喫		

重中重

精	清	從	心	邪	影	曉	匣	喻	來	日	
照	穿	床	審	禪							
商					宮				半徵	半商	
爭	琤	崢			甖		莖		礤		耕
征			聲	成							清
菁	青		星		㝠	馨	形		靈		青
					巊	[illegible]	幸				耿
整									領		靜
		汫	醒				婞		笭		迥
諍							嫈				諍
政			聖	盛					令		勁
	靘		腥				脛		零		徑
責	策	賾	捸		戹	擅	覈		礐		麥
隻	尺	齎	釋	石					剟		昔
績	戚	寂	錫			赦	擵		歷		錫

外轉第三十八　重中重

（本轉全轉誤列一、二、三等，全轉實當列於二、三、四等。爲便稱説，下文逕將本轉一、二、三等相應改稱爲二、三、四等。）

1 平二幫　浜　《韻鏡》（理）同，嘉吉本列絣，（延）作絣，其他各本作絣。

箋：唐五代韻書及《集韻》耕韻皆無浜字。《廣韻》則有浜小韻，布耕切；與另一小韻繃，北萌切皆屬幫紐。耕韻脣音並無開口、合口對立，切三、王二、王三耕韻幫紐唯有繃小韻，甫萌反。《集韻》同，悲萌切。《廣韻》耕韻之浜，當屬庚韻字而誤收於耕韻者，《集韻》即收浜字於庚韻槖小韻，晡横切，是其證也。

按：本書繃字列於第三十九轉合口圖，又列浜字於本轉者，沿《廣韻》之誤而未改也，當删浜字而將繃字移於此位。《韻鏡》第三十六轉亦列繃字，本轉所列之絣，唐五代韻書及《廣韻》《集韻》皆在繃小韻内，同音之字而分列於開合兩圖，謬矣。此位亦當列繃而第三十六轉不列脣音字。參第三十九轉第1條。

2 平二滂　怦　《韻鏡》嘉吉本、（理）作怦，其他各本作伻。

箋：切三、王二、王三、《廣韻》有怦小韻，普耕反。《集韻》亦有，披耕切。

按：各韻書該小韻別無伓字，是知《韻鏡》作伓者當爲怦之日本俗字。

3 平二徹　空格　《韻鏡》永禄本、(天八)、(仙)列撐，(文)作橕，(延)〇中補橕，其他各本作橕。

箋：唐五代韻書以及《廣韻》《集韻》耕韻無徹紐。

按：本書此位無字正與韻書相合，《韻鏡》所列甚無據，當是後人妄增。

4 平二娘　獰。他本避諱缺末筆作獰。《韻鏡》列儜(字作儜，永禄本且缺末筆)。

箋：切三、王三耕韻有儜小韻，女耕反；王二作儜，音同。《廣韻》儜字缺末筆，音亦同。《集韻》字亦作儜，泥耕切。諸書該小韻唯《集韻》有獰字。

按：因疑本書所作當是儜字之誤。《韻鏡》作儜則與王二最爲接近。

5 平二影　甖　集成本作甖。《韻鏡》六地藏寺本誤爲罌，其他各本作罌。

箋：切三耕韻有罌小韻，烏莖反。注云：『又甖。』王三、《廣韻》音同，字作甖。《廣韻》甖下有罌，注：『上同。』王二音亦同，字則作甖。《集韻》罌甖甇同字，於莖切。

按：本書作甖爲俗省，然終是錯字，當正。《韻鏡》列罌合於切三等，作罌亦是誤字。

6 平二來　磷　《韻鏡》六地藏寺本、寬永十八年本、北大本、寬永五年本、(享)、(天八)、(正)列磷，其他各本〇。

箋：《廣韻》及以前韻書耕韻無來紐。《集韻》乃有磷小韻，力耕切。

按：本書列磷當據《集韻》，《韻鏡》原本此位當無字，列磷諸本皆是後人所增。

7 平三知　楨　《韻鏡》寶生寺本、六地藏寺本、（天八）、（天）、（文）列貞（寶生寺本缺末筆），（佐）、（國）作卓，其他各本○。

箋：切三、王二、王三、《廣韻》清韻有貞小韻，陟盈反。小韻内有楨、禎等字。《集韻》則以禎爲小韻字，知盈切。《韻鏡》此位列貞者合於《廣韻》及以前韻書，寶生寺本貞字缺末筆，當是避宋仁宗趙禎（1023—1063 在位）之諱。（佐）、（國）蓋又因諱缺而誤爲卓。本或列於第三十三轉、第三十四轉（當本書第三十六轉、第三十七轉）四等端紐位者，皆誤也。當存此去彼。參第三十六轉第 9 條。

按：本書所列之楨，當是《集韻》禎字之誤。

8 平三徹　檉　《韻鏡》○。

箋：切三清韻有檉小韻，反語壞缺；王二、王三敕貞反；《廣韻》丑貞切。《集韻》癡貞切。

按：本書此位列檉，正與諸韻書合。《韻鏡》檉字列於第三十三轉（當本書第三十六轉）四等透紐位，乃大誤矣。當依本書正。參第三十六轉第 10 條。

9 平三澄　呈　《韻鏡》寶生寺本、（佐）、（天八）、（天）、（國）列呈，其他各本○。

箋：王二、王三、《廣韻》清韻有呈小韻，直貞反。《集韻》馳貞切。

按：本書及《韻鏡》此位列呈者合於韻書，《韻鏡》此位無字者，乃誤列於第三十三轉（當本書第三十六轉）四等定紐位。參第三十六轉第11條。

10 平三來　空格　《韻鏡》列跉。

箋：王二、王三、《廣韻》清韻並有跉小韻，呂貞反。《集韻》離貞切。是跉字正當列在此位。

按：本書此位無字而以泠字（當是跉之壞字而誤爲泠者）列於第三十六轉四等來紐位，誤矣。當删第三十六轉之泠而列跉字於本轉，《韻鏡》不誤，可據正。參第三十六轉第16條。

11 平四幫　空格　《韻鏡》六地藏寺本列⿰革頁，其他各本〇。

箋：唐五代韻書以及《廣韻》《集韻》青（冥）韻皆無幫紐字。

按：本書及《韻鏡》此位無字者皆合於諸韻書，六地藏寺本列⿰革頁字者，當是將上聲鞞字誤列於本位而字又轉訛也。故當依本書及諸本删。

12 平四明　㝠　謝刊本、于刊本同，其他作冥。

箋：切三、王三、《廣韻》有冥小韻，莫經反；《集韻》忙經切。王二音同切三等，字訛爲㝠。

按：冥字《說文》冥部『從日六，從冖，冖亦聲』（依段玉裁訂），當據正。

13 平四溪　空格　《韻鏡》應永本〇，其他各本列輕。

箋：輕是清韻字，王二、王三、《廣韻》去盈反。《集韻》牽盈切。

按：本書此位無字，是也。《韻鏡》列輕諸本乃與第三十三轉重出，是本轉所列，定爲後人妄增，應永本此位無字乃原書舊式也。當據删。《集韻》青韻末有罄小韻，苦丁切。論音可列於此位。

14 平四匣　形　《韻鏡》(理)列荊，其他各本作刑。

箋：刑與形爲同音字，切三、王二、王三青韻皆以形爲小韻字，户經反。《集韻》同，乎經切。《廣韻》則以刑爲小韻首字，音同切三等。

按：本書列形合於切三、王韻及《集韻》，《韻鏡》列形者，或是後人據《廣韻》而改，(理)之荊字即是《廣韻》刑字之訛也。

15 上二幫　迸　《韻鏡》○。

箋：《廣韻》及以前韻書耿韻無此字。《集韻》乃增迸小韻，必幸切。

按：本書所列即此字之訛。

16 上二並　併　《韻鏡》作倂。

箋：切三、王三、《廣韻》耿韻有倂小韻，蒲幸反。注皆云：『或作併。』《集韻》音同，而以倂並爲小韻字，下有併字。

按：本書列併，不知是否即據《集韻》，《韻鏡》列倂則合於諸韻書。

17 上二明　黽　《韻鏡》永禄本、寬永十八年本、北大本列艋，其他各本作艋。

箋：王三、《廣韻》黽字在耿韻艋小韻，武幸反。《集韻》則以黽爲小韻首字而删艋字，母耿切。

按：本書列黽合於《集韻》，《韻鏡》列瞌則與王三、《廣韻》合。本或作瞌者，日本俗書耳旁、目旁每淆，故誤瞌爲瞌。

18 上二影 嬰 《韻鏡》○。

箋：各韻書耿韻無此音，且《廣韻》及以前韻書迥韻亦無此字。《集韻》迥韻乃有嬰小韻，烟頂切。

按：本書列於此位誤矣，《韻鏡》嬰字列於四等位是，當依《韻鏡》正。

19 上二曉 鸎 《韻鏡》○。

箋：諸韻書皆無此音。《集韻》迥韻有鵑字，呼頂切。據音則當列於四等。

按：以本書嬰字誤列二等例之，鸎即鵑字之訛，又誤列於二等矣。

20 上三知 聂 《韻鏡》○。

箋：《廣韻》及以前韻書靜韻無此字。《集韻》乃有聂小韻，知領切。

按：本書所列合於《集韻》。《韻鏡》不列則合於其他韻書。

21 上三澄 裎 其他各本作裎。《韻鏡》○。

箋：切三、王三、《廣韻》、《集韻》靜韻有侱小韻，丈井反。諸書該小韻唯《集韻》有裎字。

按：本書侱字既誤列於第三十六轉透紐，又以同音之裎列於本轉，非也。當删彼轉之侱而列於本轉。參第三十六轉第 25 條。

22 上三見　空格　《韻鏡》列頸。

箋：切三、王三《廣韻》靜韻有頸小韻，居郢反。《集韻》經郢切。《韻鏡》頸字既列於第三十三轉見紐四等，又於本轉三等重出，非是。

按：本書此字已列於第三十六轉見紐四等位，又列於本轉四等位亦誤。參第26條。

23 上三群　空格　《韻鏡》六地藏寺本列痙，其他各本作痙。

箋：切三、王三靜韻有痙小韻，其郢反；《廣韻》巨郢切。《集韻》巨井切。《韻鏡》此位列痙，合於諸韻書。作痙者乃痙之誤字。

按：本書此位無字而列痙字於第三十六轉（當《韻鏡》第三十三轉）疑紐四等位，誤矣，當依《韻鏡》改列於本轉。參第三十六轉第26條。

24 上四透　挺　《韻鏡》嘉吉本列廷，寛永十八年本、北大本、寛永五年本、（延）、（文）、（仙）、（天八）、（天）、（元）、（正）、（享）列珽，永禄本列侹，其他各本列侹。

箋：切三、王一、王三、《廣韻》迥韻有珽小韻，他鼎反。《集韻》音同，而以壬爲小韻首字。《韻鏡》此位列珽者合於切三等，作廷、侹若侹者皆誤。

按：本書此位所列之挺乃定紐字，當移至定紐位。參下條。

25 上四定　空格　《韻鏡》列挺。

箋：切三、王三、《廣韻》迥韻挺小韻皆徒鼎反，《集韻》待鼎切。《韻鏡》列於此位不誤。

按：本書挺字既誤列於透紐位，又脱去透紐之珽字，當依《韻鏡》改正。參上條。

26 上四見　頸　《韻鏡》列剄。

箋：切三、王三、《廣韻》迥韻有剄小韻，古挺反。《集韻》同。頸是靜韻字，本書既已列於第三十六轉，再於本轉重出，非是。《韻鏡》此位列剄，是也。

按：本書剄字誤列於溪紐，當依《韻鏡》正。參第22條、第27條。

27 上四溪　剄　《韻鏡》〇。

按：剄是見紐字，本書列於溪紐乃誤。參第26條。

28 上四群　謦　《韻鏡》〇。

箋：切三、王三、《廣韻》迥韻有謦小韻，去挺反；《集韻》棄挺切。

按：此是溪紐字而本書誤列於群紐，當移至溪紐位。

29 上四來　苓　《韻鏡》作笭。

箋：切三、王三、《廣韻》迥韻有笭小韻，力鼎反。小韻內並無苓字。《集韻》則有領小韻，郎鼎切。下載笭而無苓。

按：本書之苓當是笭字之誤也。

30 去二滂　軿　《韻鏡》〇。

箋：《廣韻》及以前韻書諍韻無滂紐。《集韻》有軿，叵迸切。

按：本書當是據此而轉訛。

31
去二明　䁅　《韻鏡》列於上聲二等位。

箋：各韻書諍韻無明紐二等。䁅是上聲字，切三、王三、《廣韻》並在耿韻，武幸反。《韻鏡》所列即合於此音。《廣韻》《集韻》敬韻孟小韻亦收䁅字，莫更切。

按：本書孟字已列於第三十六轉，斷無析其同音字列於此位之理。本書於上聲所列之黽字，切三、王三、《廣韻》皆在䁅小韻，《集韻》則以黽爲小韻首字，母耿切。該小韻無䁅字。

按：本書當是不辨濁上與濁去，而以䁅之切下字武幸反誤列䁅字於去聲，其後又據《集韻》列黽於上聲也。參第17條。

32
去二澄　瞠　《韻鏡》〇。

箋：各韻書諍韻無澄紐。《廣韻》映韻有瞠字，在鋥小韻，除更切。《集韻》映韻音同，而以鋥瞠共列小韻首。

按：本書第三十六轉澄紐鋥既誤爲鎊，又以同音之瞠列於本轉，非也。當依《韻鏡》删。

33
去二疑　空格　《韻鏡》(天八)〇而列硬於三等位，其他各本此位列硬。

箋：唐五代韻書諍韻無疑紐。《集韻》諍韻亦無此音。《廣韻》硬字亦見於諍韻鞕小韻，五爭切。

按：本書此位無字，合於唐五代韻書及《集韻》，《韻鏡》與《廣韻》合。

34 去二影　空格　《韻鏡》列瓔。

按：本書誤列影紐嫈字於匣紐，《韻鏡》所列則非小韻首字。參下條。

35 去二匣　嫈　《韻鏡》〇。

箋：王三諍韻有嫈小韻，一諍反。注云：『亦作瓔。』《廣韻》嫈即在瓔小韻，鷖迸切；《集韻》則在嚶小韻，於迸切。

按：諸韻書嫈皆影紐字，本書影紐位無字而列於匣紐乃誤。當依《韻鏡》改列影紐。

36 去三娘　寗　《韻鏡》（延）列甯，其他各本〇。

箋：《廣韻》及以前韻書勁韻無娘紐。《集韻》乃有寗小韻，女正切。

按：本書此位列寗合於《集韻》，《韻鏡》無字則合於其他韻書。（延）乃誤列徑韻之甯於此位。

37 去四幫　跰　《韻鏡》（天）〇而列跰於三等位，其他各本此位列跰。

箋：《廣韻》及以前韻書徑（暝）韻無幫紐。《集韻》乃有跰小韻，壁暝切。

按：本書列跰當據《集韻》，《韻鏡》則恐亦後人據《集韻》增，故（天）誤列於三等。

38 去四滂　癹　《韻鏡》（國）於〇中補聘，其他各本〇。

箋：唐五代韻書及《廣韻》《集韻》徑（暝）韻皆無滂紐。癹小韻唯見於《集韻》勁韻，妨正切。然勁韻王三、《廣韻》唯有聘小韻，匹正反。《集韻》癹字則與聘小韻（亦匹正切）重，勁韻向無重紐，《集韻》㷭字或是當併於聘小韻而未併歟？

按：本書既列聘字於第三十六轉四等位，又據《集韻》列㷭於此者，或以聘與㷭爲重紐歟？若然，則當列㷭字於本轉三等，列於四等亦誤。《韻鏡》此位無字而列聘字於第三十三轉合於王三、《廣韻》、（國）列聘字顯係後人妄增，當删。

39 去四並　屏　《韻鏡》○。

箋：《廣韻》及以前韻書徑（暝）韻無並紐。《集韻》徑韻則有屏小韻，步定切。

按：本書此位列屏當又據《集韻》。

40 去四明　䒌　謝氏刊本、于氏刊本同，他本作䒌。《韻鏡》應永本作䒌，六地藏寺本作䒌，其他各本作䒌。

箋：王一、王三、《唐韻》、《廣韻》徑韻有䒌小韻，莫定反。《集韻》字、音並同。王二以暝爲韻目字，亦音莫定反，注曰：『亦作䒌。』此字當是從色，冥聲，故當正爲䒌。

41 去四端　叮　《韻鏡》列矴。

箋：王一、王二、王三、《唐韻》、《廣韻》徑（暝）韻皆有矴小韻，丁定反。《集韻》同。

按：諸韻書該小韻並無叮字，本書所列當即矴字之誤。

42 去四清　䴿　《韻鏡》應永本作䴿，六地藏寺本作䴿，其他各本作䴿。

箋：王一、王二、王三、《唐韻》、《廣韻》徑（暝）韻並有䴿小韻，千定反（《唐韻》切上字壞缺）。

《集韻》同。

按：本書及《韻鏡》作艶者是也，作豔若艶乃因日本俗字轉訛。

43 入二幫　蘗　《韻鏡》作檗。

箋：切三、王一、王二、王三、《唐韻》麥（隔）韻並有蘗小韻，愽戹反（S. 2071 蘗字殘缺模糊，惟子注尚清晰，注作『黄蘗。愽戹反。二』。《十韻彙編》從王國維抄此字誤爲孽，姜亮夫抄不誤。P. 2011 蘗字上半亦模糊，注作『愽戹反。黄蘗』。又《十韻彙編》本《唐韻》蘗字誤爲蘖，今依蔣斧印本正）。《廣韻》音同而字作檗，注云：『黄檗。俗作蘗。』《集韻》檗、蘗字同，在薜小韻，音同《廣韻》等。

按：本書列蘗，合於切三、王韻及《唐韻》；《韻鏡》列檗則合於《廣韻》。

44 入二滂　⿰扌⿱雨毛　《韻鏡》六地藏寺本作⿰扌雪，其他各本亦作⿰扌⿱雨毛。

箋：切三、王一、王二、王三、《廣韻》麥（隔）韻有⿰扌⿱雨毛小韻，普麥反。《集韻》字、音並同。

按：是《韻鏡》六地藏寺本作⿰扌雪乃⿰扌⿱雨毛字之誤。

45 入二並　擗　《韻鏡》列⿰糹辟。

箋：切三、王一、王二、《唐韻》、《廣韻》麥（隔）韻有⿰糹辟小韻，蒲革反。《集韻》作繴，薄革切。

按：諸書該小韻皆無擗字，則本書所列當即⿰糹辟字之誤。

46 入二徹　蹢　《韻鏡》〇。

箋：《廣韻》及以前韻書麥（隔）韻無徹紐。《集韻》有蹢，治革切。
按：是蹢乃澄紐字，本書當是據《集韻》而誤列於徹紐位耳。
47 入二澄　擿　《韻鏡》〇。
箋：《廣韻》及以前韻書麥（隔）韻無澄紐。《集韻》有擿，丑厄切。當入徹紐。
按：本書徹、澄所列二字即據《集韻》而誤倒，當乙正。
48 入二溪　空格　《韻鏡》寶生寺本、六地藏寺本、寬永五年本列礊，其他各本作礊。
箋：切三麥韻有瞉小韻，口革反；王一、王二字作礊，王三作礊，音同切三（《十韻彙編》從劉復刻本字作『礊』，切上字作『止』非是。姜亮夫抄本誤同。P. 2011 切上字『口』之右上有一點，然斷非『止』字。今正作『口』）。《廣韻》字亦作礊，楷革切。《集韻》同，克革切。
按：本書此位無字，當有誤脱。《韻鏡》列礊者是，其他則是誤字。
49 入二疑　空格　《韻鏡》六地藏寺本列䫚，其他各本作䫚。
箋：唐五代韻書唯王二革韻有疑紐䫚小韻，五革反。小韻内無䫚字。《廣韻》乃收䫚小韻，音同王二。《集韻》亦有，逆革切。
按：本書空格誤。《韻鏡》列䫚合於《廣韻》。
50 入二牀　賾　大中堂本、于氏刊本同，謝氏刊本、聚珍本作賾，仿明刊本作賾，他本則作賾。《韻鏡》六地藏寺本作賾，其他各本作賾。

箋：切三麥韻有𧷂小韻，此字王二作賾，王三作賾，《唐韻》作賾，王一、《廣韻》字作賾。諸書皆音士革反（王一士訛爲土，《唐韻》切下字壞缺）。《集韻》字、音同於《廣韻》。

按：本書列字字形誤，此字當以作賾爲正，其他或俗或誤。

51
入二曉　擭　《韻鏡》〇。

箋：《廣韻》及以前韻書麥（隔）韻無曉紐開口字。擭字切三、王一、王二、王三、《唐韻》並在騞小韻，《廣韻》則在砉小韻，皆呼麥反。《集韻》擭在𢤦小韻，忽麥切。擭爲合口，不得列於本轉。

按：本書第三十九轉列劃字（在《廣韻》砉小韻、《集韻》𢤦小韻），又於本轉列其同音字，誤矣。當依《韻鏡》删。

52
入二來　礰　《韻鏡》（文）、（理）列礐，其他各本〇。

箋：唐五代韻書麥（隔）韻無來紐。《廣韻》麥韻有礐小韻，力摘切。下收礰字。《集韻》音同，而以礰爲小韻首字。

按：本書此位當即據《集韻》列礰字。《韻鏡》此位無字者合於唐五代韻書，（文）、（理）當是後人據《廣韻》增。

53
入三滂　鈹　《韻鏡》〇。

箋：《廣韻》及以前韻書昔韻無此字。《集韻》則有鈹小韻，鋪彳切；與僻小韻（匹辟切）重。

按：本書當是據《集韻》而字轉訛也。

54 入三並　欂　《韻鏡》(延)作搏，(文)作補，(理)作欂，寶生寺本、(佐)、(國)作欂，其他各本作搏。

箋：切三、王一、王二、王三、《唐韻》、《廣韻》昔韻並紐有擗小韻，房益反。唯《集韻》並紐既有擗小韻，毗益切；又有欂小韻，平碧切。且王韻幫紐：辟，必益反；滂紐：僻，芳辟反；並紐：擗，房益反。皆各一小韻。切三、《唐韻》、《廣韻》同而於幫紐重碧小韻，必益反(切三切語壞缺而注云：『新加。』又《唐韻》僻音芳昔反，擗音旁益反)。《集韻》則脣音三紐皆重，如幫紐『碧，兵彳切』與『辟，必益切』；滂紐『鈹，鋪彳切』與『僻，匹辟切』；並紐『欂，平碧切』與『擗，毗益切』。《集韻》脣音三紐對立如此整齊，頗難以偶疏爲釋，或是新增『重紐』歟？存疑。

按：《廣韻》及以前韻書昔韻無此字。《集韻》乃有欂小韻，平碧切。本書所列當據《集韻》，《韻鏡》本多訛字者，當是後人所增。

55 入三知　𪏰　謝刊本作𪏰，其他各本作𪏰。《韻鏡》六地藏寺本、永禄本、寛永十八年本、北大本、寛永五年本作𪏰，其他各本作𪏰。

箋：王三、《廣韻》、《集韻》昔韻有𪏰小韻，竹益反。王一音同，字作𪏰，當是俗訛。

按：此字作𪏰是，其他皆誤。

56 入三澄　空格　《韻鏡》列擲。

箋：切三、王一、王二、王三、《廣韻》昔韻有擲小韻，並直炙反。《集韻》音同，而以擿擲並列於小韻首。《韻鏡》列擲字於此位，合於切三、王韻及《廣韻》。

按：本書此位無字而列擲於四等定紐位，誤也。當依《韻鏡》正。參第61條。

57 入三照　隻　《韻鏡》寬永五年本列債，其他各本列隻。

箋：切三、王一、王二、王三、《廣韻》昔韻並有隻小韻，之石反。《集韻》同。

按：是此位列隻，是也。《韻鏡》寬永五年本列債者，日本俗字隻形類債而有此誤也。

58 入三牀　麝　《韻鏡》列射。

箋：切三、王一、王二、王三、《廣韻》昔韻麝（切三字作䠶）、射同音（切三字作麞），而皆以麝爲小韻首字，食亦反。《集韻》音同，而以射䠶並列於小韻首。

按：本書此位列麝合於王韻及《廣韻》，《韻鏡》列射合於《集韻》者，頗疑後人據《集韻》而改。

59 入四幫　壁　他本作壁。《韻鏡》永禄本作璧，其他各本作壁。

箋：切三、王一、王二、王三、《唐韻》、《廣韻》錫（覓）韻皆有壁小韻（切三、王一、王二字作璧，王三作辟），北激反。《集韻》作壁，必歷切。諸書該小韻皆無璧字。

按：作壁作璧乃有正俗之別，作璧則是壁字之誤也。

60 入四並　甓　《韻鏡》六地藏寺本作鼊，寬永五年本作礕，其他各本作甓。

箋：切三、王一、王三、《唐韻》、《廣韻》錫韻並有甓小韻，扶歷反；王二覓韻蒱歷反。《集韻》蒲歷切。諸書甓小韻皆無礕、鼊字。

按：則本書此位列甓是，《韻鏡》作礕若鼊者乃誤。

61 入四定　擲　《韻鏡》（文）列荻，其他各本列狄。

箋：擲是昔韻字，切三、王一、王二、王三、《廣韻》、《集韻》並直炙反。《韻鏡》擲字列於三等澄紐，是也。

按：本書列於此位乃誤。參第56條。又狄字切三、王一、王二、王三、《唐韻》、《廣韻》並在錫（覓）韻荻小韻，徒歷反。《集韻》則以狄爲小韻首字，停歷切。羅常培先生謂此處當列狄，是也。然以爲此位無字則偶疏也。按《韻鏡》此位當本列荻，後人乃據《集韻》改爲狄。

62 入四泥　惄　《韻鏡》嘉吉本、寶生寺本、寬永五年本作惄，其他各本作惄。

箋：切三、王二、王三、《唐韻》、《廣韻》錫（覓）韻有惄小韻，奴歷反；王一字同，怒歷反。

按：《韻鏡》作惄者乃日本俗書之誤也。《集韻》字亦同，乃歷切。

63 入四溪　喫　《韻鏡》列燩。

箋：切三、王一、王二、王三錫（覓）韻有燩小韻，去擊反。小韻内無喫字。《唐韻》《廣韻》喫字則在燩小韻，苦擊反。《集韻》乃以喫爲小韻首字，詰歷切。

按：本書此位列喫合於《集韻》，《韻鏡》列燩則合於其他韻書。

64 入四疑　空格　《韻鏡》（延）〇，六地藏寺本列鷁，其他各本作鷁。

箋：王一、王二、王三、《唐韻》、《廣韻》錫（覓）韻並有鷁小韻，五歷反。《集韻》則以鶂鷁等爲小韻首字，倪歷切。

按：本書此位無字，蓋有脱誤。《韻鏡》列鷁者合於唐五代韻書及《廣韻》。

65 入四心　錫　其他各本作錫。《韻鏡》永禄本、寬永十八年本、北大本作錫，其他各本作錫。

箋：此是韻目，切三、王一、王二、王三、《唐韻》、《廣韻》字並作錫，先擊反；《集韻》先的切。

按：至治本及《韻鏡》永禄本等作鍚乃字訛。兩書韻目處所作同此。

66 入四匣　檄　《韻鏡》（天）〇，嘉吉本、寶生寺本、（佐）、（正）、（國）、（仙）、（理）列檄（嘉吉本檄字下部不甚清晰），其他各本作撽。

箋：王二、王三、《唐韻》、《廣韻》錫（覓）韻並有檄小韻，胡狄反。《集韻》字同，刑狄切。

按：此字諸書或訓『符檄』，或訓『二尺書』，則正當從木作檄。

67 入四來　歷　其他各本作歷。《韻鏡》寬永十八年本、北大本、寬永五年本列歷，其他各本列靂。

箋：切三昔韻有歷小韻，閭激反。王一、王二、王三、《廣韻》音同，《唐韻》郎擊反，並以靂爲小韻首字。《集韻》歷在秝小韻，狼狄切。各書此字皆作歷。按：至治本不誤。《韻鏡》諸本或列歷、或列靂者，當是原列歷字，後人乃據《廣韻》改爲靂耳。

68

韻目　平聲耕、清、青；上聲耿、靜、迥；去聲諍、勁、徑；入聲麥、昔、錫分別誤列於一、二、三等，當相應改入二、三、四等。又，本轉之字列位誤同韻目。

外轉三十九	幫	滂	並	明	端知	透徹	定澄	泥孃	見	溪	群	疑
	羽				徵				角			
平												
	繃											
									鬲			
上												
									頍	槼		
去												
入												
									馘	蟈	趡	
									狊	闃		

七十九

通志三十六 七音略第二

四五

輕中輕

	商					宮				半徵	半商
	精照	清穿	從床	心審	邪禪	影	曉	匣	喻	來	日
耕											
						泓	訇	宏			
青											
								熒			
迥											
						濴	詗	迥			
諍											
							轟				
徑						鎣					
麥											
	⿰扌畫		趚	⿰扌懸			劃	獲			
錫							⿰犭血				

外轉第三十九　輕中輕

1
平二幫　繃　《韻鏡》(延)、(天八)〇,其他各本亦列繃。
箋:切三、王二、王三耕韻幫紐有繃小韻,甫萌反。《集韻》同,悲萌切。
按:此字當列於第三十八轉,《韻鏡》唯(延)、(天八)兩本不誤矣。參第三十八轉第一條。

2
平二曉　訇　《韻鏡》轟。
箋:切三、王二、王三、《廣韻》耕韻有轟小韻,呼宏反。《集韻》乃以訇爲小韻首字,亦音呼宏切。
按:本書此位列訇合於《集韻》,《韻鏡》則合於其他韻書。

3
平四見　扃　集成本作局,大中堂本、仿明刊本作扃。《韻鏡》六地藏寺本作扃,其他各本作扃。
箋:此字切三、王二、王三青韻作扃,王一、《廣韻》作扃,並古螢反。《集韻》字同《廣韻》,涓熒切。此字《説文》:『從户,冋聲。』正當作扃,否者並俗訛。
按:本書列字爲俗,當改正。

4
上四見　熲　于氏刊本、聚珍本同,大中堂本、仿明刊本作熲,其他作熲。《韻鏡》六地藏寺本作頴，其他各本作熲。

箋：切三、王三迴韻洞小韻有熲字，古鼎反。《廣韻》則以熲爲小韻字，古迥切。《集韻》此字作熲，畎迥切。《説文》火部有熲字，從火，頃聲。是此字當依《説文》作熲。

按：至治本是，其他則誤矣。

5 上四曉　詗　《韻鏡》嘉吉本、（佐）列詗，其他各本作詗。

箋：唐五代韻書迴韻無此字。《廣韻》乃有詗小韻，火迥切。《集韻》同《廣韻》。《韻鏡》亦列此字者，當是後人據《廣韻》《集韻》增。以嘉吉本、寶生寺本、（延）、（佐）、（文）、（仙）、（天八）、（天）、（國）、（理）、（和）又於去聲列此字，永祿本、寬永十八年本、寬永五年本、（元）、（正）、（享）列詷，六地藏寺本列調而應永本等則無字故也。參第８條。

按：本書此位列詗合於《廣韻》《集韻》。

6 上四匣　迥　《韻鏡》永祿本、（享）、（延）、（正）、（天八）、（仙）、（文）作逈，嘉吉本作迴，其他各本作迥。

箋：此爲韻目字，切三、王三户鼎反；《廣韻》户頂切。《集韻》户茗切。

按：各韻書此字皆作迥。此字正當作迥，從辵，同聲。否者皆誤。

7 去二影　空格　《韻鏡》寶生寺本列泓，其他各本列宖。

箋：宖非諍韻字，不當列於此位。唐五代韻書諍韻、敬韻皆無此字此音。《廣韻》映韻乃有窍小韻，烏横切。《集韻》音同，字作窾。《韻鏡》第三十四轉寬永十八年本、北大本、寬永五年本、(享)〇，其他各本列窍。參差如此，蓋此位彼位原皆無字，後人乃據《廣韻》或本書增也。參第三十七轉第24條。

按：本書列窍於第三十七轉(當《韻鏡》第三十四轉)而本轉無字，合於《廣韻》。

8 去四曉　空格　《韻鏡》嘉吉本、寶生寺本、(延)、(佐)、(文)、(仙)、(天八)、(天)、(國)、(理)、(和)列詗，永禄本、寬永十八年本、寬永五年本、(元)、(正)、(享)作詗，六地藏寺本列調，其他各本〇。

箋：詗是上聲迥韻字，見於《廣韻》《集韻》，火迥反。

按：本書此位不列，合於《廣韻》《集韻》。《韻鏡》本當上聲、去聲皆無此字，後人增補時遂誤矣。參第5條。

9 入二見　馘　《韻鏡》列蟈。

箋：切三、王一、王二、王三、《唐韻》、《廣韻》麥(隔)韻有蟈小韻，古獲反。《集韻》音同，而以聝馘並列於小韻首。

按：本書列馘當是據《集韻》，《韻鏡》則合於其他韻書。

10 入二溪　蟈　《韻鏡》作礖。

箋：《廣韻》及以前韻書麥(隔)韻無溪紐合口。《集韻》剨小韻有礖字，口獲切。

按：本書當即據此而轉訛。《韻鏡》此位列礀者，疑亦爲後人所增。

11 入二群　𨘗　《韻鏡》嘉吉本、寶生寺本、寬永十八年本、北大本、寬永五年本作𧾣，其他各本作𧾣。

箋：唐五代韻書麥（隔）韻無群紐。《廣韻》《集韻》有𧾣小韻，求獲切。

按：本書所作即𧾣字之訛。《韻鏡》此字或誤或否，恐亦爲後人所補。

12 入二照　𢺛　《韻鏡》嘉吉本、永祿本、（天）、（和）作𢺛，寶生寺本、寬永五年本、（文）、（天八）、（正）、（國）、（理）、（享）作𢺛，（仙）作𢺛，寬永十八年本、北大本作擯，（佐）作𢺛，六地藏寺本、（延）作𢺛，（元）作樻，應永本等作𢺛。

箋：唐五代韻書麥（隔）韻無此音。《廣韻》《集韻》則並有𢺛小韻，簪摑切。

按：本書列𢺛當即據此。《韻鏡》列字參差，或誤或否，當是後人所增。

13 入二曉　劃　《韻鏡》寶生寺本、六地藏寺本、永祿本、寬永十八年本、北大本、（佐）、（仙）、（元）、（正）、（國）、（理）、（享）列劃，（天八）、（天）作劃，嘉吉本作劃，應永本作劃，（延）列剨，（文）作剨。

箋：切三、王一、王二、王三、《唐韻》麥（隔）韻並有騞小韻，呼麥反。諸書該小韻皆無劃字。《廣韻》劃字在剨小韻，亦呼麥切。《集韻》劃字則在𢸜小韻，忽麥切。

按：本書此位列劃，雖見於《廣韻》《集韻》，然非小韻首字。《韻鏡》列剨者合於《廣韻》，然頗疑亦非原書舊式，諸本參差如此，定爲後人所改。

14 入二來　空格　《韻鏡》六地藏寺本列䃯，其他各本作礰。

箋：諸韻書麥（隔）韻皆無來紐字。《集韻》錫韻有礰字，在秝小韻，狼狄切。此音開口四等，當列於第三十五轉（當本書第三十八轉）四等位。《韻鏡》寬永十八年本、北大本、寬永五年本已於彼位列歷，其他各本列靂。則本轉所列之礰（䃯），乃是後人據《集韻》妄增轉訛且又誤入於二等位矣。參第三十八轉第67條。

按：本書此位無字，是也。《韻鏡》所列，乃是礰之誤字。

15 入四透　空格　《韻鏡》列歡（應永本此位〇而列歡於三等徹紐位）。

箋：切三、王一、王二、王三、《唐韻》、《廣韻》錫（覓）韻透紐有逖小韻，他歷反。《集韻》同。此音開口，本書及《韻鏡》列逖於第三十八轉（《韻鏡》第三十五轉），是也。《韻鏡》此位列歡者，《廣韻》錫韻別有歡小韻，丑歷切。此乃以徹切透，類隔。《集韻》併歡於逖小韻，足證丑歷切之歡與他歷切之逖實爲一音也。

按：本書此位無字，是也。《韻鏡》原書此位當亦無字，淺人不識《廣韻》錫韻之歡與逖讀音無別，而妄增歡字於本轉，徒淆開口、合口之大界也。

16 入四見　梟　《韻鏡》六地藏寺本列耶（下欄校作郹），寶生寺本、永禄本、寬永十八年本、北大本作郹，寬永五年本作郹，嘉吉本、應永本等作郥。

箋：切三、《唐韻》錫韻有郥（當作郹）小韻，古閴（當作闃）反。王一、王二、王三、《廣韻》字並作郹，古闃反。《集韻》郹在狊小韻，扃闃切。

按：本書作臬，即是據《集韻》狊字而轉訛。《韻鏡》列郥者合於切三、《唐韻》，列郹者則合於王韻、《廣韻》。

17 入四溪　閴　《韻鏡》（和）〇，六地藏寺本、寬永十八年本、北大本列闃，其他各本作閴。

箋：切三、《唐韻》錫韻有閴小韻，苦鵙（當作鶪）反；王一、王二、王三、《廣韻》、《集韻》字作闃，苦鶪反。

按：此字從門，狊聲，正當作闃。

18 入四曉　⿰犭血　于刊本作⿰犭血，他本作⿰豸血。《韻鏡》寶生寺本、（佐）、（正）、（國）作⿰女血，（天）作殈，其他各本作殈。

箋：唐五代韻書錫韻無曉紐合口。《廣韻》殺小韻有殈字，呼狊切。《集韻》音同，而以殈爲小韻首字。

按：本書當據此殈字而作，至治本字壞爲⿰犭血，校者不察，遂改爲⿰豸血若⿰犭血矣。《韻鏡》列殈而合於《集韻》者，亦當是後人所增。

19 韻目　平聲耕、去聲諍、入聲麥誤列於一等，當改入二等。上聲迥誤入一等，當改入四等。

内轉四十

	羽				徵				角			
	幫	滂	並	明	端 知	透 徹	定 澄	泥 孃	見	溪	群	疑
平			裒	呣	兜	偷	頭	羺	鉤	彄		齵
	不	颫	浮	謀	輈	抽	儔		鳩	丘	求	牛
	彪		滮	繆					樛	恘	虯	
上	掊	剖	部	母	斗	妵	䕱	穀	茍	口		藕
	缶	紑	婦		肘	丑	紂	紐	久	糗	臼	
											蟉	
去		仆	䏬	茂	鬭	透	豆	耨	構	寇		偶
	富	副	復	莓	晝	畜	胄	糅	救	⿰鼻丘	舊	鼼
				謬						⿰足臭	趴	
入												

重中重

精	清	從	心	邪	影	曉	匣	喻	來	日	
照	穿	床	審	禪							
商					宮				半徵	半商	
鯫	誰	剽	涑		謳	齁	侯		婁		侯
鄒	搊	愁	搜								
周	犨		收	讎	優	休		尤	留	柔	尤
緧	秋	酋	脩	囚	幽	飍		由	鏐		幽
走	趣	鯫	藪		歐	吼	厚		塿		厚
掫	𪏷	𥢘	溲					有			有
帚	醜			受	颵	朽		酉	柳	蹂	
酒	湫		滫		黝						黝
奏	輳	剽	瘷		漚	詬	候			漏	候
㑳	簉	驟	瘦								宥
呪	臭		狩	授		齅		宥	溜	鞣	
僦	趥	就	秀	岫	幼			狖			幼

内轉第四十　重中重

1 平一精　鯫　《韻鏡》(元)作鯫，永禄本、寬永十八年本、北大本、寬永五年本作鯫，其他各本作鯫。

箋：切三、王一、王二、王三、《廣韻》侯韻並有鯫小韻(王一作鯫俗，王二作鯫訛)，子侯反。《集韻》字同，將侯切。

按：本書此字不誤，《韻鏡》則有誤有不誤。

2 平一清　誰　《韻鏡》六地藏寺本列鯫，其他各本列誰。

箋：唐五代韻書侯韻無清紐，誰字王二、王三收於幽韻末，千侯反。此當是後增，論音當入侯韻。《廣韻》誰字在侯韻，千侯切。《集韻》同。

按：本書及《韻鏡》此位列誰不誤，六地藏寺本所列之鯫爲精紐字，不當列在此位。參上條。

3 平一從　剽　《韻鏡》永禄本、寬永十八年本、北大本、寬永五年本、(文)、(天八)、(享)作鄹，其他各本作剽。

箋：切三、王二、王三、《廣韻》侯韻有剽小韻(王三字作剽)，徂侯反。《集韻》音同，而以剽剽並列於小韻首。

按：本書及《韻鏡》作⿰聚刂者合於諸韻書，《韻鏡》作鄹者當是⿰聚刂字之誤。

4 平一來　婁　《韻鏡》列樓。

箋：婁字切三、王一、王二、王三、《廣韻》並在侯韻樓小韻，落侯反。《集韻》乃以婁爲小韻首字，郎侯切。

按：本書此位列婁合於《集韻》，《韻鏡》則合於其他韻書。

5 平三滂　飆　《韻鏡》○而列飆於四等。

箋：切三尤韻有飆小韻，疋尤反；王一、王二、王三、《廣韻》匹尤反。《集韻》披尤切。

按：本書此位列飆，正與諸韻書合。《韻鏡》則誤列於四等。

6 平三牀　空格　《韻鏡》六地藏寺本列壽，其他各本○。

箋：各韻書尤韻皆無此音。六地藏寺本《韻鏡》所列，乃以『壽』字左旁施假名『ヒ』而轉誤，壽乃上聲有韻字，該本上聲三等位無字而列壽字於平聲，當是後人增補時誤抄於此位。參第27條。

按：本書空格是。

7 平三來　留　《韻鏡》列劉。

箋：留字切三、王一、王二、王三、《廣韻》皆在尤韻劉小韻，力求反。《集韻》音同，而以留爲小韻首字。

按：本書列留合於《集韻》，《韻鏡》則合於其他韻書。

8 平四滂　空格　《韻鏡》(延)〇，其他各本列飄。

按：飄是尤韻字，本書列於三等位，是也。《韻鏡》列此乃誤，當正。參第5條。

9 平四並　淲　《韻鏡》嘉吉本、寶生寺本、(佐)、(國)、(理)列淲，(正)作[氵飄]，其他各本列滮。

箋：切三、王一、王二、王三幽韻有淲小韻，扶彪反(《十韻彙編》切三脱切上字，今據S. 2071正。王國維抄、姜亮夫抄皆不誤)；《廣韻》皮彪切。諸韻書該小韻皆無滮字。《集韻》則以淲滮並列於小韻首，皮虬切。

按：本書所列合於切三、王韻及《廣韻》。《韻鏡》各本參差，當是本作淲，後人乃有據《集韻》改爲滮者。

10 平四群　虯　《韻鏡》永禄本作蚪，(天八)作[口斗]，(天)作蚈，寬永十八年本、北大本、寬永五年本作虯，其他各本作蚪。

箋：切三、王三幽韻有虬小韻，渠幽反；王二音同，字作虬。《廣韻》《集韻》此字作虯，音亦同。

按：本書及《韻鏡》此字作虯者是，其他則是誤字。

11 平四疑　空格　《韻鏡》列聱。

箋：切三幽韻有[敖耴]小韻(《十韻彙編》從王國維抄字誤爲[敖耴]，姜亮夫抄誤同。S. 2071作[敖耴]

者，其字下部右旁乃丩字之俗，今正），語虯反； 王一、王二、王三、《廣韻》音同，字作聱。《集韻》字亦作聱，語虯切。

按：本書此位無字者，蓋誤脱也，《韻鏡》列聱則合於王韻等。

12

平四精　稵　《韻鏡》列啾。

箋：切三、王二、王三、《廣韻》幽韻有稵小韻，子幽反； 王一音同，字作⿰禾慈（此字似當作⿰禾幽，從禾，幽聲。從慈則失其形聲之義也）。《集韻》音亦同，而以稵⿰禾幽並列於小韻首。本書所列，正幽韻之字也。《韻鏡》所列之啾，乃尤韻字，切三子由反，而與遒小韻即由反重。王一、王二、王三、《廣韻》啾字皆在遒小韻，即由反（《十韻彙編》王二脱反切上字，今依蔣斧印本正）。《集韻》啾、遒則在揫小韻，將由切。《韻鏡》此位列啾，合於切三。唐五代韻書幽韻齒頭音惟精紐有稵小韻，且收於韻末，該小韻亦僅有一字。

按：然此字造成本轉尤、幽兩韻系精紐衝突，本書與《韻鏡》取捨不同，又本書除稵字爲幽韻字外，清、從、心、邪四紐亦列尤韻字；《韻鏡》則全列尤韻字，以列字一律論，則《韻鏡》列尤韻啾字似較長。

13

平四從　茜　《韻鏡》作遒。

箋：切三、王二、王三尤韻有酋小韻，字秋反；《廣韻》自秋切。《集韻》亦字秋切（述古堂影宋抄本誤爲兹秋切，今依宋刻本、曹本及《類篇》）。諸書該小韻有遒無茜。王一以遒爲小韻首字，字秋反，小韻内亦無茜字。

按：本書之茜乃酉字之誤也；《韻鏡》所列同王一。

14 上一透　姓　大中堂本、聚珍本作妵。《韻鏡》（延）列斢，其他各本列黈。

箋：切三（S. 2071）、P. 3693、王一、王二、王三厚韻有黈小韻，他后反；《廣韻》天口切。諸書該小韻有妵、黈等字（P. 3693 壞缺黈字）。《廣韻》則有斢字。《集韻》乃以妵爲小韻首字，他口切。小韻内有黈、斢等字。

按：本書列妵合於《集韻》，作姓者則是字誤。《韻鏡》唯（延）所列合於《廣韻》，其他各本所列則非韻書小韻字，頗疑爲後人據校讀者標注之同音字所改。

15 上一溪　口　集成本作日。

按：此位列口是，王韻口字苦后反，《廣韻》苦厚切。作日顯誤。

16 上一疑　藕　《韻鏡》（延）〇，寬永十八年本、北大本、寬永五年本、（享）列耦，（正）誤爲耕，其他各本列藕。

箋：切三、王一、王二、王三、《廣韻》厚韻有藕小韻，五口反。小韻内有耦字。《集韻》音同，而以偶爲小韻首字，亦有耦、藕等字。

按：本書及《韻鏡》此位列藕者是也，列耦者或係後人所改。

17 上一清　趣　《韻鏡》同。

箋：王一、王二、王三厚韻有取小韻，倉垢反。小韻内無趣字。《廣韻》乃以趣爲小韻首字，倉苟切。《集韻》同《廣韻》，此苟切。

按：本書及《韻鏡》此位列趣合於《廣韻》《集韻》。

18 上一從 鮿 他本作鯫。《韻鏡》作鯫。

箋：切三、王一、王三厚韻有鯫小韻，士垢反；王二、《廣韻》、《集韻》仕垢反。

按：本書至治本作鮿誤，當依諸本及《韻鏡》正。

19 上一心 藪 《韻鏡》列叟。

箋：王一、王三厚韻有藪小韻，蘇后反。切三則以叜爲小韻首字，反語壞缺；王二字作叟，蘇后反。《廣韻》音同，字作叜而載叟於其下，注『上同』。《集韻》音亦同，而以叜叟等並列於小韻首。

按：本書此位所列合於王一、王三，《韻鏡》則合於其他韻書。

20 上一影 歐 《韻鏡》嘉吉本、六地藏寺本、(元)列毆，其他各本作歐。

箋：王一、王三、厚韻有歐小韻，烏口反；王二烏厚反；《廣韻》烏后切。諸書該小韻並載毆字。《集韻》乃以毆爲小韻首字，於口切。

按：本書列歐合於王韻、《廣韻》，《韻鏡》當以列歐者是，作毆或是字誤，或是後人據《集韻》妄改。

21 上二牀 穛 《韻鏡》六地藏寺本列穛，其他各本作穛。

箋：唐五代韻書有韻無牀紐。《廣韻》則有穛小韻，士九切。《集韻》同。

按：本書及《韻鏡》列穛合於《廣韻》《集韻》，六地藏寺本則是誤字也。

22 上二審 浚 《韻鏡》寶生寺本、(佐)、(國)、(天)、(理)作浚，嘉吉本、(元)、(仙)作漊，六地藏寺本作湊，寬永十八年本、北大本、寬永五年本作湊，其他各本作溇。

箋：切三、《廣韻》有韻有浚小韻，踈有反。王一、王二、王三音並同，字作溲。《集韻》則以浚溲並列於小韻首，所九切。

按：本書及《韻鏡》列浚者合於切三、《廣韻》等，其他則是誤字。

23 上二喻 有 《韻鏡》有字列於三等位。

箋：王三有字云久反；《廣韻》《集韻》云九切。

按：本書列於此位誤，當依《韻鏡》改列於喻紐三等位。本書韻目亦誤升一格列於二等。

24 上三娘 狃 《韻鏡》六地藏寺本列㹫，應永本作紬，其他各本作紐。

箋：狃、紐音同。切三、王三有韻有紐小韻，女久反；《廣韻》音同，而以狃爲小韻首字。《集韻》同於切三、王三。

按：本書此位列狃，合於《廣韻》；《韻鏡》則合於其他韻書。

25 上三見 久 他本作久。《韻鏡》永禄本、寬永十八年本、北大本、寬永五年本作夊，嘉吉本、六地藏寺本作久，其他各本作夂。

箋：此字王二、王三、《廣韻》有韻並作久，舉有反。《集韻》字同，己有切。

按：本書作夂乃俗字也。《韻鏡》作久若夊者，日本俗書轉寫又訛也。

26 上三群　臼　《韻鏡》北大本作臼，其他各本作臼。

箋：臼字切三、王二在有韻舅小韻，巨久反；王三强久反；《廣韻》其九切。《集韻》乃以臼爲小韻字，巨久切。本書此位所作，合於《集韻》。《韻鏡》作臼若臼者，臼字顯誤，臼字亦非。《說文》第三篇上臼部：『臼，叉手也。』大徐拘玉切；第七篇上臼部：『臼，舂臼也。』大徐其九切。二文音義皆殊，非一字也。然二字古已多淆亂，如臼字切三、王二及《集韻》並已誤爲臼矣。

按：是此字本書不誤，《韻鏡》作臼者當依《說文》正爲臼。

27 上三牀　空格　《韻鏡》永祿本、寬永十八年本、北大本、寬永五年本、(享)、(天八)列壽，(仙)於〇中補壽字，六地藏寺本〇而列壽於平聲位，其他各本〇。

箋：壽字王二、王三、《廣韻》並在有韻受小韻內，植酉反。《集韻》同，是酉切。各韻書受、壽同音，且有韻並無船(牀三)、禪對立。

按：本書受字列於禪紐而此位無字，是也。《韻鏡》此位無字者，乃原本舊式。列壽諸本，顯係流傳日本時淺人妄增，以各本之異正可見其嬗變之迹也。

28
上三審　空格　《韻鏡》列首。
箋：切三、王一、王二、王三、《廣韻》有韻並有首小韻，書久反。《集韻》乃以百𦣻首並列於小韻之首，始九切。
按：本書此位無字，當有誤脱。《韻鏡》列首合於切三、王韻及《廣韻》。

29
上三喻　酉　《韻鏡》此位○而列酉於喻四。
箋：酉字王一、王二、王三有韻与久反；《廣韻》與久切，《集韻》以久切。當列喻紐四等。
按：本書有、酉皆誤升一格，當依《韻鏡》正。

30
上四見　空格　《韻鏡》(延)○，永禄本、寬永十八年本、北大本列糾，其他各本作斜。
箋：切三黝韻有糺小韻，居黝反；王一、王二、王三音同，字作糺。《廣韻》音亦同，字作糾，注云：『俗作糺。』《集韻》糾糺並列於小韻首，吉酉切。
按：本書此位無字蓋係誤脱。《韻鏡》列糾乃合於諸韻書，作斜亦是俗字。

31
上四從　湫　《韻鏡》同。
箋：切三、王二、王三、《廣韻》有韻並有湫小韻，在久反。《集韻》在九切。又切三、王一、王二、王三黝韻別有愀小韻，茲糺反。《廣韻》《集韻》黝韻無從紐，乃併愀於有韻湫小韻。
按：本書及《韻鏡》此位列湫合於《廣韻》等。唐五代韻書幽韻系精組聲紐字似皆爲後增者，則本圖精組四等位皆當以列尤韻系字爲長。

32 上四心　滫　《韻鏡》六地藏寺本作脩，（延）於〇中補脩，其他各本作滫。

箋：切三、王一、王二、王三、《廣韻》有韻有滫小韻（王一字訛爲滫），息有反。《集韻》字、音並同。

按：本書及《韻鏡》此位列滫是，作脩乃誤。

33 上四喻　空格　《韻鏡》列酉。

按：本書酉字誤列於三等位，當依《韻鏡》列在此位。參第 29 條。

34 去一定　豆　《韻鏡》（理）列豆，（元）列逗，其他各本列逗。

箋：王一、王二、王三、《唐韻》候韻有豆小韻，徒候反；《廣韻》田候切。《集韻》大透切。諸書逗字皆在豆小韻。

按：本書此位列豆合於諸韻書，《韻鏡》亦當以列豆者爲其原書舊式，列逗者當是後人以豆旁所施之同音字誤改，轉寫又有誤爲逞字者矣。

35 去一精　奏　《韻鏡》（元）作葵，寶生寺本、六地藏寺本作奏，其他各本作奏。

箋：此字當作奏，王一、王二、王三、《唐韻》、《廣韻》、《集韻》候韻並如此，則候反。

按：本書不誤。《韻鏡》作葵者顯誤，作奏者乃因日本俗書轉訛。

36 去一清　輳　《韻鏡》嘉吉本、寶生寺本、六地藏寺本、寬永五年本作輳，應永本等作鞻。

箋：王一、王二、王三候韻有輳小韻，倉候反；《唐韻》《廣韻》倉奏反。《集韻》輳在湊小韻，千候切。

按：本書及《韻鏡》作𨐨者是也，作𨐨亦是以日本俗書轉訛。

37 去一來　空格　《韻鏡》列陋(本亦俗訛)。

按：本書誤列陋之同音字漏於日紐位。當依《韻鏡》正。參下條。

38 去一日　漏　《韻鏡》列陋於來紐。

箋：王一、王二、王三、《唐韻》、《廣韻》漏字並在陋小韻，盧候反；《集韻》在扇小韻，郎豆切。

按：本書來紐無字而列漏於日紐者，蓋因原書誤脱，校補時乃錯移一格。參上條。

39 去二徹　空格　《韻鏡》嘉吉本、寬永五年本、北大本、(延)、(文)、(天八)、(享)列蓄，六地藏寺本别筆補畜，其他各本〇。

箋：王二、《唐韻》、《廣韻》宥韻有畜小韻，丑救反。《集韻》同。王一、王三畜小韻許救反，與齅小韻(王一、王二、王三、《唐韻》亦許救反)重，當是誤删畜字『丑救反』一音而存其『許救反』之又音也。

按：論音畜字當列於三等位，本書即如此，是也。《韻鏡》本或列於此位者，當是誤列。參第43條。

40 去二照　㑳　《韻鏡》列皺。

箋：王一、《唐韻》宥韻有皺小韻，王三字作皷，並皺之俗字。王二、《廣韻》即作皺，諸書並音側救反，該小韻皆無㑳字。《集韻》皺、㑳並在縐小韻，亦音側救切。

按：本書列㑳雖見於《集韻》而終非小韻首字，是以《韻鏡》列皺爲長。

41 去三非　冨　大中堂本、仿明刊本同，其他各本作富。《韻鏡》作富。

箋：此字王二宥韻作富，府副反。王三音同，字作富。《唐韻》作冨，《廣韻》《集韻》作富，方副反。《説文》此字從宀，畐聲。正當作富，其餘或俗或訛。

按：本書列字爲俗體。

42 去三明　苺　《韻鏡》寶生寺本、六地藏寺本、永禄本、寬永十八年本、北大本、寬永五年本、（延）、（佐）、（文）、（天八）、（天）、（元）、（正）、（理）、（享）作莓，其他各本作苺。

箋：唐五代韻書宥韻無明紐。《廣韻》有莓小韻，亡救切。

按：本書所列之苺乃莓字之訛，《韻鏡》字不誤，當據正。又《集韻》宥韻無莓小韻，而將其他韻書幼韻之謬小韻（眉救切）收於宥韻。

43 去三徹　畜　《韻鏡》寶生寺本、永禄本、開奩、（國）、（佐）〇，嘉吉本、寬永五年本、北大本、（延）、（文）、（天八）、（享）此位〇而於二等位列蓄，六地藏寺本此位亦〇而於二等位別筆補畜。

箋：王二、《唐韻》、《廣韻》宥韻有畜小韻，丑救反。

按：本書此位列畜是也。《韻鏡》本或誤脱，校者或又誤列於二等位也。參第39條。

44 去三見　救　其他各本作救。《韻鏡》寶生寺本、寬永十八年本、北大本、寬永五年本作救，其他各本作救。

箋：王三宥韻有救小韻，久佑反；《廣韻》居佑切；《集韻》居又切。王三音同《廣韻》，字誤爲㪺。《説文》此字從攴，求聲。正當作救。

按：本書列字誤。

45 去三照　呪。他本作咒。《韻鏡》作咒。

箋：王一、《唐韻》宥韻有呪小韻，職救反；王二、王三字同，職救反。《廣韻》《集韻》字、音並與王韻同。咒乃呪之俗字。

按：本書列字爲正體。

46 去四清　㰦　《韻鏡》六地藏寺本作趍，（天）誤爲逡，其他各本作趍。

箋：唐五代韻書宥韻無清紐。《廣韻》乃有趍小韻，七溜切。《集韻》千繡切。

按：本書所列合於《廣韻》《集韻》。《韻鏡》蓋爲後人據補，故有此訛誤。

47 去四喻　犹　大中堂本、仿明刊本、于氏刊本同，其他作狖。《韻鏡》嘉吉本、六地藏寺本作犹，永禄本、寬永十八年本、北大本、寬永五年本作狖，其他各本作犹。

箋：王一、王二、王三、《廣韻》並有狖小韻，余救反。《玉篇》此字正作狖，羊就切。作犹若犺乃俗訛。
按：本書列字爲俗體。
48 韻目　上聲有、去聲宥誤列於二等，當改列三等。

內轉四十一

	幫	滂	並	明	端	透	定	泥	見	溪	群	疑
					知	徹	澄	孃				
	羽				徵				角			
平												
					碪	琛	沉	誑	今	欽	琴	吟
上												
	稟	品			戡	踸	朕	栣	錦	坅	噤	僸
去												
	稟				揕	闖	鴆	賃	禁		紟	吟
入												
	鵖			躬	縶	湁	蟄	孨	急	泣	及	岌

百六十

重中重

	日	來	喻	匣	曉	影	邪	心	從	清	精
							禪	審	床	穿	照
	半商	半徵		宮				商			
侵											
								森	岑	參	簪
	壬	林			歆	音	諶	深		覘	斟
			淫			愔	尋	心	鬵	侵	祲
寑								㾕	顩	磣	
	荏	凜			歁	飲	甚	沈	葚	瀋	枕
			潭					罧	蕈	寑	醋
沁								滲		讖	譖
	妊	臨	䫐			蔭	甚	深			揕
										沁	浸
緝								澀	霵	届	戢
	入	立	煜		吸	邑	十	濕		斟	執
			熠			揖	習	戢	集	緝	㗱

内轉第四十一　重中重

1 平二穿　參　《韻鏡》列篸。

箋：王二、王三侵韻有篸小韻，楚金反。小韻内無參字。《廣韻》篸小韻楚簪切；内有參字。《集韻》同《廣韻》初簪切。

按：本書此位列參雖見於《廣韻》《集韻》，然終非小韻首字，是此位當以《韻鏡》列篸爲長。

2 平三娘　誑　《韻鏡》六地藏寺本、（天八）、（仙）作誑，其他各本作誑。

箋：王二、王三、《廣韻》侵韻有絍小韻，女心反；《集韻》泥心切。

按：諸書該小韻無誑字，本書所列當是誑字之訛。

3 平三見　今　《韻鏡》列金。

箋：王二、王三侵韻有金小韻，居音反；《廣韻》居吟切。諸書今與金音皆同。《集韻》則以今爲小韻首字，亦居吟切。

按：本書此位列今合於《集韻》，《韻鏡》列金則合於其他韻書。

4 平三牀　空格　《韻鏡》六地藏寺本列忱，其他各本列忱。

箋：忱乃忱之誤字，然此位列忱亦非是。忱是禪紐字，王二、王三、《廣韻》並在侵韻諶小韻內，氏林反。《集韻》同，時任切。各韻書侵韻並無船（牀三）紐與禪紐之對立。

按：本書空位是，禪紐位列諶是也。《韻鏡》既已列諶於禪紐，而又列其同音之忱於本位者，當是後人誤增，非原書之舊也。當刪。

5 平三日　壬　《韻鏡》列任。

箋：壬、任音同。王一、王二、王三、《廣韻》並以任爲小韻首字，《集韻》則以壬爲小韻字，諸書皆音如林反。

按：本書列壬合於《集韻》，《韻鏡》則與其他韻書合。

6 平四透　空格　《韻鏡》（仙）列䑙，其他各本列䑙。

箋：《廣韻》及以前韻書侵韻無透紐，亦無䑙字。《集韻》乃收䑙小韻於韻末，天心切。侵韻例無舌頭音，《集韻》廣搜群籍而收此字者，所以見其『務從該廣』之旨，非謂時音有此一讀也。必欲以其切語讀之，則當與徹紐癡林切之琛同音。

按：本書此位無字，是也。是《韻鏡》所列之䑙，乃流傳日本時校讀《韻鏡》者據《集韻》標注於琛字之下之同音字，抄胥不察遂誤入四等位。當刪。

7 平四精　祲　武英殿本、浙江局本、謝氏刊本、集成本作祲。《韻鏡》六地藏寺本作祲，其他各本作祲。

箋：切三、王一、王二、王三侵韻有祲小韻，姊心反；《廣韻》子心切。《集韻》咨林切。

按：本書及《韻鏡》此位列祲是，作祲若稷皆其字之誤。

8 平四從　潀　《韻鏡》列鮗。

箋：王三侵韻有鮗小韻，内無潀字；王二、《廣韻》鮗小韻有潀，諸書並音昨淫反。《集韻》鮗、潀皆在鬵小韻，才淫切。

按：本書此位列潀又非小韻首字，是當以《韻鏡》列鮗爲長。

9 上二照　空格　《韻鏡》應永本○，六地藏寺本列䫈，寬永五年本作顜，其他各本作䫈。

箋：王三、《廣韻》䫈在寝韻枕小韻，之稔反，訓爲『頭鋭長』。王一枕小韻音同，下有朁字，亦訓『頭鋭長』，當是䫈字寫脱頁旁。《集韻》同，章荏切。之稔（章荏）反之音乃章（照三）紐，不當列於此位。《集韻》該韻末又有一䫈小韻，側踸切。此音正爲莊（照二）紐，可列於此位。

按：本書此位無字乃合於其他韻書。然《韻鏡》有䫈字者，當即後人據《集韻》而增，應永本無則其原書舊式也。

10 上二穿　磣　《韻鏡》（仙）作槮，其他各本作墋。

箋：切三寝韻有墋小韻，無磣字；王一、王三、《廣韻》磣在墋小韻，諸書並音初朕反。《集韻》同《廣韻》，楚錦切。

按：本書列磣非小韻字，是此位當以《韻鏡》列墋者爲長。

11 上二牀　⿸厂頁　《韻鏡》應永本○，其他各本作⿸厂頁。

箋：王一寑韻有頋小韻（頗疑爲頋字之誤），王三字作顧，仕瘆（瘆誤從厂）反。《廣韻》字作頋，士痒切。《集韻》以頋爲類之或體，士痒切。

按：本書頋字及《韻鏡》頋字皆當依《廣韻》正爲頋。

12 上三知　𣪠　集成本作𣪖。《韻鏡》列戡。

箋：王一寑韻有炈小韻，竹甚反；王三音同，字作𣪊。《集韻》亦作炈，陟甚切。《廣韻》字作炈，在戡小韻，張甚切。炈、𣪊一字異形，本書作𣪠若𣪖皆𣪊（炈）字之訛也。

按：本書訛，《韻鏡》列戡，合於《廣韻》。

13 上三徹　踸　《韻鏡》六地藏寺本列趻，其他各本作踸。

箋：切三、王一、王三寑韻有踸小韻，褚甚反（王一褚甚反）；《廣韻》丑甚切。《集韻》同《廣韻》。諸書該小韻別無趻字。

按：《韻鏡》六地藏寺本作趻者，當是涉船（狀三）紐位朕字而誤也。

14 上三娘　栣　《韻鏡》應永本〇，其他各本作拰。

箋：此字切三、王一、王三寑韻作栣（S. 2071 木旁與扌旁實難分辨），尼甚反。《廣韻》《集韻》字則作拰，尼凜切。此字既訓『拰搦』，則當從扌（手）作拰。

按：本書作栣乃誤，當依《韻鏡》正。

15 上三溪　坅　《韻鏡》（元）作㱌，（天八）作捦，（天）作㑒。

箋：切三、王一、王三、《廣韻》寑韻有坅小韻，丘甚反。《集韻》同。

按：本書及《韻鏡》此位列坅者皆是也，其他則是字誤。王三寑韻溪紐別有頋小韻，卿飲反；《廣韻》亦有顧，欽飲切（《古逸叢書》本誤爲鈐飲切，今依巾箱本、元泰定本及澤存堂本等正）。則王三寑韻之頋及《廣韻》之顧（顧，頗疑爲頋字之誤）與坅似爲重紐。參第 18 條。

16 上三曉　嶔　《韻鏡》作廞。

箋：切三、王一（P. 2011）、王三、《集韻》寑韻有廞小韻，羲錦反；《廣韻》許錦切。

按：諸書該小韻無嶔字，是本書所列即此廞之訛字。

17 上三喻　空格　《韻鏡》嘉吉本、寶生寺本、六地藏寺本、永禄本、寬永十八年本、北大本、寬永五年本、（佐）、（天）、（正）、（國）、（享）○，應永本等列潭。

箋：唐五代韻書寑韻無于（喻三）紐、以（喻四）紐。《廣韻》《集韻》乃有潭小韻，以荏切。

按：本書此字列於四等，與《廣韻》《集韻》合。《韻鏡》原本當無此字，後人所增遂誤入三等位矣。當删。參第 21 條。

18 上四溪　空格　《韻鏡》嘉吉本於○中補頋，六地藏寺本列頋，應永本作顧，其他各本作顧。

箋：王三寑韻有頋小韻，卿飲反；《廣韻》則有顧，欽飲切（《古逸叢書》本誤爲鈐飲切，今依巾箱本、元泰定本及澤存堂本等正）。則王三寑韻之頋及《廣韻》之顧與坅似爲重紐。

《廣韻》之顧頗疑爲頋字之誤，如崇（照三）紐之顧（士痒切）王一作頋，王三作即誤爲顧。又

《集韻》併頋於玪小韻，丘甚切。小韻內不收顧字，而置顧字於牛錦切之䞓小韻，皆其證也。若然，則此位當以嘉吉本列頋爲長，列顧或是據《廣韻》改，應永本、六地藏寺本皆不成字矣。

按：本書此位無字乃合於《集韻》。

19 上四清　寑　《韻鏡》永禄本、寬永十八年本、北大本、寬永五年本、（仙）、（天八）、（正）、（享）作寢，其他各本作寑（韻目各本異同並如此）。

箋：寑、寢同音，切三、王一、王三、《廣韻》皆以寑爲韻目字，七稔反。《集韻》則以寑寖㝲寢寢爲序同居小韻之首，亦七稔切。

按：是此位當以列寑爲長，本書是。

20 上四從　蕈　謝氏刊本、于氏刊本同，仿明刊本作覃。《韻鏡》列蕈（本亦作蕈）。

箋：切三寑韻有蕈小韻，慈荏反。王一、王三、《廣韻》、《集韻》音同，字作蕈。諸書該小韻並無覃字。《説文》有蕈字，從艸，覃聲。大徐亦慈荏切。

按：此字正當作蕈，作蕈乃是俗字，仿明刊本作覃則誤也。

21 上四喻　潭　謝氏刊本、于氏刊本同，他本作潭。《韻鏡》應永本等列潭於三等位，其他各本○。

箋：唐五代韻書寑韻無以（喻四）紐。《廣韻》收潭小韻，以荏切。《集韻》同。

按：本書此位列潭當是據《廣韻》《集韻》，《韻鏡》無字者乃是原書舊式，列潭於三等則是後人增補時誤入。參第17條。

22 去三幫　稟　《韻鏡》〇。

箋：《廣韻》及以前韻書沁韻無幫紐。諸書稟字皆在上聲寢韻(切三字作禀)，筆錦反。然《集韻》乃於沁韻又收稟小韻(述古堂影宋抄本誤爲稾，此字既訓『受也』，則當從示不從禾。宋刻本等不誤，今據正)，逋鴆切。

按：本書此位當即據《集韻》而列稟字。《韻鏡》無字合於其他韻書。

23 去三徹　闖　《韻鏡》六地藏寺本、(元)作闖，其他各本作闖。

箋：王一、王二、《唐韻》、《廣韻》、《集韻》沁韻並有闖小韻，丑禁切。

按：本書列字是，《韻鏡》作闖者顯係闖字之誤。

24 去三日　妊　《韻鏡》應永本作任，(理)作妊，其他各本作絍。

箋：王一、王二、王三、《唐韻》、《廣韻》沁韻有妊小韻，汝鴆反。《集韻》如鴆切。王三、《集韻》該小韻有紝無絍，《集韻》紝下注曰：『亦書作絍。』王一、王二、《唐韻》、《廣韻》該小韻則有絍字。此位當以作妊爲長。

按：本書列字是，《韻鏡》作絍者，蓋爲抄胥以旁注之絍所改；作任者亦當正爲妊。

25 入二穿　屆　《韻鏡》嘉吉本作届，寶生寺本作屇，(佐)作屇，永禄本、(延)、(文)、(理)作屝，六地藏寺本、(仙)作屝，寬永十八年本、北大本、(天八)、(享)作屝，寬永五年本作屖，(天)、

(元)、(正)作屆，應永本作屌。

箋：《唐韻》以前韻書緝韻無初(穿二)紐字。《唐韻》《廣韻》有屆小韻，初戢反。《集韻》字作屆，測入切。是屆、屌乃一字二體，其他則是俗字、誤字。

按：本書列字爲正體。

26 入三幫　鵖　《韻鏡》作鵖。

箋：王三鵖字兩見，一在葉韻緅小韻，居輒反。其下注云：『又房及反。』一在緝韻，房及反。房及反一音爲並紐，與本書列位不合。刊(P. 2015)葉韻緅小韻亦有鵖字，注云：『又北立反。』北立反爲幫紐，列於此位正合。然P. 2015緝韻未出該小韻，當是疏失也。《廣韻》緝韻有鵖小韻，彼及切；《集韻》北及切。是鵖字正當列於此。

鵖字《説文》從皀得聲，二徐亦音彼及切。《爾雅・釋鳥》亦有鵖字，《釋文》云：『彼及反。郭房汲反；《字林》方立反。』鵖字所從之皀，《顔氏家訓・勉學篇》曰：『《三蒼》《説文》，此字白下爲匕。』可參。

按：本書誤，《韻鏡》列位是，可據正。

27 入三明　舠　大中堂本作舠。《韻鏡》〇。

箋：此字不見於韻書、字書。《廣韻》緝韻有鳭字，皮及切。注：『鳭鵖，亦鴔。』《集韻》即作鴔，匐急切，而無『鳭』字。以二書所音當列於並紐，然《廣韻》以鳭、鴔爲一字之或體，誤也。

《説文》鳥部有⿰鳥𠃝篆，『從鳥，𠃝聲』。𠃝乃正之倒書，即乏之篆文。《説文》云：『《春秋傳》曰：反正爲乏。』『反正爲乏』之乏本即作𠃝，隸定乃作𤴔若乏也。《爾雅·釋鳥》亦有鴔，《釋文》云：『皮及反。郭北立反；《字林》房立反。』《玉篇》亦皮及切；大徐平立切。是《廣韻》之⿰鳥丙乃⿰鳥𠃝之訛字。《韻鏡》作⿰鳥丂，列於並紐；正與『皮及』之音合。應永本作⿰鳥正，則將鳥畔之『乏』反寫作『正』矣。

按：本書沿《廣韻》之誤轉訛爲⿰鳥丂，又訛爲⿰鳥丂，淺人不察，遂又誤以其字之聲符爲『丙』而妄列於明紐，幾至不可辨矣。是此字當正爲鴔，而當依《韻鏡》列於並紐。又刊（P. 2015）葉韻此字誤爲⿰鳥丐，在極小韻，其輒反；又居立反。讀群紐者與小徐音同；讀見紐者則與王三音同。

28 入三　徹　湁　《韻鏡》永禄本、寛永十八年本、北大本、（延）、（文）、（天八）、（元）、（正）、（享）作湁，其他各本作湁。

箋：切三、王二、《唐韻》、《廣韻》緝韻有湁小韻，丑入反；王三丑立反。《集韻》敕立切。

按：是此位正當列湁，作湁乃誤。

29 入三　牀　空格　《韻鏡》六地藏寺本作褶，永禄本作褶，（仙）朱筆補褶，其他各本列褶（本或誤從衤）。

箋：切三、王二、王三緝韻有船（牀三）與禪紐對立，其褶小韻並音神執反，船紐；十小韻音是執反，禪紐。《廣韻》緝韻則有禪紐而無船紐，褶字乃併入十小韻，是執切（《唐韻》緝韻無船紐，十小韻音楚執反，『楚』字當爲『是』字之誤，小韻内未收褶字）。《集韻》同《廣韻》。

按：本書此位無字而唯列『十』字於禪紐，合於《廣韻》《集韻》；《韻鏡》此位既列『褶』字，又列『十』於禪紐，合於切三、王韻。

30 韻目　平聲侵誤列於一等，上聲寑、去聲沁、入聲緝誤列於二等，並當改入三等。

內轉四十二

	幫	滂	並	明	端 知	透 徹	定 澄	泥 孃	見	溪	群	疑
	羽				徵				角			
平	崩	漰	朋	瞢	登	鼟	騰	能	搄			
	氷	砯	凭	儚	徵	僜	澄		兢	硱	殑	凝
上		倗			等			能		肯		
						庱					殑	
去	崩		倗	懵	嶝	邆	鄧		亘			
			凭			覴	瞪				殑	
入	北	覆	菔	墨	德	忒	特	螚	裓	刻		
	逼	堛	愎	䁅	陟	敕	直	匿	殛	𩋞	極	嶷
					[illegible]							

重中重

	日	來	喻	匣	曉	影	邪	心	從	清	精
							禪	審	牀	穿	照
	半商	徵	宮				商				
登		楞		峘	恒			僧	層	鬙	增
蒸								殑	磳		
	仍	夌		蠅	興	膺	承	昇	繩	稱	蒸
								線	繒	毶	驓
等											
								殑			
拯											拯
嶝		倰						[illegible]	贈	蹭	增
證	認	餕			興	應	丞	勝	乘	稱	證
			孕								甑
德		勒		劾	黑	餩		塞	賊	墄	則
職								色	崱	測	稄
	日	力			赩	憶	寔	識	食	瀷	職
			弋					息	堲		即

内轉第四十二　重中重

1 平一透　鼟　《韻鏡》應永本〇，永禄本作鼟，六地藏寺本作鼟，其他各本作鼟（本或字形小異）。

箋：王一、王三、《廣韻》登韻有鼟小韻，他登反。《集韻》同。

按：本書所作不誤，《韻鏡》則有誤有脱。

2 平一見　柦　《韻鏡》六地藏寺本、（理）作柦，寶生寺本、寬永十八年本、北大本、（國）、（享）、（佐）作縆，永禄本作縆，其他各本作縆。

箋：切三登韻有柦小韻，古恒反。王一、王三、《廣韻》音同，字則作揯；《集韻》亦作揯，居曾切。諸書此字皆訓『急』，王韻、《廣韻》且引《淮南子》『大紘（弦）柦則小紘（弦）絶』。《説文》手部：『揯，引急也。』韻書當是據此而訓『急』。又《説文》此字從手，恆聲。舟部曰：『恆，從心舟在二之間上下。』轉作恒者，《顏氏家訓·書證篇》云：『彌亙字從二間舟，《詩》云：「亙之柜秠」是也。今之隸書轉舟爲日。』是揯即《説文》之揯。

按：本書從木作柦乃誤矣。《韻鏡》此位列字甚不一致，切三、王一、王三揯（柦）小韻有縆字，《廣韻》《集韻》則縆、緪皆有，《韻鏡》列縆若緪者，當是後人所改；永禄本則是縆之誤字。列桓者或是其書舊式。又《説文》糸部有緪，訓曰：『大索也。一曰急也。』作絙亦是隸定也。

3 平一精　增　《韻鏡》六地藏寺本作憎，其他各本作增。

箋：憎字切三、《廣韻》在增小韻，作滕反。《集韻》同，咨藤切。王一增字在滕反，層字作棱反，切上字互誤。王三增字昨滕反，切上字亦誤。

按：本書此位列增是，《韻鏡》六地藏寺本殆抄胥之誤。

4 平一清　𢒦　《韻鏡》〇。

箋：《廣韻》及以前韻書登韻無清紐。《集韻》乃有𢒦小韻，七曾切。

按：本書列𢒦當即據此。《韻鏡》此位無字則合於其他韻書。

5 平一曉　恒　《韻鏡》〇。

箋：切三、王一、《廣韻》、《集韻》登韻恒小韻並音胡登反，此乃匣紐字，不當列於曉紐位。

按：本書列恒於此位者，頗疑後人出於匣紐峘旁之校字，抄胥不察遂誤入正位矣。參下條。

6 平一匣　峘　《韻鏡》列恒。

箋：峘、恒同音，韻書則以恒爲小韻字，胡登反。《韻鏡》此位列恒較長。

按：本書恒字誤列於曉紐位。參上條。

7 平二琡 磳 《韻鏡》應永本、(元)列磳，其他各本〇。

箋：唐五代韻書蒸韻無崇(琡二)紐。《廣韻》則有磳小韻，仕兢切；《集韻》士冰切(宋刻本、楝亭本誤爲七冰切，今依述古堂影宋抄本及《類篇》正)。

按：本書列磳合於《廣韻》《集韻》；《韻鏡》無字則合於唐五代韻書，應永本等有磳字顯爲後人所增。

8 平二審 殑 《韻鏡》應永本列殑，(元)作殑，其他各本〇。

箋：王一、王二、王三、《廣韻》蒸韻有殑小韻，山矜反。《集韻》亦有，色矜切。

按：本書列殑不誤。《韻鏡》作殑當即殑字之誤，無字者蓋有誤脱。

9 平三滂 砅 其他各本作砯。《韻鏡》寬永五年本、(天)、(仙)作砯，其他各本作砯。

箋：唐五代韻書蒸韻無滂紐。《廣韻》有砅小韻，披冰切。《集韻》字、音並同，在淜小韻。

按：本書所列即是後改『砅』爲『砯』之字形。《韻鏡》則有誤有不誤。

二書該小韻别無砯若砅字。《廣韻》佘迺永注『砅』，段注依・江文選詩賦改從冰作『砅』。

10 平三明 儚 其他各本作儚。《韻鏡》〇。

箋：《廣韻》及以前韻書蒸韻無明紐。《集韻》有儚，亡冰切。

按：本書當即據此而至治本字又轉訛。

11 平三知 徵 《韻鏡》(文)作瀓，其他各本作徵。

箋：切三、王一、王二、王三、《廣韻》蒸韻有徵小韻，陟陵反（王三切語誤倒）。《集韻》知陵切。

按：本書及《韻鏡》此位列徵是，（文）作澂乃誤。

12 平三審　昇　《韻鏡》嘉吉本、應永本作外，其他各本作升。

箋：切三蒸韻有升小韻，識丞反；王一、王二識承反；王三識丞反；《廣韻》識蒸切。《集韻》書蒸切。諸書昇字皆在升小韻。《説文解字叙》謂俗書『人持十爲斗』，則『升』字易與俗書斗字相淆，本書此位列昇不列升者或以此歟？

按：本書列字非小韻首字，《韻鏡》列升合於諸韻書。

13 平三禪　承　《韻鏡》應永本作兼，六地藏寺本作果，其他各本作承。

箋：切三、王一蒸韻有丞小韻，署陵反。注云：『次。一曰奉。』王二、王三音義同，字作承。《廣韻》音義亦同，字作承。《集韻》承、丞同字，辰陵切。

按：此字正當作承，本書所作是，《韻鏡》本或字誤。

14 平三匣　蠅　《韻鏡》〇。

箋：切三、王三、《廣韻》蒸韻有蠅小韻，余陵反；王二餘陵切。《集韻》同《廣韻》。此音乃以（喻四）紐，當列於四等以紐位。

按：本書誤，《韻鏡》此字列於喻紐三等亦誤。參下條。

15 平三喻　空格　《韻鏡》蠅。

按：本書空格是。《韻鏡》蠅字當列於四等位，本書列於三等匣紐位亦誤。參上條。

16 平三來　空格　《韻鏡》列陵。

箋：切三、王一、王二、《廣韻》蒸韻並有陵小韻，力膺反；王三六應反。《集韻》陵在夌小韻，閭承切。

按：本書無字蓋是誤脱。《韻鏡》此位列陵，正與《集韻》以前諸韻書合。

17 平四精　騶　《韻鏡》○。

箋：《廣韻》及以前韻書蒸韻無精紐。《集韻》有䋲，即淩切。

按：本書騶字乃據《集韻》之䋲字而轉訛也。《韻鏡》不列合於其他韻書。

18 平四清　㲨　《韻鏡》○。

箋：各韻書蒸韻均無清紐，亦無此字。遍檢各種字書、音義書亦未見。

按：本書所列不詳所據，闕疑。

19 平四心　綾

箋：《廣韻》及以前韻書蒸韻無心紐，亦無此字。《集韻》乃有綾小韻，息淩切。

按：本書當是據《集韻》而列。

20 平四喻　空格　《韻鏡》○。

按：此位當列蠅字，本書及《韻鏡》並誤列。辨見第14條、第15條。

21 上一並　空格　《韻鏡》應永本列𨞛，(正)作䣙，其他各本作𨻐。

箋：《廣韻》及以前韻書等韻無並紐，亦無𨻐字。《集韻》乃收𨻐小韻，步等切。

按：本書此位無字合於《廣韻》等；《韻鏡》則當是後人據《集韻》補而有轉訛者。參第23條。

22 上一精　空格　《韻鏡》六地藏寺本作噌，其他各本作䁬(嘉吉本字迹模糊)。

箋：《廣韻》及以前韻書等韻無精紐。《集韻》有䁬小韻，子等切。

按：本書此位無字與《廣韻》等正合。《韻鏡》當是後人據《集韻》增。參下條。

23 上一來　空格　《韻鏡》北大本、(和)、(大)○，(元)列陵，其他各本作倰。

箋：《廣韻》及以前韻書等韻無來紐。《集韻》則有倰小韻，朗等切(朗避宋諱作朗)。諸韻書，切三等韻有等，多肯反；倗，普等反；肯，苦等反；共三小韻。王一、王三、《廣韻》則增能，奴等切；共四小韻。《集韻》又增倰，朗等切；鼟，他等切；䁬，子等切；蹬，徒等切；𨻐，步等切；蓸，忙等切；恒，孤等切；則共十一小韻。

按：本書滂紐列倗，端紐列等，泥紐列能，溪紐列肯合於王韻、《廣韻》。《韻鏡》除此四字外，又增列來紐之倰、精紐之䁬、並紐之𨻐，則共列七字。然有《集韻》透紐之鼟、定紐之蹬、明紐之蓸及見紐之恒四字溢出未列，是《韻鏡》列字或有唯見於《集韻》一書者，乃日人所增而非原書即據《集韻》列字，此其明證也。參第27條。
按：本書不列倿字合於《廣韻》等書，《韻鏡》此字亦是後人據《集韻》增。

24
上二審　殑　《韻鏡》（理）此位○而列殑於平聲四等，應永本、（文）此位○而列殑於三等禪紐，其他各本此位○而列殑於三等書（審三）紐。
箋：唐五代韻書拯韻唯拯一字，音『蒸之上聲』。《廣韻》則有殑小韻，色庱切。《集韻》色拯切。殑字依切當在此位。
按：本書當是據《廣韻》或《集韻》。《韻鏡》此字列位參差，當是後人增補時所誤。參第27條、第28條、第29條。

25
上三徹　庱　《韻鏡》（天）○，其他各本列庱（永祿本、寬永十八年本、北大本字形小訛）。
箋：《廣韻》《集韻》並有庱小韻，丑拯切。
按：本書與此合。《韻鏡》當是後人所補。參第27條。

26
上三溪　空格　《韻鏡》北大本、（延）、（天）○，（元）此位○而列殑於四等，開奩、（文）此位○而列殑於群紐，其他各本此位列殑。
箋：殑是群紐字，見於《廣韻》《集韻》，不當列於此位。
按：本書此字即在群紐，是也。《韻鏡》當是後人增補時所誤。參下條。

27
上三群　殑　《韻鏡》開奩、（文）列殑，其他各本○。

箋：《廣韻》《集韻》殑小韻並其拯切，本書所列即是據此。《韻鏡》諸本殑字列位甚異，當是後人所增。

按：唐五代韻書拯韻唯拯小韻，音『蒸之上聲』。《廣韻》章（照三）紐之拯亦音『蒸上聲』，又增徹紐庱，丑拯切；群紐殑，其拯切；審紐殊，色庱切；共四小韻。《集韻》則又增昌（穿三）紐僜，尺拯切；並紐憑，皮殑切；日紐耳，仍拯切；昌（穿三）紐齒，稱拯切；澄紐澄，直拯切五字，共九小韻。其中昌紐之『僜』與『齒』音同，或是當併而未併也。本書及《韻鏡》皆不列《集韻》拯韻所增之字，知二書初皆不據《集韻》列字也。

28　上三審　空格　《韻鏡》應永本、（文）〇，其他各本列殊。

按：此位當無字，本書是。參第24條。

29　上三禪　空格　《韻鏡》應永本、（文）列殊，其他各本〇。

按：此位亦不當有字，本書是。參第24條。

30　去一明　懵　《韻鏡》六地藏寺本、永祿本、（和）作⿰巾曹，寬永十八年本、北大本、（亨）作懵，其他各本作懵。

箋：王一、王二、王三嶝（隥）韻有懵小韻，武亘反；《廣韻》音同，字作懜。諸書此字皆訓爲『悶也』，當從心作懵。《集韻》以懜懵等並列於小韻首，母亘切。

按：本書作懵不誤，《韻鏡》則有誤有壞。

31 去一見　亘　《韻鏡》(延)○，其他各本列亘。

箋：王一、王三嶝韻有亘小韻，古嶝反；《唐韻》《廣韻》古鄧反。《集韻》則以桓亘等並列於小韻首，居鄧切。

按：本書列亘合於王韻、《唐韻》、《廣韻》等，《韻鏡》無字者當是誤脱。

32 去一來　倰　《韻鏡》嘉吉本、寶生寺本、永禄本、(延)、(佐)、(天)、(國)、(理)、(大)○，(仙)朱筆寫稜，六地藏寺本、寛永十八年本、北大本、(天八)、(正)、(享)作稜，(文)作倰，應永本等作倰。

箋：王一、王二、王三、《唐韻》嶝(隥)韻来紐有倰小韻，魯鄧反。諸書該小韻皆無倰、稜等字。《廣韻》則有倰小韻，音同王韻、《唐韻》。《集韻》亦有倰小韻，朗鄧切。

按：本書列倰合於《廣韻》《集韻》。《韻鏡》原書當無此字，觀各本差異可知也。

33 去三疑　空格　《韻鏡》列凝。

箋：王一、王二、王三證韻未見疑紐。《唐韻》《廣韻》有凝小韻，牛餧反。《集韻》亦有，牛孕切。

按：本書此位無字合於王韻，《韻鏡》則合於《唐韻》《廣韻》等。

34 去三牀　乘　《韻鏡》六地藏寺本作来，其他各本作乘。

箋：王一、王二、王三、《廣韻》證韻有乘小韻，實證反。《集韻》石證切。乘、乘乃一字異形，作来則是俗字。

按：本書列字是。

35 去三禪　丞　《韻鏡》(元)、(和)列丞，其他各本列剩。

箋：王一證韻有丞小韻，王三字作烝，並時證反。《唐韻》《廣韻》《集韻》並作丞，常證反。此音禪紐，本書列此正合。

按：《韻鏡》列剩者，剩乃船(牀三)紐字，王二、《廣韻》在乘小韻，實證反。《集韻》同，石證切。王一、王三、《唐韻》乘小韻則無剩字。本書及《韻鏡》既列乘於船紐位，則此位斷無再列剩字之理。(元)、(和)列丞乃合於韻書。

36 去三喻　空格　《韻鏡》(天八)〇，嘉吉本作孕，其他各本列孕。

箋：孕是以(喻四)紐字，王一、王二、王三、《唐韻》、《廣韻》、《集韻》皆以證反。

按：本書列於四等位，是也。《韻鏡》列此誤，當正。

37 去四清　空格　《韻鏡》列彰。

箋：《廣韻》及以前韻書證韻無清紐。《集韻》乃收彰小韻，七孕切。《韻鏡》當是後人據《集韻》增。

按：本書無字則合於其他韻書。

38 去四喻　孕　《韻鏡》〇。

按:孕字列此合於韻書,《韻鏡》誤入三等位。參第 36 條。

39
入一滂　覆　《韻鏡》嘉吉本、寶生寺本、永禄本、(延)、(佐)、(天八)、(天)○,(文)列宿,(仙)於○中補覆,六地藏寺本別筆補覆,其他各本列覆。

箋:唐五代韻書德韻無滂紐。《廣韻》乃有覆小韻,匹北切。《集韻》音同,而以匐爲小韻首字。

按:本書此位列覆合於《廣韻》。《韻鏡》原書則當無字,有者定爲後人所增。

40
入一見　祴　他本作裓。《韻鏡》作裓。

箋:唐五代韻書唯《唐韻》德韻末有見紐開口,其字作祴,古得反。然其義與『衣』有關(訓釋模糊難辨,然『衣』字尚清晰),當是裓字之誤。《廣韻》音同,字即作裓,訓爲『釋典有衣裓』。《集韻》亦作裓,訖得切,注曰:『衣裾。』是此字當正爲裓。

按:本書列字誤,當據《韻鏡》正。

41
入三滂　堛　《韻鏡》六地藏寺本、(天)作輻,其他各本作愊。

箋:刊、王二、王三、《唐韻》、《廣韻》職韻有堛小韻,芳逼反(《十韻彙編》本《唐韻》誤爲方逼反,今依蔣斧印本正)。《集韻》同。各書堛小韻有愊無輻。

按:本書列堛合於諸韻書,《韻鏡》所列愊字非小韻首字,作輻者乃是誤字。

42
入三明　窨　《韻鏡》六地藏寺本作窨,其他各本作窨。

箋：王二、王三、《唐韻》職韻無明紐。刋有熛小韻，弥力反。《廣韻》則有䁇小韻，亡逼切。《集韻》同《廣韻》，密逼切。

按：本書及《韻鏡》列䁇合於《廣韻》等，六地藏寺本字誤而下欄校作䁇。

43 入三群　極　《韻鏡》永禄本、寬永十八年本、北大本作極，六地藏寺本作極，其他各本作極。

箋：王二、王三、《唐韻》、《廣韻》職韻有極小韻，渠力反。《集韻》竭憶切。

按：本書不誤。《韻鏡》六地藏寺本乃俗作，永禄本等又轉誤爲極矣。

44 入三照　職　《韻鏡》六地藏寺本作軄，其他各本作職。

箋：王二、《唐韻》、《廣韻》此字作職，之翼反。王二注曰：『正從耳。』《廣韻》職下有軄，注曰：『俗。』王三音同，字則作軄。《集韻》職軄同居小韻首，質力切。

按：本書列字爲正體。《韻鏡》六地藏寺本所作乃俗。

45 入三曉　赩　《韻鏡》六地藏寺本作赩，應永本作赩，其他各本作赩。

箋：王二、《唐韻》職韻有赩小韻，許力反；《廣韻》許極切。《集韻》迄力切。

按：本書此字作赩是，《韻鏡》六地藏寺本乃日本俗書，應永本遂誤。

46 入三日　日　《韻鏡》(文)列日，其他各本〇。

箋：刋職韻有日小韻，而職反。《集韻》亦有，而力切。王韻、《廣韻》無。

按：本書此位有日者，合於刋及《集韻》。《韻鏡》此位原無字，(文)列日乃後人所增，非原書舊式。

47 入四端　訬　大中堂本、于刊本同，其他各本作𧦝；仿明刊本該頁殘壞無此字。《韻鏡》(仙)〇，六地藏寺本誤不成字，其他各本作𧦝。

箋：王二、王三、《唐韻》無此字。刊、《廣韻》職韻有𧦝小韻，丁力反。《集韻》䵺小韻亦丁力切(述古堂影宋抄本誤一日切，今依宋刻本、曹本及《類篇》正)，而删落𧦝字。職韻乃三等韻，例無端紐字，丁力切一音當屬以端切知，類隔切。各韻書職韻有知紐陟小韻，竹力反。丁力反之音與此實同，故當合併。未合併者，當是後增而偶疏也。

按：本書列𧦝合於《廣韻》，作訬者是字誤，然以音切論則此位不當有字。《韻鏡》(仙)此位無字當存原書之舊式，列𧦝者頗疑後人據刊或《廣韻》之類韻書增。

48 入四精　即　《韻鏡》永禄本、寬永十八年本、北大本作郎，其他各本作即。

箋：王二、《唐韻》、《廣韻》職韻即小韻子力反(《十韻彙編》本《唐韻》切上字誤，今據蔣斧印本正)，《集韻》節力切。

按：本書列字是。《韻鏡》此字作郎者顯訛。

49 入四喻　弋　浙江局本作戈，集成本作戈。《韻鏡》嘉吉本、(延)、(佐)、(元)、(理)作戈，其他各本作弋。

箋：王二、王三、《唐韻》職韻有弋小韻，与職反(《十韻彙編》本王二、《唐韻》作『與職反』，非原書之舊，今據項跋本、蔣斧印本正）；《廣韻》與職切。《集韻》逸職切。

按：本書及《韻鏡》作戈若戈者顯誤。

50 韻目　平聲蒸、入聲職誤列於二等，當改入三等。

內轉四十三

	羽				徵				角			
	幫	滂	並	明	端	透	定	泥	見	溪	群	疑
					知	徹	澄	孃				
平									肱	鞃		
上												
去												
入									國			

七音畧第二

通志三十七

輕中輕

精照	清穿	從牀	心審	邪禪	影	曉	匣	喻	來	日	
商					宮				半徵	半商	
						薨	弘				登
											蒸
											等
											拯
											嶝
											證
						䂄	或				德
						洫		域			職

内轉第四十三　輕中輕

1 平一溪　鞃　《韻鏡》(仙)朱筆寫鞃，六地藏寺本别筆補寫鞃，寬永十八年本、北大本、寬永五年本、(正)、(天八)、(享)列鞃，其他各本〇。

箋：唐五代韻書及《廣韻》登韻無溪紐合口。《集韻》乃收鞃小韻，苦弘切。

按：本書此位當即據《集韻》列鞃。《韻鏡》原書當無此字，後人乃據《集韻》而增。

2 平一影　空格　《韻鏡》(理)〇，其他各本列泓。

箋：《廣韻》及以前韻書登韻無影紐合口。《集韻》始有泓小韻，乙肱切。

按：本書此位無字合於《廣韻》等書，《韻鏡》列泓亦當是後人據《集韻》增。

3 入一曉　𡿩　《韻鏡》嘉吉本、寶生寺本、永禄本、(延)、(佐)、(天)、(元)、(和)〇，(國)於〇中補𡿩，其他各本列𡿩。

箋：唐五代韻書德韻無曉紐合口。《廣韻》乃有𡿩小韻，呼或切。《集韻》亦有，忽或切。

按：本書此位所列合於《廣韻》《集韻》。《韻鏡》原書當無此字，列𡿩諸本蓋爲後人所增。

4 入三喻　域　《韻鏡》六地藏寺本作㚜，(正)作㰰，其他各本作域。

箋：王二、王三職韻有域小韻，榮逼反（王三切下字闕，此據唐蘭先生摹寫補）；《廣韻》雨逼切。《集韻》越逼切。《唐韻》音同王韻，字作䮝。

按：本書及《韻鏡》作域正，作䮝乃是唐代俗字，作𡊫則是訛字。

附録　景印元至治本《通志・七音略》序

羅常培

一、宋元等韻之派别

宋元等韻圖之傳於今者，大别凡有三系：《通志・七音略》與《韻鏡》各分四十三轉，每轉縱以三十六字母爲二十三行，輕脣、舌上、正齒分附重脣、舌頭、齒頭之下；横以四聲統四等，入聲除《七音略》第二十五轉外，皆承陽韻。孫覿《内簡尺牘》謂楊中脩《切韻類例》爲圖四十四，當亦與此爲近。此第一系也。《四聲等子》與《切韻指南》各分十六攝，而圖數則有二十與二十四之殊，其聲母排列與《七音略》同，惟横以四等統四聲，又以入聲兼承陰陽，均與前系有别。此第二系也。《切韻指掌圖》之圖數及入聲分配與《四聲等子》同，但削去攝名，以四聲統四等；分字母爲三十六行，以輕脣、舌上、正齒與重脣、舌頭、齒頭平列；又於第十八圖改列支、之韻之齒頭音爲一等；皆自具特徵，不同前系。惟楊倓《韻譜》『變三十六，分二紙，肩行而繩引』（張麟之《韻鏡序作》），『於舊有入者不改，舊無入者悉以入隸之』（戴震《答段若膺論韻書》，其式蓋與此同。此第三系也。綜此三系，體制各殊，時序所關，未容軒輊。然求其盡括《廣韻》音紐，絶少漏遺，且推迹原型，是爲構擬隋、唐舊音之參證者，則前一系固較後二系差勝也。

二、等韻圖肇自唐代，非宋人所創

《七音略》所據之《七音韻鑑》與《韻鏡》同出一源，其著者爲誰，鄭樵、張麟之輩已謂：『其來也遠，不可得指名其人。』（《韻鏡序作》）《宋史·藝文志》有釋元冲《五音韻鏡》，明王圻《續文獻通考》有宋崔敦詩《韻鑑》及宋吴恭《七音韻鏡》等，其書是否與鄭、張所據爲同系，亦以散佚已久，無從考核。日人大矢透據藤原佐世《日本現在書目》所録《切韻圖》及釋安然《悉曇藏》所引《韻詮》，謂《韻鏡》之原型夙成於隋代（《韻鏡考》第四章）。其比附《韻詮》，雖未盡協，然效法《悉曇章》之韻圖，自《切韻》成書後即當繼之以生，而非創自宋人，則固不容否認也。更舉數證，以實吾説。

張麟之《韻鏡序作》題下注云：『舊以翼祖諱敬，故爲《韻鑑》，今遷祧廟，復從本名。』按，翼祖爲宋太祖追封其祖之尊號，如《韻鏡》作於宋人，則宜自始避諱，何須復從本名？倘有本名，必當出於前代。此一證也。

《七音略》之轉次，自第三十一轉以下與《韻鏡》不同：前者升覃、咸、鹽、添、談、銜、嚴、凡於陽、唐之前，後者降此八韻於侵韻之後。按，隋唐韻書部次，陸法言《切韻》與孫愐《唐韻》等爲一系，李舟《切韻》與宋陳彭年《廣韻》等爲一系。前系覃、談在陽、唐之前，蒸、登居鹽、添之後；後系降覃、談於侵後，升蒸、登於尤前（參閱王國維《觀堂集林》八《李舟切韻考》）。今《七音略》以覃、談列陽、唐之前，實沿陸、孫舊次，特以列圖方便而升鹽、添、咸、銜、嚴、凡與覃、談爲伍。至於《韻鏡》轉次則顯依李舟一系重加排定，惟殿以蒸、登，猶可窺見其原型本與《七音略》爲同源耳。此二證也。

敦煌唐寫本守温韻學殘卷所載《四等重輕例》（全文見劉復《敦煌掇瑣》下輯，今四聲各舉一例，餘俱從略）云：

平聲
觀古桓反　關刪　勬宣　涓先

上聲
滿莫伴反　矕潸　免選　緬獮

去聲
半布判反　扮襉　變線　遍線

入聲

特徒德反　宅陌　直職　狄錫

其分等與《七音略》及《韻鏡》悉合。降及北宋，邵雍（一〇一一—一〇七七）作《皇極經世聲音圖》，分字音爲『開』『發』『收』『閉』四類。除舌頭、齒頭、輕脣及舌上娘母與《等韻》微有參差外，餘則『開』爲一等，『發』爲二等，『收』爲三等，『閉』爲四等（參閲袁子讓《字學元元》卷一《四音開發收閉辯》），亦並與《七音略》合。是四等之分劃，在守温以前蓋已流行，北宋之初亦爲治音韻者所沿用，則其起源必在唐代，殆無可疑。此三證也。

《七音略》於每轉圖末分標『重中重』『重中輕』『輕中輕』『輕中重』等詞，其定名亦實本諸唐人。按，日本釋空海《文鏡秘府論·調聲》云：『律調其言，言無相妨，以字輕重清濁間之須穩。至如有「輕」「重」者，有「輕中重」「重中輕」，當韻之即見。且症（側羊反）字全輕，霜字輕中重，瘡字重中輕，牀（士庄反）字全重。』又《論文意》云：『夫用字有數般，有「輕」有「重」，有「重中輕」，有「輕中重」，有雖重濁可用者，有輕清不可用者，事須細繹之。若用重字，即以輕字拂之便快也。』空海精研悉曇，善解聲律。（空海於唐德宗貞元二十年甲申（即日本桓武天皇延曆二十三年，公元八〇四年）入唐留學，從不空三藏弟子曇貞受悉曇。）就其所舉『症』『霜』『瘡』『牀』四字推之，蓋以『全清』塞聲爲『全輕』，『全清』擦聲爲『輕中重』，『次清』爲『重中輕』，『全濁』爲『全重』；其含義雖不與《七音略》悉符（見下文），然『重中輕』『輕中重』之名稱必爲唐代等韻學家所習用，則顯然易見。此四證也。

昔戴東原謂：『呼等亦隋唐舊法』，『二百六韻實以此審定部分』（《聲韻考》卷二）。錢竹汀亦云：『一、二、三、四之等，開口、合口之呼，法言分二百六部時，辯之甚細。』（《潛研堂答問》十三）證以前説，蓋不甚遠。故等呼之名雖後人所定，而等呼之實則本諸舊音，至於經聲緯韻，分轉列圖，則唐代沙門師仿悉曇體製以總攝《切韻》音系者也。

三、《七音略》《韻鏡》與其原型之異同正猶《等韻切音指南》與《切韻指南》之異同

論者或謂《七音略》第一轉匣母平聲三等『雄』字，《廣韻》爲『羽弓切』，應屬喻母，今列匣母下，則從《集韻》『胡弓切』之音；第四轉脣音平聲三等有『陂』『縻』二字，《廣韻》『陂，彼爲切』，『縻，靡爲切』，依下字當列第五轉合口，今列開轉内，則從《集韻》『班縻切』與『忙皮切』之音。至其所收之字見於《集韻》而不見於《廣韻》者，尤不勝枚舉。此並可證明，《七音略》與《韻鏡》之歸字從宋音而不從唐音。且《七音略》揭明三十六字母標目，而七音各以類從，均較唐人三十字母秩然有别。則此系韻圖縱有妙用，亦限於審正宋音，未可據以遠溯隋唐。此説似是而

實非也。蓋兩書之歸字即使遷就宋音，而其原型則未必不出於前代。正猶《康熙字典》卷首之《等韻切音指南》歸字雖從清音，而劉鑑之《切韻指南》則固作於元末（至元二年丙子，公元一三三六年）也。嘗對校兩書而揭其異點，則：

（一）韻攝次第不同：《切韻指南》以通、江、止、遇、蟹、臻、山、效、果、假、宕、曾、梗、流、深、咸爲序；《切音指南》以果、假、梗、曾、通、止、蟹、遇、山、咸、深、臻、江、宕、效、流爲序。且《切音指南》於曾攝合口三等見母下復列通攝之『恭』字；宕攝二等開口復列江攝牙音、脣音、喉音字，合口復列江攝舌音、齒音、半舌音字；又江攝見母下之『光』『恇』二字，止攝合口見母下之『皆』『傀』二字，咸攝第二圖見母下之『干』字，精母下之『尖』字，深攝見母下之『根』字，均爲《切韻指南》所無。此種修改，殆因清初之《字母切韻要法》併梗、曾、通爲庚攝，江、宕爲岡攝，山、咸爲干攝，深、臻爲根攝，而欲比照删併者也。

（二）各攝之開合口不同：《切韻指南》以止、蟹、臻、山、果、假、宕、曾、梗九攝各有開口、合口二呼，以通、江、遇、效、流、深、咸七攝爲獨韻；《切音指南》於劉鑑所定之獨韻七攝，改江攝爲開合呼，效、流、深、咸爲開口呼，通、遇爲合口呼。

（三）脣音開合口之配列不同：《切韻指南》梗攝合口三等『丙、皿』二字，曾攝合口三等『逼、堛、愎、窅』四字，山攝合口二等『班、版、扮、攀、襻、蠻、曫』七字，四等『編、緬』二字，宕攝合口一等『幫、螃、膀、傍』四字，《切音指南》均改列開口，惟將宕攝開口三等之『方、昉、放、縛』等十六字改列合口。此種修改，亦與《字母切韻要法》同。

（四）正齒音二、三等之分劃不同：《切韻指南》通攝正齒音二等有『崇、㓽』二字，宕攝正齒音二等有『莊、㤝、壯、斮』等十三字，《切音指南》均降列三等，且改開爲合。此與《字母切韻要法》以『崇』等爲庚攝合口副韻，以『莊』等爲岡攝合口副韻之例適合。

（五）止攝齒頭音及脣音之等第不同：止攝齒頭音『貲、雌、慈、思、詞』等十九字，《切韻指南》原在四等，《切音指南》均改列一等；又《切韻指南》於脣音二等内復列三等之『陂、縻、彼、破、被、美』六字，《切音指南》更升爲一等，而删去復見三等之字。

（六）入聲之系統不同：《切韻指南》蟹攝合口三等屋韻之『竹、畜、逐、衄』，《切音指南》易以術韻之『怞、黜、术、䎌』，足徵-k、-t兩尾已混而不分；又《切韻指南》通攝三等燭韻之『瘃、栜、躅、傉』，《切音指南》易以屋韻之『竹、畜、逐、衄』，復以三等燭韻之『辱』字改列一等，足徵屋、燭兩韻亦洪細莫辨；他如《切音指南》以藥、鐸承流攝，以德承止攝一等，亦皆受《字母切韻要法》之影響。

（七）字母之標目不同：《切韻指南》之『群、牀、孃』三母，《切音指南》改爲『郡、狀、娘』，與《字母切韻要法》同，此由當時讀第三位爲不送氣音，故易平爲仄以免誤會也。

然其所異者不過歸字之出入，而其不可易者則爲結構與系統。儻使劉鑑原書已佚，後人遂據《切音指南》之歸字而斷定此系韻圖不出於元季，寧非厚誣古人耶？故據《七音略》與《韻鏡》之歸字而否認其原型作自唐代者，其失殆與是埒耳！

四、《七音略》與《韻鏡》之異同

《七音略》與《韻鏡》雖同出一源，而其内容則非契合無間。舉其大端，凡有七事。

一曰轉次不同。自第三十一轉以下，兩書次第頗有參差，兹臚舉韻目，列表於左：

轉次	《七音略》韻目	《韻鏡》韻目
第三十一轉	覃咸鹽添（重）	唐陽（開）
第三十二轉	談銜嚴鹽（重）	唐陽（合）
第三十三轉	凡（輕）	庚清（開）
第三十四轉	唐陽（重）	庚清（合）
第三十五轉	唐陽（輕）	耕清青（開）
第三十六轉	庚清（重）	耕青（合）
第三十七轉	庚清（輕）	侯尤幽（開）
第三十八轉	耕清青（重）	侵（合）
第三十九轉	耕青（輕）	覃咸鹽添（開）

續表

轉　次	《七音略》韻目	《韻鏡》韻目
第四十轉	侯尤幽（重）	談銜嚴鹽（合）
第四十一轉	侵（重）	凡（合）
第四十二轉	登蒸（重）	登蒸（開）
第四十三轉	登蒸（輕）	登（合）

由此可見，《七音略》所據爲陸法言《切韻》系之韻次，《韻鏡》所據爲李舟《切韻》系之韻次。其異同所關，已於前文論之矣。

二曰重輕與開合名異而實同。《七音略》於四十三轉圖末標『重中重』者十七（第三十二、第三十六兩轉，元本作『重中輕』，殿本及浙本作『重中重』，今從元本），『輕中輕』者十四，『重中輕』者五，『輕中重』者二，『重中重（内重）』『重中重（内輕）』『重中輕（内重）』『輕中重（内輕）』及『輕中輕（内輕）』者各一。《韻鏡》則悉削『重』『輕』之稱，而於圖首轉次下改標『開』『合』。凡《七音略》所謂『重中重』『重中重（内重）』『重中重（内輕）』『重中輕（内重）』及『重中輕』者，皆標爲『開』；所謂『輕中輕』『輕中輕（内輕）』『輕中重』及『輕中重（内輕）』者皆標爲『合』。惟《韻鏡》以第二十六、第二十七、第二十八及第四十諸轉爲『合』，以第二、第三、第四及第十二諸轉爲『開合』，均於例微乖，則當據《七音略》之『重』『輕』而加以是正。故夾漈所定『中重』『内重』

『中輕』『内輕』之辨，雖難質言，而其所謂『重』『輕』適與《韻鏡》之『開』『合』相當，殆無疑義也。（參閲拙著《釋重輕》）

三曰内外不同。内外之辨，繫於元音之弇侈。内轉者，假定皆含有後高元音[u][o]、中元音[ə]及前高元音[i][ĕ]之韻；外轉者，假定皆含有前元音[e][ɛ][æ][a]、中低元音[ɐ]及後低元音[ɑ][ɔ]之韻。（參閲拙著《釋内外轉》）今考《七音略》與《韻鏡》之『内』『外』，惟有三轉不同：第十三轉咍、皆、齊、祭、夬諸韻及第三十七轉（即《韻鏡》第三十四轉）庚、清諸韻，《七音略》以爲『内』，而《韻鏡》以爲『外』。第二十九轉麻韻，《七音略》以爲『外』，而《韻鏡》以爲『内』。據例以求，第十三轉所含之元音爲[ɑ][a][æ][e]，第三十七轉所含之元音爲[ɐ][æ]，則《韻鏡》是而《七音略》非。第二十九轉所含之元音爲[a]，則《七音略》是而《韻鏡》非。互有正訛，未可一概而論也。

四曰等列不同。分等之義，江愼修辨之最精，其言曰：『一等洪大，二等次大，三四皆細，而四尤細。』（《音學辨微·辨等列》）惟謂『辨等之法，須於字母辨之』（同上），則不逮陳蘭甫所謂『等之云者，當主乎韻，不當主乎聲』（《東塾集》卷三《等韻通序》），尤能燭見等韻本法也。如以今語釋之，則一、二等皆無介音[i]，故其音『大』；三、四等皆有介音[i]，故其音『細』。同屬『大』音，而一等之元音較二等之元音略後略低，故有『洪大』與『次大』之別，如歌之與麻，咍之與皆，泰之與佳，豪之與肴，寒之與删，覃之與咸，談之與銜，皆以元音之後[ɑ]前[a]而異等；

同屬『細』音，而三等之元音較四等之元音略後略低，故有『細』與『尤細』之别，如祭之與齊，宵之與蕭，仙之與先，鹽之與添，皆以元音之低[æ]高[e]而異等。然則四等之洪細，蓋指發元音時，口腔共鳴間隙之大小言也。（别詳拙著《釋等呼》）惟同在三等韻中而正齒音之二、三等，以聲母之剛柔分（二等爲舌尖後音，三等爲舌面前音）；喻母及脣音、牙音之三、四等，以聲母有無附顎作用分（三等有[j]，四等無[j]）；復以正齒與齒頭不能並列一行，而降精、清、從、心、邪於四等。此並由等韻立法未善，而使後人滋惑者也。今考《七音略》與《韻鏡》之等列大體相去不遠，惟以鈔刊屢易，難免各有乖互。若據上述分等之例訂之，則《七音略》誤而《韻鏡》不誤者，凡二十五條：

轉次	母及調	例字	《七音略》等列	《韻鏡》等列
1 第三轉		（全轉）	平聲列二等，上、去、入列三等	四聲均列二等
2 第六轉	來平	梨	二	三
3 第七轉	知去	轛（追萃切）	入一	去三
4 同前	澄去	墜	四	三
5 同前	見溪群去	媿喟匱	四	三
6 同前	見群上	癸揆	去一	上四

續表

轉次	母及調	例字	《七音略》等列	《韻鏡》等列
7 同前	見群去	季悸	入一	去四
8 第八轉	喻平	飴（與之切）	三	四
9 第九轉	曉去	欷（許既切）	四（字作稀）	三
10 同前	疑去寄入	刈（魚肺切）	一	三
11 第十二轉	審上	數（所矩切）	三	二
12 第十七轉	喻去	酳（羊晉切）	三	四
13 《韻鏡》第三十四轉 《七音略》第三十七轉	見 溪上	礦（古猛切） [illegible]（苦猛切）	一	二
14 同前	見上	璟（俱永切）	二	三
15 同前	溪上	憬（《集韻》孔永切）	○	三
16 同前	溪上	頃（去潁切）	三	四
17 同前	曉上	苀（許永切）	四	三
18 同前	匣上	卝（胡猛切）	三	二
19 《韻鏡》第三十五轉 《七音略》第三十八轉		（全轉）	一二三無四等	二三四無一等
20 同前	端入	狄	○	四

續表

轉次	母及調	例字	《七音略》等列	《韻鏡》等列
21 同前	見上	剄(古挺切)	改列溪母三等	四
22 同前	影上	嚶(烟涬切)	一	四
23 《韻鏡》第三十九轉 《七音略》第三十一轉	明上	叐(明忝切)	三	四
24 同前	疑上	顩(魚檢切)	四	三
25 同前	匣平	嫌(户兼切)	三	四

《韻鏡》誤而《七音略》不誤者亦有十四條：

轉次	母及調	例字	《韻鏡》等列	《七音略》等列
1 第四轉	從平	疵	三	四
2 第五轉	穿上	揣(初委切)	三	二
3 第十一轉	喻平	余(以諸切)	三	四
4 第十四轉	清去	毳(此芮切)	三	四
5 第十七轉	曉去	衅(許覲切)	四	三
6 第二十四轉	匣去	縣(黄練切)	三	四

續表

轉次	母及調	例字	《韻鏡》等列	《七音略》等列
7 第二十五轉	疑平	堯（五聊切）	三	四
8 同前	疑平	嶢（五聊切）	四	○按，嶢與堯同音
9 《韻鏡》第三十二轉 《七音略》第三十五轉	見群上	孾（俱往切） 俇（求往切）	二	三
10 《韻鏡》第三十三轉 《七音略》第三十六轉	疑平	迎（語京切）	四（寬永本不誤）	三
11 《韻鏡》第三十七轉 《七音略》第四十轉	滂平	颮（匹尤切）	四	三
12 《韻鏡》第三十九轉 《七音略》第三十一轉	匣上	鼸（胡忝切）	三（寬永本不誤）	四
13 第四十二轉	審上	殑（色庱切）	三	二
14 同前	喻去	孕（以證切）	三	四

若斯之類，並宜別白是非，各從其正者也。

五曰聲類標目不同。《韻鏡》各轉分聲母爲『脣』『舌』『牙』『齒』『喉』『半舌』『半齒』七音，每音更分『清』『次清』『濁』『次濁』諸類，而不別標紐文。《七音略》則首列幫、滂、並、明，端、透、定、泥，見、溪、群、疑，精、清、從、心、邪，影、曉、匣、喻，來、日二十三母；次於端組下復列知、徵、澄、娘，精組下復列照、穿、牀、審、禪，而輕脣非、敷、奉、微四母則惟復見於第二、第二十、第二十二、第三十三、第三十四轉幫組之下；又於第三行別立『羽』『徵』『角』『商』『宫』『半徵』『半商』七音以代『脣』『舌』『牙』『齒』『喉』『半舌』『半齒』。此其異也。就標明紐目而論，則鄭漁仲改從宋代習尚者，實較張麟之爲多，至以『羽』『徵』等七音代表聲母發音部位，則與序文所引鄭譯之言同一附會矣。

六曰廢韻所寄之轉不同。《韻鏡》以『廢、計、刈』三字寄第九轉（微開）入三（按，『廢』字與次轉重複，『計』字本屬霽韻），以『廢、吠、⿰犭卷、⿱𠂊韋、⿰豸彖、穢、喙』七字寄第十轉（微合）入三（⿰犭卷，丘吠切，⿰豸彖，呼吠切；但《廣韻》寄於祭韻之末，乃後人竄入者）；《七音略》留『刈』字於第九轉而改列一等，移置『廢、肺、吠、⿱𠂊韋、穢、喙』六字於第十六轉（佳輕），而於第十五轉（佳重）但存廢韻之目。今按，廢韻之主要元音爲[a]，與佳韻同屬外轉，《七音略》以之寄第十六轉，實較《韻鏡》合於音理，惟應移第九轉入一之『刈』字於第十五轉入三，則前後始能一貫耳。

七曰鐸、藥所寄之轉不同。按，《韻鏡》通例凡入聲皆承『陽韻』，《七音略》大體亦同。惟鐸、藥兩韻之開口《七音略》復見於第二十五（豪、肴、宵、蕭）及第三十四（唐、陽，即《韻鏡》第三十一）兩轉，與《韻鏡》獨見於第三十一轉者不同，蓋已露入聲兼承陰陽之兆矣。

上述七事，皆其犖犖大端。以轉次及廢韻所寄言，則《七音略》似古於《韻鏡》；以聲類不標紐目及入聲專承陽韻言，則《韻鏡》又似古於《七音略》。要之，皆於原型有所損益，實未可强分先後也。至於兩書歸字之出入，別於《韻鏡校釋》中詳之，此不贅及。

五、至治本與清武英殿本及浙江局本之異同

此本乃元三山郡庠所刊，至治二年（公元一三二二年）郡守吴繹捐廉摹印五十部，散之江北諸郡，故俗稱至治本，而其刊版實當在至治以前。入明，版入南京國子監，茲所據北平圖書館藏之蝶裝猶爲元印本，實傳世《通志》之最古者也。嘗以此本與清乾隆武英殿本及浙江局本對校，發現其足以正他本之誤者，凡二十七條：

轉次	母調等	至治本	武英殿本	浙江局本
1 第三轉		外轉第三	外轉第三	内轉第三×
2 同前	滂去三	胖	胖	胖×
3 第十轉	並上三	膹	膹×	膹×
4 第十二轉	禪上三	竪	竪×	竪×
5 第十七轉	審去二	阠	阠×	阠×
6 第二十轉	見入三	亥	亥	亥×
7 第二十一轉	明上二	⿰免且	⿰免且×	⿰免且×

續表

轉次	母調等	至治本	武英殿本	浙江局本
8 同前	徹上三	⿰口展	⿰口展×	⿰口展×
9 同前	邪上四	⿰糸羨	繕×	繕×
10 第二十三轉	泥入四	涅	涅×	涅×
11 第二十四轉	明平一	瞞	瞞×	瞞×
12 第二十八轉	溪去一	課	課	（缺）
13 第二十九轉	明去二及韻目	禡	禡×	禡×
14 第三十一轉	定上一	禫	禫×	禫×
15 第三十二轉	心去四	（空格）	倕×	倕×
16 同前	心入一	倕	⿱羽女×	⿱羽女×
17 同前	審入二	⿱羽女	（空格）×	（空格）×
18 同前	（圖末）	重中輕	重中重×	重中重×
19 第三十四轉	疑去一	柳	柳	柳×
20 同前	來上一	朗避宋朗字諱	郎×	郎×

續表

轉次	母調等	至治本	武英殿本	浙江局本
21 第三十六轉	審去二	土？按，敬韻有生字，所敬切，宜列此位，此字疑即『生』之破字	（空格）×	（空格）×
22 同前	（圖末）	重中輕	重中重×	重中重×
23 第三十七轉	匣上三	卝	卄×	卄×
24 第三十八轉	（上聲韻目）	迴	迴	廻×
25 同前	從入一	賾	賾	頣×
26 第四十一轉	精平四	祲	祲×	祲×
27 第四十二轉	喻入四	弋	弋	戈×

此本與他本同誤者，除上文關於等列者外，尚有七十條：

轉次	母調等	誤字	應據《韻鏡》校正
1 第一轉	曉入一	縠（胡谷切）	改列匣入一
2 第五轉	見去四	諉（女恚切）	改列泥去三

續表

轉次	母調等	誤字	應據《韻鏡》校正
3 同前	溪去四	瞡（規恚切）	改列見去四，而於此位另補『觖』字（窺瑞切）
4 第六轉	疑平三	示（神至切）	狋（牛飢切）
5 同前	審平三	只（諸氏切）	尸（式脂切）
6 第七轉	心平四	綏（儒隹切）	綏（息遺切）
7 第十一轉	邪去四	屐（奇逆切）	屐（徐預切）
8 同前	影上三	棜（依倨切，與『飫』同音）	淤（於許切）
9 第十二轉	影上三	詡（況羽切）	改列曉上三，而於此位另補『傴』字（於武切）
10 第十三轉	端平一	鼉	鼉（丁來切）
11 同前	見去二	誡（是征切）	誡（古拜切）
12 同前	溪去一	溉（古代切）	慨（苦溉切）
13 同前	影上一	欵（苦管切）	欸（於改切）
14 同前	曉上二	駭（侯楷切）	改列匣上二
15 同前	曉上四	傒（胡禮切）	改列匣上四
16 第十四轉	曉去二	豩	豩（火怪切）

續表

轉次	母調等	誤字	應據《韻鏡》校正
17 第十五轉	定去一	太（他蓋切）	大（徒蓋切）
18 同前	疑平二	崔（倉回切）	崖（五佳切）
19 第十六轉	幫去二	派（匹卦切）	庍（方卦切）
20 第十七轉	明入三四	蜜密	密美筆切，三等蜜彌畢切，四等
21 同前	徹入三	秩（直一切）	抶（丑栗切）
22 同前	影上四	引（余忍切）	改列喻上四
23 同前	曉平一	痕	痕（户恩切）改列匣平一
24 同前	匣上一	狠	很（故懇切）
25 第十八轉	澄入三	述（食聿切）	术（直律切）
26 同前	見上三	窘（渠殞切）	改列群上三
27 同前	從平四	脣（沿上而訛）	鷷（昨旬切）
28 第二十一轉	滂去四	騗	騗（匹戰切）
29 同前	影入二	齴 士限切，與『棧』同音，應併入 床上二	鶡（乙鎋切）
30 同前	（韻目平一）	山	改列平二

續表

轉次	母調等	誤字	應據《韻鏡》校正
31 第二十二轉	微平三	樠（《集韻》彌殄切）	樠（武元切）
32 同前	見上三	孌（力兖切）	卷（《集韻》九遠切）
33 第二十三轉	徹平三	⿰目延	脠（丑延切）
34 同前	照上三	⿰目善	膳（旨善切）
35 同前	匣上四	現（胡甸切）	峴（胡典切）
36 同前	日上三	⿰足兹	蹨（人善切）
37 第二十四轉	幫上一	叛 薄半切，與『畔』同音，應併入並去一	粄（博管切）
38 同前	溪去一	⿰金疑	⿰金款（口换切）
39 第二十五轉	知平二	凋 都聊切，與『貂』同音，應併入端平四	啁（陟交切）
40 同前	徹上三	[illegible]	[illegible]（丑小切）
41 同前	澄平二	祧	⿰禾兆（直交切）
42 第二十六轉	群平四	蹻（去遥切）	改列溪平四

續表

轉次	母調等	誤字	應據《韻鏡》校正
43 同前	疑平四	翹（渠遥切）	改列群平四
44 第二十七轉	透去四	柂（《集韻》余知切）	拖（吐邏切）
45 同前	溪上一	何（胡歌切）	可（枯我切）
46 第二十八轉	定去一	墮（徒果切）	隋（徒卧切）
47 同前	來去三	羸（羸有落戈、郎果二切）	𢋕（魯過切）
48 第二十九轉	從平四	查（鉏加切）	査（才邪切）
49 第三十一轉	徹入二	盫	𥂀（醜回切）
50 第三十二轉	透平一	蚺（《集韻》有如占、他念二切）	舑（他酣切）
51 同前	見去一	鮥	䲞（古蹔切）
52 同前	清上四	槧（有慈染、才敢、七艷諸切）	憸（七漸切）
53 同前	從上一	鏨（子敢切）	槧（才敢切）
54 第三十三轉	非上三	膠	腇（府犯切）
55 同前	溪上三	丩	凵（丘犯切）
56 第三十四轉	見去三	疆（居良切）	彊（居亮切）
57 第三十六轉	滂入二	柏（博陌切，與『伯』同音）	拍（普伯切）

續表

轉次	母調等	誤字	應據《韻鏡》校正
58 同前	並入三	㩧	欂(弼戟切)
59 同前	明去二三	命孟	孟命『孟』在二等敬韻,『命』在三等勁韻
60 同前	日入二	礐(力摘切)	改列來入二
61 第三十八轉	並入二	擗(毗亦切,在昔韻四等)	辮(蒲草切,在麥韻二等)
62 同前	端去四	叮(當經切)	矴(丁定切)
63 同前	透上四	挺(徒鼎切)	侹(他鼎切)
64 同前	定上四	(空格)	挺(徒鼎切)
65 第四十轉	透上一	姓(息正切)	黈天口切,同紐有『姓』字,與『姓』形近而訛
66 第四十一轉	娘上三	栣(如甚初)	拰(尼凜切)
67 第四十二轉	曉平一	恒(胡登切)	改列匣平一
68 同前	匣平一	峘(胡登切)	與恒併爲一紐
69 同前	匣平三	蠅(余陵切)	《韻鏡》亦誤列三等,應改列喻平四
70 第四十三轉	(韻目)	蒸等拯嶝證	應删

此本與他本不同而實並誤者，凡十條：

轉次	母調等	至治本	武英殿本	浙江局本	校改之字
1 第十轉	曉上三	虺	虺	虺	虺
2 第十一轉	清去四	覻	覻	覻	覷
3 第十三轉	疑去二	睃	睃	睃	睩
4 同前	匣去寄入二	䖒	䖒	䖒	叡
5 第十四轉	泥平一	慺	慺	慺	慺
6 第二十四轉	定去一	叚	叚	叚	段
7 同前	徹上三	睩	睩	睩	腞
8 同前	曉入三	旻	旻	旻	旻
9 第三十七轉	曉平四	眴	眴	眴	眴
10 第三十九轉	曉入四	䘏	䘏	䘏	䘏

此本誤而他本不誤者，凡十七條：

轉　次	母調等	至治本	武英殿本	浙江局本	
1 第四轉	徹上三	褫×	褫×	褫	
2 第五轉	來平三	羸×	羸	羸	
3 第七轉	見上三	軌×	軌	軌	
4 同前	心去四	邃×	邃×	邃	
5 第十三轉	來平四	黎×	黎×	黎	
6 第十四轉	喻去三	衛×	衛	衛	
7 第十五轉	明去四	袂×	袂	袂	
8 同前	來去一	賴×	賴×	賴	
9 第二十一轉	澄去二	袒×	袒	袒	
10 同前	溪上三	言×	言（去偃切）	言×	
11 同前	群去三	健×	健	健	
12 第二十四轉	來上一	夘×	卵	卵	
13 第三十一轉	匣去二	陷×	陷	陷	
14 第三十五轉	溪上一	廳×	廳	廳	

續表

轉次	母調等	至治本	武英殿本	浙江局本
15 第四十轉	見上三	夂×	久	久
16 同前	從上一	⿰魚乚×	鰕	鰕
17 第四十二轉	見入一	裓×	裓	裓

此外至治本凡從員者皆作『貟』，睘作『睘』，兑作『兊』，曷作『曷』，雋作『隽』，祭作『祭』，殳作『殳』，麥作『麦』，兮作『兮』，鼻作『鼻』，算作『筭』，夗作『夗』，册作『冊』，鬼作『鬼』，悤作『怱』，達作『達』，贊作『賛』，闌作『闌』，番作『畨』，『夐』作『夐』，爽作『爽』，奔作『奔』，夸作『夸』，専作『専』，丈作『丈』，尤作『尤』，則由沿襲當時之書寫體勢而然，或正或俗，宜分別觀之！凡此種種或此本是而他本非，或他本是而此本非，或此本與他本並非，要當參證《韻鏡》，旁稽音理，正其所短，取其所長，斯可成爲定本。段懋堂曰：『校書之難，非照本改字、不訛不漏之難也，定其是非之難。』（《經韻樓集》卷一二《與諸同志書論校書之難》）不其然歟？

一九三四年，北京大學既印行《韻鏡》《龍龕手鑑》及《西儒耳目資》以便學子研覽，馬幼漁先生更提議印行《通志》之《六書》《七音》二略，俾後來治文字音韻學者，明瞭夾漈已往之功績。嗣承徐森玉、趙斐雲兩先生贊助，乃由北平圖書館假得此本，景印流傳。其年秋，余自京來平，承乏北京大學語言學及音韻學講席，適逢印行此書之會，因就曩日研習所得，略論宋元等韻源流及《七音略》與《韻鏡》之異同，並對校諸本而判定其是非，聊供讀此書者之考鏡云爾。

中華民國二十四年四月二十五日羅常培序於北平北海靜心齋國立中央研究院歷史語言研究所。

校箋者注：羅常培先生此文據民國二十四年北京大學景印元至治本《通志・七音略》録入，並參校了一九三五年《歷史語言研究所集刊》第五本第四分羅常培《〈通志・七音略〉研究》（景印元至治本《通志・七音略》序）及《羅常培文集》（山東教育出版社，二〇〇八年十一月）第八卷《景印元至治本〈通志・七音略〉序》這兩個本子。又，既附録此文於此，則本書後所附南京圖書館藏民國二十四年北京大學景印元至治本《通志・七音略》的影印圖版就不再收録此序，以避免重複。

參考書目

一、《七音略》

元至治本　北京大學，一九三五年；臺北藝文印書館，一九七六年
金壇于敏中重刻本　清乾隆十三年（一七四八）
大中堂本　清乾隆十四年（一七四九）
崇仁謝氏重刻本　清咸豐九年（一八五九）
仿明刊本　清乾隆間
武英殿本　清乾隆間
浙江書局本　清光緒二十二年（一八九六）
上海圖書集成石印本　清光緒二十七年（一九〇一）
上海中華書局聚珍本　民國年間

二、《韻鏡》

嘉吉元年寫本	日本古典保存會，一九三四年
寶生寺藏福德二年本	日本相模工業大學紀要，一九八〇年
六地藏寺本	日本汲古書院《六地寺善本叢刊》第五卷，一九八五年
應永元年寫本	馬淵和夫所用底本。日本岩南堂書店，一九八一年
永禄本	黎刻本(《古逸叢書》之十八)。古籍出版社影印，一九五五年
寬永十八年本	日本
北大本	北京大學，一九三四年。舊誤稱寬永十八年本
寬永五年本	日本勉誠社，一九七七年
韻鏡開奩	日本於一條室町篗屋堂，一六二七年

三、韻書、字書等

《唐寫本切韻殘卷》	王國維抄本三種，一九二一年

《刊謬補缺切韻》 内府藏唐寫本唐蘭仿寫本，一九二五年

《王仁昫刊謬補缺切韻》 故宫博物院，一九四八年

《廣韻》 黎刻本（《古逸叢書》之十）；明内府本（《小學彙函》第十四）；澤存堂本（北京中國書店，一九八二年）

《鉅宋廣韻》 上海古籍出版社，一九八三年

《集韻》 楝亭本（北京市中國書店，一九八三年）；述古堂影宋抄本（上海古籍出版社，一九八五年）；宋刻本（中華書局，一九八八年）

《十韻彙編》 北京大學，一九三五年

《廣韻聲系》 中華書局，一九八五年

《説文解字》 汲古閣第四次、第五次刻本；藤花榭本；陳昌治本（中華書局，一九六三年新一版）

《説文解字繫傳》 中華書局，一九八七年

《玉篇》 澤存堂本（北京市中國書店，一九八三年）

《原本玉篇殘卷》 中華書局，一九八五年

《類篇》 姚刊本（中華書局，一九八四年）；汲古閣影宋抄本（上海古籍出版社，一九八八年）

《經典釋文》　通志堂本（中華書局，一九八三年）；宋元遞修本（上海古籍出版社，一九八五年）

《正續一切經音義》　上海古籍出版社，一九八六年

《篆隸萬象名義》　日本東京大學出版會，一九七七年

《篆隸萬象名義索引》　日本東京大學出版會，一九七七年

《辭書集成》　團結出版社，一九九三年

《廣雅疏證》　江蘇古籍出版社，一九八四年

《説文解字注》　上海古籍出版社，一九八一年

《切韻考》　北京市中國書店，一九八四年

《字林考逸》　《小學彙函》本

《十三經注疏》　中華書局，一九八〇年

四、專著與論文

董同龢　《等韻門法通釋》，《歷史語言研究所集刊》一九四九年第十四册

〔瑞典〕高本漢　《中國音韻學研究》（趙元任、羅常培、李方桂譯）商務印書館，一九四八年

高　明　《中國聲韻學大綱》（張洪年譯），中華叢書編審委員會，一九七二年
《等韻研究導言》，《高明小學論叢》，黎明文化事業股份有限公司，一九七八年（二六六—二七〇）
《嘉吉元年本韻鏡跋》同上（二七二—三〇一）
《韻鏡研究》同上（三〇二—三四二）
《鄭樵與通志七音略》同上（三四四—三五九）
《四聲等子之研究》同上（三六〇—四〇〇）
《經史正音切韻指南之研究》同上（四〇〇—四四四）
黄　焯　《經典釋文彙校》，中華書局，一九八〇年
姜亮夫　《瀛涯敦煌韻書卷子考釋》，浙江古籍出版社，一九九〇年
孔仲温　《韻鏡研究》，臺灣學生書局，一九八七年
李　榮　《切韻音系》，科學出版社，一九五六年
李新魁　《韻鏡校證》，中華書局，一九八二年
《漢語等韻學》，中華書局，一九八三年
《韻鏡研究》，《語言研究（創刊號）》，中華書局，一九八一年
劉　復　《敦煌掇瑣》，《中國科學院考古研究所考古學刊》第五號

龍宇純　《唐寫全本王仁昫刊謬補缺切韻校箋》，香港中文大學，一九六八年
《韻鏡校注》，臺北藝文印書館，一九七六年（第五版）
羅常培　《〈通志·七音略〉研究》（影印元至治本〈通志·七音略〉序》），《歷史語言研究所集刊》第五本第四分，一九三五年
《羅常培語言學論文選集》，中華書局，一九六三年
魯國堯　《盧宗邁切韻法述評》《盧宗邁切韻法述評（續）》（《中國語文》一九九二年第六期、一九九三年第一期）
《魯國堯自選集》，河南教育出版社，一九九四年
周祖謨　《廣韻校本》，中華書局，一九六〇年
《唐五代韻書集成》，中華書局，一九八三年
《方言校箋》，科學出版社，一九五六年
〔日〕馬淵和夫　《韻鏡校本と廣韻索引》，日本岩南堂書店，一九七〇年
余迺永　《新校互注宋本廣韻》，上海辭書出版社，二〇〇〇年
邵榮芬　《切韻研究》，中國社會科學出版社，一九八二年
魏建功　《古音系研究》，中華書局，一九九八年
吴承仕　《經籍舊音辨證》，中華書局，一九八六年

楊　軍　《〈韻鏡校證〉補正》，《貴州大學學報》一九九五年一期
《〈韻鏡校證〉續正》，《古漢語研究》二〇〇一年二期
《北大本〈韻鏡〉的版本問題》，《貴州大學學報》二〇〇一年四期

附：馬淵和夫《韻鏡校本》版本簡名

（延）　延德識語本
（文）　文龜二年本
（仙）　大永二年本
（國）　天文十九年本
（元）　元龜本　佐藤琴子藏
（正）　元和本　高野山正智院藏
（理）　天理大學附屬圖書館別本
（佐）　佐藤本　佐藤琴子藏
（和）　和長大納言本
（大）　大矢本
（玄）　元德三年本
（享）　享祿本

跋一

黄笑山

我友楊軍大著《元至治本〈七音略〉校注》(以下簡稱《校注》)殺青,囑我寫篇跋文。能爲同道好友的書作跋,能把自己的想法續貂在這樣精審的著作之後,是件榮耀事,我欣然答應。可當我坐下來認真讀完全書考慮下筆之時,就感到爲這樣厚重的學術著作寫跋非我力所能及之事。《校注》材料之豐,校注之細,功力之深,莫説作跋,就是通篇讀一遍也令人生畏。若置喙於是,難免説外行話,徒被哂笑。而然諾在先,衹好勉力爲之,説點『邊緣』的話。

《七音略》跟《韻鏡》一樣都是早期韻圖,它們所提供的整體音系框架及其内部列字細節是研究中近古語音史的重要材料。可是早期韻圖的性質究竟如何,學界對於這個問題的看法卻並不一致。本人讀韻書韻圖以來,看法也幾經變化。

開始接觸韻圖時,頗信韻圖乃《切韻》系韻書圖解之説,大凡韻書所分之四聲、大韻、小韻,反切所分之韻類、聲類,在《韻鏡》《七音略》中無不反映。參照韻圖,可以不太含糊地知道韻書中各種音類之間的關係。雖然也看到了韻書韻圖的不同,但是相信清人潘耒《等韻辨・圖説》(《類音》卷二)説的話:『作等韻者見各韻中或止有開齊(蟹效流深咸等攝),或止有合撮(遇攝），或止有開口（江果等攝），遂謂兩等足以置之。而縱列三十六母爲三十六行則太密，橫列二等則太疏，乃取知徹澄娘列於端透定泥之下，非敷奉微列於幫滂並明之下，照穿牀審禪列於精清從心邪之下，蹙爲二十三行；橫列四等，合平上去入爲一等共十六格，欲令適中，於是以第一、第四等上層爲見溪至來日二十三母之位，第二、第三爲下層知徹至審禪十三母之位。每韻中止有一、二呼者則以一幅盡之，有三呼、四呼者分爲兩幅。此其立法之本意也。』以爲確是韻圖遷就韻書又限於圖格疏密的結果，因此所謂『假二等』『假四等』位置和真實地位不符。

後對《切韻》系韻書和《韻鏡》的結構作了比較分析，並試圖爲它們分別作出構擬，我這纔開始改信陳澧《切韻考・外篇》（卷三）説的話『字母等韻者，宋元之音，不可以論唐以前音韻之學也』，感到韻書韻圖是兩個不同時代的材料，《切韻》代表南北朝至隋、初唐時期之通語系統，《韻鏡》代表中晚唐至五代時期之通語系統，兩者間之同與異皆爲語音發展的結果。雖然《韻鏡》《七音略》這樣的韻圖確實照韻書字填入圖格，亦頗照顧《切韻》系韻書分類，或亦兼有解釋韻書之使命，然而編製韻圖的語言基礎卻是製圖時代之系統，斷非《切韻》時代之音系。若謂韻圖爲韻書而作，其縱列聲橫行韻，必應清晰明瞭地反映韻書音類，爲何捨本逐末地照顧圖格疏密而攪亂韻書音類呢？爲何韻書同韻韻圖不同行、韻圖同列韻書不同聲呢？爲何韻書同韻韻圖分圖、韻圖同圖韻書異韻呢？顯然韻圖不是專爲韻書的韻類設計的。

韻圖的產生發展或有神秘因素，是否此類因素造成韻圖目前之格局？嘗聞韻圖計『有聲有形與有聲無形萬一千五百二十聲』，不但『該括世之所有之聲』，而且『揣其聲數，乃《易》之大衍』（轉引自魯國堯師《〈盧宗邁切韻法〉述評》）。此數正應《易・繫辭上傳》所謂：『《乾》《坤》二篇之篆萬有一千五百二十，當萬物之數也。』據説李登《聲類》正有此一萬一千五百二十字，而《切韻指掌圖》『有聲有形與有聲無形』（四聲四等三十六字母列二十圖）也正應此數。宋代《盧宗邁切韻法》之『有聲有形與有聲無形』蓋爲一萬六千一百九十二聲（四聲四等二十三紐位列四十四圖），然亦稱『萬有一千五百二十聲』，盧宗邁其已見《切韻指掌圖》式格局歟？又《切韻指掌圖・董南一序》和《四聲等子序》皆云韻圖『三十六字母總三百八十四聲』，此數究竟何指，頗難知曉；而《易》有六十四卦，卦有六爻，所得正是此數。爲了應此萬物之數，韻圖中有多少巧合、多少人爲尚需深究，然僅就此反觀《韻鏡》《七音略》之三百六十八聲（四聲四等二十三紐位）或一萬五千八百二十四聲（四聲四等二十三紐位列四十三圖），可知早期韻圖並没有神秘到術數化之程度。

韻圖列圖不純任韻書，又不爲合大衍，所建框架當依時音。韻圖四等不同於韻書分類，細看李榮先生《切韻音系》『各類韻母在韻圖裏的位置』所列出《七音略》和王三聲韻格局便知。（見下表一）其間聲韻配合情形之同異，愚意以爲正是音系演變的結果：

表一 《切韻》與《七音略》聲韻格局

《切韻》	脣	舌	牙	齒		喉		《七音略》	脣	舌	牙	齒	喉
一等韻-∅-	幫	端來	見	精		影	⇩	一等-∅-	幫	端來	見	精	影
二等韻-r-	幫	知來	見	莊		影	⇩	二等-r-	幫	知來	見	照	影
鈍三等韻-i-	幫		見	莊		影云	⇩⇨	三等-i-	幫/非	知來	見	照日	影云
銳三等韻-i-	幫	知來	見	精	章日	影以	⇩⇨	四等-ji-	幫	端來	見	精	影以
四等韻-∅-	幫	端來	見	精		影	⇨		⇨	⇨	⇨	⇨	⇨

分析《切韻》反切可知，《切韻》時代四等韻與一等韻應屬同類，三等韻裏脣牙喉重出爲銳鈍兩類，知來跟精章日以同爲銳類（上古銳類舌音到《切韻》時代變入齒音章組日母，於舌音中所留空缺漸爲知來擠佔）。至於《韻鏡》《七音略》時代，原四等韻併入銳三等韻爲韻圖四等，鈍三等韻脣音在非前元音條件下變成輕脣音，齒音莊組三等韻併入二等，章組列入三等並與新莊組併成照組，形成四等格局。若對韻書韻圖同異的性質無清醒認識，便無法從韻圖中看到當時語音面貌，便會把有獨立語音史價值的韻圖材料僅祇當成韻書之注腳。

然韻圖性質並不單純，正如魯國堯先生所説，韻圖是層纍所造。韻圖在流傳過程中經過不斷增删修改，佈圖列字不僅可能有前代韻書影響，且可能攙進抄寫或再版時期的語音現象，韻圖原始面貌已不能從現在所見版本直接辨識了：今圖中有音有字之格，原或爲空位；今格中所填之字，或非原本之字；或原字在此，今則在彼；甚或標音記號，竄入修訂再版之圖。如果對此類現象没有正確的認識和瞭解，要直接以今天所見韻圖材料構擬某個時期的語音，必會有所偏差；在此基礎上談單字音的發展，則將出現嚴重失誤。因此學者們精心比較各種韻圖韻書，希望能够搞清楚早期韻圖的原貌。自羅常培先生（一九三五）校訂《七音略》錯訛一千五百事以来，李新魁先生、龍宇純先生、孔仲温先生、潘文國先生都對早期韻圖下過功夫。但是專爲《七音略》作校注者，至今唯見羅常培先生幾十年前之成果。以今論之，其研究注重諸本異同比較，然所據版本衹有三種，不足以斷其是非，糾其錯謬，考其源流，故精審如羅常培先生亦不視所校爲定本。今《校注》取《七音略》版本九種、《韻鏡》版本八種互校，既校《七音略》，實亦兼校《韻鏡》，其初始考慮當是基於兩種韻圖同出一祖本之假設，既然同源，兩相比較，參以其他證據，便可逐層剥除其纍加、錯誤之處，看清其原始面貌，然後可理清諸系韻圖沿襲、發展的路徑，爲進一步重建早期韻圖音系奠定扎實可靠的基礎，也爲韻書研究提供有益的參照。

曾記段玉裁説過：『校書之難，非照本改字不訛不漏之難也，定其是非之難。』校注韻圖非同尋常文獻，不僅難以『照本改字』，若無相當古文獻及音韻學功力者，亦無法做到『不訛不漏』，更何況這項工作必須『定其是非』，其難可想而知。然《校注》精闢入裏之處上千條，令人感佩。正因其難，《校注》所定是非，或亦有可議之處，如《七音略》内轉第一入聲三等娘母之『朒』，楊校指出切三此字作『朒』，安六反，認爲此切上字『安』當作『宂』，並引《唐韻》『肉，又作宊，如六反』爲證，謂『宊六反』以日切娘，古類隔切。愚意以爲，《唐韻》的『肉（宊）』讀『如六反』不能作爲『肭』讀『宊六反』的證據；且《切韻》系韻書似無用『肉（宊）』字作反切上字之例，故雖用類隔之説，似亦不如直接取王韻、《唐韻》、《廣韻》、《集韻》爲證而校爲『女六反』；及檢切三（S. 2071），此小韻作『肭，月朔見東方，女六反，五』，並不作『安六反』，楊校所據版本或有誤歟？此字校以『肭』字爲正則是矣，《説文》諸本篆作『肭』，清代治《説文》者皆正作從月肉聲，故音女六反。

在印刷術普及之前，手寫抄本中俗字異體字之多，聲形增省、替換借代、類化混併、繁簡變異，隨時推移，至刊刻之時，錯亂未泯，正如唐釋雲公《大般涅槃經音義序》所云：『復覽諸家音義，梗概相傳，梵語未譯於方言，字體仍含於真僞，遂使桃挑渾於手木，悵帳亂於心巾，賸草繁於果園，要點删於寫富。』如何處理異體俗字，成了現在古文獻校理的一個重要問題。《校注》爲求得原貌，點畫不苟，正俗不混，糾謬還原，功夫匪淺。然俗字處理，不同正體，韻圖中異體俗字夥頤，見仁見智之處難以求全。例如《校注》內轉第四十平四疑之空格，王韻、《廣韻》、《韻鏡》作『聱』字，《十韻彙編》抄録切三作『敖』居『耴』上，但S. 2071『耳』的右邊不是『乚』而是『炎』，《校注》謂『炎』乃『丩』之俗。似此點畫之差，《校注》皆予指出，求真之心可知矣。然就『聱』字而論，《校注》謂《十韻彙編》所録有誤，謂其字右下『乚』非而『炎』（丩）是，大概因『丩』聲入幽韻於音理最切。然古來狀魚鳥衆聲『聱耴』連言，俗『聱』字因其下『耴』字而類化，遂當如

王國維、姜亮夫所録之形；而 S. 2071 所作或是俗字又變之形。若依此言，則『聱』字入幽韻非
關『乚』『炎』，乃古韻宵幽之異讀也。

敬佩之餘，更引以爲知音，直言所至，竟忘所以，完全不顧文體，也不説恭維的話。錯誤之
處，還請楊軍兄及各位方家教正。

二〇〇三年四月三日於杭州高教新村

跋 二

儲泰松

很早就聽人説過楊軍的大名，但第一次謀面卻已是一九九九年，其時正忙於應付博士論文。那年九月初的一天，導師魯國堯先生打電話給我説，訪問學者楊軍教授即將到南京，要我負責接待一下。我聽了很高興，被論文糾纏得焦頭爛額的時候，會會新朋友倒是一劑『洗腦』的靈丹妙藥。第一次見面，閑聊了幾句，發現彼此甚是投緣，感到很親切。他給我的第一印象是：爲人誠懇，聲音宏亮，思維活躍，嘴上一旦叼起香煙，更是滔滔不絶，新見迭出；尤其是後來顯示出的對中古、上古文獻的熟悉程度，更是讓大家印象深刻，我們都自愧弗如，敬佩之情油然而生。不久，彼此之間就有了默契，因爲楊兄年長，大家都喊他老楊、老同志，私下裏更是戲稱他爲『老鬼』，他也不以爲意，有時竟以『老鬼』自居。

魯先生對訪問學者有一個要求：訪問結束時要在專業内做一場學術報告，向大家彙報一年來的學習心得和研究成果。這就要求訪問學者進校時就要確定一年的研究課題，而且最好符合自己的專業特長和學術興趣，這爲我和楊兄創造了許多深入交流的機會。他曾深入研究過《集韻》《韻鏡》，對其有獨到的認識，覺得已有的《韻鏡》校本並不完善，想重校《韻鏡》；對太老師羅常培先生的《〈通志·七音略〉研究》《釋内外轉》兩文頗有異議，所以又想重校《七音略》，但是國内《韻鏡》《七音略》版本不多，有的還難睹其面，尤其是日本的古寫本，更是無從覩見。因爲這個原因，他比較猶豫，想做又没有幾個版本。討論的結果，他準備先去看看南京圖書館收藏的《七音略》版本，我建議他跟魯先生商量一下，談談自己的設想。魯先生主張兩書都做，並告訴他南大圖書館有元至治本《七音略》，先生在日本時收藏了不少《韻鏡》各種版本的複印件，全部借給了楊兄，並請日本、中國香港的朋友幫忙搜集其他版本。他很興奮，激動得像個小孩，臉上洋溢着快樂的光芒，説工作底本有了，可以做這個題目了。他用了大約半個月時間，在南大、南圖先後找到了十餘種《七音略》版本。不久，稀見的《韻鏡》版本也陸陸續續寄到南京。那段時間，楊兄簡直就像一個快進洞房的新郎官一樣，成天手舞足蹈，面泛紅光，語帶激動。受其感染，我們師兄弟也一個個是臉色光鮮，熱鬧非凡。當時楊兄自稱是天底下最幸福的人，我絲毫不懷疑楊兄此言的真實性，他讓我平生第一次感受到什麽是讀書人的快樂，什麽叫得償所願。其情其景，至今仍歷歷在目。

校注伊始，楊兄基本上沿襲了羅常培先生的思路：比對版本，求證韻書、字書，不同之處在於採用的版本，參考的韻書、字書範圍擴大；而對俗字、韻圖反映的語音變化等問題基本上採取了忽略的態度。由於資料較多，進度較慢。關於韻圖的形成，魯先生極力主張是層纍而致。對於這一説法，我相信楊兄一開始是不以爲然的。但隨着校注工作的深入展開，楊兄發現羅先生『凡此本是而他本非，或他本是而此本非，或此本與他本並非』這一思路衹能解決平面上的『是非』問題，而對於致誤之由卻無能爲力。要解決這個問題，層纍説是最好的突破口。這時，楊兄及時調整了自己的研究思路，以『韻圖是層纍造成的』爲基本出發點，重視不同版本間的差異尤其是演變情況；重視字形變異（俗字），注意《韻鏡》是而《七音略》非或《七音略》是而《韻鏡》非的具體情形及《七音略》與不同韻書、字書之間的參差情況；注重從語音變化的角度來認識訛誤與變異。

思路既定，進度就快多了。楊兄每校好一轉，都會來我們寢室坐一下，説轉説攝，説層纍説王三，説鄭樵説馬淵和夫，間或互相調笑一句，那種快樂是無法用言辭來表達的。同寢室戲劇專業的朱衛兵兄耳濡目染，對等韻學的瞭解一點也不亞於漢語史專業的研究生，每每看到楊兄，他就會戲謔地對我説：『「王三」來了，你們又要「轉」了。』

楊兄在南大的訪學時間衹有一年，由於别的研究計劃的衝擊，再加上魯先生給了他不少審閲論文的任務，佔用了他很多時間，所以到他離開南京時，這個課題没有最終做完，衹完成了《韻鏡》和《七音略》的長編初稿，後來陸續得到的一些資料也没有來得及補進去，而他的構想是要把《韻鏡校箋》和《七音略校箋》做完後分别録入電腦。但他的基本思路和基本方法均已定型，如韻圖是層纍形成的、内外轉與莊組的關係、鄭樵的韻學水平等等，楊兄都已經比較堅持自己的看法了。

離開南京之後，他回到貴陽，我去了復旦。雖然分隔兩地，沒有機會見面，但我們一直保持着聯繫。電話、伊妹兒交談的主題仍然是他的《韻鏡校箋》和《七音略校注》，他告訴我的第一句話往往是：到了第幾轉了，還有幾轉。本來他是想先完成《韻鏡校箋》的，因爲又有新的資料需要補充，所以他打電話跟魯先生商量，決定改變計劃，先完成《七音略校箋》。二〇〇二年初，我一直忙於出站報告，跟楊兄也有好長一段時間沒有聯繫。一天，突然接到他的電話，熟悉的聲音從話筒的那一端傳來：『告訴你一個好消息，已經轉完了。』我連説恭喜恭喜，那一刻我深深體會到楊兄的功成之後的快意，緊張疲頓之後的如釋重負，專注之後的輕鬆。

承蒙楊兄盛情，讓我這個對等韻學一竅不通的人爲他寫跋，着實讓我犯難。評價楊兄此書，實非自己學養所能及，拒絶吧，又是卻之不恭。好在對楊兄的寫作過程比較熟悉，所以拉拉雜雜寫了以上文字，用答楊兄雅意，文字乾澀，博雅君子幸勿誚焉。

癸未年歲首於安徽師大

後記

經過數年的工作，《七音略校箋》終於完成並即將付印出版了。面對着這部書，讓我想起許多，特别是我的幾位恩師。正是他們長期的培養、關懷和指導，纔使我的努力有了一點成果。

我要感謝母校貴州大學的蔣希文師和胡衍孫（諱廼廉，後名李曄）師，我有幸跟他們學習了將近二十年，在這些日子裹，我主要跟蔣希文師學習語言學、漢語音韻學和方言學，跟胡衍孫師學習文字學、訓詁學、文獻學，同時閲讀了大量的經史要籍和相關的學術著作。正是由於經過了長時間系統、正規的訓練，我纔具有了比較扎實的功底，也纔具有了一些獨立研究的能力，并對漢語音韻文字之學産生了濃厚的興趣，這也是使我最終走上學術之路的重要原因。

近些年來，對我幫助最大的是南京大學的魯國堯師。是他精心爲我確定了階段性的研究方向，是他不遺餘力地爲我搜尋了許多重要的資料，也是他對我的具體研究提供了長期的指導。可以説，如果没有先生的指導、幫助、關懷和鼓勵，我絶無條件把對早期韻圖的研究堅持下來，也絶對不可能寫成這本《校注》，更不可能從事目前正在進行的《韻鏡》研究。認識魯國堯師是一九九五年春天，魯先生應蔣先生和王鍈先生的邀請，到貴州大學來主持研究生的答辯。我當時是蔣先生的助手，同時又爲答辯委員會做一些秘書工作，因此跟先生的接觸較多，也有了向先生問學的機會。這一次時間雖短，但先生仍給了我很多指教，並且還鼓勵我把早期韻圖的研究繼續下去。一九九九年九月，我到南京大學做先生的國内訪問學者，先生根據我的具體情況指定我研究《韻鏡》，後來又要我同時作《七音略》。記得剛到南京，丁治民博士陪我一起到南秀村拜謁先生，談話之間，先生取出一個包遞給我。我打開一看，是日本出版的《六地藏寺韻學資料》，其中有六地藏寺所藏的寫本《韻鏡》和幾種極爲珍貴的資料。有幸目睹這些國内罕見的東西，着實讓我興奮不已。先生要我先别急，帶回去再作研究，並且説還會陸續給我更多的資料。往後的一段時間裏，先生又設法從日本、中國香港和中國臺灣等地爲我的研究找到了許多必不可少的資料。僅就《韻鏡》而言，除了永禄本和北大本以外，我在《參考書目》裏列出的其他各種寫本、刊本，都是先生多年來陸續搜集到的。除了這些，先生對我的研究也給予了非常重要的指導。我在南京學習期間，先生曾經跟我談過好幾次話，談話有時在南秀村先生府上，有時候在我所住的宿舍裏。所談的内容很多，其中一個重要内容就是關於《韻鏡》《七音略》這類早期韻圖的『層纍』性質。這個問題對我的研究影響極大，使我能够站在一個全新的角度去思考和判斷早期韻圖性質，並得以解決其中的許多問題。我以爲，先生如此苦心地栽培一個來自西部落後地區的學人，不僅僅因爲我勉强算得上『孺子可教』，更爲重要的原因應該是他常常强調的『學術者，天下之公器也』『學術是鏈』的理念。他正是身體力行，讓學術之鏈環環相扣，火盡薪傳。

提到對我的幫助，我還要感謝香港中文大學的黄耀堃先生，感謝日本京都大學的平田昌司教授和至今尚未謀面的齋藤希史教授，他們不僅自己不憚其煩地爲我尋找、複印並郵寄資料，還請其他的學者幫助搜集相關資料，使我的研究能够順利進行。我還要感謝我的朋友虞萬里先生、黄笑山先生和儲泰松先生，除了感謝他們爲這本書或題寫書名或作跋文以外，還感謝他們和我討論許多問題，讓我從中獲得了許多很好的教益。

我還要向上海辭書出版社的楊蓉蓉女士和沈毅驊先生表示感謝，他們爲這本書的編輯出版付出了辛勤的勞動，得到這樣的同行學者做這本書的責任編輯，不能不令我感到三生有幸。

此外，還有許多同好一直關心着我的研究，也關心着這本書，我爲我不能在此一一向他們致謝而表示歉意。

楊　軍

二〇〇三年三月記於貴陽花溪

附：

南京圖書館藏

民國二十四年北京大學景印元至治本《通志·七音略》

七音略

錢玄同題

七音略第一　通志三十六

七音序

天地之大其用在坎離人之爲靈其用在耳目人與禽獸視聽一也聖人制律所以導耳之聰制字所以擴目之明耳目根於心聰明發於外上智下愚自此分矣雖曰皇頡制字伶倫制律歷代相承未聞其書漢人課籀隸始爲字書以通文字之學江左競風騷始爲韻書以通聲音之學然漢儒識文字而不識子母則失制字之旨江左之儒識四聲而不識七音則

失立韻之源獨體爲文合體爲字漢儒知以說文解字而不知文有子母生字爲母從母爲子子母不分所以失制字之旨四聲爲經七音爲緯江左之儒知縱有平上去入爲四聲而不知衡有宮商角徵羽半徵半商爲七音縱成經衡成緯經緯不交所以失立韻之源七音之韻起自西域流入諸夏梵僧欲以其教傳之天下故爲此書雖重百譯之遠一字不通之處而音義可傳華僧從而定之以三十六爲之母重輕清濁不失其倫天地萬物之音備於此矣雖鶴唳

風聲雞鳴狗吠雷霆驚天蚊䖟過耳皆可譯也況於人言乎所以日月照處甘傳梵書者爲有七音之圖以通百譯之義也今宣尼之書自中國而東則朝鮮西則涼夏南則交阯北則朔易皆吾故封也故封之外其書不通何瞿曇之書能入諸夏而宣尼之書不能至跋提河聲音之道有障閡耳此後學之罪也舟車可通則文義可及今舟車所通而文義所不及者何哉臣今取七音編而爲志庶使學者盡傳其學然後能周宣宣尼之書以及人面之域所謂用夏變夷當自此始

臣謹按開皇二年詔求知音之士參定音樂時有柱國沛公鄭譯獨得其義而爲議曰考尋樂府鍾石律呂皆有宮商角徵羽變宮變徵之名七聲之内三聲乖應每加詢訪終莫能通先是周武帝之時有龜茲人曰蘇祗婆從突厥皇后入國善胡琵琶聽其所奏一均之中間有七聲問之則曰父在西域號爲知音世相傳習調有七種以其七調校之七聲冥若合符一曰娑陁力華言平聲即宮聲也二曰雞識華言長聲即南呂聲也三曰沙識華言質直聲即角聲也四曰沙侯加濫華言應聲

即變徵聲也五曰沙臘華言應和聲即徵聲也六曰般
贍華言五聲即羽聲也七曰俟利箑華言斛牛聲即變
宮也譯因習而彈之始得七聲之正然其就此七調又
有五旦之名旦作七調以華譯之旦即均也譯遂因琵
琶更立七均合成十二應十二律律有七音音立一調
故成七調十二律合八十四調旋轉相交盡皆和合仍
以其聲考校太樂鐘律乖戾不可勝數譯爲是著書二
十餘篇太子洗馬蘇夔駮之以五音所從來久矣不言
有變宮變徵七調之作實所未聞譯又引古以爲據周

有七音之律漢有七始之志時何妥以舊學牛弘以巨
儒不能精通同加沮抑遂使隋人之耳不聞七調之音
臣又按唐楊收與安涗論琴五絃之外復益二絃因言
七聲之義西京諸儒惑圜鍾函鍾之説故其郊廟樂惟
用黄鍾一均章帝時太常丞鮑業始旋十二宫夫旋宫
以七聲爲均均言韻也古無韻字猶言一韻聲也宫商
角徵羽爲五聲加少宫少徵爲七聲始得相旋爲宫之
意琴者樂之宗也韻者聲之本也皆主於七名之曰韻
者蓋取均聲也臣初得七音韻鑑一唱而三嘆胡僧有

此妙義而儒者未之聞及乎研究制字考證諧聲然後知皇頡史籀之書已具七音之作先儒不得其傳耳今作諧聲圖所以明古人制字通七音之妙又述內外轉圖所以明胡僧立韻得經緯之全釋氏以參禪爲大悟通音爲小悟雖七音一呼而聚四聲不召自來此其麤淺者耳至於紐躡杳冥盤旋寥廓非心樂洞融天籟通乎造化者不能造其閫字書主於母必母權子而行然後能別形中之聲韻書主於子必子權母而行然後能別聲中之形所以臣更作字書以母爲主亦更作韻書

以子爲主今兹內外轉圖用以別音聲而非所以主子母也

諧聲制字六圖

諧聲者六書之一書也凡諧聲之道有同聲者則取同聲而諧無同聲者則取協聲而諧無協聲者則取正音而諧無正音者則取旁音而諧所謂聲者四聲也音者七音也制字之本或取聲以成字或取音以成字不可備舉今取其要以證所諧兹所不載觸類而長

正聲協聲同諧圖第一

空
- 倥（同聲）
- 控（協聲）

同
- 銅（同聲）
- 洞（協聲）

夭
- 妖（同聲）
- 笑（協聲）

隹
- 雖（同聲）
- 惟（協聲）

聲音俱諧圖第二

賓牝擯　畢俾臂
必
密駜　閟泌

而耳餌　仍耳（仍拯反）　仍（去聲）
日
珥　耿

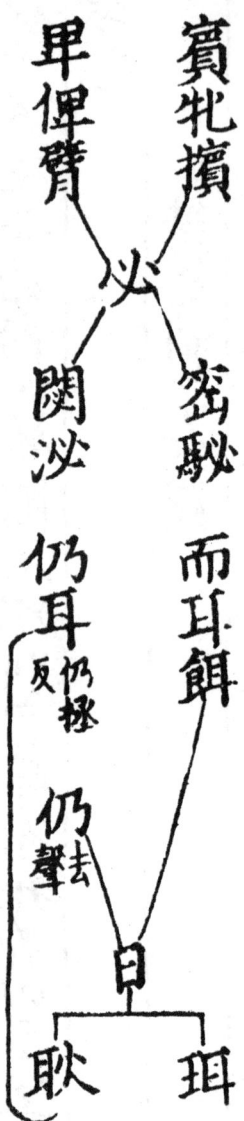

附　民國二十四年北京大學景印元至治本《通志·七音略》

音諧聲不諧圖第三

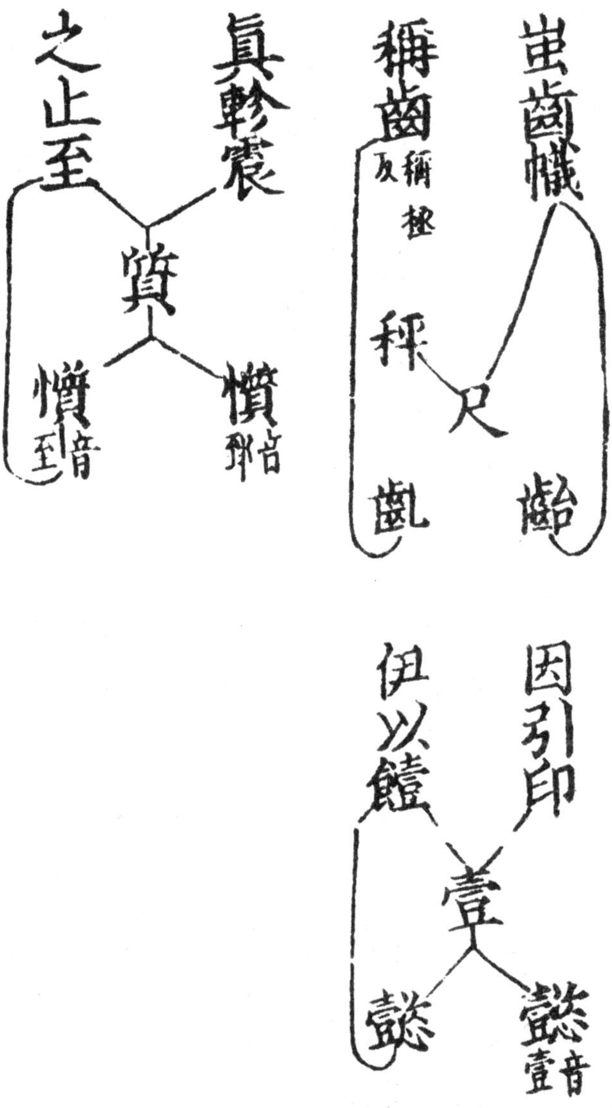

膺郢應　億
噫矣意
慵僮僮去聲　𤜵
酬壽售

盈郢孕　翼
飴以異
繩乘上聲剩　寔
時是上聲跂

一聲諧二音圖第四

簫亦作箾
簫小肖肅
箾小肖削

暱亦作昵
紉女鄰紉上聲紉去聲暱
尼柅暱昵

一音諧二聲圖第五

切擣到卓
凋鳥釣著
刀（音忉）（音凋）
叨　召

濤擣壽鐸
遥犬雕藥
匋（音濤）（音遥）
陶（陶冶之陶）　陶（皋陶之陶）

一音諧三聲圖第六

魚語御獄
衙雅迓獄
梧五悟砡
吾
音吾我之吾又音魚國語暇豫之吾是也又音牙漢金城允吾縣是也
語圄　衙逜　梧浯

且（子邪切）且且（去聲）鏃
俎祖胙族
疽咀沮足
且
千也切又音俎又音疽
罝姐　俎祖　疽咀

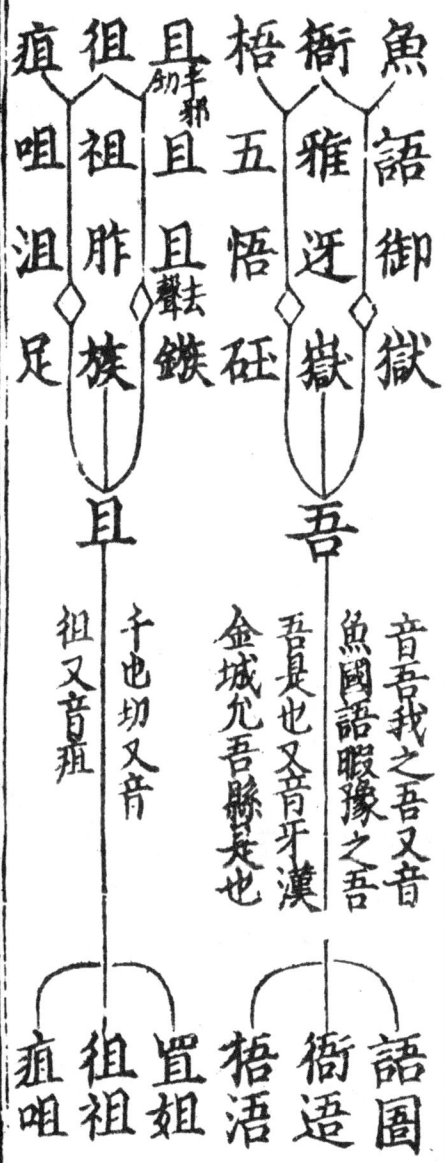

內轉第一

	幫	滂	並	明	端 知	透 徹	定 澄	泥 孃	見	溪	群	疑
	羽				徵				角			
平		捀	蓬	蒙	東	通	同		公	空		岘
	風	豐	馮	瞢	中	忡	蟲		弓	穹	窮	
上	琫		捀	蠓	董	桶	動	[illegible]		孔		湡
去			㩼	幪	凍	痛	洞	齈	貢	控		
	諷	賵	鳳	夢	中	蟲	仲			焪		
入	卜	扑	瀑	木	穀	秃	獨		穀	哭		
	福	蝮	伏	目	竹	蓄	逐	肭	菊	趜	驧	砡

通志七音略卷之二 七

重中重

精照	清穿	從床	心審	邪禪	影	曉	匣	喻	來	日	
商					宮				半徵	半商	
嵏	葱	叢	檧		翁	烘	洪		籠		東
	𩅧	崇									
終	充				硧	㲉	雄		隆	戎	
			嵩					融			
緫		𢭃	敵		蓊	嗊	澒		曨		董
糉	謥	𢨗	送		瓮	烘	哄		弄		送
		𠟍									
衆	銃										
	趥										
鏃	瘯	族	速		屋	縠			禄		屋
縬	珿	蔟	縮								
粥	俶	孰	叔		郁	蓄		囿	六	肉	
蹙	鼀	𪓰	肅								

內轉第二

	幫非	滂敷	並奉	明微	端知	透徹	定澄	泥孃	見	溪	群	疑
	羽				徵				角			
平												
	封	峯	逢			蹱	重	醲	恭	銎	蛩	顒
上				鴾	湩	統		繷				
	覂	捧	奉		冢	寵	重		拱	恐	梁	
去				霿	䳯	統		癑				
	葑		俸	艨	湩		重	械	供	恐	共	
入	襮	蔔	僕	瑁	篤	儥	毒	褥	梏	酷		
				媢	瘃	捒	躅	溽	輂	曲	局	玉

百八十三

精	清	從	心	邪	影	曉	匣	喻	來	日	
照	穿	床	審	禪							
商					宮				半徵	半商	
宗	聰	賨	鬆				[illegible]		[illegible]		冬
鍾	衝		舂	鱅	邕	匈			龍	茸	鍾
縱	樅	從	淞	松				容			
											腫
腫	[illegible]			尰	擁	洶			隴		
[illegible]	[illegible]		悚					悀			
綜			宋				䂫		隆		宋
種	揰				雍				贚	[illegible]	用
縱		從		頌				用			
傶		宗	洬		沃	熇	鵠		濼		沃
	娕	鷟	數								燭
燭	觸	贖	束	蜀		旭			錄	辱	
足	促		粟	續				欲			

輕中輕

外轉第三

	幫	滂	並	明	端知	透徹	定澄	泥孃	見	溪	群	疑
	羽				徵				角			
平	邦	胮	龐	尨	椿	惷	幢	醲	江	腔		㟅
上	綁	耩	棒	㤕					講			
去		胖			戇	惷	𨍹	鬞	絳			
入	剝	璞	雹	邈	斲	逴	濁	搦	覺	殼		嶽

	精照	清穿	從床	心審	邪禪	影	曉	匣	喻	來	日
	商					宮				半徵	半商
江		牕	淙	雙		胦	肛	降		瀧	
講						慃	傋	項			
		糉	漴	淙			戇	巷			
覺	捉	娖	浞	朔		渥	吒	學		犖	

重中重

內轉第四

	幫	滂	並	明	端 知	透 徹	定 澄	泥 孃	見	溪	群	疑
	羽				徵				角			
平												
	陂	鈹	皮	糜	知	摛	馳		羈	攲	奇	宜
	卑	岥	陴	彌							祇	
上												
	彼	破	被	靡	撥	褫	豸	狔	掎	綺	技	螘
	比	諀	婢	弭					枳	企		
去												
	賁	帔	髲	鬾	智				寄	𧼯	芰	議
	臂	譬	避						馶	企		
入												

精	清	從	心	邪	影	曉	匣	喻	來	日	
照	穿	床	審	禪							
商					宮				半徵	半商	
											支
齜	差	齹	釃								
支	眵		施	匙	漪	犧			離	兒	
貲	雌	疵	斯			訑		移			
											紙
批			躧								
紙	侈	䑛	弛	是	倚	[illegible]			邐	爾	
紫	此		徙					酏			
											寘
[illegible]			屣								
寘	卶		翅	豉	倚	戲			詈		
積	刺	漬	賜		縊			易			

重中輕內重

内轉第五

	羽				徵				角			
	幫	滂	並	明	端 知	透 徹	定 澄	泥 孃	見	溪	群	疑
平												
					腄		鬌		嬀	虧		危
上												
	蓋				痤				詭	跪	跪	硊
										跬		
去												
							縋		⿰貝爲	⿺走危		僞
									諉	瞡		
入												

	日	來	喻	匣	曉	影	邪	心	從	清	精
							禪	審	牀	穿	照
	半商	徵		宮			商				
支											
								衰			
	痿	羸	爲		麾	逶	垂	觿		吹	騷
			攜		隳		隨	眭			劑
紙											
										揣	
	蘂	累	蔿		毀	委	菙				捶
							[illegible]	髓	惢		觜
寘											
	枘	累	爲		毀	餧	睡			吹	惴
			瓗		孈	恚		[illegible]			

輕中輕

內轉第六

	羽				徵				角			
	幫	滂	並	明	端 知	透 徹	定 澄	泥 孃	見	溪	群	疑
平												
	悲	丕	邳	眉	胝	絺	墀	尼	飢		耆	示
		紕	毗									
上												
	鄙	嚭	否	美	黹	𢡊	雉	柅	几		跽	
	匕		牝									
去												
	秘	濞	備	郿	致	屎	緻	膩	冀	器	息	劓
	痺	屁	鼻	寐			地		鬢	弃		
入												

通志二十六 一百卅六

重中重

	精照	清穿	從床	心審	邪禪	影	曉	匣	喻	來	日
	商					宮				半徵	半商
脂											
				師						棃	
	脂	鴟		只							
	咨	郪	茨	私		伊	咦		夷		
旨											
	秭										
	旨			矢	視	歖	唏			履	
	姊			死	兕						
至											
	至	痓	示	屍	嗜	懿	齂			利	二
	恣	次	自	四			呬		肄		

附　民國二十四年北京大學景印元至治本《通志·七音略》

內轉第七

	幫	滂	並	明	端 知	透 徹	定 澄	泥 孃	見	溪	群	疑
	羽				徵				角			
平												
					追		槌		龜	巋	逵	
											葵	
上												
									軌	巋	郈	
									癸		揆	
去												
							墜		媿	喟	匱	
					轛				季		悸	
入												

	精照	清穿	從牀	心審	邪禪	影	曉	匣	喻	來	日
	商					宮				半徵	半商
脂											
				衰							
	佳	推			誰				帷	纍	甤
	嗺		嫢	綏			倠		惟		
旨											
				水					洧	壘	蕊
	澤	趡	[illegible]						唯		
至											
		欻		帥							
		出		㒸			豷		位	類	
	醉	翠	萃	邃	遂		侐		遺		

輕中重納

內轉第八	幫	滂	並	明	端	透	定	泥	見	溪	群	疑
					知	徹	澄	孃				
	羽				徵				角			
平												
						癡	治		姬	欺	其	疑
上												
					徵	恥	峙	你	紀	起		擬
去												
					置	眙	值		記	亟	忌	魕
入												

	精照	清穿	從床	心審	邪禪	影	曉	匣	喻	來	日
	商					宫				半徵	半商
之											
	菑	輜	茬		漦						
	之	蚩		詩	時	醫	僖		飴	釐	而
	兹		慈	思	詞						
止											
	滓	剩	士	史	俟						
	止	齒		始	市	譩	憙		矣	里	耳
	子			枲	似						
志											
	胾	廁	事	駛							
	志	熾		試	侍	噫	憙			吏	餌
	子	載	字	笥	寺				異		

重中重動

內轉第九

	幫	滂	並	明	端	透	定	泥	見	溪	群	疑
					知	徹	澄	孃				
	羽				徵				角			
平												
									機		祈	沂
上												
									蟣	豈		顗
去												
									既	氣	䤈	毅
入												刈

重中重
韵

	精	清	從	心	邪	影	曉	匣	喻	來	日
	照	穿	床	審	禪						
	商					宮				半徵半商	
微											
						衣	希				
尾											
						扆	豨				
未											
						衣	豨				
廢											

通志七音略之一　五

內轉第十

	幫	滂	並	明	端	透	定	泥	見	溪	群	疑
					知	徹	澄	孃				
	羽				徵				角			
平												
	非	霏	肥	微					歸	巋		巍
上												
	匪	斐	膹	尾					鬼			
去												
	沸	費	翡	未					貴	繫		魏

十六

	精 照	清 穿	從 牀	心 審	邪 禪	影	曉	匣	喻	來	日
微											
						威	暉		韋		
尾											
						磈	虺		韙		
未											
						尉	諱		胃		
廢											

輕中輕[illegible]

一百二十七

內轉第十一	幫	滂	並	明	端 知	透 徹	定 澄	泥 孃	見	溪	群	疑
	羽				徵				角			
平												
					猪	攄	除	袽	居	墟	渠	魚
上												
					貯	楮	佇	女	舉	去	拒	語
去												
					著	絮	箸	女	據	去	遽	御
入												

精照	清穿	從床	心審	邪禪	影	曉	匣	喻	來	日	
商					宮				半徵	半商	
											魚
菹	初	鋤	蔬								
諸			書	蜍	於	虛			臚	如	
苴	疽		胥	徐				余			
											語
阻	楚	齟	所								
鬻	杵	紓	暑	墅	扵	許			呂	汝	
苴	䏓	咀	諝	敘				與			
											御
詛	楚	助	䟽								
翥	處		恕	署	飫	嘘			慮	洳	
怚	覷		絮	屐				豫			

重中重

內轉第十一

	幫	滂	並	明	端	透	定	泥	見	溪	群	疑
					知	徹	澄	孃				
	羽				徵				角			
平	逋	鋪	蒲	模	都	瑹	徒	奴	孤	枯		吾
	膚	敷	扶	無	株	貙	廚		拘	區	朐	虞
上	補	普	簿	姥	覩	土	杜	弩	古	苦		五
	甫	撫	父	武	拄		柱		矩	齲	窶	俁
去	布	怖	捕	暮	妒	菟	渡	笯	顧	絝		誤
	付	赴	附	務	駐	閨	住		屨	驅	懼	遇
入												

精照	清穿	從床	心審	邪禪	影	曉	匣	喻	來	日	
商					宮				徵	半商	
租	麁	徂	蘇		烏	呼	胡		盧		模
㑳	芻	雛	毹								虞
朱	樞		輸	殊	紆	訏		于	慺	儒	
諏	趨		須					俞			
祖	麤	粗				虎	户	塢	魯		姥
											麌
主		㩴	數	豎	詡			羽	縷		
	取	聚	[illegible]								
作	厝	祚	訴			謼	護		路		暮
趨	蔽		捒								遇
注	敀		戍	樹	嫗	煦		芋	屢	孺	
緅	娶	埾	尠					裕			

輕中輕

內轉第十三

	幫	滂	並	明	端知	透徹	定澄	泥孃	見	溪	群	疑
	羽				徵				角			
平		嬄	腤		𪒠	胎	臺	能	該	開		皚
	頊	龐	排	埋	𪗾	搋		攦	皆	揩		
	篦	磇	鼙	迷	氐	梯	題	泥	鷄	谿		倪
上		啡	倍	穤	等	嚺	駘	乃	改	愷		
										楷		騃
	䏶	䫌	陛	米	邸	體	弟	禰		啓		
去				穤	戴	貸	代	耐	漑	溉		礙
								褹	誡	烗		䁥
									猘	憩		劓
	閉	媲	薜	謎	帝	替	第	泥	計	契		詣
入												
						蠆	𩤄		犗			

重中重

精照	清穿	從牀	心審	邪禪	影	曉	匣	喻	來	日	
商					宮				半徵商		
哉	猜	裁	鰓		哀	咍	孩		來	耑	咍
齋	差	豺	崽		挨		諧		唻		皆
	⿰牜壽										
齎	妻	齊	西	移	鷖	醯	兮		黎	臡	齊
宰	采	在	諰		欸	海	亥	佁	釔	疓	海
	茝				挨	駭			攋		駭
睨											薺
濟	泚	薺	洗		吚	徯			禮		
載	菜	在	賽		愛	儗	瀣		賚		代
瘵	瘥	𢖵	鎩		噫	譪	械				恠
制	掣		世	逝	⿰糹曷	慧			例		祭
霽	砌	嚌	細		翳	⿱大育	蒵		麗		霽
	碎	寨	⿰口冊		喝	講	⿰虘又				夬

外轉第十四

	幫	滂	並	明	端 知	透 徹	定 澄	泥 孃	見	溪	群	疑
	羽				徵				角			
平	杯	肧	裴	枚	磓	蓷	穨	㥞	傀	恢		鮠
							[illegible]		乖	匯		
									圭	睽		
上			琲	浼	腿	骽	鐓	餧	顝	[illegible]		頠
去	背	配	佩	妹	對	退	隊	内	憒	塊		磑
	拜	湃	憊	昒	顡				恠	蒯		
					綴		鑡		劌	[illegible]		瞶
									桂	揆		
入												
	敗		敗	邁					夬	快		

通志七音略 二十

精照	清穿	從床	心審	邪禪	影	曉	匣	喻	來	日	
商					宮				半徵	半商	輕中重
嗺	崔	摧			隈	灰	回		雷		灰
		膗			崴	虺	懷		膠		皆
					𠪚	睳	攜				齊
摧	皠	罪			揋	賄	瘣	倄	磥		賄
晬	倅	啐	碎		𠩄	誨	潰		頪		隊
	竁		錣			豁	壞				恠
贅			稅	啜				衛		芮	祭
	毳					嘒	慧				霽
	嘬				饋	咶	話				夬

外轉第十五

	幫	滂	並	明	端	透	定	泥	見	溪	群	疑
					知	徹	澄	孃				
	羽				徵				角			
平												
			牌	[illegible]		杪		猊	佳			崖
上												
	擺		罷	買			廌	㚷	解	揩	鍇	騃
去	貝	霈	旆	昧	帶	太	太	奈	蓋	磕		艾
	嶭			賣	媞				懈	𪘁		睚
	蔽	潎	獘	袂								
入												

商					宮				半徵半商		
精 照	清 穿	從 床	心 審	邪 禪	影	曉	匣	喻	來	日	
											佳
	釵	柴	崽		娃	䁗	膎				
											蠏
			灑		矮		蠏				
	蔡				藹	餀	害		賴		泰
債	差	瘵	曬		隘	譺	邂				卦
祭								曳			祭
											廢

重中輕

外轉第十六

	幫	滂	並	明	端	透	定	泥	見	溪	群	疑
					知	徹	澄	孃				
	羽				徵				角			
平												
									媧	喎		
上												
							揧		丫	苄		
去					祋	娧	兊		儈	檜		
	派	庍	粺		膪				卦			
入												
	廢	肺	吷								簞	

精照	清穿	從床	心審	邪禪	影	曉	匣	喻	來	日	
商					宮				半徵半商		
											佳
					蛙	竵	鼃				
											蟹
						扮	夥				
最	襊	蕞	𥗯		懀	譮	會		酹		泰
			啐		諣		畫				卦
蕝			歲	篲				鋭			祭
											廢
					穢	喙					

輕中輕

外轉第十七

	幫	滂	並	明	端	透	定	泥	見	溪	群	疑
					知	徹	澄	孃				
	羽				徵				角			
平						吞			根			垠
	份	砏	貧	珉	珍	獙	陳	紉	巾		墐	銀
											趂	
上									頣	墾		
				愍	駗	辴	紖		巹			釿
	臏	砅	牝	泯					緊	螼		
去									艮	硍		[illegible]
					鎮	疢	陣				僅	憖
	儐	砅	[illegible]	愍								
入												
	筆		弼	蜜	窒	秩	秩	暱	暨		姞	耴
	必	匹	邲	密	蛭			昵	吉	詰		

重中重

精照	清穿	從床	心審	邪禪	影	曉	匣	喻	來	日	
商					宮				半徵	半商	
					恩	痕					痕
臻		蓁	莘								臻
真	瞋	神	申	辰	[illegible]			国	鄰	人	真
津	親	秦	辛		因		礥	寅	苓		
							佷				很
[illegible]	齓										隱
軫			矧	腎		脪		愪	嶙	忍	軫
[illegible]	笉	盡			引						
					䭡		恨				恨
	櫬		阠								焮
震			眒	慎	隱	衅		酳	遴	刃	震
晉	親		信	賮	印						
							麧				沒
櫛	刹	齜	瑟								櫛
質	叱	實	失		乙	肸		颶	栗	日	質
堲	七	疾	悉		一	欯		逸			

外轉第十八	幫	滂	並	明	端 知	透 徹	定 澄	泥 孃	見	溪	群	疑
	羽				徵				角			
平	奔	歕	湓	門	敦	暾	屯	黁	昆	坤		僤
					迍	椿	䣩		麏	囷		
									鈞			
上	本	翉	獖	懣		畽	囤	㶧	鯀	閫		
						偆	蝽		窘	稛		
去	奔	噴	坌	悶	頓		鈍	嫩	睔	困		顐
									昀			
入		誖	敦	沒	咄		突	訥	骨	窟		
					怢	黜	述					
					崛	出			橘			

丂六十五

精照	清穿	從床	心審	邪禪	影	曉	匣	喻	來	日	
精	清	從	心	邪	影	曉	匣	喻	來	日	
照	穿	床	審	禪							
商					宮				半徵	半商	
尊	村	存	孫		溫	昏	寬		論		寬
踆	楯										諄
諄	春	唇	媋	純	贇			筠	倫	犉	
遵	逡	唇	荀	旬				匀			
⿰尊刂	忖	鱒	損		穩	總	混		怨		混
											準
準	蠢	盾	賰					隕	輪		
	蹲		筍					尹			
焌	寸	鐏	巽		搵	惛	慁		論		慁
											稕
稕			舜	順						閏	
俊			峻	徇	徇						
卒	猝	捽	窣		頞	忽			⿰革交		沒
⿰齒出	⿰齒出		率								術
	出	術				狘		⿵風出	律	⿰月矞	
卒	焌	崒	恤			獝		驈			

輕中輕

外轉第十九

	幫	滂	並	明	端 知	透 徹	定 澄	泥 孃	見	溪	群	疑
	羽				徵				角			
平												
									斤		勤	[illegible]
上												
									謹	赾	近	听
去												
									靳		近	垽
入												
									訖	乞	起	疙

七十七

通志七音略卷五十一

七五

重中輕

精照	清穿	從床	心審	邪禪	影	曉	匣	喻	來	日	
商					宮				徵	半商	
											欣
					殷	欣					
											隱
					隱	蟪					
											焮
					億	焮					
											迄
						迄					

外轉第二十

	幫非	滂敷	並奉	明微	端知	透徹	定澄	泥孃	見	溪	群	疑
	羽				徵				角			
平												
	分	芬	汾	文					君		羣	
上												
	粉	忿	憤	吻					攟	𧼮		齳
去												
	糞	湓	分	問					攈		郡	
入												
	弗	拂	佛	物					亥	屈	倔	崛

七音略第一

通志三十六

輕中輕

	商					宮				半徵	半商
	精照	清穿	從床	心審	邪禪	影	曉	匣	喻	來	日
文											
						熅	熏		雲		
吻											
						惲			抎		
問											
						醞	訓		運		
物											
						鬱	颮		颵		

七音略第二 通志三十七

外轉二十一

	幫	滂	並	明	端知	透徹	定澄	泥孃	見	溪	群	疑
	羽				徵				角			
平												
	𢺷				儃		[illegible]	嘫	閒	掔		訮
									㨜	攑	鞬	言
	鞭	篇	便	緜					甄			
上												
	版	眅		䰃					簡	齴		眼
				冕		喛			鞬	言	寋	言
	褊	鴘	楩	緬						遣		
去												
	扮	盼	辦	蔄			袒		襇			豣
									建	䖍	健	甗
	徧	騗	便	面						譴		
入												
	捌								鴶	篤		
									許		揭	钀
	鷩	瞥	嫳	滅					孑			

二百七十

通志七音略卷二 十七

精照	清穿	從床	心審	邪禪	影	曉	匣	喻	來	日	
商					宮				半徵	半商	
											山
	彈	虥	山		黰	羴	閑		斕		
					蔫	軒					元
煎	遷	錢	仙	涎				延			仙
醆	剗	棧	産				限				産
					偃	幰					阮
翦	淺	踐	獮	綫				演			獮
	羼		[illegible]				莧				襉
					堰	獻					願
箭		賤	線	羨				衍			線
		鑱									
	刹	鐁	殺		轄						鎋
											月
蠽	[illegible]		薛					拙			薛

重中輕

外轉二十二

	幫非	滂敷	並奉	明微	端知	透徹	定澄	泥孃	見	溪	群	疑
	羽				徵				角			
平												
							寃		鱌		權	頑
	藩	飜	煩	樠								元
					[illegible]							
上												
	反		飯	晚					孌	棬	圏	阮
									琄		蜎	
去												
									鱌			
	販	嬎	飯	萬					孿	券	圈	願
									絹			
入												
					鷄	頒		妠	刮			刖
	髮	怖	伐	韈					厥	闕	鱖	月
										鈌		

二六十一

精照	清穿	從床	心審	邪禪	影	曉	匣	喻	來	日	
商					宮				半徵	半商	
恮			栓		嬛		湲		㰖		山
					鴛	暄		袁			元
鐫	詮	全	宣	旋	娟	翾		沿			仙
					婉	暅		遠			阮
臇	選	雋	選	𨗨		蠉		兖			獮
孖			纂				幻				𥛚
	𢿙				怨	楦		遠			願
	縓	泉	選	旋				掾			線
茁	䵵		刷				頢				鐯
					嬮	颭		越			月
蕝	膬	絕	雪	㛈	妜			悅			薛

輕中輕

外轉二十三

聲	幫	滂	並	明	端 知	透 徹	定 澄	泥 孃	見	溪	群	疑
	羽				徵				角			
平					單	灘	壇	難	干	看		豻
									姦	馯		顏
					邅	脠	纏			愆	乾	
	邊		蹁	眠	顛	天	田	年	堅	牽		妍
上					亶	坦	但	攤	笴	侃		䣃
								赧				[illegible]
	辡	鴘	辯	免	展	搌	邅	趁	蹇	繾	件	齴
			辮	丏	典	腆		撚	繭	蜸		齞
去					旦	炭	憚	難	旰	侃		岸
					娨	[illegible]			諫			鴈
			卞		驏		邅	輾			偄	彥
		片	辨	麪	殿	瑱	電	晛	見	俔		硯
入					怛	闥	達	捺	葛	渴		嶭
				礣	哳	呾	噠	痆	戛	[illegible]		
	鷩		別		哲	徹	轍		揭	朅	傑	孽
	彆	嫳	蹩	蔑	窒	鐵	姪	涅	結	猰		齧

重中重

精照	清穿	從床	心審	邪禪	影	曉	匣	喻	來	日	
商					宮				徵	半商	
	餐	戔	珊		安	頇	寒		蘭		寒
		潺	删								删
饘	燀		擅	鋋	焉	嘕		漹	連	然	仙
牋	千	前	先		煙	祆	賢		蓮		先
鬢		瓚	散		侒	罕	旱		爛		旱
	𤞒	齴	潸				僩				潸
䁪	闡		燃	善			放		輦	蹨	獮
			銑		蝘	顯	現				銑
贊	粲	攢	繖		按	漢	翰		爛		翰
	鏟	棧	訕		晏		骭				諫
戰	硟		扇	繕	躽				[illegible]		線
薦	蒨	荐	霰		宴	韅	現		練		霰
囋	攃	巀	躠		遏	顯	曷		剌		曷
札	察		樧		軋		黠				黠
浙	掣	舌	設	折	焆	娎			列	熱	薛
節	切	截	屑		噎	奊	纈				屑

外轉二十四

	羽				徵				角			
	幫	滂	並	明	端	透	定	泥	見	溪	群	疑
					知	徹	澄	孃				
平	𩌦	潘	盤	瞞	耑	湍	團	渜	官	寬		岏
	班	攀	肦	蠻				奻	關			[illegible]
				孌		鏌	椽		勬	弮	權	
									涓			
上	叛	坢	伴	滿	短	疃	斷	餪	管	款		輐
	扳	眅	阪	矕								
					轉	腞	篆	腝	卷		圈	
									畎	犬		
去	半	判	畔	謾	鍛	彖	段	偄	貫	鏉		玩
	扮	襻		慢				奻	慣		[illegible]	薍
	變				囀	猭	傳		眷	[illegible]	倦	
							縳		睊	駽		
入	撥	鏺	跋	末	掇	侻	奪		括	闊		枂
	八	汃	拔	[illegible]	窡			豽	劀	[illegible]		聉
					輟	[illegible]		吶	蹶			
									玦	闋		

精 照	清 穿	從 床	心 審	邪 禪	影	曉	匣	喻	來	日	
商					宮				半徵	半商	
鑽	踆	攢	酸		剜	歡	桓		鸞		桓
跧		袀	攘		彎		還				刪
專	穿	船		遄	嬽			貟	攣	堧	仙
					淵	鋗	玄				先
纂	惷	鄹	算		捥		緩		卵		緩
𧏳	惓	撰	撰		綰		皖				潸
剸	舛			膞	宛				臠	臑	獮
			旋		蜎		泫				銑
穳	竄	攢	筭		惋	喚	換		亂		換
恮	篡	饌	𨐒		綰		患				諫
剸	釧	揀	縺					瑗	戀	𥈙	線
					餶	絢	縣				霰
繓	撮	柮	刷		斡	𥛚	活		捋		末
茁	𠞝	齚			婠	傄	滑				黠
拙	歠		說	啜	噦	旻			劣	爇	薛
					抉	血	穴				屑

輕中重

外轉二十五

	羽				徵				角			
	幫	滂	並	明	端	透	定	泥	見	溪	群	疑
					知	徹	澄	孃				
平	褒	橐	袍	毛	刀	饕	陶	猱	高	尻		敖
	包	胞	庖	茅	淍	颮	桃	鐃	交	敲		聱
	鑣	奧		苗	朝	超	晁		驕	趫	喬	
					貂	挑	迢	嬈	驍	郻		堯
上	寶	臕	抱	蓩	倒	討	道	腦	暠	考		𩕄
	飽		鮑	卯	獠	抓		獿	絞	巧		齩
	表	麃	藨			[illegible]	趙		矯	𨗨	驕	鱎
					鳥	朓	窕	嬲	皎	𥑮		磽
去	報	犥	暴	帽	到	韜	導	臑	誥	鎬		傲
	豹	奅	靤	皃	罩	趠	棹	橈	教	敲		樂
	俵	剽	膘	廟		朓	召		驕	趬	嶠	
					弔	糶	藋	尿	叫	竅		顤
入	博	[illegible]	泊	莫	沰	託	鐸	諾	各	恪		愕
	[illegible]	薄	縛		芍	[illegible]	著	逽	腳	郄	噱	虐

通志二十六七音略第二

重中重

精照	清穿	從牀	心審	邪禪	影	曉	匣	喻	來	日	
商					宮				半徵	半商	
糟	操	曹	騷		爊	蒿	豪		勞		豪
𦗨	𧭈	巢	梢		𪖌	虓	肴		顟		肴
昭	怊		燒	韶	妖	嚻		鴞	遼	饒	宵
			蕭		幺	膮			聊		蕭
早	草	皁	嫂		襖	好	晧		老		晧
爪	𧭈	𪗊	數		拗		學				巧
沼	麨		少	紹	夭				繚	擾	小
湫	悄		篠		杳	皢	皛		了		篠
竈	操	漕	喿		奥	耗	号		嫪		号
抓	抄	巢	稍		靿	孝	効				效
照	覞		少	邵		[illegible]			尞	饒	笑
醮	峭	噍	嘯		窔	歊			顟		嘯
作	錯	昨	索		惡	臛	涸		落		鐸
斮		戠									藥
灼	綽		鑠		約	謔			略	弱	
爵	鵲	嚼	削								

外轉二十六

	羽				徵				角			
	幫	滂	並	明	端 知	透 徹	定 澄	泥 孃	見	溪	群	疑
平												
	猋	漂	瓢	蜱							蹻	翹
上												
	褾	縹	摽	眇								狢
去												
	裱	剽	驃	妙						趬		
入												

重中重

	精照	清穿	從床	心審	邪禪	影	曉	匣	喻	來	日
	商					宮				半徵	半商
宵											
	焦	鍫	樵	宵		邀			遙		
小											
	勦	悄		小		闄			溔		
笑											
	醮	陗	噍	笑		要			燿		

内轉二十七

	羽				徵				角			
	幫	滂	並	明	端知	透徹	定澄	泥孃	見	溪	群	疑
平					多	他	駞	那	歌	珂		莪
上					嚲	柁	爹	橠	哿	何		我
去					跢	柂	馱	奈	箇	坷		餓
入												

精 照	清 穿	從 床	心 審	邪 禪	影	曉	匣	喻	來	日	
商					宮				半徵	半商	
磋	蹉	醝	娑		阿	呵	何		羅		歌
左	瑳	䰈	縒		閜	歌	荷		攞		哿
佐	磋		些		侉	呵	賀		邏		箇

重中重

内轉二十八

	幫	滂	並	明	端	透	定	泥	見	溪	群	疑
					知	徹	澄	孃				
	羽				徵				角			
平	波	頗	婆	摩	⿰阝朶	詑	牠	挼	戈	科		吪
										䯞		
上	跛	叵	爸	麽	朶	妥	惰	⿰女㐌	果	顆		⿰扌㐌
去	播	破	縛	磨	剁	唾	墮	懦	過	課		臥
入												

一百十四

通志七 音略卷之三

卅四

精照	清穿	從床	心審	邪禪	影	曉	匣	喻	來	日	
商					宮				半徵商		
侳	遳	矬	蓑		倭	吪	和		鸁		戈
									臠		
硰	脞	坐	鏁		腂	火	禍		躶		果
挫	剉	坐	臊		涴	貨	和		鸁		過

輕中輕

外轉二十九

	幫	滂	並	明	端 知	透 徹	定 澄	泥 孃	見	溪	群	疑
	羽				徵				角			
平	巴	葩	爬	麻	奓	侘	茶	拏	嘉	齣		牙
上	把		跁	馬	觰	奼	⿰足奈	絮	檟	跒		雅
去	霸	怕	杷	禡	吒	詫	蛇	⿰舟彡	駕	髂		迓
入												

重中重

精照	清穿	從床	心審	邪禪	影	曉	匣	喻	來	日	
商					宮				半徵	半商	
											麻
樝	叉	楂	砂		鴉	呀	遐				
遮	車	蛇	奢	闍					儸	若	
嗟	磋	查	些	邪				耶			
											馬
鮓	笅	搓	灑		啞	㗿	下		藞		
者	奲		捨	社						若	
姐	且	担	寫	灺				野			
											禡
詐	扠	乍	嗄		亞	嚇	暇				
柘	赿	射	舍								
唶	笡	褯	蝑	謝				夜			

外轉三十	幫	滂	並	明	端 知	透 徹	定 澄	泥 孃	見	溪	群	疑
	羽				徵				角			
平												
					檛				瓜	誇		[illegible]
上												
						[illegible]			寡	髁		瓦
去												
									坬	跨		瓦
入												

七八 通志二十七 三六

	精照	清穿	從床	心審	邪禪	影	曉	匣	喻	來	日
	商					宮				半徵	半商
麻											
	胜					宊	華	譁			
馬											
	齟	硰		葰		捺		踝			
禡											
				誜		窊	化	摦			

輕中輕（重一作）

外轉三十一

	幫	滂	並	明	端	透	定	泥	見	溪	群	疑
					知	徹	澄	孃				
	羽				徵				角			
平					耽	貪	覃	南	弇	龕		[illegible]
					詀			諵	緘	鵮		嵒
	砭				霑	覘		黏		[illegible]	箝	䶢
					髶	添	甜	鮎	兼	謙		
上					黕	襑	橝	腩	感	坎		顉
						[illegible]	湛		鹻	[illegible]		䫡
	貶			覂		諂			檢	[illegible]	儉	
					點	忝	簟	淰	[illegible]	歉		顩
去					馾	僋	醰	妠	紺	勘		儑
					䶫		賺	諵	䫡	歉		顯
	窆					覘						驗
					店	掭	磹	念	趝	傔		
入					答	錔	沓	納	閤	榼		[illegible]
					劄	盧		図	夾	恰		[illegible]
					輒	鍤	牒	聶	[illegible]	㾜	笈	
					聑	帖		捻	頰	愜		

二〇六十五

精照	清穿	從床	心審	邪禪	影	曉	匣	喻	來	日	
商					宮				半徵	半商	
簪	參	蠶	毿		諳	蛿	含		婪		覃
		讒	攕		[illegible]	㰹	咸				咸
詹	韂		苫	蟾	淹		嫌	炎	廉	髯	鹽
						馦			鬑		添
昝	慘	歜	糂		唵	喊	頷		壈		感
斬	醶	巉	摻		黯		豏		臉		豏
颭			陝	剡	奄	險			斂		琰
	憯						鼸		稴		忝
篸	謲		俕		暗	顑	憾		顲		勘
蘸		儳			韽		陷				陷
占	蹬		閃	贍	㤿				殮	染	豔
僭		䁮	𥖛		酓				稴		掭
匝	𧼯	雜	趿		姶	欱	合		拉		合
眨	揷	[illegible]	歃		[illegible]	[illegible]	洽				洽
讋	謵		攝	涉	敏			曄	獵	讘	葉
浹		䕹	燮			㛍	恊		[illegible]		帖

重中重

附　民國二十四年北京大學景印元至治本《通志·七音略》

外轉三十二	幫	滂	並	明	端	透	定	泥	見	溪	群	疑
					知	徹	澄	孃				
	羽				徵				角			
平				姏	擔	蚺	談		甘	坩		
			𨒪						監	嵌		巖
												嚴
											鹹	
上				媏	膽	菼	噉			敢		
										顑		
										欦		儼
										脥		
去					擔	賧	憺		[illegible]	闞		
			埿						鑑			
										[illegible]		釅
入					[illegible]	榻	蹋	魶	[illegible]	榼		𥉮
							霅		甲			
									劫	怯		業

一百八十四

去四精位字原略有缺損，今據中華再造善本《通志·七音略》描補完整。

精	清	從	心	邪	影	曉	匣	喻	來	日	重中輕
照	穿	床	審	禪							
商					宮				半徵	半商	
		慙	三			蚶	酣		藍		談
	攙	巉	衫				銜				銜
					醃	嶮					嚴
鏨	僉	潛	銛	燖	懕			鹽			鹽
	黲	⿱斬食			埯	喊			覽		敢
	醶	嵁	摲		黯	豃	檻				檻
					埯						儼
⿱斬食	槧	漸	憸		黶			琰			琰
		暫	三			䁟	憨		濫		闞
⿱斬見	懺	鑱	釤		黤	㒚	鑑				鑑
											釅
⿰口截	塹	潛			厭			豔			豔
	囃	[illegible]	[illegible]		鰪	⿰去頁	盍		臘		盍
	囃	渫	翜		鴨	呷	狎				狎
譫					腌	脅					業
接	妾	捷			魘			葉			葉

外轉三十三

	羽				徵				角			
	幫非	滂敷	並奉	明微	端知	透徹	定澄	泥孃	見	溪	群	疑
平												
		芝	凡									
上												
	膠	釩	范	鋄		僴			抴	丩		
去												
		汎	梵	菱					劍	欠		
入												
	法	鉣	乏			插		擫		猲		

	精	清	從	心	邪	影	曉	匣	喻	來	日
	照	穿	床	審	禪						
	商					宮				半徵	半商
凡											
范											
梵											
						俺					
乏											

輕中輕

三百四十九

內轉三十四

	羽				徵				角			
	幫 非	滂 敷	並 奉	明 微	端 知	透 徹	定 澄	泥 孃	見	溪	群	疑
平	幫	滂	旁	茫	當	湯	堂	囊	岡	穅		昂
	方	芳	房	亡	張	倀	長	孃	薑	羌	彊	
上	榜	髈		莽	黨	曭	蕩	曩	䴚	慷		駠
	昉	髣		罔	長	昶	丈	𤜮	繈	[illegible]	強	仰
			驪									
去	螃	𣂷	傍	漭	譡	儻	宕	儾	鋼	抗		枊
	放	訪	防	妄	帳	悵	仗	釀	疆	唴	弶	𨋢
入	博	顭	泊	莫	沰	託	鐸	諾	各	恪		
	轉	霽	縛		芍	辵	着	逪	脚	却	噱	虐

通志七音略二

四十

精	清	從	心	邪	影	曉	匣	喻	來	日	
照	穿	床	審	禪							
商					宮				半徵	半商	
臧	倉	藏	桑		鴦	蚢	航		郎		唐
莊	創	牀	霜								陽
章	昌		商	常	央	香			良	穰	
蔣	鏘	牆	襄	詳				陽			
駔	蒼	奘	顙		坱	汻	沆		郎		蕩
	磢		爽								養
掌	敞		賞	上	鞅	響			兩	壤	
蔣	搶		想	象				養			
葬	槍	藏	喪		盎		吭		浪		宕
壯	刱	狀	灀								漾
障	唱		餉	尚	怏	向			亮	讓	
醤	蹡	匠	相					漾			
作	錯	昨	索		惡	臛	涸		落		鐸
斮		戠									藥
灼	綽	杓	鑠	妁	約	謔			略	弱	
爵	鵲	嚼	削					藥			

重中重

內轉三十五

	幫	滂	並	明	端 知	透 徹	定 澄	泥 孃	見	溪	群	疑
	羽				徵				角			
平									光	觥		
									恇	匡	狂	
上									廣	懬		
									臩	忻	俇	
去									桄	曠		
									誑	眶	狂	
入									郭	廓		瓁
									玃	躩	戄	

通志七音略卷之二

輕中輕

精 照	清 穿	從 床	心 審	邪 禪	影	曉	匣	喻	來	日	
商					宮				半徵	半商	
					汪	[illegible]	黃				唐
											陽
						[illegible]		王			
					[illegible]	慌	幌				蕩
											養
					枉	怳		往			
					汪	荒	攩				宕
											漾
						况		迋			
[illegible]											
					臒	霍	穫		[illegible]		鐸
											藥
					嬳	戄		籰			

外轉三十六	幫	滂	並	明	端知	透徹	定澄	泥孃	見	溪	群	疑
	羽				徵				角			
平												
	繃	榜	彭	盲	趟	瞠	棖	鬡	庚	坑		
	兵		平	明					京	卿	擎	迎
	幷	娉		名						輕		
上												
	浜		鮩	猛	打	盯	瑒	檸	梗	沆		
	丙			皿					警			
	餅			眳		徎			頸			痙
去												
	榜		膨	命	倀	牚	鎊		更			
	柄		病	孟					敬	慶	競	迎
	摒	聘	偋	詺					勁	輕		
入												
	伯	柏	白	陌	磔	坼	宅	蹃	格	客		額
			搏						戟	隙	劇	逆
	辟	僻	擗									

精照	清穿	從床	心審	邪禪	影	曉	匣	喻	來	日	
商					宮				半徵	半商	
											庚
	鎗	傖	生			亨	行				
精	清	情		餳	嬰			盈	泠		清
											梗
			省				杏		冷		
					影				令		
井	請	靜	省		癭				領		靜
											敬
	瀞		土		瀴	諱	行				
					映						
精	倩	淨	性		纓						勁
											陌
迮	栅	齚	索		啞	赫	垎			礐	
積	皵	籍	昔	席	益			繹			昔

重中輕

內轉三十七

	幫	滂	並	明	端	透	定	泥	見	溪	群	疑
					知	徹	澄	孃				
	羽				徵				角			
平												
									觥	硻		
										傾	瓊	
上									礦	熲		
									璟			
										頃	[illegible]	
去												
入												
									虢	[illegible]		
									鵙	[illegible]		

太平五

通志七音略卷之二　四十三

精照	清穿	從床	心審	邪禪	影	曉	匣	喻	來	日	
商					宮				半徵	半商	輕中輕
											庚
						湟	橫				
					謍	兄		榮			
					縈	眴		營			清
											梗
					䁝		廾	永			
						克		潁			靜
											敬
					宖		蝗				
								詠			
						敻					勁
											陌
					韄	砉	嚄	噅			
						瞁		役			昔

外轉三十八

	幫	滂	並	明	端	透	定	泥	見	溪	群	疑
					知	徹	澄	孃				
	羽				徵				角			
平	浜	怦	棚	甍	朾		橙	儜	耕	鏗		娙
					禎	檉	呈					
		𤶅	瓶	冥	丁	聽	庭	寧	經			
上	迸	餅	併	黽					耿			
					㫾	逞	裎					
	鞞	頩	並	茗	頂	挺		顈	頸	剄	謦	脛
去	迸	軿	倂	䁅			碠					
						遉	鄭	𥨪				
	跰	𤼷	屏	覭	叮	聽	定	寗	徑	罄		
入	檗	[illegible]	擗	麥	摘	蹢	[illegible]		隔			
	碧	鈸	檘		[illegible]							
	壁	劈	甓	覓	的	逖	擲	惄	激	喫		

精	清	從	心	邪	影	曉	匣	喻	來	日	
照	穿	床	審	禪							
商					宮				半徵	半商	
爭	琤	崢			甖		莖		磷		耕
征			聲	成							清
菁	青		星		晴	馨	形		靈		青
					巊	[illegible]	幸				耿
整									領		靜
		洴	醒				婞		苓		迥
諍							嫈				諍
政			聖	盛					令		勁
	靘		腥				脛		零		徑
責	策	賾	栜		戹	擭	覈		[illegible]		麥
隻	尺	麝	釋	石					[illegible]		昔
績	戚	寂	錫			赥	檄		歷		錫

重中重

外轉三十九

	羽				徵				角			
	幫	滂	並	明	端 知	透 徹	定 澄	泥 孃	見	溪	群	疑
平												
	繃											
									扃			
上												
									熲	褧		
去												
入												
									馘	蟈	趡	
									狊	闃		

七十九

重刊七音略卷之三 四五

輕中輕

精照	清穿	從床	心審	邪禪	影	曉	匣	喻	來	日	
商					宮				半徵	半商	
											耕
					泓	訇	宏				
											青
							熒				
											迥
					濴	詗	迥				
											靜
						轟					
					鎣						徑
											麥
[illegible]		趚	[illegible]			劃	獲				
						[illegible]					錫

內轉四十

	疑	群	溪	見	泥 孃	定 澄	透 徹	端 知	明	並	滂	幫
	角				徵				羽			
平	齵		彄	鉤	羺	頭	偷	兜	呣	裒		
	牛	求	丘	鳩		儔	抽	輈	謀	浮	颩	不
		虯	惏	樛					繆	滮		彪
上	藕		口	茍	穀	蕍	妵	斗	母	部	剖	棓
		臼	糗	久	狃	紂	丑	肘		婦	紑	缶
		蟉										
去	偶		寇	構	耨	豆	透	鬪	茂	胎	仆	
	⿰鼻乚	舊	⿰鼻丘	救	糅	胄	畜	晝	莓	復	副	富
		⿰⻊丩	⿰⻊臭						謬			
入												

重中重

精	清	從	心	邪	影	曉	匣	喻	來	日	
照	穿	床	審	禪							
商					宮				半徵	半商	
緅	誰	剽	涑		謳	齁	侯		婁		侯
鄒	搊	愁	搜								
周	犨		收	讎	優	休		尤	留	柔	尤
[illegible]	秋	酋	脩	囚	幽	飍		由	鏐		幽
走	趣	鯫	藪		歐	吼	厚		塿		厚
掫	齺	穊	溲					有			有
帚	醜			受	颮	朽		酉	柳	蹂	
酒		湫	滫		黝						黝
奏	輳	剽	瘷		漚	詬	候		漏		候
㑳	簉	驟	瘦								宥
呪	臭		狩	授		齅		宥	溜	輮	
僦	趥	就	秀	岫	幼			狖			幼

内轉四十一

	幫	滂	並	明	端/知	透/徹	定/澄	泥/孃	見	溪	群	疑
	羽				徵				角			
平												
					碪	琛	沉	䛘	今	欽	琴	吟
上												
	稟	品			㔋	踸	眹	拰	錦	坅	噤	僸
去												
	稟				揕	闖	鴆	賃	禁		紟	吟
入												
	鵖			䫌	縶	湁	蟄	孨	急	泣	及	岌

重中重

商 精 照	清 穿	從 床	心 審	邪 禪	宮 影	曉	匣	喻	半徵半商 來	日	
											侵
簪	参	岑	森								
斟	覞		深	諶	音	歆			林	壬	
祲	侵	鬵	心	尋	愔			淫			
											寑
	磣	顉	痒								
枕	瀋	葚	沈	甚	飲	廞			凜	荏	
醋	寑	蕈	罧					潭			
											沁
譖	讖		滲								
枕			深	甚	蔭			𩕄	臨	妊	
浸	沁										
											緝
戢	届	霵	澀								
執	卙		濕	十	邑	吸		煜	立	入	
噍	緝	集	𩐁	習	揖			熠			

內轉四十二

	幫	滂	並	明	端 知	透 徹	定 澄	泥 孃	見	溪	群	疑
	羽				徵				角			
平	崩	漰	朋	瞢	登	鼟	騰	能	揯			
	氷	砯	凭	儚	徵	僜	澄		兢	硱	殑	凝
上		倗			等			能		肯		
						庱					殑	
去	䆲		倗	懵	嶝	邆	鄧		亙			
			凭			覴	瞪				殑	
入	北	覆	菔	墨	德	忒	特	[illegible]	械	刻		
	逼	堛	愎	䁇	陟	敕	直	匿	殛	[illegible]	極	嶷
					𧮪							

重中重

精	清	從	心	邪	影	曉	匣	喻	來	日	
照	穿	床	審	禪							
商					宮				半徵半商		
增	鬙	層	僧			恒	峘		楞		登
		磳	殑								蒸
蒸	稱	繩	昇	承	膺	興	蠅		夌	仍	
驓	[illegible]	繒	線								
											等
			殑								
拯											拯
增	蹭	贈	[illegible]						倰		嶝
證	稱	乘	勝	丞	應	興			餕	認	證
甑								孕			
則	墄	賊	塞		餩	黑	劾		勒		德
稄	測	崱	色								職
職	瀷	食	識	寔	憶	赩			力	日	
即		堲	息					弋			

內轉四十三	幫	滂	並	明	端	透	定	泥	見	溪	群	疑
					知	徹	澄	孃				
	羽				徵				角			
平									肱	鞃		
上												
去												
入									國			

七音畧第二

輕中輕

	精照	清穿	從床	心審	邪禪	影	曉	匣	喻	來	日
	商					宮				半徵半商	
登							薨	弘			
蒸											
等											
拯											
嶝											
證											
德							[illegible]	或			
職							洫		域		

附：

美國哈佛大學哈佛燕京圖書館藏

元大德間三山郡庠本《通志·七音略》

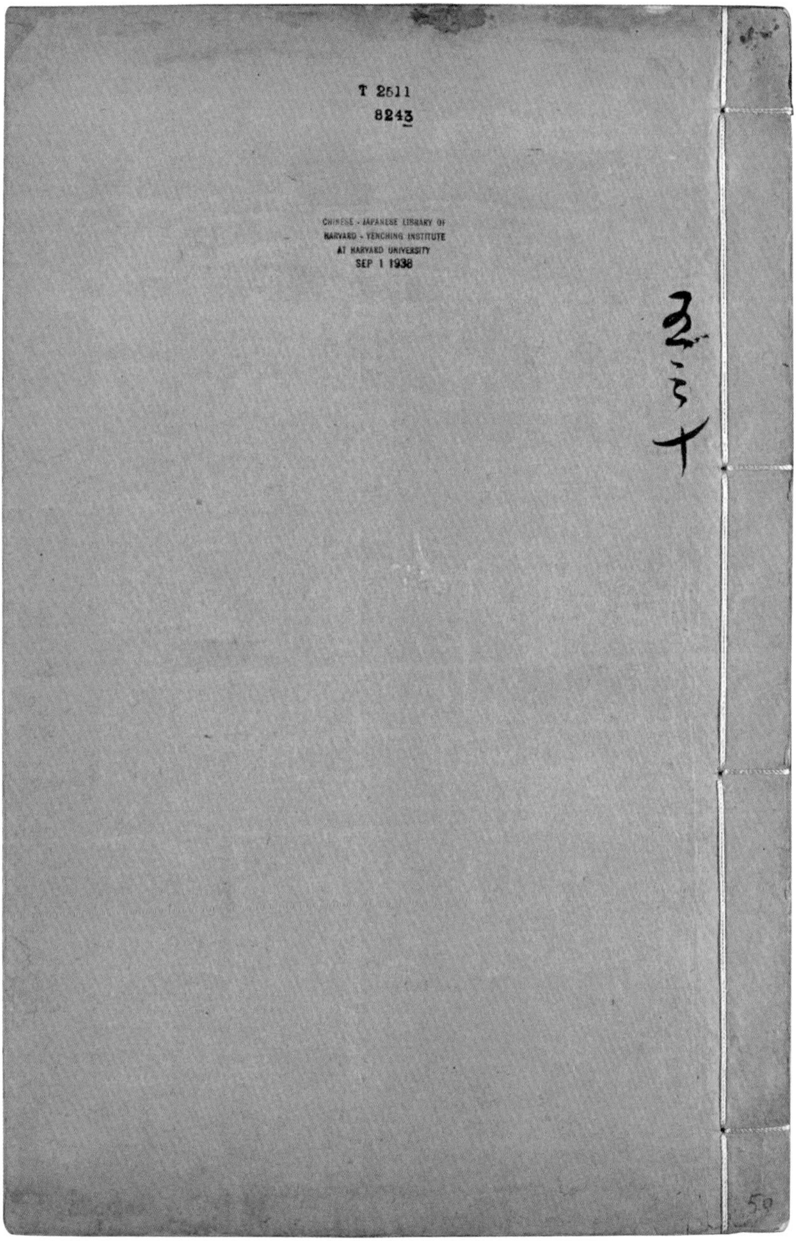
T 2511
8243
CHINESE - JAPANESE LIBRARY OF
HARVARD - YENCHING INSTITUTE
AT HARVARD UNIVERSITY
SEP 1 1938

七音略第一　　通志三十六

七音序

天地之大其用在坎離人之爲靈其用在耳目人與禽獸視聽一也聖人制律所以導耳之聰制字所以擴目之明耳目根於心聰明發於外上智下愚自此分矣雖曰皇頡制字伶倫制律歷代相承未聞其書漢人課籀隸始爲字書以通文字之學江左競風騷始爲韻書以通聲音之學然漢儒識文字而不識子母則失制字之旨江左之儒識四聲而不識七音則

失立韻之源獨體爲文合體爲字漢儒知以說文解字而不知文有子母生字爲母從母爲子子母不分所以失制字之旨四聲爲經七音爲緯江左之儒知縱有平上去入爲四聲而不知衡有宫商角徵羽半徵半商爲七音縱成經衡成緯經緯不交所以失立韻之源七音之韻起自西域流入諸夏梵僧欲以其教傳之天下故爲此書雖重百譯之遠一字不通之處而音義可傳華僧從而定之以三十六爲之母重輕清濁不失其倫天地萬物之音備於此矣雖鶴唳

風聲雞鳴狗吠雷霆驚天蚊虻過耳皆可譯也況於
人言乎所以日月照處甘傳梵書者爲有七音之圖
以通百譯之義也今宣尼之書自中國而東則朝鮮
西則涼夏南則交阯北則朔易皆吾故封也故封之
外其書不通何瞿曇之書能入諸夏而宣尼之書不
能至跋提河聲音之道有障閡耳此後學之罪也舟車
可通則文義可及今舟車所通而文義所不及者何哉
臣今取七音編而爲志庶使學者盡傳其學然後能周
宣宣尼之書以及人面之域所謂用夏變夷當自此始

臣謹按開皇二年詔求知音之士參定音樂時有柱國沛公鄭譯獨得其義而爲議曰考尋樂府鍾石律呂皆有宮商角徵羽變宮變徵之名七聲之內三聲乖應每加詢訪終莫能通先是周武帝之時有龜茲人曰蘇祗婆從突厥皇后入國善胡琵琶聽其所奏一均之中間有七聲問之則曰父在西域號爲知音世相傳習調有七種以其七調校之七聲冥若合符一曰娑陁力華言平聲即宮聲也二曰雞識華言長聲即南呂聲也三曰沙識華言質直聲即角聲也四曰沙侯加濫華言應聲

即變徵聲也五曰沙臘華言應和聲即徵聲也六曰般贍華言五聲即羽聲也七曰俟利箑華言斛牛聲即變宮也譯因習而彈之始得七聲之正然其就此七調又有五旦之名旦作七調以華譯之旦即均也譯遂因琵琶更立七均合成十二應十二律律有七音音立一調故成七調十二律合八十四調旋轉相交盡皆和合仍以其聲考校太樂鍾律乖戾不可勝數譯爲是著書二十餘篇太子洗馬蘇夔駮之以五音所從來久矣不言有變宮變徵七調之作實所未聞譯又引古以爲據周

有七音之律漢有七始之志時何妥以舊學牛弘以巨
儒不能精通同加沮抑遂使隋人之耳不聞七調之音
臣又按唐楊收與安流論琴五絃之外復益二絃因言
七聲之義西京諸儒惑圜鍾函鍾之說故其郊廟樂惟
用黃鍾一均章帝時太常丞鮑業始旋十二宫夫旋宫
以七聲爲均均言韻也古無韻字猶言一韻聲也宫商
角徵羽爲五聲加少宫少徵爲七聲始得相旋爲宫之
意琴者樂之宗也韻者聲之本也皆主於七名之曰韻
曲蓋取均聲也臣初得七音韻鑑一唱而三嘆胡僧

此妙義而儒者未之聞及乎研究制字考證諧聲然後知皇頡史籀之書已具七音之作先儒不得其傳耳今作諧聲圖所以明古人制字通七音之妙又述內外轉圖所以明胡僧立韻得經緯之全釋氏以參禪爲大悟通音爲小悟雖七音一呼而聚四聲不召自來此其麤淺者耳至於紐躡杳冥盤旋寥廓非心樂洞融天籟通乎造化者不能造其閫字書主於母必母權子而行然後能別形中之聲韻書主於子必子權母而行然後能別聲中之形所以臣更作字書以母爲主亦更作韻書

以子為主今茲内外轉圖用以別音聲而非所以主子母也

諧聲制字六圖

諧聲者六書之一書也凡諧聲之道有同聲者則取同聲而諧無同聲者則取協聲而諧無協聲者則取正音而諧無正音者則取旁音而諧所謂聲者四聲也音者七音也制字之本或取聲以爲字或取音以成字不可備舉今取其要以證所諧茲圖不載觸類而長

正聲協聲同諧圖第一

空
- 倥 同聲
- 控 協聲

同
- 銅 同聲
- 洞 協聲

夭
- 妖 同聲
- 笑 協聲

隹
- 騅 同聲
- 惟 協聲

聲音俱諧圖第二

賓牝擯

卑俾臂

必

蹩駜

閟泌

而耳餌

仍耳 仍拯反

仍 去聲

日
- 珥
- 耿

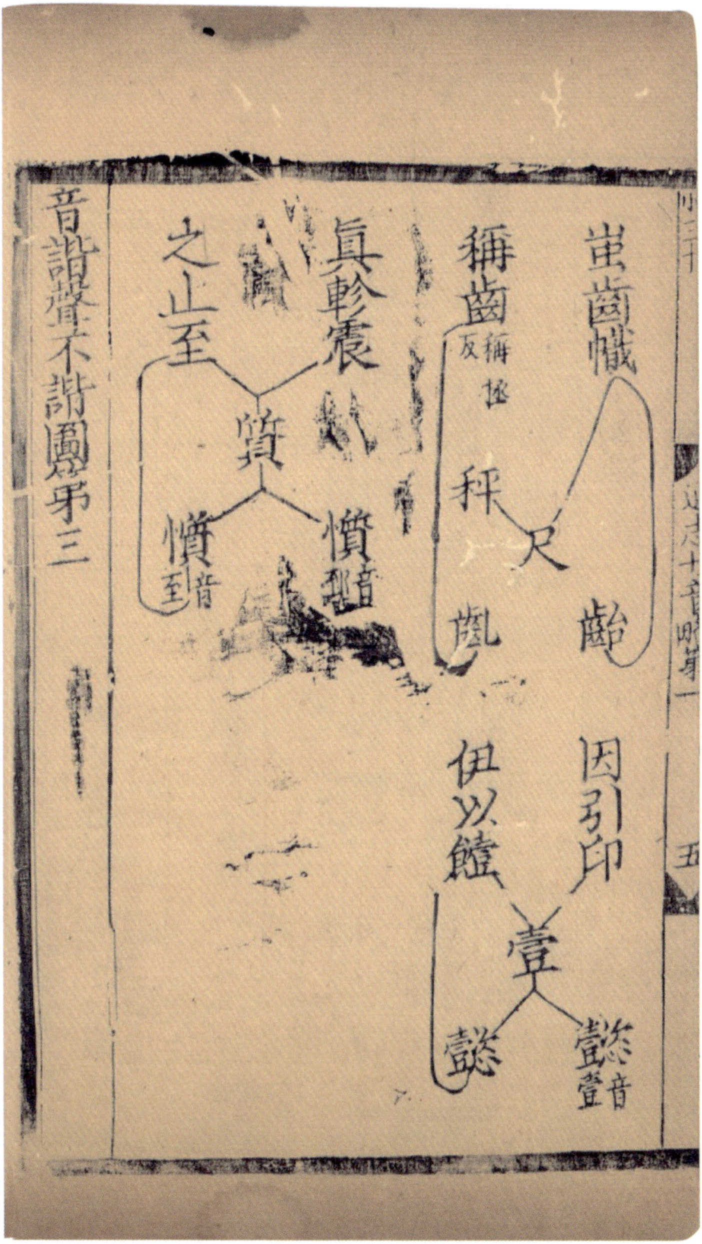
音諧聲不諧圖第三
蚩齒幟
稱齒
稱拯反
秤
尺
齡
因引印
伊以饐
壹
懿
懿音壹
眞軫震
質
懫
懫音躓
之止至
懫音至
通志七音略第一
五

膺郢應　億

噫矣意

慵偅偅去聲　璹

酬壽售

盈郢孕　翼

飴以異

繩乘上聲剩　寔

時是上聲跂

一聲諧二音圖第四

蕭亦作箾

蕭小肖繡

箾小肖削

䁥亦作昵

紉女鄰切　紉上聲　紉去聲　䁥

尼　柅　暱　昵

一音諧二聲圖第五

忉擣到卓
凋鳥釣著
刀 音忉
音凋
叨
召
濤擣壽鐸
遥夭曜藥
匋 音濤
音遥
陶 陶冶之陶
陶 皐陶之陶

一音諧三聲圖第六

魚語御獄
衙雅迓嶽
梧五悟砡
吾
音吾我之吾又音魚國語暇豫之吾
吾是也又音牙漢金城允吾縣是也
語圄
衙迕
梧浯

且千耶切 且 且去聲 鏃
徂祖胙族
葅咀沮足
且
千也切又音
徂又音葅
罝姐
徂祖
葅咀

內轉第一

	幫	滂	並	明	端 知	透 徹	定 澄	泥 孃	見	溪	群	疑
	羽				徵				角			
平		𢓜	蓬	蒙	東	通	同		公	空		㟅
	風	豐	馮	瞢	中	忡	蟲		弓	穹	窮	
上	琫		捀	蠓	董	桶	動	㶶		孔		湡
去			𢷏	幪	凍	痛	洞	齈	貢	控		
	諷	賵	鳳	夢	中	蟲	仲			焪		
入	卜	扑	瀑	木	㲉	秃	獨		穀	哭		
	福	蝮	伏	目	竹	蓄	逐	朒	菊	麴	驧	砡

四七三

商					宮				徵	半商	
精	清	從	心	邪	影	曉	匣	喻	來	日	
照	穿	床	審	禪							
嵏	葱	叢	揔		翁	烘	洪		籠		東
	雗	崇									
終	充				硝	㕶	雄		隆	戎	
			嵩					融			
總		蓯	㪌		蓊	嗊	澒		曨		董
糉	謥	𣪻	送		甕	烘	哄		弄		送
		[illegible]									
衆	銃										
	趥										
鏃	瘯	族	速		屋	㲉			禄		屋
縬	珿	簇	縮								
粥	俶	孰	叔		郁	蓄		囿	六	肉	
蹵	鼀	[illegible]	肅								

重中重

内轉第二	幫非	滂敷	並奉	明微	端知	透徹	定澄	泥孃	見	溪	群	疑
	羽				徵				角			
平												
	封	峰	逢			蹱	重	醲	恭	銎	蛩	顒
上				鴆	湩	綂		襛				
	覂	捧	奉		冢	寵	重		拱	恐	梁	
去				霿	湩	統		癑				
	葑		俸	艨	湩		重	械	供	恐	共	
入	襆	蔔	僕	瑁	篤	儥	毒	褥	梏	酷		
				媢	瘃	楝	躅	溽	輂	曲	局	玉

輕中輕

精	清	從	心	邪	影	曉	匣	喻	來	日	
照	穿	床	審	禪							
商					宮				半徵	半商	
宗	聰	賨	鬆				颬		䃔		冬
鍾	衝		舂	鱅	邕	匈			龍	茸	鍾
縱	摐	從	淞	松				容			
											腫
腫	[illegible]			[illegible]	擁	洶			隴		
摐	㖢		悚					悀			
綜			宋				[illegible]		隆		宋
種	揰				雍				贚	[illegible]	用
縱		從		頌				用			
傶		宗	洬		沃	熇	鵠		濼		沃
	[illegible]	蔿	數								燭
燭	觸	贖	束	蜀		旭			錄	辱	
足	促		粟	續				欲			

外轉第三

	幫	滂	並	明	端 知	透 徹	定 澄	泥 孃	見	溪	群	疑
	羽				徵				角			
平	邦	胮	龐	尨	樁	惷	幢	𦖻	江	腔		㟀
上	綁	耩	拝	㤶					講			
去		胖			戇	惷	䡴	鬞	絳			
入	剝	璞	雹	邈	斲	逴	濁	搦	覺	㱿		嶽

附　元大德間三山郡庠本《通志・七音略》

精照	清穿	從床	心審	邪禪	影	曉	匣	喻	來	日	
商					宮				半徵	半商	
											江
	牕	淙	雙		胦	肛	降		瀧		
											講
					慃	傋	項				
糉	漴	淙				戇	巷				
											覺
捉	娖	浞	朔		渥	吒	學		犖		

重中重

內轉第四

	幫	滂	並	明	端 知	透 徹	定 澄	泥 孃	見	溪	群	疑
	羽				徵				角			
平												
	陂	鈹	皮	縻	知	摛	馳		羈	攲	奇	宜
	卑	帔	陴	彌							祇	
上												
	彼	破	被	靡	㨖	褫	豸	狔	掎	綺	技	蟻
	比	諀	婢	弭					枳	企		
去												
	賁	帔	髲	魅	智				寄	䞈	芰	議
	臂	譬	避						馶	企		
入												

重中輕 內轉

	日	來	喻	匣	曉	影	邪	心	從	清	精
							禪	審	床	穿	照
	半商	半徵	宮				商				
支											
								釃	齹	差	齜
	兒	離			犧	漪	匙	施		眵	支
			移		訑			斯	疵	雌	貲
紙											
								躧			批
	爾	邐			[illegible]	倚	是	弛	訑	侈	紙
			酏					徙		此	紫
寘											
								屣			柴
		詈			戲	倚	豉	翅		卶	寘
			易			縊		賜	漬	刺	積

內轉第五

	幫	滂	並	明	端 知	透 徹	定 澄	泥 孃	見	溪	群	疑
	羽				徵				角			
平 一												
平 二												
平 三					腄		鬌		嬀	虧		危
平 四												
上 一												
上 二												
上 三	萎				[illegible]				詭	跪	跪	硊
上 四										跬		
去 一												
去 二												
去 三							縋		[illegible]	桅		僞
去 四									諉	瞡		
入 一												
入 二												
入 三												
入 四												

通志三十六音略卷三十六 十二

輕中輕

	日	來	喻	匣	曉	影	邪 禪	心 審	從 床	清 穿	精 照
	半商	徵			宮				商		
支											
								衰			
	痿	羸	爲		麾	逶	垂	韉		吹	⿰馬垂
			蘬		隳		隨	眭			劑
紙											
										揣	
	蘂	累	蔿		毁	委	菙				捶
							⿰犭隋	髓	惢		觜
寘											
	枘	累	爲		毀	餧	睡			吹	惴
			瓗		孈	恚		⿰禾委			

內轉第六

	幫	滂	並	明	端知	透徹	定澄	泥孃	見	溪	群	疑
	羽				徵				角			
平												
	悲	丕	邳	眉	胝	絺	墀	尼	飢		耆	示
		紕	毗									
上												
	鄙	諀	否	美	黹	[illegible]	雉	柅	几		跽	
	匕		牝									
去												
	祕	濞	備	郿	致	杘	緻	膩	冀	器	臮	劓
	痺	屁	鼻	寐			地		蟿	弃		
入												

一百卅六

通志七音略卷二

十三

附　元大德間三山郡庠本《通志·七音略》

重中重

	精照	清穿	從床	心審	邪禪	影	曉	匣	喻	來	日
	商					宮				半徵	半商
脂											
				師						梨	
	脂	鴟		尸							
	咨	郪	茨	私		伊	咦		夷		
旨											
	秭										
	旨			矢	視	歖	唏			履	
	姊			死	兕						
至											
	至	痓	示	屍	嗜	懿	齂			利	二
	恣	次	自	四			呬		肆		

通志七音略卷之一

內轉第七

	羽				徵				角			
	幫	滂	並	明	端 知	透 徹	定 澄	泥 孃	見	溪	群	疑
平												
					追		槌		龜	巋	逵	
											葵	
上												
									軌	蘬	䣀	
									癸		揆	
去												
							墜		媿	喟	匱	
					轛				季		悸	
入												

八百六八字

	精照	清穿	從床	心審	邪禪	影	曉	匣	喻	來	日
	商					宮				半徵	半商
脂											
				衰							
	隹	推			誰				帷	纍	蕤
	嗺		嫢	綏			倠		惟		
旨											
				水					洧	壘	蘂
	濢	趡	嶵						唯		
至											
		歘		帥							
		出		㒸			豷		位	類	
	醉	翠	萃	邃	遂		侐		遺		

輕中重 內轉

內轉第八	幫	滂	並	明	端	透	定	泥	見	溪	群	疑
					知	徹	澄	孃				
	羽				徵				角			
平												
						癡	治		姬	欺	其	疑
上												
					徵	恥	峙	伱	紀	起		擬
去												
					置	眙	值		記	亟	忌	譺
入												

通志七音略卷之一　十四

	精照	清穿	從床	心審	邪禪	影	曉	匣	喻	來	日
	商					宮				半徵	半商
之											
	甾	輜	茌		漦						
	之	蚩		詩	時	醫	僖		飴	釐	而
	兹		慈	思	詞						
止											
	滓	㓡	士	史	俟						
	止	齒		始	市	譩	憙		矣	里	耳
	子			枲	似						
志											
	胾	廁	事	駛							
	志	熾		試	侍	噫	憙			吏	餌
	子	蛓	字	笥	寺				異		

重中重 重內

内轉第九

	幫	滂	並	明	端 知	透 徹	定 澄	泥 孃	見	溪	群	疑
	羽				徵				角			
平												
									機		祈	沂
上												
									蟣	豈		顗
去												
									旣	氣	䤒	毅
入												刈

通志七音略之二　十五

重中重（內轉）

	商					宮				半徵半商	
	精照	清穿	從床	心審	邪禪	影	曉	匣	喻	來	日
微											
						衣	希				
尾											
						扆	豨				
未											
						衣	稀				
廢											

內轉第十	幫	滂	並	明	端	透	定	泥	見	溪	群	疑
					知	徹	澄	孃				
	羽				徵				角			
平												
	非	霏	肥	微					歸	巋		巍
上												
	匪	斐	膹	尾					鬼			
去												
	沸	費	屝	未					貴	檕		魏
入												

八十四

輕中輕

	精照	清穿	從床	心審	邪禪	影	曉	匣	喻	來	日
	精 照	清 穿	從 床	心 審	邪 禪	影	曉	匣	喻	來	日
	商					宮				半徵	半商
微											
						威	暉		韋		
尾											
						磈	虺		韙		
未											
						尉	諱		胃		
廢											

通志七音略卷之一　十六

內轉第十一

一百二十七

	幫	滂	並	明	端 知	透 徹	定 澄	泥 孃	見	溪	群	疑
	羽				徵				角			
平												
					猪	攄	除	袽	居	墟	渠	魚
上												
					貯	楮	佇	女	舉	去	拒	語
去												
					著	絮	箸	女	據	去	遽	御
入												

通志三十六　七音略一　十七

重中重

精照	清穿	從牀	心審	邪禪	影	曉	匣	喻	來	日	
商					宮				半徵	半商	
											魚
菹	初	鋤	蔬								
諸			書	蜍	於	虛			臚	如	
苴	疽		胥	徐				余			
											語
阻	楚	齟	所								
䰩	杵	紓	暑	墅	𢮉	許			呂	汝	
苴	䟄	咀	諝	敘				與			
											御
詛	楚	助	䟽								
翥	處		恕	署	飫	噓			慮	洳	
怚	覷		絮	屐				豫			

內轉第十二

	羽				徵				角			
	幫	滂	並	明	端	透	定	泥	見	溪	群	疑
					知	徹	澄	孃				
平	逋	鋪	蒲	模	都	稌	徒	奴	孤	枯		吾
	膚	敷	扶	無	株	貙	廚		拘	區	朐	虞
上	補	普	簿	姥	覩	土	杜	努	古	苦		五
	甫	撫	父	武	拄		柱		矩	齲	窶	俁
去	布	怖	捕	暮	妒	菟	渡	笯	顧	絝		誤
	付	赴	附	務	駐	閏	住		屨	驅	懼	遇
入												

	商					宮				半徵	半商	
	精 照	清 穿	從 床	心 審	邪 禪	影	曉	匣	喻	來	日	
	租	麁	徂	蘇		烏	呼	胡		盧		模
	㑳	芻	雛	毹								虞
	朱	樞		輸	殊	紆	訏		于	慺	儒	
	諏	趨		須					俞			
	祖	麆	粗				虎	户	隝	魯		姥
												麌
	主		[illegible]	數	豎	詡			羽	縷		
		取	聚	[illegible]								
	作	厝	祚	訴			謼	護		路		暮
	趨	菆		捒								遇
	注	敀		戍	樹	嫗	煦		芋	屢	孺	
	緅	娶	堅	[illegible]					裕			

輕中輕

弓二十五

內轉第十三

	幫	滂	並	明	端	透	定	泥	見	溪	群	疑
					知	徹	澄	孃				
	羽				徵				角			
平		娝	䏽		[illegible]	胎	臺	能	該	開		髊
	[illegible]	[illegible]	排	埋	[illegible]	搋		搱	皆	揩		
	[illegible]	磇	鼙	迷	氐	梯	題	泥	鷄	谿		倪
上		啡	倍	穤	等	[illegible]	駘	乃	改	愷		
										楷		騃
	[illegible]	頩	陛	米	邸	體	弟	禰		棨		
去				穤	戴	貸	代	耐	溉	漑		礙
								褹	誡	烗		聵
									猘	憩		劓
	閉	媲	薜	謎	帝	替	弟	泥	計	契		詣
入												
						蠆	鰶		犗			

精照	清穿	從床	心審	邪禪	影	曉	匣	喻	來	日	
商					宮				徵	半商	
哉	猜	裁	鰓		哀	咍	孩		來	耑	咍
齋	差	豺	崽		挨		諧		唻		皆
	[illegible]										
齎	妻	齊	西	移	鷖	醯	兮		黎	臡	齊
宰	采	在	諰		欸	海	亥	佁	釻	疓	海
	茝				挨	駭			攋		駭
[illegible]											薺
濟	泚	薺	洗		吁	徯			禮		
載	縩	在	賽		愛	儗	瀣		賚		代
瘵	瘥	從	鎩		噫	譮	械				怪
制	掣		世	逝	緆	慧			例		祭
霽	砌	嚌	細		瞖	[illegible]	蒵		麗		霽
	碎	寨	[illegible]		喝	譪	[illegible]				夬

重中重

外轉第十四

	幫	滂	並	明	端 知	透 徹	定 澄	泥 孃	見	溪	群	疑
	羽				徵				角			
平	杯	肧	裴	枚	磓	䡅	穨	㥞	傀	恢		鮠
							隤		垂	匯		
									圭	睽		
上			琲	浼	𦢊	骽	鐓	餧	顝	䫥		頠
去	背	配	佩	妹	對	退	隊	內	憒	塊		磑
	拜	湃	憊	昒	顡				恠	蒯		
					綴		鑡		劌	錈		聵
									桂	揆		
入												
	敗		敗	邁					夬	快		

輕中重

精	清	從	心	邪	影	曉	匣	喻	來	日	
照	穿	床	審	禪							
商					宮				徵	半商	
嗺	崔	摧			隈	灰	回		雷		灰
		脽			崴	虺	懷		[illegible]		皆
					[illegible]	睳	攜				齊
摧	皠	罪			猥	賄	瘣	倄	磥		賄
晬	倅	啐	碎		[illegible]	誨	潰		纇		隊
	竁		鎩			[illegible]	壞				恠
贅			稅	啜				衞		芮	祭
	毳					嘒	慧				霽
	嘬				[illegible]	咶	話				夬

外轉第十五

	羽				徵				角			
	幫	滂	並	明	端	透	定	泥	見	溪	群	疑
					知	徹	澄	孃				
平												
			牌	[illegible]		衩		[illegible]	佳			崖
上												
	擺		罷	買			廌	妳	解	楷	鎊	騃
去	貝	霈	旆	眛	帶	太	太	奈	蓋	礚		艾
	[illegible]			賣	媞				澥	[illegible]		睚
	蔽	潎	獘	袂								
入												

通志三十六 七音略二　十二

重中輕

	日	來	喻	匣	曉	影	邪	心	從	清	精
							禪	審	床	穿	照
	半商	半徵	宮				商				
佳											
				膎	醫	娃		崽	柴	釵	
蟹											
				蠏		矮		灑			
泰		賴		害	餀	藹				蔡	
卦				邂	譺	隘		曬	瘵	差	債
			曳								祭
祭											
廢											

通志七音略卷之一　九

外轉第十六

	幫	滂	並	明	端	透	定	泥	見	溪	群	疑
					知	徹	澄	孃				
	羽				徵				角			
平												
									媧	喎		
上												
							摰		丫	芐		
去					祋	娧	兊		儈	檜		
	派	庍	粺		膪				卦			
入												
	廢	肺	吠								衛	

精	清	從	心	邪	影	曉	匣	喻	來	日	
照	穿	床	審	禪							
商					宮				半徵	半商	
											佳
					蛙	竵	⿱畫黽				
											蟹
						扮	夥				
最	襊	蕞	⿰石最		懀	譮	會		酹		泰
			啐		諣		畫				卦
蕝			嵗	篲				銳			祭
											廢
					穢	喙					

輕中輕

外轉第十七

	幫	滂	並	明	端 知	透 徹	定 澄	泥 孃	見	溪	群	疑
	羽				徵				角			
平						呑			根			垠
	份	砏	貧	珉	珍	𤢄	陳	紉	巾		墐	銀
											趁	
上									頣	墾		
				愍	駗	辴	紖		巹			釿
	臏	䃣	牝	泯					緊	螼		
去									艮	硍		[illegible]
					鎮	疢	陣				僅	憖
	儐	䃣	𨘢	愍								
入												
	筆		弼	蜜	窒	抶	秩	暱	暨		姞	耴
	必	匹	邲	密	蛭			昵	吉	詰		

一ㄅ九十七　通志七十二…… 清甫

重中重

	日	來	喻	匣	曉	影	邪	心	從	清	精
							禪	審	床	穿	照
	半商	徵	宮				商				
痕					痕	恩					
臻								莘	蓁		臻
眞	人	鄰	国			贇	辰	申	神	瞋	眞
		苓	寅	礥		因		辛	秦	親	津
很				狠							
隱										齓	䐜
軫	忍	嶙	愪		脪		腎	矧			軫
						引			盡	笉	⿰木盡
恨				恨		⿰食隱					
焮								阠		櫬	
震	刃	遴	酳		衅	隱	愼	眒			震
						印	賮	信		親	晉
沒				麧							
櫛								瑟	齜	剎	櫛
質	日	栗	颶		肸	乙		失	實	叱	質
			逸		欯	一		悉	疾	七	堲

外轉第十八

	幫	滂	並	明	端 知	透 徹	定 澄	泥 孃	見	溪	群	疑
	羽				徵				角			
平	奔	歕	盆	門	敦	暾	屯	黁	昆	坤		⿰亻軍
					迍	椿	⿰酉屯		麏	囷		
									鈞			
上	本	栩	獖	懣		畽	囤	⿰火内	鯀	閫		
						偆	蜳		窘	稛		
去	奔	噴	坌	悶	頓		鈍	嫩	睔	困		顐
									呁			
入		誖	⿰孛攵	沒	咄		突	訥	骨	窟		
					⿰忄出	黜	述					
					崛	茁			橘			

通志二十五音略卷之二

七四

精	清	從	心	邪	影	曉	匣	喻	來	日	
照	穿	床	審	禪							
商					宮				半徵半商		
尊	村	存	孫		溫	昬	魂		論		魂
竣	㥫										諄
諄	春	脣	媋	純	贇			筠	倫	犉	
遵	逡	脣	荀	旬				勻			
撙	忖	鱒	損		穩	總	混		怨		混
											準
準	蠢	盾	賰					隕	輪		
	蹲		筍					尹			
焌	寸	鐏	巽		搵	惛	圂		論		圂
											稕
稕			舜	順						閏	
俊			峻	徇	徇						
卒	猝	捽	窣		頞	忽			較		沒
茁	𪘲		率								術
	出	術				獩		颶	律	𦢊	
卒	焌	崒	恤			獝		驈			

輕中輕

外轉第十九

	幫	滂	並	明	端 知	透 徹	定 澄	泥 孃	見	溪	群	疑
	羽				徵				角			
平												
									斤		勤	俿
上												
									謹	赾	近	听
去												
									靳		近	垽
入												
									訖	乞	起	疙

七十七

日	來	喻	匣	曉	影	邪禪	心審	從床	清穿	精照	
半商	半徵	宮				商					
											欣
				欣	殷						
											隱
				蟪	隱						
											焮
				焮	億						
											迄
				迄							

重中輕

通志七音略卷之一

外轉第二十

	羽				徵				角			
	幫非	滂敷	並奉	明微	端知	透徹	定澄	泥孃	見	溪	群	疑
平												
	分	芬	汾	文					君		羣	
上												
	粉	忿	憤	吻					攟	趣		齳
去												
	糞	湓	分	問					攈		郡	
入												
	弗	拂	佛	物					亥	屈	倔	崛

七音略第一

輕中輕

韻	精照	清穿	從牀	心審	邪禪	影	曉	匣	喻	來	日
	商					宮				半徵半商	
文						煴	熏		雲		
吻						惲			抎		
問						醞	訓		運		
物						鬱	颮		䬐		

通志三十六

七音畧第二　通志三十七

外轉二十一

	幫	滂	並	明	端知	透徹	定澄	泥孃	見	溪	群	疑
	羽				徵				角			
平												
	褊				譠		䌑	嘫	間	掔		訮
									[illegible]	攑	鰎	言
	鞭	篇	便	緜					甄			
上												
	版	眅		鴘					簡	齴		眼
				冕		囅			犍	言	寋	言
	褊	扁	楩	緬						遣		
去												
	扮	盼	辦	蔄			袒		澗			犴
									建	鬳	健	甗
	徧	騗	便	面						譴		
入												
	捌								鴶	[illegible]		
									許		揭	钀
	鷩	瞥	嫳	滅					子			

精照	清穿	從床	心審	邪禪	影	曉	匣	喻	來	日	
商					宮				徵	半商	
											山
	⿰犭單	虥	山		黰	羴	閑		斕		
					蔫	軒					元
煎	遷	錢	仙	涎				延			仙
醆	剗	棧	產				限				産
					偃	幰					阮
剪	淺	踐	獮	[illegible]				演			獮
	羼		⿰忄戔				莧				襉
					堰	獻					願
箭		賤	線	羨				衍			線
		⿰金薛									
	刹	鍘	殺		轄						鎋
											月
蕝	詧		薛					抴			薛

重中輕

外轉二十二

	幫非	滂敷	並奉	明微	端知	透徹	定澄	泥孃	見	溪	群	疑
	羽				徵				角			
平												
							窀		鰥		權	頑
	藩	翻	煩	樠								元
					䨴							
上												
	反		飯	晩					變	捲	巻	阮
									埍		蜎	
去												
									鰥			
	販	嬎	飯	萬					攣	券	圈	願
									絹			
入												
					鵽	頒		妠	刮			刖
	髮	怖	伐	韈					厥	闕	觼	月
										鈌		

一百六十一

通志七音略卷三

精照	清穿	從床	心審	邪禪	影	曉	匣	喻	來	日	
商					宮				半徵	半商	
恮			栓		嬛		湲		𡰪		山
					鴛	暄		袁			元
鐫	詮	全	宣	旋	娟	翾		沿			仙
					婉	暅		遠			阮
臇	選	雋	選	[illegible]		蠉		兖			獮
孨			篡				幻				襉
	敹				怨	楦		遠			願
	縓	泉	選	旋				掾			線
茁	簒		刷				頢				鎋
					嬮	颰		越			月
蕝	膬	絕	雪	蒦	妜			悅			薛

輕中輕

外轉二十三

	羽				徵				角			
	幫	滂	並	明	端	透	定	泥	見	溪	群	疑
					知	徹	澄	孃				
平					單	灘	壇	難	干	看		豻
									姦	馯		顏
					邅	脡	纏			愆	乾	
	邊		蹁	眠	顛	天	田	年	堅	牽		妍
上					亶	坦	但	灘	笴	侃		[illegible]
								赧				齗
	辡	鴘	辯	免	展	搌	邅	趁	蹇	綣	件	齴
			辮	丏	典	腆		撚	繭	豎		齞
去					旦	炭	憚	難	旰	侃		岸
					[illegible]	羼			諫			鴈
			卞		驏		邅	輾			倰	彥
		片	辨	麪	殿	瑱	電	晛	見	俔		硯
入					怛	闥	達	捺	葛	渴		嶭
				礣	哳	呾	噠	痆	戞	䶗		
	[illegible]		別		哲	徹	轍		揭	朅	傑	孼
	彆	嫳	蹩	蔑	窒	鐵	姪	涅	結	猰		齧

精	清	從	心	邪	影	曉	匣	喻	來	日	
照	穿	床	審	禪							
商					宮				半徵	半商	
	𩯐	𪘀	珊		安	頇	寒		蘭		寒
		潺	刪								刪
饘	燀		羶	鋋	焉	嗎		漹	連	然	仙
牋	千	前	先		煙	祆	賢		蓮		先
鬢		瓚	散		侒	罕	旱		嬾		旱
	㹽	𪗉	潸				僩				潸
䁔	闡		㒄	善			攺		輦	蹨	獮
			銑		蝘	顯	現				銑
贊	粲	欑	繖		按	漢	翰		爛		翰
	鏟	棧	訕		晏		骭				諫
戰	碊		扇	繕	躽				𨎮		線
薦	蒨	荐	霰		宴	韅	現		練		霰
囋	攃	巀	躠		遏	顯	曷		剌		曷
札	察		榝		軋		黠				黠
浙	掣	舌	設	折	焆	娎			列	熱	薛
節	切	截	屑		噎	脊	纈				屑

重中重

外轉二十四	幫	滂	並	明	端 知	透 徹	定 澄	泥 孃	見	溪	群	疑
	羽				徵				角			
平	𦧺	潘	盤	瞞	耑	湍	團	渜	官	寬		岏
	班	攀	朌	蠻				奻	關			⿸疒元
				⿰忄蠻		鐉	椽		勬	弮	權	
									涓			
上	叛	坢	伴	滿	短	疃	斷	餪	管	款		輐
	板	眅	阪	矕								
					轉	⿰耳彖	篆	腝	卷		圈	
									畎	犬		
去	半	判	畔	謾	鍛	彖	段	偄	貫	⿰金欵		玩
	⿰衤班	襻		慢				奻	慣		⿺走雚	薍
	變				囀	猭	傳		眷	絭	倦	
							縼		睊	駽		
入	撥	鏺	跋	末	掇	侻	奪		括	闊		枂
	八	汃	拔	⿰亻密	窡			豽	劀	⿰骨力		聉
					輟	袚		呐	蹶			
									玦	闋		

商					宮				半徵	半商	
精 照	清 穿	從 床	心 審	邪 禪	影	曉	匣	喻	來	日	
鑽	狻	攢	酸		剜	歡	桓		鸞		桓
跧		袀	擐		彎		還				刪
專	穿	船		遄	嬽			員	攣	堧	仙
					淵	鋗	玄				先
纂	毳	鄹	算		椀		緩		卵		緩
蟤	惟	撰	撰		綰		睆				潸
剸	舛			膞	宛				臠	臑	獮
			旋		蜎		泫				銑
穳	竄	攢	筭		惋	喚	換		亂		換
恮	篡	饌	孿		綰		患				諫
剸	釧	揀	練					瑗	戀	㬉	線
					餶	絢	縣				霰
繓	撮	柮	刷		斡	豁	活		捋		末
茁	剿	齚			婠	傄	滑				黠
拙	歠		說	啜	噦	旻			劣	爇	薛
					抉	血	穴				屑

輕中重

外轉二十五

	幫	滂	並	明	端	透	定	泥	見	溪	群	疑
					知	徹	澄	孃				
	羽				徵				角			
平	褒	橐	袍	毛	刀	饕	陶	猱	高	尻		敖
	包	胞	庖	茅	淍	颩	桃	鐃	交	敲		聱
	鑣	奥		苗	朝	超	晁		驕	趫	喬	
					貂	祧	迢	嬈	驍	鄡	·	堯
上	寶	臕	抱	務	倒	討	道	腦	暠	考		頟
	飽		鮑	卯	獠	抓		嫪	絞	巧		齩
	表	麃	藨			巐	趙		矯	蹻	驕	鱎
					鳥	朓	窕	嬲	皎	𥑮		磽
去	報	鑣	暴	帽	到	韜	道	臑	誥	鎬		傲
	豹	奅	靤	皃	罩	趠	掉	橈	教	敲		樂
	俵	剽	膘	廟		朓	召		驕	趬	嶠	
					弔	糶	藋	尿	叫	竅		顤
入	博	頩	泊	莫	沰	託	鐸	諾	各	恪		愕
	轉	䨦	縛		芍	丞	著	逽	腳	却	噱	虐

重中重

商					宮				半徵	半商	
精照	清穿	從牀	心審	邪禪	影	曉	匣	喻	來	日	
糟	操	曹	騷		爊	蒿	豪		勞		豪
䐅	䜈	巢	梢		[illegible]	虓	肴		顟		肴
昭	怊		燒	韶	妖	囂		鴞	遼	饒	宵
			蕭		幺	膮			聊		蕭
早	草	皁	嫂		襖	好	皓		老		皓
爪	謅	䰫	數		拗		澩				巧
沼	麨		少	紹	夭				繚	擾	小
湫	悄		篠		窅	曉	皛		了		篠
竈	操	漕	喿		奥	秏	号		嫪		号
抓	抄	巢	稍		靿	孝	効				效
照	覞		少	邵		[illegible]			尞	饒	笑
醮	陗	噍	嘯		窔	歊			[illegible]		嘯
作	錯	昨	索		惡	臛	涸		落		鐸
斮		戠									藥
灼	綽		鑠		約	謔			略	弱	
爵	鵲	嚼	削								

外轉二十六	幫	滂	並	明	端 知	透 徹	定 澄	泥 孃	見	溪	羣	疑
	羽				徵				角			
平												
	猋	漂	飄	蜚							蹻	翹
上												
	標	縹	摽	䏆								犃
去												
	褾	剽	驃	妙						趬		
入												

一	日	來	喻	匣	曉	影	邪禪	心審	從床	清穿	精照
	半徵商		宮				商				
宵											
			遙			邀		霄	樵	鍫	焦
小											
			溔			闄		小		悄	勦
笑											
			耀			要		笑	噍	陗	醮
一											

重中重

內轉二十七	幫	滂	並	明	端 知	透 徹	定 澄	泥 孃	見	溪	群	疑
	羽				徵				角			
平					多	他	駞	那	歌	珂		莪
上					嚲	袉	爹	橠	哿	何		我
去					跢	袘	馱	奈	箇	坷		餓
入												

精	清	從	心	邪	影	曉	匣	喻	來	日	
照	穿	床	審	禪							
商					宮				徵	半商	
磋	蹉	醝	娑		阿	呵	何		羅		歌
左	瑳	䰈	縒		閜	⿰可欠	荷		⿰木磊		哿
佐	磋		些		侉	呵	賀		邏		箇

重中重

內轉二十八

	羽				徵				角			
	幫	滂	並	明	端	透	定	泥	見	溪	群	疑
					知	徹	澄	孃				
平	波	頗	婆	摩	除	詑	牠	捼	戈	科		吪
										𩨷		
上	跛	叵	爸	麽	朶	妥	惰	娞	果	顆		㧲
去	播	破	縛	磨	剁	唾	墮	懦	過	課		卧
入												

精	清	從	心	邪	影	曉	匣	喻	來	日		
照	穿	床	審	禪								
商					宮				半徵	半商		
侳	遳	矬	蓑		倭	吙	和		臝		戈	輕中輕
									臠			
硰	脞	坐	鏁		腂	火	禍		躶		果	
挫	剉	坐	臊		涴	貨	和		臝		過	

通志七音略卷之二　廿四

外轉二十九

	幫	滂	並	明	端	透	定	泥	見	溪	群	疑
					知	徹	澄	孃				
	羽				徵				角			
平												
	巴	葩	爬	麻	奓	侘	茶	拏	嘉	齣		牙
上												
	把		跁	馬	觰	奼	䟻	絮	檟	跒		雅
去												
	霸	怕	杷	禡	吒	詫	蛇	般	駕	髂		迓
入												

司卅三

通志七音略卷之三

十五

精	清	從	心	[illegible]	影	曉	匣	喻	來	日	
照	穿	床	審	[illegible]							
商					宮				半徵商		
											麻
樝	叉	楂	砂		鴉	呀	遐				
遮	車	虵	奢	闍					儸	若	
嗟	䃗	査	些	邪				耶			
											馬
鮓	䇓	槎	灑		啞	閜	下		藞		
者	䪏		捨	社						若	
姐	且	担	寫	灺				野			
											禡
詐	扠	乍	嗄		亞	嚇	暇				
柘	趚	射	舍								
唶	笡	褯	蝑	謝				夜			

重中重

外轉三十

	幫	滂	並	明	端	透	定	泥	見	溪	群	疑
					知	徹	澄	孃				
	羽				徵				角			
平												
					撾				瓜	誇		𠌯
上												
						稃			寡	髁		瓦
去												
									坬	跨		瓦
入												

輕中輕 重一作

	日	來	喻	匣	曉	影	邪 禪	心 審	從 床	清 穿	精 照
	半商	半徵		宮					商		
麻											
				譁	華	窊					髽
馬				踝		捸		稄		硰	蛆
禡				摦	化	窊		諉			

外轉三十一

	幫	滂	並	明	端	透	定	泥	見	溪	群	疑
					知	徹	澄	孃				
	羽				徵				角			
平					耽	貪	覃	南	弇	龕		[illegible]
					詀			諵	緘	鵮		嵒
	砭				霑	覘		黏		煘	箝	䶃
					[illegible]	添	甜	鮎	兼	謙		
上					黕	襑	禫	腩	感	坎		顉
						[illegible]	湛		鹻	床		[illegible]
	貶			[illegible]		諂			撿	預	儉	
					點	忝	簟	淰	孂	歉		顩
去					馾	僋	醰	妠	紺	勘		儑
					[illegible]		賺	諵	[illegible]	歉		[illegible]
	窆					覘						驗
					店	㮇	磹	念	趝	傔		
入					答	錔	沓	納	閤	榼		[illegible]
					劄	[illegible]		[illegible]	夾	恰		[illegible]
					輒	鍤	牒	聶	[illegible]	[illegible]	笈	
					聑	帖		捻	頰	愜		

三ㄅ六十五

精照	清穿	從床	心審	邪禪	影	曉	匣	喻	來	日	
商					宮				徵	半商	
簪	參	蠶	毿		諳	㟏	含		婪		覃
		讒	攕		韽	㰹	咸				咸
詹	韂		苫	蟾	淹		嫌	炎	廉	髯	鹽
						馦			鬑		添
昝	慘	歜	糝		唵	喊	頷		壈		感
斬	醶	巉	摻		黯		豏		臉		豏
颭			陝	剡	奄	險			斂		琰
	憯						鼸		稴		忝
篸	謲		俕		暗	顑	憾		顲		勘
蘸		儳			韽		陷				陷
占	蹭		閃	贍	㤿				殮	染	豔
僭		䁮	𥗳		酓				搛		掭
匝	䟃	雜	趿		姶	欱	合		拉		合
眨	揷	䞟	歃		𨃔	䶜	洽				洽
讋	謵		攝	涉	敥			曄	獵	讘	葉
浹		𩤅	燮			㛍	協		䜑		帖

重中重

外轉三十二

	羽				徵				角			
	幫	滂	並	明	端 知	透 徹	定 澄	泥 孃	見	溪	群	疑
平				⿰女甘	擔	蚺	談		甘	坩		
			⿱艹乏						監	嵌		巖
												嚴
											鍼	
上				媏	膽	菼	噉			敢		
										顑		
										欦		儼
										脥		
去					擔	賧	憺		⿰齒臽	闞		
			⿱泛土						鑑			
										[illegible]		釅
入					⿰耷皮	榻	蹋	魶	⿰盍頁	榼		⿰目業
							霅		甲			
									刧	怯		業

一百六十四

通志三十七　七音略第二　十八

精	清	從	心	邪	影	曉	匣	喻	來	日		
照	穿	床	審	禪								
商					宮				半徵	半商		
		慙	三			蚶	酣		籃		談	重中輕
	攙	巉	衫				銜				銜	
					醃	𩈻					嚴	
[illegible]	僉	潛	銛	燖	懕			鹽			鹽	
	黲	鏨			埯	喊			覽		敢	
	醶	嵁	摲		黶	鑯	檻				檻	
					埯						儼	
[illegible]	槧	漸	憸		黬			琰			琰	
		暫	三			[illegible]	憨		濫		闞	
[illegible]	懺	鑱	釤		黬	[illegible]	[illegible]				鑑	
											釅	
[illegible]	塹	潛		一	厭			豔			豔	
一	囃	雜	[illegible]		鰪	[illegible]	盍		臘		盍	
	囃	渫	翣		鴨	呷	狎				狎	
[illegible]					腌	脅					業	
接	妾	捷			魘			葉			葉	

外轉三十三

	幫非	滂敷	並奉	明微	端知	透徹	定澄	泥孃	見	溪	群	疑
	羽				徵				角			
平												
		芝	凡									
上	[illegible]	釩	范	錽		[illegible]			扏	凵		
去												
		汎	梵	[illegible]					劒	欠		
入												
	法	鉣	乏			[illegible]		[illegible]		猲		

七十六

通志七十三七音略第二　廿九

精清從心邪影曉匣喻來日
照穿床審禪

商　宮　半徵半商

輕中輕

凡
范
梵
俺
乏

	幫非	滂敷	並奉	明微	端知	透徹	定澄	泥孃	見	溪	群	疑
	羽				徵				角			
平	幫	滂	旁	茫	當	湯	棠	囊	岡	穅		昂
	方	芳	房	亡	張	倀	長	孃	薑	羌	彊	
上	榜	髈		莽	黨	曭	蕩	曩	䴚	慷		䭹
	昉	髣		罔	長	昶	丈	壤	繈	磋	強	仰
			驃									
去	螃	𦢊	傍	漭	讜	儻	宕	儾	鋼	抗		枊
	放	訪	防	妄	悵	帳	仗	釀	疆	唴	弶	𨋩
入	博	顮	泊	莫	沰	託	鐸	諾	各	恪		
	䪙	𩋊	縛		芍	辵	着	逽	脚	却	噱	虐

內轉三十四

三百四十九

通志七音略二

重中重

精 照	清 穿	從 床	心 審	邪 禪	影	曉	匣	喻	來	日	
商					宮				半徵	半商	
臧	倉	藏	桑		鴦	炕	航		郎		唐
莊	創	牀	霜								陽
章	昌		商	常	央	香			良	穰	
蔣	鏘	牆	襄	詳				陽			
駔	蒼	奘	顙		坱	汻	沆		郎		蕩
	磢		爽								養
掌	敞		賞	上	鞅	響			兩	壤	
蔣	搶		想	象				養			
葬	槍	藏	喪		盎		吭		浪		宕
壯	刱	狀	灀								漾
障	唱		餉	尚	怏	向			亮	讓	
醬	蹡	匠	相					漾			
作	錯	昨	索		惡	膗	涸		落		鐸
斮		戳									藥
灼	綽	杓	鑠	妁	約	謔			略	弱	
爵	鵲	嚼	削					藥			

內轉三十五

	幫	滂	並	明	端 知	透 徹	定 澄	泥 孃	見	溪	群	疑
	羽				徵				角			
平									光	觥		
									恇	匡	狂	
上									廣	𢋍		
									臩	怳	俇	
去									桄	曠		
									誑	眶	狂	
入									郭	廓		瓁
									玃	躩	戄	

	精照	清穿	從床	心審	邪禪	影	曉	匣	喻	來	日
	商					宮				半徵商	
唐						汪	㠩	黃			
陽							[illegible]		王		
蕩						汪	慌	幌			
養						抂	怳		往		
宕						汪	荒	攩			
漾							况		迋		
	嗅										
鐸						臒	霍	穫		硦	
藥						嬳	矆		籰		

重中輕

外轉三十六

	幫	滂	並	明	端知	透徹	定澄	泥孃	見	溪	群	疑
	羽				徵				角			
平												
	繃	榜	彭	盲	趟	瞠	棖	鬡	庚	坑		
	兵		平	明					京	卿	擎	迎
	并	娉		名						輕		
上												
	浜		鮩	猛	打	盯	瑒	檸	梗	沆		
	丙			皿					警			
	餅			眳		程			頸			痙
去												
	榜		膨	命	倀	牚	鎊		更			
	柄		病	孟					敬	慶	競	迎
	摒	聘	偋	詺					勁	輕		
入												
	伯	拍	白	陌	磔	坼	宅	蹃	格	客		額
			欂						戟	隙	劇	逆
	辟	僻	擗									

附　元大德間三山郡庠本《通志·七音略》

重中輕

精	清	從	心	邪	影	曉	匣	喻	來	日	
照	穿	床	審	禪							
商					宮			徵	半徵	半商	
											庚
	鎗	傖	生			亨	行				
精	清	情		餳	嬰			盈	泠		清
											梗
			省				杏		冷		
					影				令		
井	請	靜	省		癭				領		靜
											敬
	瀙		土		瀴	諄	行				
					映						
精	倩	淨	性		纓						勁
											陌
迮	栅	齚	索		啞	赫	垎			礐	
積	皵	籍	昔	席	益			繹			

內轉三十七

	幫	滂	並	明	端	透	定	泥	見	溪	群	疑
					知	徹	澄	孃				
	羽				徵				角			
平												
									觥	夻		
										傾	瓊	
上												
									礦	顆		
									璟			
										頃	痙	
去												
入												
									虢	蝍		
									鶪	𨁝		

九十五

輕中輕

	精	清	從	心	邪	影	曉	匣	喻	來	日
	照	穿	床	審	禪						
	商					宮				半徵	半商
庚											
							湟	橫			
						謍	兄		榮		
清						縈	眴		營		
梗											
						䁝		卝	永		
靜							[illegible]		潁		
敬											
						宖		蝗			
									詠		
勁							夐				
陌											
						韄	砉	嚄	[illegible]		
昔							瞁		役		

外轉三十八

幫	滂	並	明	端知	透徹	定澄	泥孃	見	溪	群	疑	
羽				徵				角				
浜	怦	棚	甍	朾		橙	獰	耕	鏗		娙	平
				禎	檉	呈						
	竮	瓶	冥	丁	聽	庭	寧	經				
迸	餅	倂	黽					耿				上
				最	逞	裎						
鞞	頩	並	茗	頂	挺		[illegible]	頸	剄	謦	脛	
迸	軿	倂	瞑			侲						去
					偵	鄭	䆻					
跰	[illegible]	屏	覭	叮	聽	定	寗	徑	罄			
蘗	僻	擗	麥	摘	蹢	[illegible]		隔				入
碧	鈹	欂		豴								
壁	劈	甓	覓	的	逖	擲	惄	激	喫			

重中重

精照	清穿	從床	心審	邪禪	影	曉	匣	喻	來	日	
商					宮				半徵	半商	
爭	琤	崢			甖		莖		磷		耕
征			聲	成							清
菁	青		星		啨	馨	形		靈		青
					巊	䳬	幸				耿
整									領		靜
		洴	醒				婞		苓		迥
諍							嫈				諍
[illegible]			聖	盛					令		勁
	艶		腥				脛		零		徑
責	筞	賾	捒		戹	擭	覈		礭		麥
隻	尺	麝	釋	石					[illegible]		昔
績	戚	寂	錫			赦	檄		歷		錫

外轉三十九	幫	滂	並	明	端	透	定	泥	見	溪	群	疑
					知	徹	澄	孃				
	羽				徵				角			
平												
	緗											
									鴰			
上												
									頬	槩		
去												
入												
									鹹	蟈	蓮	
									臬	闃		

七十九

通志三十七音略第三

四十五

輕中輕

精照	清穿	從床	心審	邪禪	影	曉	匣	喻	來	日	
商					宮				半徵	半商	
											耕
					泓	訇	宏				
											青
							熒				
											迥
					濴	詗	迴				
											諍
						轟					
					鎣						徑
											麥
攎		趚	撼			劃	獲				
						殈					錫

內轉四十	幫	滂	並	明	端	透	定	泥	見	溪	群	疑
					知	徹	澄	孃				
	羽				徵				角			
平			裒	呣	兜	偷	頭	羺	鉤	彄		齵
	不	颮	浮	謀	輈	抽	儔		鳩	丘	求	牛
	彪		滮	繆					樛	恘	虯	
上	掊	剖	部	母	斗	妵	蘛	穀	苟	口		藕
	缶	紑	婦		肘	丑	紂	狃	久	糗	臼	
											蟉	
去		仆	䏽	茂	鬭	透	豆	耨	構	寇		偶
	富	副	復	苺	晝	畜	冑	糅	救	齨	舊	鼿
				謬						蹎	趴	
入												

重中重

	日	來	喻	匣	曉	影	邪	心	從	清	精
							禪	審	床	穿	照
	半商	半徵	宮				商				
侯		婁		侯	齁	謳		涑	[illegible]	誰	緅
								搜	愁	搊	鄒
尤	柔	留	尤		休	優	讎	收		犨	周
幽		鏐	由		飍	幽	囚	脩	酋	秋	揫
厚		塿		厚	吼	歐		藪	鯫	趣	走
有			有					溲	[illegible]	[illegible]	掫
	蹂	柳	酉		朽	[illegible]	受			醜	帚
黝						黝		滫	湫		酒
候		漏		候	詬	漚		瘶	[illegible]	輳	奏
宥								瘦	驟	簉	㑳
	輮	溜	宥		齅		授	狩		臭	呪
幼			狖			幼	岫	秀	就	䞭	僦

內轉四十一

	幫	滂	並	明	端 知	透 徹	定 澄	泥 孃	見	溪	群	疑
	羽				徵				角			
平												
					碪	琛	沉	[illegible]	今	欽	琴	吟
上												
	稟	品			[illegible]	踸	朕	拰	錦	坅	噤	僸
去												
	稟				揕	闖	鴆	賃	禁		紟	吟
入												
	鵖			[illegible]	縶	湁	蟄	孴	急	泣	及	岌

百六十

通志二十七略卷三

重中重

精照	清穿	從床	心審	邪禪	影	曉	匣	喻	來	日	
商					宮				半徵	半商	
											侵
簪	參	岑	森								
斟	覘		深	諶	音	歆			林	壬	
祲	侵	鬵	心	尋	愔			淫			
	磣	顉	痒								寑
枕	瀋	葚	沈	甚	飲	廞			凜	荏	
醋	寑	蕈	罧					潭			
譖	讖		滲								沁
枕			深	甚	蔭			類	臨	妊	
浸	沁										
戢	屆	霰	澀								緝
執	斟		濕	十	邑	吸		煜	立	入	
喋	緝	集	㵐	習	揖			熠			

內轉四十二

	幫	滂	並	明	端	透	定	泥	見	溪	群	疑
					知	徹	澄	孃				
	羽				徵				角			
平	崩	漰	朋	曹	登	鼟	騰	能	揯			
	氷	砯	凭	儚	徵	僜	澄		兢	硱		
上		倗			等			能		肯		
						庱					殑	
去	⿱穴朋		倗	懵	嶝	蹬	鄧		亙			
			凭			覴	瞪				殑	
入	北	覆	菔	墨	德	忒	特	螚	裓	刻		
	逼	堛	愎	⿱穴目	陟	敕	直	匿	殛	⿰革亟	極	嶷
					欲							

一百六十五

四十八

重中重

精照	清穿	從床	心審	邪禪	影	曉	匣	喻	來	日	
商					宮				半徵	半商	
增	鬅	層	僧			恒	峘		楞		登
		磳	殑								蒸
蒸	稱	繩	昇	承	膺	興	蠅		夌	仍	
驓	毶	繒	線								
											等
			殑								
拯											拯
增	蹭	贈	[illegible]						倰		嶝
證	稱	乘	勝	丞	應	興			䬋	認	證
甑								孕			
則	墄	賊	塞		餩	黑	劾		勒		德
稷	測	崱	色								職
職	瀷	食	識	寔	憶	赩			力	日	
即		堲	息					弋			

内轉四十三

幫	滂	並	明	端	透	定	泥	見	溪	群	疑
				知	徹	澄	孃				
羽				徵				角			
平								肱	觵		
上											
去											
入								國			

五十三

精	清	從	心	邪	影	曉	匣	喻	來	日
照	穿	床	審	禪						

商　宮　半徵半商

登　薨　弘

蒸

等

拯

嶝

證

德

職

輕中輕

七音略第二

通志三十七

《宋元切韻學文獻叢刊》總目（八種）